新编大学社会学教材

总主编 风笑天

Modern Social Psychology

现代社会心理学

◉ 李文华 编著

華中科技大學出版社

中国·武汉

内容提要

本书是在借鉴国内外既有关于社会心理学的理论和实证研究成果的基础上形成的。在内容上分为两个相互联系的部分：系统回顾和分析了关于社会心理现象的主要理论流派，并将它们分别归于心理学的、社会学的、文化人类学的三种研究取向或曰视角之下；以研究视角和理论观点为指导，对主要的社会心理现象，包括社会化、社会认知、社会动机、社会态度、社会角色、社会行为、人际交往、群体与集群行为等进行了比较深入的分析。本书具有理论观点和现实生活、国外理论和中国环境、研究结果和研究方法紧密结合的特点。

本书的内容和形式非常适合于社会学、心理学专业大学本科学生、研究生的学习，而对于从事相关领域研究的人来说，它也具有一定的参考价值。

总 序

社会学在中国内地恢复重建已将近30年了。伴随着中国社会的改革开放，社会学学科也在不断探索和研究中国社会的过程中一天天发展进步。正是急剧的社会变迁和纷繁复杂的社会生活，为中国社会学的发展壮大提供了最大的舞台。社会学也在这个舞台上大显身手，在帮助人们认识社会规律、制定社会政策、解决社会问题、创建和谐社会等诸多方面发挥着越来越大的作用。

自20世纪80年代初期进入社会学领域以来，笔者就深深地被这一学科的独特视角、研究方法以及丰富多彩的研究领域所吸引，20多年来一直在大学醉心于社会学专业的教学与科研工作。80年代中期在北京大学攻读硕士和博士学位的5年中，笔者就从一些国外的和国内早期的社会学教材中获得了许多的收益。90年代中期至新世纪初在华中理工大学(现改名为华中科技大学)社会学系任教的几年中，曾出版了《现代社会调查方法》(独著，1996年初版，2001年第2版，2005年第3版)和《社会学导论》(主编，1997年)两本专业基础课教材。出版社反馈的信息表明，这两本教材受到了广大教师和学生的普遍欢迎，《现代社会调查方法》已发行12万册。

正是在这样一种基础上，出版社盛情邀请笔者组织编写一套“大学社会学教材”。这对笔者来说，无疑是一项十分艰巨的任务。因为一方面自己才疏识浅，对社会学的许多领域了解不多，难以胜任这一工作；另一方面，自己日常的教学、科研以及指导研究生的任务也比较繁重，时间和精力上也有一定困难。虽几次推托，但终究经不住出版社的盛情邀请，只好勉为其难地担当起这套教材总主编的重任。

客观地说，目前国内的社会学教材已有不少。但除了“社会学概论”、“社会学研究方法”、“西方社会学理论”、“社会心理学”、“社会统计学”等主干课程的教材版本相对较多外，其他分支社会学的教材往往很少。同时，许多教材由于编写和出版的时间较早，部分内容已不适应当前教学的需要。另外，相对于美国等西方发达国家中社会学教材种类繁多的状况，国内社会学教材可选择的余地实在太小。这些状况为这套教材的编写提供了现实的需要。

这套“新编大学社会学教材”的编写目标，主要体现在以下三个方面。

一是全面性。即希望经过5～10年的努力，编写出覆盖目前社会学系所开设的30门左右的专业课程的教材（其中，专业基础课教材10本左右，专业选修课教材20本左右），以增加社会学教师选择教材的空间，同时改变目前少数专业选修课找不到教材的局面。

二是规范性。这种规范性一方面体现在全套教材的整体规划和单本教材的具体设置都是依据社会学学科的内容结构；另一方面也体现在对每一本教材的编写要求是以现有的、成熟的、社会学界普遍采用的体系、框架和知识点为依据。

三是本土化。尽管社会学教材中的许多内容都会涉及西方社会、西方社会学家以及西方社会学理论，但我们更加强调在教材的编写中要将社会学的基本原理应用于中国社会的现实，要以中国的社会、中国的材料来向中国的学生介绍社会学的基本概念、基本理论和研究领域。

笔者深知，要达到上述目标，需要全国社会学界同行的大力支持。我们真诚希望有更多的有经验的社会学教师、研究者加入到这一工作中来，成为这套教材的编写者。

如果有更多的学生从这套教材中获得了对社会学知识的了解，打开了认识中国社会的窗口，那么我们的工作和努力就获得了回报。我们期待着！

风笑天

2007年11月于南京大学

目　录

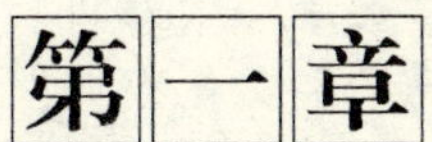

绪论

远古时代，人们就开始对社会心理现象进行了广泛的思考，从这个意义上说，社会心理学应该是很古老的学科了。但是，社会心理学作为一门学科还是很年轻的，只有近百年的历史。① 社会心理学是在心理学、社会学及文化人类学等学科的基础上形成的具有综合性、独立性和应用性的学科。经过将近一个世纪的发展，社会心理学已取得了较大成果，受到人们的广泛重视，它的许多理论也在社会生活的各个领域得到不断的发展和应用，但也仍有许多需要发展和完善的地方。

第一节　社会心理学的定义和研究范畴

社会心理学是研究什么的？不同的社会心理学家有不同的回答。同时由于社会心理现象本身的复杂性，所以，关于社会心理学的研究对象究竟是什么的问题，目前还没有统一的说法。为了更好地理解社会心理学的研究对象，很有必要对国内外关于社会心理学的定义进行回顾。

一、国内外关于社会心理学的定义

(一) 国外经典的社会心理学定义

1. 国外不同研究取向的社会心理学家的定义

国外关于社会心理学研究对象的表述有很多，吴江霖总结了 1937 年至 1980 年的西方社会心理学文献中的定义，有代表性的就有 30 多条②。这 30 多条定义

---

① 学术界一般以 1908 年在英国和美国不约而同出版的麦独孤的《社会心理学导论》和罗斯的《社会心理学》作为社会心理学成为一门学科的标志。

② 中国社会心理学研究会. 社会心理学简讯(第 1 期). 1982:28-41.

主要涉及社会互动(或社会交互作用)、人际关系、社会影响和社会化等四个方面。

在社会心理学的形成和发展过程中,先后形成了心理学、社会学和文化人类学等三种研究取向。关于社会心理学的研究对象,不同研究取向的社会心理学家从一开始就产生了分歧。心理学研究取向的社会心理学家更注重个体,倾向于通过个体的人格特征来解释人类的社会行为,例如,麦独孤(William McDougall,1871—1938)在他1908年撰写的社会心理学教科书中,研究了个人的行为机制和先天倾向之间的关系。社会学研究取向的社会心理学家更加注重对群体的研究,倾向于通过人们在群体中的互动来解释人类的社会行为,如罗斯(Edward Alsworth Ross,1866—1951)1908年的著作体现出他集中对群体行为的研究倾向。在此后的社会心理学的发展中,这两种分歧进一步加大。在心理学研究取向的社会心理学家方面,奥尔波特(Floyd Henry Allport,1890—1978)认为"社会心理学研究个人的社会行为与社会意识"①;肖(M. E. Shaw)和康斯坦佐(P. R. Constanzo)认为,"社会心理学是关于刺激-反应的个人行为的科学研究"②;杜加克斯(K. Deaux)等人在《八十年代社会心理学》中,认为"社会心理学的目的是理解、说明和预见人类行为"③。而在社会学研究取向的社会心理学家方面,埃尔伍德(C. A. Ellwccd)认为"社会心理学是关于社会互动的研究",它关注的是"人类集体行为的心理学解释"④;麦考尔(G. J. Mcall)和西蒙斯(J. L. Simmons)明确指出社会心理学"关注社会运动的研究",强调各种"塑造群体"的因素,如社会自我与社会化⑤;罗伯逊(I. Robersen)则指出,"社会心理学的研究有助于理解社会环境对人类行为的影响","人类行为主要取决于人们所属的群体和群体间的互动及影响"⑥。而文化人类学研究取向的社会心理学家发现,影响人类社会行为的因素,除了心理学研究取向和社会学研究取向的社会心理学家所提及的之外,还有其他因素,那就是传统文化(包括风俗习惯、典章制度、工具、哲学、语言等)。近年来,很多社会心理学定义都或多或少地受到了文化人类学的影响,《新大英百科全书》中写道:"社会心理学是研究个体在其社会和文化情景中的行为科学。"

2. 国外经典定义的启示

(1) 不同研究取向的社会心理学家都认为社会行为是该学科的研究对象,但对于研究社会行为的方式一直存在争议。心理学研究取向的学者注重个体因素(人格),社会学研究取向的学者更重视社会因素(群体与互动),而文化人类学研究取向的学者则强调文化因素。

---

① Allport F H. Social Psychology[M]. Boston, Mass.: Houghton Mifflin, 1924:12.

② Shaw M E, Constanzo P R. Theories of Social Psychology[M]. New York: McGraw-Hill, 1982:4.

③ 杜加克斯,赖茨曼. 八十年代社会心理学[M]. 矫佩民,译. 北京:三联书店,1988:1.

④⑤ 朱启臻,张春明. 社会心理学原理及其应用[M]. 北京:中国社会科学出版社,2002:2,3.

⑥ 罗伯逊. 现代西方社会学[M]. 赵明华,译. 郑州:河南人民出版社,1988:3.

(2) 社会行为的概念是广义的。绝大多数的社会心理学家所使用的社会行为概念，都包括能够观察到的外部事件和可以用现代科技直接测量的内隐过程(如情感、态度、思维等)。在使用“社会行为”和“社会心理”这两个概念时，社会心理学家的认识是比较一致的，认为“社会行为”包括外部事件和内隐过程，即包括人受到各种社会刺激时的反应和活动。但“社会行为”和“社会心理”并不是两个截然分开的概念，而是行为的连续反应。

(3) 在早期，一些社会心理学家对大群体的社会心理和行为进行了研究，但到了 20 世纪 20 年代以后，很多社会心理学家又倾向于研究个体(或小群体)的社会行为。这种研究个体社会行为的倾向虽然能直接获得大量的实证资料，使社会心理学的发展走上了定量化和科学化的轨道，但这种倾向也混淆了群体与个体的辩证关系，而且从根本上导致了整个西方社会心理学缺乏对宏观社会过程的理论解释，以及把个体置于广泛的社会生活(而不仅仅是小群体)中考察的社会性。[①] 以安德列耶娃(Galina M. Andreeva，1924—)为代表的苏联社会心理学家在这方面的观点则比较成熟和全面。他们指出，“人的心理具有社会意义特征的内容，是在宏观的社会层次上形成的”，因此在论述个体行为的时候，他们将风尚、习俗、流言、谣言和社会舆论等因素也考虑进去，并从阶级和民族等大群体的视角上去论述人的心理和行为。

(二) 中国学者关于社会心理学的定义

吴江霖在 1982 年 4 月召开的中国社会心理学研究会成立大会的报告中，在分析国内外社会心理学的发展现状、理论、方法和原则的基础上，提出：“社会心理学是研究个体或若干个体在特定社会生活条件下心理活动变化规律的科学。”这个定义提出后，被人们广泛引用。这是因为它站在马克思主义的立场，把人的心理的发生、发展置于广泛的社会生活中去考察。这个定义体现了个体、群体之间的相互作用、相互影响的思想，但同时也有明显的心理学化倾向。按照这一定义，社会心理学仅仅是关于个体的研究，虽然提到了“若干个体”，但若干个体并不等于群体，群体的社会心理或社会行为显然并不是若干个体行为的算术总和。问题的核心是：个体的心理活动或社会行为如何受社会生活条件的影响；在社会的条件下，群体心理如何产生和变化。

王康在《社会学和社会心理学的关系》中提出的定义也被较多人认可，他认为：“社会心理学是研究社会环境对人的思想、感情、态度、行为产生什么影响的学科。”这一定义后来被孙晔、李沂加以简化，提出：“社会心理学是研究个体和群体的社会心理和社会行为规律的一门学科。”这一定义将“社会心理”和“社会行为”这两个概

① 王小章，周晓虹. 面向社会：现代社会心理学的转折[J]. 杭州大学学报，1994(1)：99.

念并列使用，既符合人们将心理当做内隐过程和行为是心理的外显的理解习惯，又简单易懂。因而这一概念被许多社会心理学教材引用，甚至以此作为构建理论框架的逻辑起点。但是，有些学者认为这一定义仍有不足之处。即它容易使人产生一种误解——社会心理学的研究对象有两个：社会心理和社会行为。事实上，社会心理学的研究对象应该是从社会心理到社会行为的一个“连续统”，它们是一个完整的“链”，没有明显的界线。比如模仿、暗示、感染、从众、侵犯和利他等现象，就是最好的例子。在这些现象中，它们本身既是内隐过程，同时也是外显事件，不可能也没必要将它们区分开来。

沙莲香在《社会心理学》中提出：“社会心理学研究社会行为背后的社会心理过程及其规则性，具体地说，它研究社会心理是怎样产生的，怎么可能产生，它的变化过程是怎样的，它的作用又是怎样的。”①在这个定义中，沙莲香认为，社会心理学研究的是社会心理而不是社会行为本身，社会行为受社会心理力量的推动，从这个角度上看，社会心理与社会行为一致，但并不是所有的社会心理都表现出相应的社会行为，两者也会出现不一致的时候；社会心理表现为一定的社会行为，社会心理学必然要通过对社会行为的研究来发现隐藏在其后的社会心理问题，而由于社会心理与社会行为并不总是一致的，所以不能将对社会行为的研究等同于社会心理研究。“社会心理”应该包含个体的社会心理与群体的社会心理，沙莲香的这一定义对“社会心理”的指代是不够明确的，没有将两者区分清楚。

周晓虹综合了国内外社会心理学研究对象的各种表述，提出：“社会心理学应该研究生活在特定的社会生活条件下、具有独特的文化和完整的人格结构的人对各种简单与复杂的社会刺激所作的反应（包括内隐与外显两个方面）。简言之，它研究人的社会或文化行为发生、发展、变化的过程及其规律。”②这个定义将社会环境放在了突出位置，认为个体的社会心理和行为产生的原因主要是受社会环境的刺激，社会环境是个体社会行为的主要方面，同时还强调了文化、人格结构对个体社会心理和行为的影响。

综合国内外学者关于社会学研究对象的定义，可以得出以下结论。首先，社会心理和社会行为（主体反应的内隐过程和外显过程）是社会心理学研究的对象，是同一过程不可分割的两个方面。事实上，在研究人的内隐过程时不可能也不应该忽略外部事件，外部事件是内隐过程的载体，只有分析人的外部行为，才能理解他的内隐过程；反之，要想理解主体反应的外显行为，也必须认真分析它的内隐过程。其次，社会心理和行为反应的主体应该包括个体和群体。再次，在理解与分析个体和群体的社会心理和行为的时候，应该将它们置于社会的相互作用中，因为他们的

---

① 沙莲香. 社会心理学[M]. 北京：中国人民大学出版社，2002：21.

② 周晓虹. 现代社会心理学——多维视野中的社会行为研究[M]. 上海：上海人民出版社，2004：11.

主体反应会受到人格、社会、文化等因素的影响与制约。这点既是主体反应受到社会刺激影响的本质，也是社会心理学内部形成社会学、心理学和文化人类学这三种研究取向的原因，同时也是形成本能论和环境论长期共存和争论局面的根本因素。“要想对社会心理学这门带有边缘性质的独立学科进行充分的论述，就不能单单囿于国内已有的观点，还必须对整个国外尤其是美国的社会心理学研究进行多学科的、多维度的综合考察。只要这种考察是真实的、全面的，我们就会获得进一步的启发。”①此外，应该结合当前科技、文化变化的实际，立足于本土文化，在全球化和网络化的时代背景下，以马克思主义为指导来进行社会心理学的研究。

结合国内外对社会心理学研究对象的理解，可以认为，社会心理学是研究个体与群体的社会行为的产生、发展、变化过程及其规律的科学。它以个体和群体在特定的社会中受到各种社会刺激时的反应(包括内隐和外显)为研究对象。

要把握好这个定义，应该注意以下几点。首先，社会心理学的研究对象既包括个体的社会心理与行为，也包括群体的社会心理与行为。将个体与群体并列在一起，主要是为了突出“群体的社会心理与行为”在社会心理学研究中的重要性。例如，当某些人由于具体的原因或目的形成“群体”后，就会产生一种与“若干个体集中在一起”的不同力量，这种力量使在其中的个人不再是只受自身个性影响的独立个体，而是具有为其成员所认同和遵循的“文化模式”中的一员。在他们各种行为中，都会无意识地遵循属于该群体的行为规范和表达方式，且与群体外的人有着明显的界限。其次，要注意社会环境(或条件)的不断变化和相互作用，也就是说，研究要随着社会的发展而发展。在考察人们的社会行为时，要注意将新的社会文化因素一并予以考虑，同时，受新社会文化影响的社会行为反过来也会促使更新的社会文化的产生。最后，社会心理与行为是社会行为的两个面，是一个“连续统”，不能将其截然分开。

二、社会心理学的研究范畴

社会心理学探讨的是人与特定社会环境之间的关系，而社会环境本身的复杂性导致了这门学科结构的多层次性。按照从微观到宏观的顺序，社会心理学的研究范畴可包含以下几个层次。

(一) 个体的社会心理与行为

这一层次主要研究社会文化因素对个体行为影响的规律。在这个层次，要研究影响个体特征形成的社会因素有哪些，这些因素通过什么途径对个体发生作用、

① 周晓虹.现代社会心理学——多维视野中的社会行为研究[M].上海：上海人民出版社，2004：5.

发生什么样的作用，以及怎样发生作用；研究社会结构和社会过程对个体社会化的意义；分析社会环境在个体社会化中的作用；研究个体的认知、动机和态度的形成与发展，等等。它的主要内容有人的社会化、社会认知、社会动机、社会态度等。

（二）人际关系

这一层次研究在特定的社会环境中人与人之间的相互作用和关系，包括个体之间、个体与群体之间的关系。在这个层面主要探讨个体如何扮演社会角色、如何处理不同社会角色带来的冲突、人际互动是怎样的、人际交往的模式与结构如何、社会个体如何通过社会行为实现个体与群体的联系，以及个体与群体的各种社会行为如何产生、发展和变化等问题。主要内容包括社会角色、人际交往、社会行为等。

（三）群体的社会心理与行为

在这一层次，研究对象主要是那些人数众多的群体的社会心理和行为的反映特征及形成过程。这一层次主要研究各种群体的形成、规模，群体行为产生的原因，群体成员的心理机制，以及如何对群体行为进行引导等问题。主要的内容有群体规范、群体凝聚力、社会运动等。

但需注意的是，社会心理学的这几个层次的划分不是绝对的，决不能将各个层次截然分开来进行独立研究。这几个层次交织在一起，相互影响和制约，一起构成了社会心理学的研究体系。本书的内容正是按照以上层次进行编排的。

第二节　社会心理学的学科性质

关于社会心理学的学科性质，国内外比较有代表性的观点有三类。第一类认为社会心理学是心理学的分支学科。这一类观点具有一定的普遍性。持这种观点的主要代表人物是心理学研究取向的社会心理学家，如美国社会心理学家奥尔波特认为："心理学的所有分支都是研究个体的科学，作为社会心理学当然是心理学的一个组成部分。"苏联社会心理学家安德列耶娃也持同样观点，我国的一些学者也支持这种观点。第二类观点认为社会心理学是社会学的分支学科。早期社会心理学家吉登斯（Anthory Giddings，1938—）、埃尔伍德认为"社会心理学是社会学的重要组成部分"，我国社会心理学家孙本文提出"应把社会心理学视为社会学的一个重要部门"。这种观点没有第一种普遍，而且在社会学家中也日渐寡和。这主要是由于持这种观点的学者的初衷并不是要将社会心理学纳入社会学之中，而是要使社会学变为"一门心理科学"[①]。这就是在早期的社会学家中一度盛行的"心理还原主义"。第三种观点认为，社会心理学是在心理学、社会学与文化人类学等母体学科基础上形成的具有综合性、独立性和应用性的学科，它既不是社会学，也不是心理学和文化人类学的附属物。这种观点目前已得到了越来越多人的认可。

一、综合性

社会心理学的综合性，体现在它既综合了心理学、社会学与文化人类学等学科的理论成果，又形成了这些学科所不具备的新特点。社会心理学与心理学、社会学和文化人类学有着密不可分的关系，这三门学科是它最直接的理论来源。

(一) 心理学

心理学研究取向的社会心理学家充分吸取了心理学中的精神分析论、社会学习论、社会认知论和群体动力学等理论来研究社会心理现象。

心理学是研究人的心理活动规律的一门学科。人的心理由于内外环境的影响而产生，并能引导、调节和维持人的行为。因此一些西方心理学家把心理学定义为研究人的行为规律的科学。心理学的起步比社会心理学要早得多，形成了较为成熟的基本概念、理论框架和研究方法。社会心理学充分借鉴和利用了心理学的这些成果。在方法上，充分发挥观察法和实验法的优势来研究社会行为的发生、发展、变化过程及其规律；还运用心理学已阐明的关于人的心理活动的一般规律来解释社会心理现象。如个性理论解释了社会交往、社会定势和社会适应等社会行为；而心理学关于联想的接近规律和对比律，也可以很好地解释社会心理学中的群体的沟通、时髦现象及广告心理。社会心理学一开始就很好地借用了心理学关于人格、行为等基本概念，它以个体的一般心理为基础，着重研究个体与社会文化之间的关系和社会行为发生、发展的规律。虽然两者都研究人的行为，但心理学研究各种环境下的个体行为，以个体行为的过程和生理机制为范畴；而社会心理学研究的是人们在特定社会环境下的社会行为及社会环境与个人之间的相互作用，它包括社会环境下的个体行为和群体行为。

(二) 社会学

社会学是关于社会良性运行和协调发展的条件和机制的综合性具体社会科学。[②] 社会学从整个社会系统出发，从人们的社会关系和社会行为入手，研究社会

① 怀特. 文化科学[M]. 曹锦清，译. 杭州：浙江人民出版社，1988：79.

② 郑杭生. 社会学概论新修[M]. 3版. 北京：中国人民大学出版社，2003：3.

的结构、功能、发生和发展规律。现代社会心理学与社会学的关系非常密切。两者在理论方面有内在的相同之处，均从社会环境与个人的相互作用的角度来分析人们的社会行为，也都重视研究人的社会行为与社会关系。社会学研究取向的社会心理学家主要借鉴了社会学中的社会交换论、符号互动论、角色理论、参照群体理论和戏剧论等。例如，社会心理学在研究人的社会化、社会角色、人际关系和群体心理时都借助于社会学的知识和方法等。事实上，许多社会学家在社会心理学的形成过程中也发挥了重要的作用。法国社会学家埃米尔·迪尔凯姆(Emik Dukheim，1858—1917)对早期社会心理学的发展有重要贡献。他提出，相互作用的情景能产生出具有强有力规范性并能制约其后的社会行为。另外，法国社会学家加布里尔·塔尔德(Gabriel Tarde，1843—1904)、古斯塔夫·黎朋(Gustav Lebon，1841—1931)等人还研究了人们面对面的互动过程、暗示和同情等问题；美国社会学家罗斯的《社会心理学》(1908)集社会学家成果之大成，对社会心理学进行了系统的论述。

(三) 文化人类学

文化人类学是研究人类文化的起源、演化和发展，以及不同时代和不同地理环境中的人类文化结构和功能的一门学科。社会心理学直接使用它的在特定社会环境中的行为与人类社会起源的理论、人类和人类行为与文化的关系，以及跨文化研究等成果。在一定程度上，人类的社会行为是受生物因素影响的文化行为。人类通过不断的社会化学习过程，超越了本能行为，从而形成了具有自身文化特质的价值观念、行为规范、风俗习惯和民族性格等。而在各国文化背景的差异下所形成的民族性格也是不一样的。社会心理学的很多研究都是在文化人类学的基础上展开的。

二、独立性

社会心理学的独立性，指的是它具有独立的研究对象、研究方法和理论体系。首先，社会心理学有自己特定的研究对象和范畴。虽然社会心理学是在心理学、社会学和文化人类学等学科基础上发展起来的，但它不是某一学科的附属物，而是研究个体与群体的社会行为的产生、发展、变化过程及其规律的一门独立学科，它以个体与群体的社会心理与行为及人际关系等为研究范畴。其次，经过近百年的发展，社会心理学在研究上已经形成了实证的特色。它有自己独特的方法，如实验法、观察法和跨文化研究法等。关于社会心理学研究方法的知识，将在下一节作详细的介绍。最后，社会心理学在吸取其他学科研究成果的基础上发展和形成了自己关于社会行为的理论体系，如社会化理论、社会认知理论、社会动机理论、社会态度理论、侵犯行为理论和利他行为理论等。

三、应用性

社会心理学每一步发展都以人们解决现实生活有关的社会心理问题的迫切需要为源头，又从社会需要中获得巨大的发展动力。20 世纪 20 年代，在西方工业大生产的需求下，“霍桑实验”应运而生。这一实验研究发现了工人的士气与生产率的关系，随后被工厂企业主广泛运用于工厂管理中。30 年代，世界经济萧条，社会动荡不安，在这种背景下，社会心理学承担起对社会舆论、种族关系、价值冲突、谣言与流言，以及民意测量的研究，所取得的成果为当时的政府和社会管理者提供了有力的依据。40 年代，全球笼罩在世界大战的阴影下，社会心理学家又将民族性格、信仰、偏见、劝导和态度及其转变作为自己的研究内容，所取得的成效也为人们认识当时的局势提供了参考。50—60 年代，全球出现了社会大发展的相对稳定时期，社会心理学紧紧抓住这一历史机遇并获得了全面发展，其研究范围涉及人类社会生活的方方面面，许多分支学科纷纷涌现。如法律社会心理学主要研究犯罪心理的形成和犯罪行为发生的规律，这为预防和预测犯罪措施的制定提供了依据；健康社会心理学研究了某些疾病与社会因素之间的关系，它具有很强的实用性，比如今天的心理咨询事业、特色儿童教育都需要这一分支学科的知识；环境社会心理学研究人与环境之间的关系，它研究噪音、环境污染、自然灾害对人的社会心理影响，以及设计、安排适应人的心理需求的居住环境等；教育社会心理学主要研究教育环境对学生全面发展的影响，这一分支学科得到教育界的重视和广泛应用；宣传社会心理学则研究电视、电影、广播、报刊、杂志、图书等对人的态度的改变作用，以及如何引导人的行为向有利于社会需要的方向发展。

总而言之，社会心理学几乎在人类行为的每一方面都找到了它的研究主题和内容，在西方等一些发达国家，社会心理学在社会生活中的职能越来越明显，所起的作用也越来越突出。无论是社会政治、经济、文化、教育，还是在社会管理、医学、宣传、卫生、公共关系等领域，都有许多社会心理学者在从事着相应工作。社会心理学的很多研究成果已经和正在转化为“直接的生产力”。

第三节 社会心理学的研究方法

正确的方法是打开科学大门的钥匙。正如周晓虹在他的著作中所说：“现代社会心理学与他们祖先中的睿智者之间的重要区别，恐怕不是在所提问题的类型，而是在探索该问题的答案时所用的方法。”①

一、社会心理学的研究方法概述

（一）科学研究方法对社会心理学的重要性

社会心理学是一门实用性极强的、力图将理论研究与经验研究相统一的学科。现实的社会生活是丰富多彩的，个人由于思维方式和经历的不同，对相同事物和行为的理解和感受存在着差异性。国外曾有一位社会学家做了一个关于自杀的测试，他提了这样一些问题：妇女是弱者，所以在总体上自杀的要比男子多；穷人由于面临的社会困难和压力大，因此自杀的人要比富人多；由于冬季寒冷，人的情绪较低落，因此这个季节自杀的人要比夏天多，等等。然后让学生对以上问题作出对与错的判断。结果学生基本上都认为以上的结论是正确的。但是，科学研究证明，以上结论是错误的。这一例子充分说明了单凭经验和感觉对事物作出判断是不可靠的。经验只是对事物个别的、特殊的、片面的认识，有时甚至是错误的，尽管它可能对个人的生活有用，但它不一定有代表性和普遍性。只有用科学研究方法所进行的研究才能揭示对人类生活有指导意义的普遍规律。

社会心理学的研究目的也要求有科学的研究方法。解释、预测和控制是社会心理学研究的三个目的。所谓解释就是对某种社会行为或社会心理现象的发生、发展和变化规律作出正确的说明；预测则是在正确解释的基础上对那些尚未发生的事物提出有根据的推测；在预测到的可能结果中，对那些不符合人们要求和期望的，还可以通过控制某一事物的某些决定要素或条件，从而使该事物朝着合乎社会要求的方向发展，最终达到满足人们需要的目的。以上三个目标的实现，离不开科学的研究方法。只有科学地收集大量与社会行为和心理相符的材料，并使用严谨的研究程序加以分析，才能获得对事物的普遍性认识，才能达到解释、预测和控制社会行为和心理的目的。

（二）社会心理学研究应遵循的原则

在实际的研究过程中，社会心理学研究方法常受到两种因素的影响：一是研究者的主观因素，主要是个人态度、立场和世界观；二是社会心理学理论及其哲学观点的影响。为了克服这两种因素的影响，在具体研究时必须遵循以下三个原则。

第一，理论与实践相统一的原则。在社会心理学研究中，研究者首先要掌握一定的理论原则，同时要掌握相关的理论知识和一定的经验，这是论证研究课题、确

① 周晓虹.现代社会心理学史[M].北京：人民出版社，1993:20.

定研究步骤及研究目的的前提。所有的社会心理学研究都必然受到一定的理论知识、观点及思想的支配，具体课题研究不过是这些理论思想的先导。但是，理论总是来源于实践的，实践先行于理论，所有的理论都是在对客观现实分析的基础上产生的。社会心理学理论只有在实践的基础上方能形成和发展，同时这些理论又必须回到实践中，经过修正、检验，最后才能确认或被新的理论所替代。

第二，动态研究与静态研究相统一的原则。人的社会行为受社会环境的影响和约束，而社会环境处于不断的发展变化中，人的社会行为也会因此而不断发生变化。因此，在进行社会心理研究时，就不能只截取这一变化过程中的某一现状或某一方面作为研究对象，而应把关于现状的静态研究与对历史和未来发展趋势的动态研究结合起来。只有这样才能从"动"中把握"静"，从"静"中看到"动"，才能正确解释、预测和控制社会行为的发生和发展，这样的研究才能全面而深刻。

第三，宏观研究与微观研究相统一的原则。社会是一个整体，每一社会现象、个体行为和群体行为都只是受这一整体制约和影响的一个方面或片断。要想获得对某一现象或个体与群体行为的正确认识，必须从相互联系和制约的整体出发，从社会、政治、法律和文化等角度对其进行综合的考察和分析。反之，要获得整体的认识，也必须从相互联系和相互制约的部分出发。因此，在进行社会心理学研究时，必须把对宏观与微观的考察结合起来，把个别的、具体的社会心理现象和行为放置在整个社会系统中去认识和解释。

二、社会心理学研究的实证方法

观察法与实验法是社会心理学研究最常用的两种方法，是人们获得客观研究资料的基本手段。观察法与实验法的广泛应用，对提高社会心理学研究的科学性有着举足轻重的意义。然而，社会心理学的观察法与实验法不同于自然科学的观察法与实验法，两者有很大差别。在自然科学的研究中，能够以纯自然科学的方法来进行观察与实验；而在社会心理学研究中，观察和实验更为复杂，因为观察者和被观察者，以及实验者和被实验者都是有情感和意志的社会成员，在研究过程中，他们都不可避免地掺进或发生一定的个人情感。正如格根(K. J. Gergen)所说："物体的降落不会因牛顿发现自由落体的规律而发生改变，但现代妇女却完全可能因为心理学家认为女人较容易说服而变得更加难缠。"[①]因此，我们不能以纯自然科学的方法来进行社会心理学的观察和实验研究。

关于社会心理学研究的实证方法，可用图 1-1 表示。

---

① Gergen K J. Social Psychology as History[J]. Journal of Personality and Social Psychology. 1973(2):311.

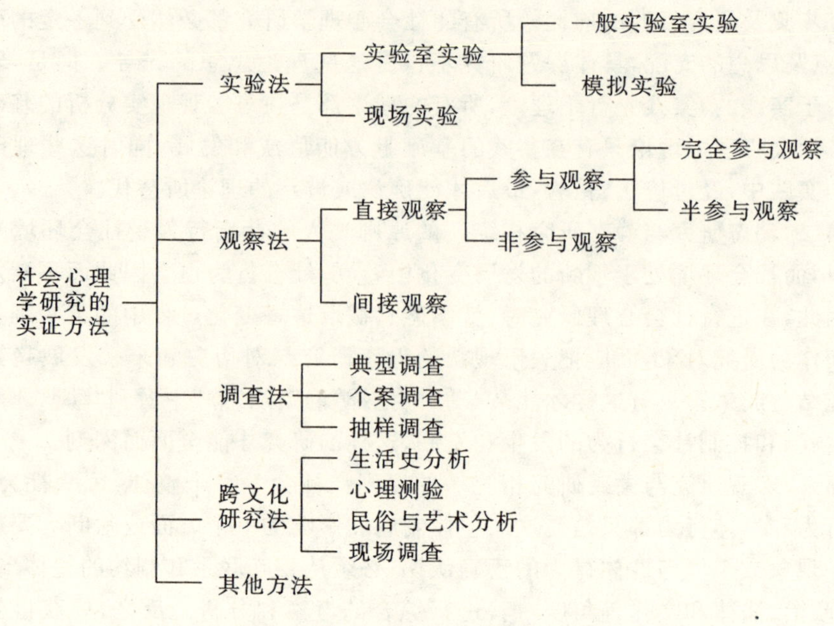

图 1-1　社会心理学研究的实证方法

(一) 实验法

实验法是指研究者根据一定的研究假设,系统地操作一个或多个变量,并观察这种操作对其他变量的影响,从而发现其中所包含的因果关系的方法。实验法的主要特征是在控制的情景下研究事物的变化,从而找出其变化的因果关系。这一特征也正是实验法受到社会心理学家青睐的原因:一旦掌握了某一事物变化的前后原因,那么,对同类事物不仅可以根据原因去预测结果,而且可以根据需要,通过改变这些原因,使事态朝着人们所希望的方向发展,最终使所产生的结果符合人们的期望。

一般来说,一个理想的实验,不但要求实验者能控制实验的环境以保持它的稳定性,还要控制任何可能影响实验的其他外部因素,以及实验组和对照组的被试构成。为了实现这个目的,一般用随机的方法把实验对象分配到各组中。另外,实验者还必须对实验刺激即自变量或因变量有所控制。理论上,必须尽可能地确保所有组内的成员的同质性。研究者正是通过对这些变量的严格控制来对实验组实施刺激的。实验者应分别测出在处置自变量之前(前检验)和之后(后检验)因变量所对应的值,而这两个值的差就是因果变量的效应。社会心理学常用的实验法有实验室实验和现场实验两种。

1. 实验室实验

实验室实验又分为一般实验室实验和模拟实验。前者指的是研究者在严格控制外部变量的情况下，研究变量之间的相互关系。这种方法的重要特征是研究者能够控制自变量和因变量，能最大限度地突出主要因素，防止无关因素的干扰。此外，实验室实验的被试是通过随机分配组合而成的，这样便保证了实验结果在各比较组之间不存在系统误差。实验室实验还有另外一个特征——操作检验。尽管实验者能够控制自变量，但了解清楚被试是否察觉了实验者的操作意图是非常重要的。通过操作检验，就可以验证实验结果是不是由于研究者控制的变量引起的。操作检验的一般做法是，增加能够测得被试是否了解实验者打算进行操作意图的一些问题，然后通过统计被试对这些问题的回答，便可获知研究者所控制的变量是否对实验结果具有应有的影响作用。

模拟实验指的是让被试扮演某种角色，并对他在这种角色下的真实行为进行密切的观察，然后根据观察到的结果推论在现实环境中的情形。金巴尔多(P. G. Zimbardo)1973 年曾做了一个非常著名的、但同时也引起了激烈争论的模拟实验。在这个实验里，研究者把一些愿意参加实验的大学生分成“犯人组”与“看守组”。“犯人”被“逮捕”后，“警察”给“犯人”戴上手铐，并把他们带到“警察局”，然后签字画押，严明正身。“犯人”被蒙上眼睛，带到斯坦福大学地下室的“监狱”里。这些被试经历了真正犯人所碰到的一切事情，如戴手铐、脚镣、全身消毒、穿上统一的制服、用一个号码代替名字等。监狱内安排了三个“看守”负责监视“犯人”的一切行动。研究者则通过闭路电视和录音装置等设备观察“犯人”与“看守”的反应，并定时与他们进行个别谈话。这一原本打算为期两个星期的实验在第六天时不得不停止了。因为研究者发现“犯人”和“看守”都出现了不同程度的异常反应：扮演“犯人”的被试越来越依赖、无助、软弱、抑郁和愤怒；而扮演“看守”的被试则越来越有虐待“犯人”的倾向。这个实验反映了现实监狱中可能出现的问题。

2. 现场实验

在社会心理学的实际研究中，有时会遇到一些只能在自然环境而无法在实验室进行、但研究者可以对某些变量实施控制的实验。人们将这种不控制外界变量和实验的条件而引进新的实验刺激的设计称为现场实验或自然实验。由于这种实验不能对自然环境中的变量进行充分的控制，因而不能像实验室实验那样确保实验组和控制组的同质性。这种实验很难使用控制组，研究者只能引进一些刺激以对某些变量进行控制。著名的霍桑实验就是典型的现场实验。

实验法是确定现象之间因果关系的理想方法，它在增强社会心理学研究的科学性和具体把握人们社会行为的活动规律方面起了决定性的作用。但它也存在着一定的局限性，如容易忽略一些重大历史过程等。如果在研究中过分地依赖实验法，容易造成社会心理学研究忽视宏观的社会现实、将注意力集中在社会活动的微观领域的现象，从而导致社会心理学研究或回避现实，或使所得的“成果”与社会现实相脱离的结果。

(二) 观察法

观察法被广泛应用于人类学、动物学、政治学、社会学和社会心理学等领域。在社会心理学中，观察法指的是通过有目的、有组织的观察，将有关人类社会行为的各种非语言资料收集起来，从中分析和判断两个或两个以上的变量之间存在何种关系的一种研究方法。这种方法一直以来都受到科学家的重视。巴甫洛夫(Ivau Petrovich Pavlov，1849—1936)就把“观察、观察、再观察”作为自己的座右铭，还告诫青年人：“不学会观察就永远当不了科学家。”社会心理学家将实验法和观察法作为最重要的研究方法。观察法有以下优点。首先，观察法可以获得大量的关于社会行为的第一手资料和对社会情景直接的感性认识。其次，可以收集到其他方法难以取得的信息。尤其是研究者与被研究者无法进行语言交流或处于不同文化背景时，往往只能求助于观察法。最后，观察是提出研究假设的前提或基础。在研究初期，研究者往往要通过观察法对研究对象的特点进行初步掌握，然后在此基础上形成初步的研究假设。在社会学和社会心理学中，有相当多的成果都是在对社会实际情况进行了大量的细致观察的基础上取得的，如恩格斯(F. Friedrich Engels，1820—1895)的《英国工人阶级状况》、费孝通的《江村经济》及怀特(W. F. White)的《街角社会：一个意大利贫民区的社会结构》等。

此外，根据观察对象的不同，还可以分为直接观察和间接观察。直接观察又分为参与观察与非参与观察。

观察的具体方法如下。

1. 参与观察

这是观察者以实际行为深入到被观察者生活的社会环境和社会关系中进行观察和收集相关资料的方法。在这种方法中，由于研究者被视为被观察群体中的一员或是以被观察群体可以信赖的“外来者”的身份出现的，因此减少了对所要观察的对象的干扰，使被观察者能自由、自然地作出反应。著名人类学家马林诺夫斯基(Bronislaw Malinnowski，1884—1942)是较早使用这种方法的学者之一。他在1914—1921年这6年时间里，先后三次在太平洋上的特罗布里恩群岛从事当地的土著文化研究。在此期间，他学习当地的语言，完全以一名当地人的身份参与土著人的生活，并从被研究者的角度出发，分析了那里的文化现象。他在自己所著的《西太平洋的航海者》中，描述了他观察的过程和观察的一些基本特点。他用自己所倡导的这种文化“主位研究”法，成功地描写了当地人的生活习俗、航海贸易、犯罪、宗教巫术，以及婚姻、家庭和性生活。①

---

① 马林诺夫斯基. 野蛮人的性生活：关于特罗布里恩群岛土著的求爱、结婚和家庭生活的民族学报告[M]. 高鹏，金爽，译. 北京：团结出版社，1989；马林诺夫斯基. 巫术科学宗教与神话[M]. 李安宅，译. 北京：中国民间文艺出版社，1986；Malinnowski B. Sex，Culture，and Myth[M]. New York：Harcourt，Brace & World，Inc. 1962.

社会学和社会心理学家也广泛运用了这种观察方法。社会学家安德森(N. Anderson)就用这种方法深入流浪汉的队伍,并写成《流浪汉:无家可归的社会学》。怀特在1936—1940年间也在观察美国波士顿的一个意大利的贫民区的基础上,写成了著名的《街角社会:一个意大利贫民区的社会结构》。这些都是成功运用参与观察法的经典著作。

根据参与的程度,一般将参与观察分为完全参与观察和半参与观察。在完全参与观察中,研究者本人在研究期间完全作为被观察群体中的成员,与其他成员一起正常地参加群体的社会活动,但是研究者一般要隐瞒自己的真实身份和研究目的。完全参与观察是一种间谍式的观察方法,这种方法要求观察者长时间地与被观察者生活在一起,并用心体验所处的环境,使自己在情感和行为上努力融入新的社会群体中。这样,观察者就能观察到被观察者的真实想法和自然的社会行为。苏联社会心理学家奥里珊斯基为了研究生产集体中形成和确立的社会价值的性质和内容,以找出个体把这种价值内化的机制,他到工厂,成为工厂的一名正式成员。在几个月的时间里,他一直干着装配的工作。在空余时间,他经常到其他工人家串门,很快获得工人的信任和友谊,并在工人中享有较高的威信。通过这种方法,他收集了很多十分珍贵的资料,并发现了社会心理学中最迫切需要解决的问题。许多社会心理学家通过这种方法,为社会心理学积累了很多极其宝贵的经验。

半参与观察指的是观察者也参加被观察群体的社会活动,但对自己的真实身份并不隐瞒,而是通过与被观察者的密切接触来取得被观察者的信任。这种方法由于较少带有个人色彩,所以能保持观察者的客观立场。但由于研究者本身的特殊性和不能以群体中的成员来参加各种活动,很难掌握那些比较隐秘的、私人的事实,因此对问题了解的深入程度不如完全参与观察。此外,被观察者也可能由于知道观察者的身份后,有意或无意地迎合观察者,故意表现或夸大某种现象来隐瞒对自己不利的方面。这些都有可能导致所获得的资料失真、歪曲,从而使研究出现偏差。

2. 非参与观察

非参与观察也叫局外观察。社会心理学者面对的是有思想、有感情的活生生的人,在研究过程中,很多研究方法都不可避免地引起他们的各种反应,为了避免被观察者意识到他们正在被研究,可以采用非参与观察的方法。这种方法要求观察者完全站在旁观者的立场,不参与被观察者的任何活动。它比较适用于那些对公共场所或公众闲暇活动中的人们社会行为的研究。这种方法要求做到客观冷静,前提是观察者要采取最不引人注目的姿态出现,同时要不露声色,不对被观察者表现出过多的兴趣,而是多听、多看、不提问,也不妄加评论。如果条件允许,研究者可与被研究者保持较大的距离或与被观察者隔开,进行暗中的观察。

3. 间接观察

前面所谈的都是直接观察，研究者亲眼目睹被研究者的活动和行为，而在间接观察中，研究者是借助某些介质来观察研究对象的，它包括物质痕迹观察和行为标志观察两大类。物质痕迹指的是人们行为留下的迹象。如在图书馆，可通过观察书被磨损的程度来分析读者的阅读倾向。行为标志观察是指通过一些表面的或无意识的现象来推测人的行为方式及其价值观。它假定这些现象是人们行为和态度的反映。这种方法的优点是不会对被观察者的行为产生任何干扰，能收集到最真实的行为资料。它的缺陷是无法检验这种观察方法的效度，很难验证所观察到的迹象和行为标志是否能真正反映所要调查的行为或现象。因此，在实际研究中，它只能作为一般的辅助手段，作为补充和检验其他研究方法的工具。

在社会心理学的研究中，要根据不同的情况和需要，灵活运用以上几种方法。如果研究的是公开的、有关日常生活的、不牵涉隐私的问题，参与的程度可以低些；而受时间和环境限制的，则较少使用完全参与和非参与观察，更多的是使用半参与观察。

（三）调查法

调查法是社会学家和社会心理学家在对社会结构和社会行为进行研究时最常用的收集和分析资料的方法。这种方法是随着统计学的发展而产生的。许多社会学家和社会心理学家用它来进行研究，并取得了极具价值的成果。按照不同的划分标准，可将其分为不同的类型，最常见的是典型调查、个案调查和抽样调查。

1. 典型调查

典型调查“是从研究总体中有意识地挑选出少数具有代表性的对象进行调查，以达到了解总体特征和本质的方法”①。这一定义主要包含两层意义：一是研究者有意识地选择有代表性的单位进行解剖；二是通过对若干事物的解剖达到对一般事物的本质特征的了解。世界上所有事物都是个性与共性、一般与个别的统一，而人们对事物的认识总是遵循从个别到一般、再从一般到个别的过程。典型调查正好符合这样的认识规律，因此也成为调查法中的最重要的一种方法。要做好典型调查，关键在于调查对象的选择。选择典型对象要遵循以下基本规律。

(1) 选择那些相对纯粹的典型。为了确保我们的研究更好地探求事物的本质和规律，要选择那些相互关系相对简单、受其他因素影响较少的对象进行调查。

(2) 选择更能代表一般情况的典型。研究者要在统计中选择那些在众数和平均数之内的样本单位，因为它们的基本情况最具普遍的代表性，便于揭示同类情况（或条件）下的一般规律。

---

① 中国大百科全书·社会学卷[M]. 北京：中国大百科全书出版社，1991：31-32.

(3) 选择那些有翔实的历史资料的典型。这有助于研究者更好地研究客观事物的历史过程和规律。例如,在我国社会学恢复的初期,包括费孝通和李景汉在内的一批社会学者选择了江村和定县等地为调查基地,其中一个主要原因就是他们在半个世纪前在这些地方做过研究,而且原来收集的资料还保存得很好。这样他们就能够比较容易地通过对原来的资料与后来的情况进行比较,从而找到中国农村在上个世纪的变迁及其规律。

(4) 选择那些与历史发展趋势相吻合的、具有较强生命力的新生事物。这样的调查既与实际相符,又有新颖性,得出的研究成果会带来较大的社会效益。没有社会意义的调查是毫无价值的。

典型调查在社会调查法中占据着相当重要的地位。因为它既能节省经费、人力和时间,又代表同类事物和现象,通过对恰当的典型加以分析,弄清它的性质及其与周围事物的联系,就能获得对同类事物的本质及规律的认识。如能得当地运用这一方法,就能收到事半功倍的效果。但是,如果在研究时所选取的是那些没有代表性的单位,则往往容易以偏概全,被假象所蒙蔽。这就要求研究者在选择典型对象时,要撇开个人的主观想象和爱好,坚持实事求是的原则,客观地选取适当的能够代表某方面事物的典型来进行研究。

2. 个案调查

个案调查是一种与典型调查极为相似的调查。它指的是对少数个人或小型群体的较长时间的全面调查,包括调查他们的家庭情况、社会地位、文化水平、教育影响、职业经历、社会交往和人际交往及关系等方面,然后在对以上历史资料分析的基础上,阐明其社会行为的本质和规律。在个案调查中,研究者容易把调查对象放到社会和文化背景下考察,从而对调查对象进行多层次、综合性的分析。它收集到的内容资料多是动态性的,特别强调事物的历史状况和发展过程,这有利于正确解释某些社会行为。个案调查能够获得非常丰富的感性认识,人们常用它来对个人生活史和社会背景进行研究,尤其适合于研究社会反常个体和事件,以及新生事物。但由于个案调查对象一般是在缺乏对总体的全面了解下确定的,因此没有普遍的代表性,所得到的结果不能对总体的情况进行推论。此外,个案调查只能揭示总体的类型而不能揭示它的结构,即它只适合于定性分析而不适合于定量分析。

3. 抽样调查

所谓抽样调查,是指从调查对象的总体中选取一部分对象为样本加以调查分析,并以此对全体调查对象的状况进行推断的调查方法。抽样方法有两种,一种是依据抽样理论和严格程序进行的随机抽样,在这种方式中,样本中每个单位被抽取的概率是相等和已知的;另外一种是非随机抽样,它是一种研究者根据任务要求和对象分析,主观抽取样本的方式。一般不加以说明的都是指随机抽样调查。

(1) 关于抽样调查的几个重要概念。为了更好地理解抽样调查,有必要首先对一些重要概念作出解释。①总体，包括研究总体和调查总体。研究总体是指在理论上明确界定的个体的集合体，它一般有内容、单位、时间和范围等方面的限定。比如，要进行一项关于妇女生育行为的研究，如果没有加以限定，“妇女”只是一个模糊的整体，它包含所有成年女子，但一般来说，只有育龄妇女才有生育行为。所以，可以将它限定为“某时间 18～45 岁的中国妇女”。这样，就从时间、范围和国籍方面对研究总体进行了限定，这时它就可以成为调查的研究总体了。研究总体是在理论上进行明确定义的整体，但在实际操作中，有一些符合定义的个体不一定都有机会被选为样本(如患精神病的妇女等)。调查总体是研究者按照一定的方法从研究总体中抽取调查样本的个体的集合体，它往往是对研究总体的进一步限定。②样本，就是按照一定方式从研究总体中抽出来的部分单位。比如，从某中学中抽取 300 个学生进行青少年叛逆行为研究，这 300 个学生就是样本。样本中的单位称为样本单位，它既可以是个体，也可以是群体，如上面所说的 300 个学生中的某一个就是样本单位，样本所含的单位数目称为样本容量。③抽样框，也叫抽样范围。是指从中抽取样本的抽样单位名单。如果把某个县的部分镇作为调查样本，那么抽样框就是全县所有镇的名单。④参数值，也称为总体值，是关于总体中某一变量的综合描述。最常见的参数值是总体某一变量的平均值。⑤统计值，也称样本值，是关于总体中某一变量的综合描述。统计值从样本中计算出来。通过样本的统计值推算总体的参数值，从而达到由部分认识总体的目的，这是抽样调查的重要任务之一。

(2) 影响样本代表性的因素。抽样调查能较好地处理有关总体和部分之间的关系问题。在研究中，样本容量往往非常大，而且具有异质性。面对这样的研究总体，如果要对每个对象单位进行调查，那么所耗费的人力、财力和时间都是相当大的。而抽样调查恰好能克服这一困难。当然，这也是有前提假设的：一是从总体中抽取出来的那部分与总体具有同样的特征、现象和过程；二是从总体中抽取出来的部分样本可以清晰地反映样本总体所具备的特征。但必须引起注意的是，由于研究总体具有异质性，同时样本仅是总体的一部分，它只是近似于总体而无法等于总体，因此，两者之间总是存在一定的差距，这就是抽样误差。误差越大，则样本对总体的代表性就越低，反之，则越高。而影响样本代表性的因素一般有以下几个。①抽样方法的选择：正确的抽样方法很重要。概率抽样既可以避免抽样偏差，又可以对用样本推论总体的误差作出定量的估计。②对总体的界定与了解：程序严格的概率抽样必须建立在对总体的正确界定和精确了解上。③样本容量的大小：抽样调查是建立在数学概率论的基础上的，具有较强的科学性。它是人们实现由部分认识过渡到总体认识的关键环节。社会现象是有随机性的，表现为单个的个别现象，但通过对大量的个别现象的研究，就可以发现一般的普遍规律，这就是统计规律。虽然它并不具备完全的必然性，只是一种最大限度的可能性，但任何随机现象，只要调查的样本大到一定程度，就能显示出事物的规律性。因此，样本的代表性与样本容量的大小密切相关，两者呈正比关系，样本越大，与研究总体越接近，则代表性越高，反之则代表性越低。

在社会心理学研究中，抽样调查和现代统计技术常常是一起使用的，两者相辅相成，共同为社会心理学研究的科学化作出了较大的贡献。在社会心理学研究中，还经常采用问卷法进行调查。因此，抽样、问卷和统计一起构成了现代社会调查方法的基本特征。抽样的严谨性确保了调查对象选取的恰当，问卷则是进行变量测量和收集资料的有利工具，而统计则是对数据资料进行整理，从而揭示各变量之间关系的不可或缺的手段。

（四）跨文化研究法

人类社会行为受到人格、社会环境和文化的影响，其中，社会文化的影响尤为重要。不同的社会生活条件和文化模式塑造了人类群体的不同行为模式。因此，社会心理学家要更加关注社会文化对人类行为的影响和制约作用。除了要探索人类社会行为的发生、变化的过程和规律，还要“用比较的眼光来看生活方式，跨越时间和空间最广远的范围，以区分哪些东西来源于人类本性，哪些东西来源于特定的人类群体和特定的时间和空间”①。

跨文化研究法（也称跨文化比较研究法）是在文化人类学、社会学和社会心理学中常用的，“将某一社会中一个或多个特点的存在与否和另一个社会中此类特点的存在与否加以联系或解释的一种方法”②。文化人类学家最早用这种方法比较和分析了很多不同民族部落和文化群体，并发现了不同民族和群体特殊的生活方式，以及不同的人格特征形成的原因和规律，尤其是发展出了有关文化与人格、文化与行为的理论，这些都大大丰富和深化了社会心理学对于人类社会行为的理解；而且其中的很多内容甚至已成为社会心理学的重要内容，为社会心理学的研究发展开辟了新途径。自 20 世纪 20 年代以来，社会心理学中迅速发展和形成了文化人类学的研究取向，并取得了很多有社会意义的成果。

1. 跨文化比较研究法的现实意义

在社会心理学研究中使用跨文化比较研究的方法，有着深刻的现实意义。

首先，跨文化比较研究保证了研究结果更具普遍性。在这种方法下，研究者把人类行为的有关特点放到不同的文化背景下加以分析，这是保证研究结果具有普遍性意义的关键之处。“我们要了解任何文化——包括我们自己的文化——就必须将其放在与其他文化的关系和对照中看待，否则，我们可能将那些仅仅属于一个

① 基辛 R M. 文化·社会·个人[M]. 甘华民，译. 沈阳：辽宁人民出版社，1988：2.

② 迈克尔·曼. 国际社会学百科全书[M]. 袁亚愚，译. 成都：四川人民出版社，1989：127.

特定社会的习俗当成人类固有的信念与行为。”[①]通过比较不同的文化模式，研究者就能发现人类不同社会行为的特点及其发生和发展的性质和规律。跨文化比较研究法是一种检验研究结果的有效范围和普遍性的基本方法。

其次，跨文化比较研究可以发现在不同的社会中有关变量的重要性问题。同样的变量在不同的社会中所起的作用可能是不同的。跨文化比较研究在多种不同的文化模式中进行，由于每个社会中的外部因素和偶然性是不一样的，所以在确定某一变量的重要性时所得结果也会有所差异。例如，关于子女的性别，中国由于两千多年的封建思想的影响，“不孝有三，无后为大”的思想根深蒂固，所以总希望能生男孩；而在欧美等西方国家，提倡的是男女平等，因此，父母对子女的性别不太在意。通过这个例子可以看到，运用跨文化比较研究这一方法进行研究，就不会将某一种只对某一（或几个）文化内的人的行为有重要作用的变量看成是影响全人类的因素了。

2. 跨文化研究法的具体运用

跨文化研究法有以下几种：生活史分析、心理测验、民俗与艺术分析和现场调查。

（1）生活史分析。所谓生活史分析就是指研究者通过对研究对象的生活日记、书信、录像、录音等能记录其内心思想的材料进行研究，从而揭示出被研究者的社会行为产生和发展变化规律的一种方法。这种方法原来是社会学家使用的方法，于20世纪30—40年代受到社会心理学家的重视和使用。戴维斯（K. Dawis）和多拉德（John Dollard，1900—1980）的《被奴役的儿童》（1940），卡丁纳（Abran Kandiner，1891—1981）和奥弗塞（L. Ovesey）的《压抑的标志》（1951）等，都是使用生活史进行研究分析的典范。

（2）心理测验。这是从心理学借用过来的方法。在20世纪30—40年代被心理人类学家广泛用来研究人格和社会行为。他们既用这种方法来对不同地区中的人们进行心理测验以确定文化和人格，以及文化和行为之间的关系，也用于跨文化的现场考察。这种测验中，研究者用刺激意义不明确的图形或墨迹，让被试自由地作出各种反应，实验者要将被试看到图片时所说的话、行为反应和反应时间等信息详细记录，然后根据这些信息来推断被试的个性、人格及行为动机。常用的心理测验主要有：①罗夏克墨迹测验，这是瑞士精神病学家罗夏克（Hermann Rorschach，1884—1922）设计的一种投射测验法；②主题统觉测验，这是美国心理学家摩尔根（C. D. Morgan）和默里（Henry Alexarder Murray，1893—1988）所创立的一种心理投射测验；③绘图分析法，这是研究者通过收集不同部落或群体中的人们所画的关于房子、树木、人物等的图画，来研究文化与人格、文化与行为的关系的方法。

---

① 博克 P K. 多元文化与社会进步[M]. 余兴安，彭振方，童奇志，译. 沈阳：辽宁人民出版社，1988：329.

这些测验法利用了投射的原理。投射是指个人将自己的思想、态度、情绪和愿望等个性特征投射于外界事物,通过对外界事物的反映来表达自身的内心感受。它的理论依据是心理动力学理论,这一理论认为人的个性结构大部分处于潜意识状态,而心理测验正是能将人们隐藏在潜意识中的欲望、需求、态度和心理冲突通过对外界事物的反映表达出来的方法。

(3) 民俗与艺术分析。民俗与艺术是社会文化的重要组成部分。它们不但与社会的政治、经济和科技息息相关,还是这个社会的特定的象征和符号,代表着一个社会中典型的社会心理状态。因此,对民俗与艺术的分析在社会心理学中有极其重要的意义。社会普遍的价值观蕴涵在社会的民俗中,艺术也是该群体的生活和劳动的真实反映,所以,通过分析一个民族群体的民俗和艺术,研究者就可以了解他们的人格倾向、行为特征以及价值观和态度。

(4) 现场调查。这是一种研究者借用科技手段,在取得被试信任的基础上,在与其共同学习和生活的过程中,收集研究所需相关资料的方法。这种方法要求研究者在开始调查工作前就必须确定研究范围和题目、查阅相关文献、选定调查地点和制定好研究计划,在进入被试群体后,要学习当地语言及风俗习惯等,以便尽快地融入其中。

除了以上所提的几种方法外,还有问卷法、访谈法和文献档案法等。很多时候并不是某一种方法就能解决问题的,往往采用以某一种为主、其他为辅的方法。至于研究时该用哪种或哪几种方法更为合适有效,要根据研究的需要和研究者的判断。能根据研究需要选择恰当的方法进行研究,是一个社会心理学研究者应具备的基本素质之一。一个研究是否有成效,在一定程度上取决于所采用的研究方法是否得当。

三、社会心理学研究方法的发展趋势

第一,研究方式跨学科、跨文化的特点。社会心理学是在心理学、社会学、文化人类学,以及政治学、管理学等其他学科上发展起来的交叉性、综合性学科,它涉及相当多的学科和社会生活的各个领域,单纯地从某一角度很难全面地解释这些现象,必须要运用各个相关学科的知识和方法,这就使社会心理学的研究具备了跨学科的特征。此外,为了建设具有本国特色和适合本国国情的社会心理学理论研究与应用研究,许多社会心理学家都越来越重视不同文化背景下的社会心理学研究和应用的特殊性,以及在各种文化背景下的普遍规律。

第二,研究方法不断综合的趋势。尽管社会心理学的研究方法很多,但每种方法都有它本身的缺陷和局限,使很多有价值的信息被忽视或遗漏,很难对事物作出全面的解释。为了保证研究的可靠性,就必须综合运用各种研究方法,尤其是要注意数理统计方法的应用，以及定量研究与定性研究的结合。

第三，计算机等高科技技术的运用。使用计算机进行数据处理和统计分析，能够极大地提高分析速度和准确性。

第四节　社会心理学实证研究中的几个问题

社会心理学与心理学、社会学和人类学一样，在孔德(Auguste Comte，1798—1857)1836 年提出的“实证哲学”主张的指引下朝着实证化的方向发展，并取得了巨大的成就。经过一百多年的发展，人们发现，不仅实证方法能否替代人文方法值得继续探讨，就是实证方法本身也还存在着许多不容忽视的问题。与其他学科研究一样，社会心理学的研究过程中也不可避免地会出现一定的问题。在各种研究调查、观察研究和跨文化研究中，尤其是在社会心理学的实验研究中，研究偏差和伦理道德问题是最常见的。

一、研究偏差

社会心理学常遇到的偏差有两种，其一是实验者偏差，即实验者自身行为对研究的影响；其二是被试偏差，也就是被试参与心理研究时的各种与实验要求不一致的情绪和行为等。鉴于这两种偏差在研究中产生的特殊影响，下面对它们进行剖析，以利于读者的正确认识和在研究中尽量避免和克服。

(一) 实验者偏差

在社会心理学研究中，尤其是在实验研究中，研究者的愿望、评价、态度和行为趋向极容易影响被试的行为。事实上，研究者向被试提出按某种方式反应时(无论是有意还是无意的暗示)，被试都会获得一些微妙的信息，让自己的行为以研究者所希望的方式去进行。这就是实验者偏差。产生这个问题的原因是在实验的条件下，被试对研究者的行为相当敏感，即使在研究中研究者没有对被试提出任何的行为要求，但由于实验本身的局限性，被试很容易对研究者的用意进行猜测，从而作出符合研究者期望的或者反抗实验条件的行为反应。

解决实验者偏差的方法一般有两种，其一是“双盲法”。所谓“双盲”，即不让被试和实验主持者知道实验研究的目的，从而避免实验者影响实验的条件。其二是使实验条件标准化和规范化。这就需要借助录音材料和电脑命令等工具和手段。

(二) 被试偏差

被试偏差指“由于这是一个实验,以及被试者知道他们是研究的一部分这样的事实而别被引入研究环境的特征”①。在实验研究中,当被试知道自己是在被测试时(出于维护自己面子和尊严等本能反应),为了使人感觉自己是聪明和忠于实验的,他会故意或无意识地改变自己的心理和行为来达到研究者所希望的目的(或符合社会期望),甚至有些被试还会作出各种迎合和取悦实验者的行为。这些行为都会影响研究结果的准确性。

要想从根本上消除被试偏差似乎是不太现实的,但仍然可以通过一些努力,最大化地降低这种偏差造成的影响。一是尽可能地保护被试的隐私,如姓名、身份,以及他们在实验中的行为反应等,这样,就能减缓被试的压力,消除其顾虑,使其敢于释放真正的自我。二是隐藏因变量的测量(可借助于单向透镜等技术),使被试不知道自己正在被研究而自然地流露自己。三是不让被试知道研究的真正目的和假设。这其实就是常说的“声东击西”。例如,研究者想进行的是个人责任心的研究,但告诉被试这是进行个人喜好的偏向的研究。而在实验开始前,研究者可以把实验室制造得比较脏乱,如开门时,门后的扫把掉了,椅子倒在地上等。然后,研究者可以通过单向透镜观察被试在实验室里的行为。这样,被试以为自己要参加的是个人喜好的偏向研究,而不知道研究者进行的是关于责任心的研究。这样就能取得被试在责任心方面的真实材料。

二、伦理道德问题

20 世纪 50—60 年代,人们开始关注对人类进行研究所产生的伦理道德问题,尤其是医学实验研究方面的问题。在社会心理学领域也存在着研究中的伦理道德问题,主要有三个方面:一是对被试的实验性欺骗,二是侵犯被试的个人隐私权,三是实验给被试带来的痛苦。

(一) 实验性欺骗

在社会心理学的实际研究中(尤其是实验室实验),为了取得更真实的材料,研究者不得不创造出与实际情况相近甚至相一致的实验条件。一般情况下会对被试隐瞒研究的真正目的,并安排“假被试”参与实验,也就是实验者与知情者“串通”起来,制造一种假的“真实情景”来获取“真被试”自然的行为资料。一些学者认为,实

① Taylor S E, Peplau L A, Sears D O. 社会心理学[M]. 谢晓非,谢冬梅,张怡玲,等译. 10 版. 北京:北京大学出版社,2004:23.

验者这样做纯粹是为了获取更加真实可靠的研究结果，并没有故意或恶意，因此，这种行为是无可厚非的。因为，如果被试知道实验的真实目的后，就会出现前面所说的被试偏差，这样，社会心理学家就很难获取真实的资料来进行研究。从这个角度来看，在研究中使用实验性欺骗似乎是必须的，也是合理的，因为能造福人类的、有价值的研究成果远比实验给个人带来的心理伤害更重要。

但是，是不是研究有价值就可以无视实验给被试所带来的伤害？如果真的需要对被试隐瞒研究的具体情况，怎样做才是合适的？目前这些问题都没有达成共识。但无论如何，对被试说谎及欺骗是不道德的，社会心理学家只能采取折中的措施，在保证实现实验目的的前提下，尽最大努力减少对被试的欺骗。

（二）隐私权的侵犯

在那些带有欺骗性的社会心理学实验中，常常会衍生社会心理学研究中的另一个伦理道德问题——侵犯被试的个人隐私权。社会心理学的实验研究时常会涉及个人的隐私问题，如对上司、家人、朋友的评价，个人的经济情况，宗教信仰和性行为等，都属于个人的隐私，一般情况下是保密的，这是法律赋予个人的权利。但在有些研究中，实验者却要求被试说出来，甚至将结果予以公布，在这个过程中，如果没有获得被试的同意，即使是匿名的，也侵犯了被试的隐私权，违背了保护个人隐私的伦理原则。

（三）被试的痛苦

某些社会心理学实验会给被试带来肉体和精神痛苦。一般来说，造成肉体疼痛方面的实验相对较少，但由于实验引起被试精神不适的还是相当多的。一方面，一些实验由于侵犯个人的隐私引起被试的忧虑与不安，尤其是得知自己是在被欺骗的情况下表现出实验中的行为时，很多被试会感到自尊心受到损害，表现出极度的沮丧和烦恼；另一方面，一些实验会引起被试高度的心理紧张和恐惧，如前面提到的巴金尔多所做的关于模拟监狱实际情况的实验中，就使扮演“犯人”和“看守”的被试出现了不同程度的精神沮丧和心烦意乱。可见，真正的社会心理学实验并不像一般人认为的那样是一件“好玩”的事情。

（四）解决伦理道德问题的原则

在社会心理学研究中出现的这些诸如被试偏差和实验性欺骗等问题是不能从根本上消除的，但可以尽最大的努力去减缓这些问题带来的消极影响。美国社会心理学会（American Psychologigal Association，APA）曾先后制定（1972 年）和修改了（1992 年）一套有关心理学研究中伦理道德行为的指导方针。此外，美国政府还建立了一些具体的措施来监督由联邦基金所支持的研究。由于各方面的原因，我国对在各种研究实验中(包括社会心理学的实验)以人类作为被试这一问题,还没有一套行之有效的解决办法。但在实验中要保护好被试的生命安全、尽量减少实验给被试带来的不安和痛楚等方面,我国的学者还是做得比较好。在处理实验研究中的伦理道德问题上,美国提出的三大原则是目前比较全面和合理的,值得借鉴。

1. 知情同意原则

知情同意,顾名思义,就是指被试应该知道参加实验所包含的内容(包括实验的风险、利益、内容、步骤等),并能自主决定是否参加实验,任何人不能对他施加压力,强迫他参加不愿意参加的实验。即使被试已经同意了参加实验,但如果在实验过程中要求中途退出,也应该无条件获得同意。

但是,"知情同意"听起来合理而简单,要想在实际中完全做到却不是一件容易事。正如前面所提到的,有时为了避免被试反应的偏差,适当地向他们隐瞒实验的目的是非常必要的。此外,目前也没有一个机构去监督和检查研究者是否在研究中做到了知情同意,这只能靠实验者的自觉。

一些偏激者认为,在任何实验(尤其是带有欺骗性质的实验)中以人类作为被试都是不道德的。如果这样,那么许多科学研究都将无法进行。因此,更多的社会心理学家对此持较温和的观点。他们认为,首先,并不一定要把所有关于实验的事情都告诉被试,但最起码应该让他们知道他们正在参加一个研究,并且有自由选择是否参加研究的权利;其次,尽可能不在实验中使用欺骗方法,如果必须要用的,也是在确定研究的利益超过了欺骗所带来的伤害的前提下;最后,如果要告诉被试实验可能造成的伤害,应该是在被试知情同意或信任的基础上,以确保实验能够顺利进行。

2. 事后说明原则

这一原则是指在研究结束后,研究者应该向被试解释清楚关于研究目的和研究步骤的一些细节问题。一方面,被试可以提出他们在研究中遇到的问题和表达他们参加实验的感受;另一方面,研究者要通过与被试的沟通,缓解实验给被试带来的不适和紧张。如有必要,研究者还要向被试提供一份书面报告。通过事后说明,从研究者的角度来说,可以更有助于理解被试在实验中的反应;而对被试而言,也能学到一些有关研究领域的知识。

3. 最小风险原则

这个原则是要求研究者将实验中可能给被试带来的风险降到最低。也就是说,被试在实验中遇到的风险要比日常生活中的还要小。社会心理学研究中常遇到的风险主要有以下两种。

(1) 最重要的是侵犯隐私权。个人的隐私权是受到法律保护的,理应获得尊重。但在研究中,为了研究需要,有时不得不涉及诸如性行为、身体疾病、心理问题、违法行为等一些个人隐私。许多社会心理学家呼吁:“社会心理学家必须在进行研究的同时,保证个人的秘密。”[①]按照最小风险的原则,研究的负责者必须通过保证机密、匿名参与研究,以及对结果公开的要征得被试同意等措施来保护被试的隐私。

(2) 还有各种各样的实验刺激。社会心理学实验并不是一件好玩的事,在实验中,被试会或多或少受到肉体和精神上的伤害。尤其那些有欺骗性的实验,给被试带来的自尊伤害是非常普遍的。

要将研究实验中的潜在风险降到最低,需做到以下几点。首先,要做到知情同意原则。如果条件允许的话,被试应该在得到足够多信息的基础上作出是否参加实验的决定,就像人们在决定是否要进行外科手术时应该获得足够多的相关信息一样。其次,被试在研究中遇到的风险必须小于日常生活中遇到的。例如注射,这在日常生活中偶尔会遇到,但它一般不会给人们带来害怕的感觉(个别情况例外)。但如果在研究中每隔 10 小时就注射一次的话,那么可能会使一些被试感到害怕,即使他们知道这个注射对他们的健康是没有任何影响的。最后,一个判断研究的风险是否适度的标准是,被试在结束实验后必须处于与进入实验时几乎完全一样的生理和心理状态。这就要求实验不能给被试带来实验的后续反应。无论研究是有趣的、让人享受的,还是令人疲惫或乏味的,被试对自我的认同和心理状态都不应该因为参加实验而有所改变。一旦做到了这一点,就可以说这个研究已经将实验的潜在风险降到了最低标准。

总的来说,目前社会心理学实证研究中出现的问题是非常矛盾的,它使人们处于一个两难境地,一方面,为了顺利收集研究所需要的资料会出现不可避免的研究偏差;而另一方面,为了避免偏差又引发了一系列的道德伦理问题。针对这一情况,目前还没有一个两全其美的解决办法,而这也恰恰是研究者今后努力的方向之一。

本章小结

社会心理学是研究社会个体和群体在特定的相互作用的社会中受到各种社会刺激时的反应的一门学科,具有综合性、独立性和应用性的学科特点。社会心理学在发展过程中,经过不断的借鉴和摸索,形成了自己特有的研究方法。本章详细介绍了实验法、观察法、调查法和跨文化研究法等几种重要的研究方法。此外,社会心理学实证研究中出现的研究偏差和伦理道德问题也应引起重视。

---

① 弗里德曼 J L,西尔斯 D O,卡尔史密斯 J M. 社会心理学[M]. 高地,译. 哈尔滨:黑龙江人民出版社,1984:30.

思 考 题

1. 社会心理学的研究对象是什么?
2. 社会心理学的学科性质是什么?
3. 社会心理学研究的实证方法有哪些?它们各自的优势和局限有哪些?
4. 社会心理学实证研究中存在哪些偏差?应怎样避免?
5. 怎样才能较好地处理社会心理学实证研究中出现的伦理道德问题?

第二章

社会心理学的历史发展及其理论流派

第一节　社会心理学的建立

一、社会心理学的孕育时期

学术界普遍认为，社会心理学的思想最初来源于西欧思辨哲学。在西欧思辨哲学家中，对社会心理学影响最大的是柏拉图和亚里士多德。这两位哲学家有关“人性”的思想对社会心理学的产生起了极大的推动作用。

（一）柏拉图的“人性思想”

柏拉图（Plato，公元前 427—公元前 347）的“人性”思想主要集中在《理想国》、《政治家》和《法律》等著作中。柏拉图认为，人性虽然不能完全摆脱生物遗传的影响，但是可以受到环境和教育的深刻影响。他把人性分成三个部分：理性、意志和情欲，其中理性占统治地位。这三部分体现出人的四种品德，即智慧的品德、勇敢的品德、节制的品德和正义的品德。这四种品德是社会形成的基础，因此，柏拉图认为国家是扩大了的个人。根据以上柏拉图的观点，社会是由人性组成的，但是社会又决定着人性。

柏拉图的理想主义被后来的社会哲学家康德（Immanuel Kant，1724—1804）、歌德（Johann Wolfgang von Goethe，1749—1832）和卢梭（Jean-Jacques Rousseau，1712—1778）等人继承下来，并得到发展。他们相信，改变人性的前提在于改变社会。这种通过改变社会来改变人性的观点还影响着当代美国新行为主义心理学家斯金纳（Burrhus Frederic Skinner，1904—1990）的思想。

（二）亚里士多德的“人性”思想

亚里士多德（Aristotle，公元前 384—公元前 322）的“人性”思想不同于柏拉图，他认为社会源于人的自然本性，而人性又是由生物性或本能性的力量所决定的。因此，通过建立理想国来改变人性的主张是不可能实现的。

亚里士多德的思想也深深影响着当代心理学的发展，如他在《诗学》中提出的“宣泄说”孕育了弗洛伊德(Sigmund Freud，1856—1938)的“心理动力学”，进而影响到当代社会心理学对人类侵犯行为的研究。他在《尼考马可的伦理学》中对社会行为所作的精湛的交换论描述至今仍被人们奉为金科玉律，并对现代交换论的思想产生了巨大的影响。[①]

另外，法国实证主义哲学家孔德、英国机械唯物主义哲学家托马斯·霍布斯(Thomas Hobbes，1588—1679)和英国功利主义哲学家杰尼米·边沁(Jeremy Bentham，1748—1832)也对社会心理学的产生有较大影响。

二、社会心理学的形成时期

社会心理学的形成与当时西方社会发展背景是紧密联系在一起的。在19世纪下半叶到20世纪初，西方资本主义世界进入相对稳定的发展时期，许多学科都得到了较大的发展，社会学、心理学和文化人类学就是在这一时期逐步建立的。但社会学和心理学均不能解决某些特定的问题，这直接产生了建立社会心理学学科的需要。

(一) 社会心理学的直接思想来源

1. 德国的民族心理学

德国的民族心理学派主要代表人物有人类学家拉扎拉斯(Mark Lazarus，1842—1903)、语言学家斯坦达尔(Heymann Steinthal，1823—1899)和心理学家冯特(Wilhelm Wundt，1832—1920)，他们都对社会心理学的建立作出了巨大的贡献。

拉扎拉斯和斯坦达尔于1859年创办了《民族心理学和语言学》杂志。他们认为，民族心理学可分为两个研究领域，一是研究所有民族普遍的心理规律；二是研究各个不同民族特殊的心理规律。民族心理学研究的重要目的在于发现这两种民族心理现象中存在的心理学基本原理，以及这两种民族心理现象怎样相互影响、并共同构成民族心理学的发展。他们还认为，“民族心理学”之所以必要，是因为人是社会性存在，个人同时属于社会共同体，并具有集合心。

冯特的民族心理学与前两人不同。他认为，民族心理学研究的领域是人类生活所创造的那些精神产品，即一种把个体结合在一起的集合精神。它包括语言、神

---

① 周晓虹.现代西方社会心理学流派[M].南京:南京大学出版社，1990:152.

话、风俗和艺术等要素。进一步说，民族心理学研究的是语言、神话、风俗和艺术等现象发生、发展的原理。事实上，冯特的这种观点是建立在唯心主义哲学观点基础上的，一直受到人们的批判。但是他“提出了一个原则性的问题，即除个体意识之外，还存在着表征群体心理性质的某种东西，并且个体意识在某种程度上是由这种东西来决定的”①。

2. 法国的群体心理学

法国群体心理学派的主要代表人物有加布里尔·塔尔德、埃米尔·迪尔凯姆和古斯塔夫·黎朋。

加布里尔·塔尔德对社会心理学的最大贡献是“暗示-模仿”(suggestion-imitation)理论。他认为模仿可以解释一切社会行为，是一切社会现象产生的原因。按照他的观点，“从社会的角度来说，一切事物不是发明就是模仿”②，甚至，发明也是模仿的产物。他认为，发明是信念(belief)和愿望(desire)的函数。而信念和愿望是两种心理学上的量，其内容和本质都是社会的。只有通过模仿，才能起作用，发明也才能进一步扩散和普及。此外，他认为犯罪也是通过暗示、模仿和欲望等社会原因产生的。于是，在塔尔德那里，模仿法则是理解所有社会过程的心理和社会机制，并存在于政治、法律、宗教、道德、语言和艺术各个领域里。

埃米尔·迪尔凯姆是位社会学家，其观点和塔尔德恰恰相反。他对社会心理学的杰出贡献在于提出“集体表象”(collective representations)的概念。他认为，“集体表象”虽是经“个人表象”综合而来的，但却是“一种完全不同的东西，其性质并非是各组成部分的性质之和”③。塔尔德认为，所有社会现象的解释都可以还原到心理层面。“集体表象”是群体共有的社会生活或经验的心理象征，存储着数代人的知识和经验，具有外在性和强制性。迪尔凯姆提出的“集体表象”重要意义在于，它揭示了社会活动的自致性，社会心理对个体是有强制力的，个体心理不能解释集体现象，从而为社会心理学的建立提供了强大的支持力量。

古斯塔夫·黎朋是一位注重群体心理研究的社会学者，其观点是塔尔德和迪尔凯姆的折中。黎朋研究的群体是自发行动起来的群体，他认为这样的群体中的个人在情绪、意志和观念方面都趋向同一个方向，形成一种同质性群体心，而个体意识是被湮没的。那么，是什么力量促使群体中的个人行为趋向一致呢？黎朋认为，这是个体有一种本能性的趋从多数人力量倾向的结果。反过来说，他认为群体具有精神统一的能量，有感染性和暗示性，其实质就是心理结合。另外，黎朋对这种集合群体进行了负面评价，认为其具有匿名性及破坏性。

---

① 安德列耶娃.社会心理学[M].蒋春雨，译.天津：南开大学出版社，1984：30.

②③ 周晓虹.现代西方社会心理学流派[M].南京：南京大学出版社，1990：9，9.

3. 英国斯宾塞的社会进化论

斯宾塞(Herbert Spencer,1820—1903)的社会有机论也为社会心理学的形成作出了贡献。他将社会看做是一个"有机体",认为社会的发展和自然界生物体的发展有相似的规律,即社会同自然界生物都有一个由简单到复杂不断进化的过程。尽管社会的发展和生物体的发展有差别,但没有本质上的差别。斯宾塞认为,社会同生物体一样,也具有三大系统:第一是由产业组织形成的保持系统,类似于生物的营养系统;第二是由商业组织形成的分配系统,类似于生物的循环系统;第三是由政府和军事组织形成的调节系统,类似于生物的神经系统。斯宾塞将社会比做生物有机体的社会学思想影响着日后的社会心理学家,如麦独孤。

(二) 社会心理学形成的主要标志

如果以个别人物和个别事件为线索来考察社会心理学的形成,主要有以下三大标志性事件。

1. 描述性社会心理学的诞生标志

1859年,德国民族心理学家拉扎拉斯和斯坦达尔创办了《民族心理学和语言学》杂志,它借助史学、人类学和哲学的取向,对民族群体的语言、风俗和习惯进行了研究。这一年被人们视为描述性社会心理学的诞生之年。正如萨哈金(Williams S. Sahakian)所说:"如果说德国传统的普通心理学是研究个体的话,那么民族心理学关心的则是社会心理。"①

2. "社会心理学"一词的使用标志

1875年,德国学者哈夫勒(Albert Eberhard Schaffle,1831—1904)首先在现代意义上使用了"社会心理学"一词。20年后,斯莫尔(Albion Woodbury Small,1854—1926)和文森特(G. E. Vincent)在美国首次使用"社会心理学"一词,并将"社会心理学"列为《社会研究导论》一书的主要章节。

3. "社会心理学"作为学科出现的标志

1908年,英国心理学家麦独孤和美国社会学家罗斯同时出版了以"社会心理学"命名的著作。② 从此,"社会心理学"作为一门学科出现。

麦独孤的研究领域相当广泛,除社会心理学外,还涵盖了生理心理学、实验心理学、普通心理学和变态心理学等领域。他延续了英国本能心理学理论和社会学理论,尤其是斯宾塞学派强调的以个体为中心的生物学进化论。麦独孤提出了以本能为基础的行为学说,认为人类行为的原始动力在于人自身存在一种遗传倾向,这种遗传倾向是人类一切思想和行为的源泉。那么,这种遗传倾向是什么

---

① 萨哈金.社会心理学的历史与体系[M].周晓虹,译.贵阳:贵州人民出版社,1991:38.

② 麦独孤的著作名称是《社会心理学导论》,罗斯的著作名称是《社会心理学》。

呢？麦独孤认为，人类的遗传倾向有两种：特殊倾向和非特殊倾向。特殊倾向指的是本能，是一种遗传在人的心理和生理中的倾向；非特殊倾向指的是拟态本能，是心理结构及心理过程进化到一定的复杂程度才产生的，包括暗示、模仿、同情倾向，游戏和竞争倾向，习惯的形成倾向和先天气质倾向等。麦独孤的本能论为人类社会行为的解释提供了一种独特的方法论，开创了心理学性质的社会心理学取向。

罗斯与麦独孤的研究思路不同，他从社会学的角度来研究社会心理。他延续了法国群体心理学和社会学派尤其是塔尔德的“暗示-模仿”理论。他认为社会心理学的任务是揭示人与社会相互作用的心理机制，即个人与他人互动的心理机制。罗斯运用了塔尔德的“暗示-模仿”理论，认为个人与他人的相互作用是从人所具有的被暗示性产生的。暗示是一种刺激，从外部迅速进入了人的意识中，成为意识的一部分并具有意志效果。而个体被他人暗示之后，就会产生模仿。这样，个人与他人的相互作用就是先被暗示、然后模仿的过程。在罗斯看来，暗示与模仿是个人与他人相互作用的两个不同方面，暗示是模仿的开始，模仿则是暗示的结果，两者互为因果关系。他通过对“暗示-模仿”理论的解释，具体分析了社会感染、群体心理的形成与广布的心理过程。罗斯的研究与探索，开创了社会学性质的社会心理学取向。

三、社会心理学的确立时期

(一) 心理学取向的社会心理学

学术界普遍认为，社会心理学的确立时期是在实验方法被引入社会心理学研究之后。因为社会心理学在形成时期仍带有浓厚的思辨和抽象特点，而实验方法的引入，使社会心理学摆脱了思辨和抽象性质。

1924年，美国社会心理学家奥尔波特出版了第三本《社会心理学》教科书，证明了实验方法可以作为理解人类社会心理和社会行为的重要手段。它标志着社会心理学已从描述研究转变为实证研究，从定性分析转变为定量分析，从理论建构转变为实际应用，并从普遍论转变为特殊论。这说明社会心理学已经向实证科学迈进。

1897年，奥尔波特的同胞特里普利特(N. Triplett)用实验方法进行了一项关于“社会促进”的研究。该研究发现，独自一个人骑自行车的速度比同一群人一起骑的速度要慢20%；另外，一群10～12岁儿童的卷线工作效率比个体工作的效率要高10%。特里普利特由此得出结论：团体工作效率要比个体工作效率高。1913年，莫德(W. Moed，1888—1958)也进行了一项群体实验。实验内容是测定辨别声音的能力、注意力的稳定性和计算能力等多项内容。实验结果表明，随着被测人数的不断增多，实验成绩出现了明显差异。在特里普利特和莫德两人实验的基础上，奥尔波特于1916—1919年间进行了一系列关于“社会促进”的实验，他发现：合作群体中存在社会刺激，这种社会刺激会使个人工作在速度和数量方面有所增加；而这一增加对物理运动方面的影响比纯智力方面的影响表现得更突出。

在奥尔波特1924年发表其实验成果——《社会心理学》之后的几年里，社会心理学得到了迅速发展。首先，瑟斯顿（Louis L. Thurston，1887—1955）在1928年首次提出了态度量表的结构并制定了第一个量表；1932年，李凯尔特（K. Likert）对量表结构加以大大的简化，提出了现在仍被广泛使用的度量方法。其次，谢里夫（M. Sherif，1906—）在1935年完成了有关社会规范形成的研究。实验结果表明，人们的认识受到以往的学识和现在的态度的影响，但在群体环境中主要受制于群体认知的影响。他的实验引出了阿希（Solomon E. Asch，1907—1996）的从众行为研究，并启发了米尔格雷姆（Stanley Milgram，1933—）的服从行为研究。最后，勒温（Kurt Lewin，1890—1947）在1939年完成了群体动力学研究。他对群体中的人与人的关系、群体的形成，以及群体凝聚力、领导作风等问题都进行了一系列的实验研究。他早期还提出了“场论”学说，认为人的行为取决于内在需要和周围环境的相互影响。

概括起来，这个阶段心理学取向的社会心理学的研究成果主要有以下两个方面：一方面，重视社会心理学的定量分析，尤其是运用实验方法研究个体和群体现象；另一方面，重视社会心理学的应用，将理论与实际相结合。

（二）社会学取向的社会心理学

在社会心理学的确立时期，社会学取向的社会心理学家进行着有益的理论探索。库利（Charles Horton Cooley，1864—1929）、托马斯（William Isaac Thomas，1863—1947）和乔治·米德（George Herbert Mead，1863—1931）都是主要代表，但是乔治·米德综合了前两人的观点。乔治·米德的思想为“符号互动论”奠定了基础。他认为，个体总是社会性的，个性也是在社会中形成的。因此，理解人的社会行为就必须分析个体与个体之间的互动过程以及个体之间是依靠哪些手段来实现和调节这一过程的。萨宾（T. Sarbin）的“社会角色理论”、海曼（H. H. Hyman）的“参照群体理论”、戈夫曼（Erving Goffman，1922—1982）的“戏剧理论”和勒默特（E. M. Lemert）的“标签理论”都受到乔治·米德思想的影响。

（三）文化人类学取向的社会心理学的孕育

在社会心理学的确立时期，文化人类学家对人类行为进行了大量的跨文化比较研究。这类研究的代表人物主要有弗兰茨·波亚士（Franz Boas，1858—1942）、马林诺夫斯基、本尼迪克特(Ruth Benedict,1887—1948)和玛格丽特·米德(Margaret Mead,1901—1978)。其中,本尼迪克特的《文化模式》(1934)和玛格丽特·米德的《来自南海》三部曲(1928—1935)分别标志着"文化与人格理论"的正式形成。同时,这两部著作对传统社会心理学的两种研究取向提出了挑战,为20世纪80年代社会心理学的第三种研究取向(文化人类学取向)的形成做好了充分准备。

第二节 社会心理学的发展

一、国外社会心理学的发展

社会心理学自确立之后,得到了较大发展,但也面临过危机。总体而言,从"二战"后到2000年,美国社会心理学独断主宰着国际社会心理学,一直到2001年,欧洲社会心理学才成功打破这一局面,但亚洲、南美洲和非洲的社会心理学的影响力仍然很小。

(一) 美国社会心理学的发展

1. 20世纪40年代美国社会心理学的发展

社会心理学正式确立自己的学科地位之后,在20世纪40年代获得了进一步发展。这一时期最主要的研究有以下三个方面。第一,心理学取向的社会心理学家围绕偏见、信仰、说服、宣传和态度等问题进行了大量的研究。其中,霍兰德(S. P. Hollander)进行的沟通与说服关系的研究是这类研究的典范。第二,社会学取向的社会心理学家在库利的"初级群体"理论影响下,开展了"基层部队研究计划"。其中,最有影响力的是由斯托弗(S. A. Stonffer)等人写的《美国士兵》(1949)一书。该书提出的"相对剥夺"概念丰富了海曼的参照群体理论。第三,文化人类学取向的社会心理学家玛格丽特·米德和本尼迪克特分别写出了两部著作——《枕戈待旦:一个人类学家眼中的美国人》(1942)和《菊花与军刀——日本文化的诸模式》(1946)。这两部著作对美国的战争动员和对日政策的制定产生了直接影响。

另外,在"二战"期间,由于欧洲战争不断,欧洲许多著名的社会心理学家流亡到美国,对美国社会心理学的发展产生了重大影响。这些社会心理学家包括勒温、海德(Fritz Heider,1896—1988)、凯利(Harold H. Kelley,1921—2002)、弗洛姆(Erich Fromm,1900—1980)等。

2. 20 世纪 50、60 年代美国社会心理学的发展

第二次世界大战以后，资本主义的繁荣促进了美国社会心理学的发展，也使美国社会心理学达到鼎盛时期，主要表现在两方面。其一，社会心理学的研究对象进一步扩大，几乎涉及人类行为和社会心理的各个方面，如社会认知、竞争与冲突、人格与社会行为的关联、领导行为与群体凝聚力、社会化、亲社会行为等，形成了较为完整的科学体系；其二，社会心理学理论流派层出不穷。

心理学取向的社会心理学理论成果主要如下。

(1) 弗洛姆进一步完善了 20 世纪 30、40 年代社会文化学派的精神分析理论。这主要表现在弗洛姆为精神分析的社会心理学建成了基本体系框架，如他提出的“社会潜意识理论”就是对弗洛伊德精神分析理论的最大发展。

(2) 班杜拉(Albert Bandura，1925—)发展了社会学习理论。班杜拉的社会学习理论主要包括交互决定论、观察学习论、自我调节论，以及 20 世纪 70 年代发展的自我效能论。

(3) 从经典的格式塔心理学和勒温的场论中形成了“社会认知理论”。事实上，社会认知研究开创于 20 世纪 40 年代中期，发展于 50 年代中期，从 60 年代中期开始，社会心理学家对社会认知的研究更趋于细致化。

社会学取向的社会心理学理论成果主要如下。

(1) 萨宾进一步发展了社会角色理论，提出了“角色参与分类法”。他把角色分为七个等级，即七种类型的角色。第一级角色只被看做某一角色的体现者，事实上并没有扮演这种角色；第七级角色则是一种在超自然力作用下的参与。

(2) 霍曼斯(George Casper Homas，1910—)和布劳(Peter Michael Blau，1918—)的社会交换理论的诞生为解释人类社会行为提供了另一种视角。霍曼斯的社会交换理论强调心理学对社会现象解释的重要性，也即是通过心理还原主义来解释群体行为。为此，他提供了一系列的关于人类社会行为的命题。布劳与霍曼斯不同，他反对心理还原主义，提出交换结构理论，主要从宏观上解释群体行为。

3. 20 世纪 70 年代以来美国社会心理学的发展

20 世纪 70 年代，美国经历了较为严重的社会危机，如黑人运动、妇女运动和青年运动此起彼伏。面对严峻的现实，社会心理学家无能为力，使人们对社会心理学失去了信任，导致整个学科陷入危机之中。社会心理学的危机主要体现在三个方面。第一，理论定向问题。由于社会心理学研究长期以个体为中心，忽视了个体与社会的统一，导致社会心理学理论难以应用于社会。第二，研究方法问题。社会心理学只注重实验研究，严重脱离现实，导致研究成果缺乏普遍意义。第三，社会期望问题。由于社会心理学与社会生活密切联系，导致公众对其寄予过高的期望，而社会心理学又不能在短期内与社会现实保持同步的发展。面对这样的危机，社会心理学迫切要求对自身理论和研究方法进行再探讨。

自社会心理学出现危机之后，美国社会心理学通过反思和认识，出现了以下几个方面的重大变化。第一，社会心理学在研究对象方面改变了原来只注重研究个体、小群体心理或行为的状况，同时把群体或大型群体心理或行为也纳入了研究范围。第二，在研究方法上，由只注重实验室实验方法，转变为既采用实验室实验法，又运用自然实验法、现场实验法、跨文化研究法、问卷法和访谈法等。第三，关于社会问题的研究和应用性研究的数量增多，如关于侵犯行为、大众传播与暴力行为、利他行为、爱情婚姻问题等社会问题的研究；而应用性研究则广泛涉及学校教育、医疗、保健、司法过程、环境保护、消费者利益、福利政策等众多领域。第四，社会心理学理论研究逐渐受到人们的重视。许多社会心理学家出版了各自的理论专著，其中影响较大的有霍兰德与亨特（P. G. Hunt）的《社会心理学的经典贡献》（1972）、霍兰德的《社会心理学的原则与方法》（1976）、萨哈金的《社会心理学的历史与体系》（1982）等。

（二）欧洲社会心理学的发展

1. "二战"后到20世纪70年代欧洲社会心理学的发展

20世纪30年代前期是美国社会心理学的学科制度化和学科合法化的建构时期，而此时欧洲的社会心理学处于衰落阶段。由于德国纳粹的兴起和欧洲发生动乱，大批杰出的学者被迫流亡到美国，社会心理学的研究重心因此转移到美国。

"二战"后，由于东西方意识形态的冲突，欧洲社会心理学得到了美国的资助，这加强了欧洲各国社会心理学的沟通与合作，并促使了欧洲实验社会心理学会的成立（1963年）。1917年欧洲实验社会心理学会创办其学术期刊——《欧洲社会心理学杂志》，并组织编写了"欧洲社会心理学专著丛书"，这极大地推动了欧洲社会心理学的学术交流与合作。

在这一阶段，尽管美国社会心理学仍然主宰着国际社会心理学的发展，但是，欧洲社会心理学家已经开始建构自己的理论，并取得了巨大成果，主要表现在以下两方面。一方面，欧洲建立了自己独特的研究视角。欧洲独特的研究视角是修辞学和语言分析，它是在批判美国社会心理学研究方法的基础上建构的。欧洲社会心理学的奠基者莫斯考维西（S. Moscovici）在其论文《社会心理学研究中的社会和理论》中充分阐述了美国主流社会心理学的概念框架、理论模式和方法技术是建立在不同于欧洲社会文化的基础上的，这意味着欧洲社会心理学要建立自己的理论与方法，才能满足社会现实的需要。欧洲社会心理学另一位奠基者塔杰弗尔（H. Tajfel）则严厉批评了美国主流社会心理学的实验是真空中的实验，是脱离社会现实的。另一方面，欧洲社会心理学成功地建构了自己的理论，为国际社会心理学作出了突出的贡献。欧洲社会心理学关于"文献计量学"的研究有别于美国研究主题；欧洲社会心理学在群际关系研究中注重理论和元理论的建构，这与美国注重群体秩序的维系也显著不同；另外，欧洲社会心理学开始建构的社会认同论更与美国主流社会心理学的个体认同论有很大差别。

2. 20 世纪 80 年代欧洲社会心理学的发展

20 世纪 80 年代欧洲社会心理学和美国社会心理学的研究主题呈现出某种合流的趋势。但就研究偏好和研究视角而言，它们之间的差距在扩大。欧洲社会心理学研究注重认知和行为的社会与文化因素，而美国注重个体及其功能化过程。另外，20 世纪 80 年代是欧洲社会心理学理论精致化时期。由莫斯考维西和塔杰弗尔分别开创的群体创新理论和社会认同理论得到进一步的验证和拓展。同时，欧洲社会心理学研究也逐渐获得美国主流社会心理学派的承认。

3. 20 世纪 90 年代以来欧洲社会心理学的发展

20 世纪 90 年代以来欧洲社会心理学和美国主流社会心理学相互融合，并在 2001 年成功打破了美国主流社会心理学独断的主宰地位。具体表现在：第一，欧洲社会心理学理论，如群体创新论、社会认同论，已经融入美国当代社会心理学的研究中；第二，美国社会心理学的社会认知范式也已经成为当代欧洲社会心理学的主导研究范式之一；第三，2001 年，欧洲社会心理学手册的出版，标志着美国在国际社会心理学的独断主宰地位被打破。这些社会心理学手册包括《个体内化过程》(*Intra-individual processes*)、《人际过程》(*Interpersonal processes*)、《群体过程》(*Group processes*)和《群际过程》(*Inter-group processes*)。

（三）亚洲与日本社会心理学的发展

“二战”后，美国社会心理学的迅速发展，不仅推动着欧洲社会心理学的发展，而且对亚洲社会心理学也产生了重大影响。

1988 年，亚洲社会心理学学会正式成立，以后每隔四年举办一次大型的学术研讨会。这几次学术研讨会的召开促进了中、韩、日三国社会心理学的沟通与合作。日本东京大学的山口劝就是在第一、第二次亚洲学术研讨会的基础上，主持编写了《亚洲视野中的社会心理学》录像丛书，参加编写的有中、韩、日三国学者。

在“二战”后的亚洲社会心理学的发展过程中，日本社会心理学的发展较有特色。日本的社会心理学理论主要从美国移植过来，其社会心理学能较好地将理论与现实社会结合在一起。日本社会心理学的发展路径与欧洲是显著不同的。

1. 日本社会心理学发展阶段

日本社会心理学在 20 世纪 40 年代以前，只有一些零散的、不系统的研究。1890 年，元良勇次郎在《心理学》一书中论述了“心理学和社会学”、“社会性感觉”。1906 年，德谷丰之助出版了《社会心理学》，首次使用了社会心理学这样的书名，而且把其作为社会学的一部分。20 世纪 40 年代中后期以后，日本社会心理学开始建立。根据日本社会心理学家南博的归纳和总结，日本社会心理学研究可以分为六个阶段：第一阶段，从 1946 年到 1950 年，美国社会心理学的移入和介绍；第二阶段，从 1951 年到 1956 年，从心理学及社会学方面批判美国的社会心理学，试图建立日本自己的社会心理学理论，同时，日本心理学与邻近诸学科开始交流；第三阶段，从 1957 年到 1960 年，日本社会心理学作为一门学科而确立；第四阶段，从 1961 年到 1965 年，日本社会心理学得到进一步发展，并吸收美国行为科学的研究方法；第五阶段，从 1966 年到 1970 年，日本社会心理学进行了学际研究，开展了世代论的社会心理学研究；第六阶段，1970 年后，日本社会心理学扩大了社会视野，发展了学际研究，并建立环境心理学。

2. 日本社会心理学的发展特点

日本社会心理学的发展具有以下特点。第一，日本社会心理学发展速度较快，注重社会心理学的人才培养，建立了以日本社会心理学学会为中心的研究体系。第二，在经过了短短几年的移入和介绍期之后，很快地具有强烈的批判吸收和建立自己的社会心理学理论体系的意识，但是，其理论体系仍然停留在美国社会心理学理论的结构之中。第三，日本社会心理学能结合日本每个时期的社会特点和社会问题，进行多方面的社会心理学研究。第四，日本社会心理学由于受到美国行为主义的影响，其研究比较接近行为科学。

二、中国社会心理学的发展

（一）中国社会心理学的形成

社会心理学在中国的发展应从 20 世纪 20 年代初期开始。当时，一些从西方留学回国的学者开始翻译多种社会心理学著作，其中有黎朋的《群众心理学》、麦独孤的《社会心理导论》、奥尔波特的《社会心理学》等。中国的学者也写了一些有关社会心理学的专著，如陆志韦的《社会心理学新论》、陈东原的《群众心理 ABC》、潘菽的《社会的心理》、高觉敷的《群众心理学》、张九如的《群众心理与群众领域》等。1929 年，孙本文开始在中央大学教授社会心理学课程，1946 年出版了《社会心理学》一书，对社会心理学理论作了系统介绍，这是当时中国一本比较全面的社会心理学著作。

这一时期的中国社会心理学的理论观点较多从西方移植过来，如精神分析理论、格式塔理论、行为主义理论都已传入中国。20 世纪 20 年代末，潘菽、高觉敷等学者开始介绍以辩证唯物论为指导思想的苏联心理学；30 年代后期，郭一岑、阮镜清、曹日昌、刘泽如等学者先后提倡用辩证唯物论的观点和方法研究社会心理学。

（二）20 世纪 50 年代以来中国社会心理学的发展

1. 主要发展历程

20 世纪 50—70 年代，中国内地社会心理学的研究几乎处于停滞状态。而在

20世纪60年代，中国台湾由于经济崛起，社会心理学的研究得到较大发展。如1964年，杨国枢采用实证方法对中国人的性格特点进行了研究，这为中国社会心理学本土化研究提供了范例。

20世纪80年代以后，中国社会心理学开始进入重建与复兴阶段。中国社会心理学重建的重要标志是1981年北京市心理学会首次举办了"社会心理学学术座谈会"，会上讨论了社会心理学的研究对象、性质、方法及理论等问题。1982年，中国社会心理学研究会成立，中国社会心理学迅速发展。20世纪80年代中后期，中国内地学者开始探讨如何建立中国特色社会主义心理学体系的问题。

在20世纪80年代期间，以杨国枢为代表的中国台湾学者和以杨中芳为代表的中国香港学者掀起了中国社会心理学本土化运动。本土化运动强调在中国社会文化特征和民族特点基础上建立自己的理论框架和研究方法。

20世纪90年代以后，杨国枢主编了《本土化心理学研究》丛书，极大促进了中国社会心理学本土化的发展。中国内地社会心理学也进一步发展，新的研究、教学机构不断建立，师资队伍不断增强，专著、教科书、研究论文也硕果累累。

2. 社会心理学中国化

20世纪80年代以来，中国社会心理学发展的一个重要特征是如何实现社会心理学中国化，也称本土化运动。关于社会心理学中国化的问题，我国学者主要围绕以下两个基本问题进行。

(1) 社会学中国化的含义。关于社会心理学中国化的含义，中国台湾学者使用"中国化"概念，中国香港学者提倡用"本土化"术语，中国内地学者则提倡使用"有中国特色"一词。这几个概念虽有差别，但用法并不矛盾。目的都是希望把社会心理学建设成为能描述及解释中国人的社会行为的知识体系，并真正成为对中国人有用的一门学科。

社会心理学中国化并不是要与世界学术潮流相对立或相脱离开来，而是要有一个"全球化"的目标。只有充分的"民族化"后，才有可能"全球化"。社会心理学中国化的意义就在于改变由欧美社会文化所开创出来的格局，从多元的文化特质中寻找社会心理学的新元素，使社会心理学再次振兴与繁荣。①

(2) 社会心理学中国化的途径。早期探讨社会心理学中国化途径的代表主要有中国台湾的杨国枢和中国香港的杨中芳。接着，许多社会心理学者从不同的角度阐述了如何建构中国特色社会心理学的见解。归纳起来，主要有以下几种途径。

第一，加强理论研究。这主要包括三个方面的内容：一是加强社会心理学宏观理论研究，即加强马克思主义社会心理学理论研究；二是加强社会心理学学科基本理论的探讨，包括社会心理学学科的性质、对象、方法、体系等方面的问题；三是加

① 郎友兴，王小章．社会心理学中国化的方向与途径[J]．浙江社会科学，1994(3)：61．

强社会心理学中宏观理论和微观理论建设,这主要指涉及各种社会心理现象的理论。

第二,联系中国社会的实际问题。一方面,联系中国社会主义现代化建设的实际,研究改革开放过程中出现的各种社会心理现象和问题;另一方面,联系中国文化传统的实际,探讨具有中华民族特点的社会心理现象和问题。

第三,借鉴一切优秀的成果和经验。这不仅需要借鉴国外社会心理学的优秀成果及其发展过程中的经验教训,而且更有必要借鉴中国香港和台湾社会心理学研究中的成果与经验。

第四,整理中国已有的社会心理学素材。整理中国已有的社会心理学素材要从两个方面努力:一是挖掘和整理自古以来中国思想宝藏中与社会心理学有关的思想;二是整理和提炼现代中国思想政治工作、教育工作、管理工作等领域中对社会心理学有益的经验材料。

第五,辩证地处理好研究工作中的重大关系。在进行中国社会心理学的具体建设中,必须辩证地处理好以下一些关系:继承与创新之间的关系,基础研究与应用研究之间的关系,理论研究与经验研究之间的关系,学科主干研究与学科分支研究之间的关系,学术合作与学术竞争之间的关系。

第三节 社会心理学理论流派

社会心理学在近百年的发展历程中,形成了许多错综复杂的理论流派,但具有完整的逻辑结构和概念体系的理论流派大概有 10 种,分别是精神分析理论、社会学习理论、社会认知理论、群体动力学理论、社会交换理论、符号互动理论、社会角色理论、文化与人格理论、参照群体理论、社会生物学理论。

一、精神分析理论

20 世纪奥地利精神科医生弗洛伊德的《梦的解析》一书的出版拉开了精神分析理论的序幕。精神分析理论是现代心理学的奠基石,影响了整个心理科学乃至西方人文科学的各个领域。人们在论及当代社会心理学的形成和发展时,都会提及弗洛伊德的思想。

(一) 精神层次理论

精神层次理论主要阐述人的精神活动在不同的意识层次里的发生和进行。人的心理活动有些是能够被自己觉察到的，这种能够被自己意识到的心理活动叫意识。而一些本能冲动、被压抑的欲望或生命力却在不知不觉的潜在境界里发生，无法进入意识，不能被个体所觉察，这种潜伏着的无法被觉察的心理活动被称为潜意识。下意识介于意识与潜意识的层次中间，一般不会被个体觉察，但当个体的控制能力松懈时，比如醉酒、催眠状态或梦境中，偶尔会出现在意识层次里被个体察觉。

（二）人格结构理论

弗洛伊德认为人格结构由本我、自我、超我三部分组成。

本我是原始的自己，包含生存所需的基本欲望、冲动和生命力。本我是一切心理能量之源，遵循"快乐原则"，它不理会社会道德、外在的行为规范，而要求获得快乐，避免痛苦，它是无意识的，不被个体所觉察。

自我是自己可意识到的执行思考、感觉、判断的部分，自我使本我冲动得以满足，同时保护整个机体不受伤害，它遵循的是"现实原则"，为本我服务。

超我是人格结构中代表理想的部分，它是个体在成长过程中通过内化道德规范、内化社会及文化环境的价值观念而形成的，其机能主要是监督、批判及管束自己的行为。超我追求完美，与本我一样是非现实的，超我大部分也是无意识的，超我要求自我按社会可接受的方式去满足本我，它所遵循的是"道德原则"。

（三）性本能理论

弗洛伊德认为人的精神活动的能量来源于本能，本能是推动个体行为的内在动力。人类最基本的本能有两类：一类是生的本能，另一类是死亡本能或攻击本能。生的本能包括性欲本能与个体生存本能，其目的是保持种族的繁衍与个体的生存。在弗洛伊德看来，性欲有广泛的含义，它是指人们追求快乐的欲望，性本能冲动是人一切心理活动的内在动力，当这种能量（弗洛伊德称之为力比多）积聚到一定程度就会造成机体的紧张，机体就要寻求途径释放能量。弗洛伊德在后期提出了死亡本能，它是促使人类返回生命前非生命状态的力量。死亡是生命的终结，是生命的最后稳定状态，生命只有在这时才不再需要为满足生理欲望而斗争。

精神分析理论重视探索人的动机和行为的根源，特别是无意识的心理过程。弗洛伊德认为人的动机是由无意识决定的，特别强调性本能是动机的根源，被称为经典精神分析学派；而重视社会文化因素作用的被称为新精神分析学派。

二、社会学习理论

在社会心理学领域，人的社会化问题一直占据核心地位。人怎样成为社会人？社会环境如何影响人的行为？诸如此类的问题都需要一种言之有理的学说给予说明。社会学习理论就是回答这类问题的一种理论。社会学习理论的基本立场是:个人的行为不是由动机、本能、特质等个人内在结构决定的,也不是像行为主义所说的由环境的力量决定的,而是由个人与环境的交互作用决定的。"学习"在这里是个概括的术语,它"泛指一个生物机体在生活过程中,在环境影响之下所发生的行为变化,以区别于先天性的活动"①。社会学习理论说明当一个机体在其固有的行为结构基础上遇到新情景时,其行为是怎样发生变化的。

(一) 社会学习理论的主要假设

尽管很多人认为,社会学习理论不同于行为主义,但必须承认行为主义思想是社会学习理论的直接来源。华生(John B. Waston,1878—1958)认为,人的行为除少数简单的反射外,完全是由外界环境塑造的。他最经典的论断是:如果给他一打的婴儿,他可以把他们变成任何一类人,无论是伟人还是强盗。此外,行为主义的主要假设是:先前的学习决定着现在的行为。俄国的巴甫洛夫和美国的华生是这一观点的早期主要代表,美国的赫尔(E. T. Hall,1844—1924)和斯金纳则是后期的代表。20 世纪 60 年代,奥尔波特和米勒(Neal Miller,1909—)把学习原则运用到社会行为的研究上,并经班杜拉发展成为一种理论。

(二) 班杜拉的社会学习理论

社会学习理论是班杜拉继承前人的成果,并在自己及其同事的大量研究的基础上逐步提出并完善的一种理论体系。他的社会学习理论可以分为四个方面。

1. 交互决定论

交互决定论认为,人的行为受内在因素与外在因素的交互作用的影响,即行为受个人认知、需要和环境的影响,同时人的行为又创造和改变了环境;个人的不同动机以及对环境的认识使人表现出不同的行为,这种行为又反过来使人的认知与动机发生改变。班杜拉认为,人类的大部分社会行为都是通过观察、模仿他人而学会的。"通过观察学习的能力使人们能够获得较复杂、模式化的整体行为。"②人们之所以学会某种社会态度和行为,常常是简单地观察了角色榜样的态度和行为所造成的结果。模仿在完全没有外在强化时也可以产生。

2. 观察学习论

观察学习论认为,人能不必经过亲身体验而通过观察他人习得复杂的行为。班杜拉对观察学习过程的分析明显受到了认知心理学的影响,他是按照信息加工的模式来分析观察学习过程的。班杜拉认为,观察学习过程分为四个过程:注意、

---

① 章益.新行为主义学习论[M].济南:山东教育出版社,1983:1.

② 周晓虹.现代西方社会心理学流派[M].南京:南京大学出版社,1990:59.

保持、动作再现以及动机或激励过程。对于强化，班杜拉认为，人并不仅仅受到自己行为的直接后果（直接奖赏与惩罚）的影响，还受到观察他人所遇到的结果以及由个人对自己的评价、认知所产生的强化（替代强化）的影响。自我强化是内部强化。这是个人对自己达到目标时的酬赏，自我不能达到目标而产生的自我谴责，则是消极的自我强化。

3. 自我调节论

自我调节是指个人的内在强化过程，是通过对自己行为的预期、计划与行为的现实成果之间的对比、评价来对个人行为进行正负调节的过程。人们之所以学会从事某种特定行为，是因为该行为之后有某种令人愉快的或可满足需要的事情产生；人们之所以学会避免某种特定行为，是因为该行为之后有某种令人不快的后果产生。这些能使某些行为固定下来和重复出现的刺激叫做强化物。前一种情况的强化物叫正强化物，其过程叫正强化；后一种情况的强化物叫负强化物，其过程叫负强化。总之，自我调节使人们的行为变得富有主动性和选择性，表现了人的认知、情感等对行为的多种影响。

4. 自我效能论

班杜拉认为，人的能力是将认知与技能组成统一的行动，并与不断变化的环境协调适应的本领，改变行动的始发与调节由个人对自己操作能力的判断决定。这种对自我能力的判断即是自我效能。它包括在自我调节过程中，一个人对自己能够怎样有效地组织和实施行动过程以及对付包含许多模糊不清、不可预测并经常令人紧张的成分的判断。班杜拉提出了三种改变自我效能的途径。一是个人的直接经验。一个人屡次成功，自我效能一般会升高；反之，则下降。二是替代性经验。观察别人在某类问题上取得成功会增加自己处理此类问题的效能。三是社会的影响，如别人的劝说和舆论的影响。

（三）对社会学习理论的评价

社会学习理论建立在丰富的实验资料的基础上，同时也重视重要的社会行为现象的研究，比如电视暴力镜头对儿童行为的影响。通过社会学习理论，行为主义学派的强化理论被用来解释许多社会心理学问题，社会心理学第一次拥有了改造社会的理论。而在社会心理学中，有些理论与社会学习理论有着程度不等的联系，如社会交换论的来源就是社会学习理论。此外，该理论在研究社会化、侵犯行为、态度的形成与改变等方面都已获得丰硕的成果。

三、社会认知理论

20 世纪 50 年代以来，由于信息论、控制论和语言学科的发展，西方心理学冲破了行为主义心理学的简单公式,认知心理学的研究兴盛起来。"社会认知理论"是心理学家常用的一个术语,它并不是特指某一个具体理论学说,而是各种社会认知理论学说的通称。它主要研究人类认知的信息加工过程。社会认知理论从心理学角度来研究人类社会心理和社会行为。很多西方心理学家认为,人类行为受其内在的认知过程的支配,因此,要理解和预测人类行为就必须深入到这种内在的认知体系。这一思想是整个社会认知理论的出发点,也是社会认知理论形成的基础。除了共同遵循一些方法论外,社会认知理论还具有一定的共性:首先,传统的认知理论是社会认知理论的直接来源,格式塔心理学也是社会认知理论的另一理论来源;其次,勒温的场论也是影响社会认知理论的因素;最后,认知心理学有力地促进了社会认知理论的发展。

(一) 社会认知理论的形成

社会认知理论源于 20 世纪 20—30 年代德国心理学家考夫卡(Kurt Koffka,1886—1941)、克勒(W. Koheler,1887—1967)和魏特海默(M. Wetheimer,1880—1943)等创立的格式塔心理学。格式塔意即形式或图形,在心理学中通常指模式。格式塔心理学的主要观点是:整体并不等于部分的总和,整体先于部分而存在并制约着部分的性质和意义。因此,要理解整体的全部性质,就需要"自上而下"地分析从整体结构到各个组成部分的特性。随后海德、谢里夫、阿希、纽科姆(T. M. Newcomb,1903—1984)等人在认知平衡、社会规范形成、印象形成等领域也取得了突破性的进展,从而逐步形成了社会认知这一理论取向。从 20 世纪 50 年代后期开始,费斯廷格(Lean Festinger,1919—1989)对这一理论又作了新的发展,建立了认知不协调、社会比较、归因等理论。

(二) 社会认知理论的基本观点及发展

社会认知理论认为,人们并不是被动地面对世界中的种种事物,相反,他们把自己的知觉、思想和信念组织成简单的、有意义的形式。不管情境显得多么随意和杂乱,人们都会把某种概念应用于它,把某种意义赋予它。个体对于世界的知觉和解释,影响其自身在社会情境中的行为方式。社会认知理论主要包括场论、心理生活空间理论、印象形成理论、社会规范理论、社会比较理论、隐含人格理论、归因理论、社会公平理论、认知不协调理论和认知均衡理论等。

社会认知理论内容十分丰富,应用十分广泛,在社会心理学的许多领域,人们都可以用它去思考和解释问题。社会认知理论重视对社会认知的研究,动摇了行为主义学派反心理主义的立场,对意识心理学的发展作出了独特的贡献。它不仅强调对社会认知过程本身的了解,而且强调认知和行为的统一。社会认知流派注重社会相互作用下认知过程的重要性,认为对认知过程的了解是理解复杂的、有目的的社会行为的关键。他们也强调必须根据人的认知过程来系统地理解社会行为，在实际的研究过程中，尤其注重认知对行为的动力学意义。它的着重点不像行为主义者仅在于了解人的行为的规律，而在于“寻求解释个体在行动中如何主观地组织自己的世界”。社会认知理论不仅具有重大的历史意义，而且具有重大的现实意义，一方面，社会认知理论作为一种理论框架，在过去和现在都具有一种解释功能，就是可用来理解广泛的社会行为的一种工具；同时社会认知理论在发展的同时，也提供了一系列新的研究课题。

四、群体动力学理论

（一）群体动力学的含义和特征

勒温在《社会空间实验》一文中首次使用了“群体动力学”这一概念，表明他要对群体中各种潜在动力的交互作用、群体对个体行为的影响、群体成员间的关系等进行一种本质的探索。

“群体动力学”具有三个层次的含义：首先，它是一种意识形态，即关于群体应该如何组织和管理的方法和态度；其次，它可归为一套管理技术，如角色扮演、群体过程中的观察；最后，它注重对群体本质的研究，探索群体发展的规律和群体的内在动力。

群体动力学的基本特征有以下几个方面。第一，强调理论意义上的经验研究。群体动力学属于经验主义的范畴，以观察、定量、实验为基础来研究群体。但是它又不同于社会科学中的极端主义，它一开始就十分重视理论的意义和价值，在实践中把理论建构和经验研究完整地结合起来。第二，注重研究对象的动力关系和相互依存的关系。群体动力学主要研究所观察的对象是如何相互依存的，群体中的各种力的交互作用以及影响群体行为的潜在动力。变化、对变化的抵制、社会压力、影响、权力、内聚力、吸引、排斥、不平衡等都是群体动力学研究的基本术语，都在群体动力学理论中起重要作用。第三，多学科交叉研究。严格来说，群体动力学不属于传统社会科学中的任何一门学科，它与社会学、社会心理学、文化人类学等都保持密切的联系，而各学科的发展也有助于群体动力学的研究。第四，具有把研究成果应用于社会实践的潜能。应用性是群体动力学的突出特征，大部分群体动力学家的研究都是为了促进群体的功能以及群体对个体和社会的作用，尤其是随着“行动研究”和“敏感性训练”的推广，群体动力学的研究成果被企业管理、教育、心理治疗、政府等许多领域广泛采用。

（二）群体动力学的理论基础与研究

1. 勒温与场论

1917 年，勒温的论文《战争之观》发表，其心理学随之诞生。勒温认为，人就是一个场,人的心理现象具有空间的属性,人的心理活动也是在一种心理场或生活空间中发生的。即人的行为是由场决定的。心理场主要是由个体需要和他的心理环境相互作用的关系所构成。它包括有可能影响个人的过去、现在和将来的一切事件,这三方面的每一方面都能决定任何一个情境下的人的行为。勒温认为,凡属科学的心理学都必须讨论整个人的情境,即人和环境的状态,这就是需要有一个趋同的名词将人和环境阐述为同一情境的部分,也就是一个人的心理世界或心理场。

勒温创立的"场"的理论用一个行为公式来表示这种关系,即 $B=f(P,E)$。式中,B 表示行为,f 表示函数关系,P 表示个人,E 表示环境。此公式认为,行为 B 等于个人 P 和环境 E 的函数 f,即行为随着人与环境这两个因素而发生改变。也就是说,不同的人对同一环境可产生不同的行为,同一个人对不同的环境亦可产生不同的行为,甚至同一个人在不同的情境下,对同样环境也可能产生不同的行为。公式也说明,人的行为是人的内在需要和周围环境相互作用的函数,应该把人的行为关系看做个人心理和外部环境的大系统,把调动人的积极性看做一种大系统的运动,是一种力场作用的关系,如果人的需要没有得到满足,就会产生内部力场的张力,而周围环境因素起着导火线的作用。人的行为取决于内部力场和情境力场的相互作用,而内部力场的张力是最主要的决定因素。

2. 群体动力学的研究

群体动力学的形成固然需要理论基础,但是更要有实验的支持。在勒温为群体动力学提供理论基础的同时,许多社会心理学家包括勒温本人也准备了实验研究的根据和技术。在勒温之前,麦独孤和奥尔波特就一直对关于"群体心理"的问题争论不休。与群体动力学直接有关的研究首先是谢里夫关于社会规范的研究。他在 1936 年出版的《社会规范的心理学》一书中,对社会规范这一概念进行了系统的理论分析,并对群体中社会规范的产生进行了很有独创性的实验研究,把来自社会学和人类学的观察和思想与实验心理学中的实验室技术结合了起来。与此同时,纽科姆从自然观察和自然环境入手,对社会规范以及社会影响过程进行了实验室研究。他主要利用态度测量、社会计量和交谈来收集资料,完成了《人格与社会变化》,社会心理学中所谓"态度的社会寄托论"即由此而来。纽科姆的研究表明,个体的态度深植于他所属的群体之中,而群体对个体态度的影响,则有赖于个体与群体的关系。还有一个群体动力学的探索就是勒温—利皮特(Lippitt)—怀特在 1937 年和 1938 年的两步研究,主要是对"群体气氛"或"领导方式"的研究。勒温把这项研究看做对群体生活潜在动力的认识,并在这项研究的报告中首次提出了"群体动力学"这一概念,他认为,这一理论可运用于家庭生活、班集体和军队、政府部门的研究。由此,群体动力学的研究全面展开。总体来说,群体动力学的基本理论和基本研究包括五个方面,即群体内聚力、群体压力与群体标准、个人动机与群体目标、领导与群体性能和群体的结构性。

五、社会交换理论

社会交换理论产生于20世纪50年代末期的美国。交换理论最初是针对结构功能主义提出的,在理论和方法上具有实证主义、自然主义和心理还原主义的倾向。它强调对人和人的心理动机的研究,批判那种只从宏观的社会制度和社会结构或抽象的社会角色上去研究社会的做法,主要着眼于人们在社会生活中的相互交往关系;在方法论上倡导个人是社会学研究的根本原则,认为人类的相互交往和社会联合是一种相互的交换过程。这是对美国心理学家斯金纳的行为主义心理学、功能主义的文化人类学和功利主义的经济学的全面综合。

(一)社会交换论的基本研究范畴和理论

社会交换理论的主要代表人物有美国的霍曼斯、布劳和埃默森(R. Emerson, 1925—)。霍曼斯是社会交换理论的创始人。他的社会交换理论的一个最大特色是强调心理学对于社会现象的重要性。具体来说,他坚信斯金纳的操作性行为主义原则可以用来解释人类行为,而无论这种行为发生在简单群体还是在复杂群体之中。霍曼斯的社会交换论对经济学和心理学的兼容并蓄,主要体现在他的基本研究范畴和概念中,这些概念包括价值、最优原则、投资、奖励、代价、公平和正义等。他提出了一组普遍性命题。第一,成功命题。一个人的某种行为能得到相应的奖赏,他就会重复这一行动;某一行动获得奖赏越多,重复活动的频率也随之增多;获得的奖赏越快,重复活动的可能性就越大。第二,刺激命题。相同的刺激可能会带来相同或相似性行为。第三,价值命题。如果某种行为的后果对一个人越有价值,那么,他就越有可能去重复同样的行动。第四,剥夺与满足命题。某人(或团体)重复获得相同奖赏的次数越多,那么,这一奖赏对该人(或团体)的价值就越小。第五,攻击与赞同命题。该命题包括两方面:一是当个人的行动没有得到期待的奖赏或者受到了未曾预料到的惩罚时,就可能产生愤怒的情绪,从而出现攻击性行为;二是当个人的行动得到预期的奖赏,甚至超过期望值,或者没有遭到预期的惩罚时,他就会高兴,就会赞同这种行为。霍曼斯将五个命题看成是一组"命题系列",强调它们之间相互联系的重要性,并认为只要将五个命题综合起来,就能够解释一切社会行为。[①] 霍曼斯指出,利己主义、趋利避害是人类行为的基本原则,由于每个人都想在交换中获取最大利益,使交换行为本身变成一种相对的得与失。

---

① 贾春增.外国社会学史(修订本)[M].北京:中国人民大学出版社,2004:295-296.

(二) 社会交换理论的发展

布劳的交换理论从社会结构的原则出发,考察人与人之间的社会交换过程,其理论目标是克服功能主义忽视研究人的缺陷,弥补霍曼斯理论只局限于微观层次方面的不足。布劳的理论方法是从描述交换过程及其在微观层次上的影响开始,再从群体层次上升到制度与社会的宏观层次。他认为,社会交换关系存在于关系密切的群体或社区中,是建立在相互信任的基础之上的。社会交换是一种有限的活动,是指个人为了获取回报而又真正得到回报的自愿性活动。布劳还区分了经济交换与社会交换、内在奖赏与外在奖赏的差别,引入了权力、权威、规范和不平等的概念,使交换理论在更大的范围内解释社会现象。布劳的社会交换理论从微观到宏观,系统地追溯了交换现象的各种发展过程及其影响,从而形成一种归纳过程取向的社会结构理论。

继布劳之后,对交换理论作出重要贡献的还有埃默森等人。埃默森运用严密的数理模型和网络分析,阐述社会结构及其变化、社会交换的基本动因和制度化过程,在方法论上进一步充实了交换理论的理论体系。

六、符号互动理论

符号互动理论是美国土生土长的社会学和社会心理学理论流派,它主张从互动着的个体的日常自然环境去研究人类群体生活。符号互动理论侧重于从心理学角度研究社会,强调社会由互动着的个人构成,对于诸种社会现象的解释只能从这种互动中寻找。概括而言,符号互动理论关注三个方面的内容。首先,人的主观因素。强调人与动物的不同,人具有主观能动性而不是简单的被动体,这是理解人类社会时不可忽视的重要方面。其次,人际互动研究。重视人际互动的过程,强调每个个人区别于他人的特殊条件。最后,现实生活的考察。主张从生活经验中得出理论,解决人们现实生活中遇到的问题。

(一) 文化背景和理论来源

任何流派思想的产生和发展,总是与当时的历史条件、文化背景有着很大的联系,而符号互动理论也是美国文化与社会的产物。20 世纪初的美国是一个成长中的社会,一个社会的发展必然要求用理论来解释很多社会现象,而这一时期应运而生的符号互动理论也反映了美国文化的精神,表现在三个方面:第一,符号互动理论所描绘的人是主动的、积极的,与美国文化中的开拓精神是一致的;第二,美国文化中的平等主义精神促使互动论者以流动和过程的观点来看待人和社会;第三,19 世纪末 20 世纪初的美国社会环境直接培育了符号互动学派的注重实际、偏好经验研究的传统。符号互动理论源于美国实用主义哲学家詹姆斯(William James，1842—1910)和乔治·米德的著作。但最早使用“符号互动”这一术语的是美国社会学家布鲁默(Herbert George Blumer，1900—1987)，他用这一术语指称美国许多学者诸如库利、乔治·米德、杜威(John Dewey，1859—1952)、托马斯、詹姆斯、帕克(Robert Ezra Park，1864—1944)、兹纳尼斯基(Florian Witold Znaniecki，1882—1958)等人的著作中所隐含的“社会心理状态”。西方学术界曾有人把符号互动理论分为两派，一是以布鲁默为代表的芝加哥学派，一是以库恩(M. Kuhn，1922—1996)为首的艾奥瓦学派。

从哲学上看，符号互动理论与美国的实用主义、德国和法国的现象学联系最为密切。戈夫曼是符号互动理论在当代的主要代表人物之一。

(二) 符号互动理论的基本假定和观点

符号互动理论有三个基本假定：第一，人对事物所采取的行动是以这些事物对人的意义为基础的；第二，这些事物的意义来源于个体与其同伴的互动，而不存于这些事物本身之中；第三，当个体在应付他所遇到的事物时，常通过自己的解释去运用和修改这些意义。

符号互动理论的基本观点有以下几个方面。第一，心灵、自我和社会不是分离的结构，而是人际符号互动的过程。心灵、自我和社会的形成和发展，都以符号的使用为先决条件。如果人不具备使用符号的能力，那么心灵、自我和社会就处于一片混乱之中，或者说失去了存在的根据。第二，语言是心灵和自我形成的主要机制。人与动物的区别就在于人能使用语言这种符号系统。人际符号互动主要通过自然语言进行。第三，心灵是社会过程的内化，事实上内化的过程就是人的“自我互动”过程，人通过人际互动学到了有意义的符号，然后用这种符号来进行内向互动并发展自我。第四，个体的行为受他自身对情境的定义的影响。人对情境的定义，表现在他不停地解释自身所见所闻，赋予各种意义于各种事件和物体中，这个解释过程或者说定义过程也是一种符号互动。第五，在个体面对面的互动中，有待于协商的中心对象是身份和身份的意义，个人和他人并不存在于人自身之中，而是存在于互动之中。

符号互动理论所描述的人是积极的、主动的。它对人的主观能动性的描述主要有三点：首先，人具有运用符号的能力，人对外界的反应是通过符号进行的；其次，把社会和个人都看做过程，从社会的因素来考察人的精神活动；最后，强调对社会行为主观意义的研究，倡导定性的研究方法。总之，符号互动学派由于强调对人际互动的研究，重视人的主观意义，从而使人的主观世界在科学中获得了应有的地位，恢复了被自然科学方法所扭曲的人的形象。[①] 但是它也有一些不足，比如，它

① 周晓虹. 现代西方社会心理学流派[M]. 南京：南京大学出版社，1990：217.

忽视了人类行为中情感和潜意识的作用;忽视了对社会组织和社会结构的研究。

七、社会角色理论

社会角色理论最基本的概念是“社会角色”。“社会角色”的概念从戏剧用语中引用而来。“角色”原指演员扮演的剧中人物。20 世纪 20—30 年代一些学者将它引入社会学,进而发展为社会学的基本理论之一。社会角色是指与人们的某种社会地位、身份相一致的一整套权利、义务的规范与行为模式,它是人们对具有特定身份的人的行为期望,它构成社会群体或组织的基础。[①]

(一) 社会角色的概念及其理论体系

1. 社会角色的概念

社会角色的本质内容在于它是客观与主观的统一,表现为角色与互动和角色与地位的关系。社会角色是人们对具有特定身份的人的行为期望,是社会群体或组织的基础。社会角色的客观性表现在社会对个体有一定的行为规范和要求;社会角色的主观性表现在个体由于存在心理差异,在扮演社会角色时表现出不同的角色行为。

2. 社会角色理论体系

(1) 角色期望。社会对处于每一社会位置上的角色都有一定的要求,为他们规定了行为规范、权利和义务,这就是社会对角色的期望。角色期望有两个功能:第一,规范的功能,它是角色行为赖以产生的依据;第二,预测功能,个体在互动中通过角色期望预测角色伙伴的反应。

(2) 角色丛和角色冲突。在社会生活中,处于一定社会地位上的个体不是只扮演一种角色,而是要同时扮演多种角色。角色理论用角色丛来描述这种情况。在角色丛中,社会对个体的行为有一定的期望,当这些期望彼此出现矛盾或者对许多角色难以应付时,就会产生角色冲突。角色冲突指在社会角色的扮演中,在角色之间或角色内部发生矛盾、对立和抵触。角色冲突会妨碍角色扮演的顺利进行。

(3) 角色评价和角色适应。角色期望是“观众”对角色的希望和要求,而角色评价则是角色行为产生以后,“观众”根据角色期望对这一行为的评价。实际上,角色评价是人们将理想的角色期望与现实的角色行为进行比较的结果,一般角色期望与角色行为之间的差异越小,人们对角色的评价越高。角色适应是角色扮演者调整自己的角色行为使之与角色期望吻合的过程,角色适应通常发生在角色期望模糊不清或角色期望发生变化的情况下。当角色期望不清或角色期望发生变化

---

① 郑杭生. 社会学概论新修[M]. 3 版. 北京:中国人民大学出版社,2003:107.

时，角色扮演者会角色混乱，进而需要调整自己的行为。

(二) 社会角色的扮演

每一个社会成员都承担着某种社会角色。社会角色的扮演是指当一个人具备了充当某种角色的条件，并按这一角色所要求的行为规范去活动的过程。

在社会舞台上，人们并不能随心所欲地扮演任何角色。一个人在社会舞台上担任角色也先要有一个确定的过程，或称“认同”，即证明一个人的实际地位、身份能力及其他条件与他所承担的角色是一致的、等同的。

人们在确定了所要担当的角色后，直接面临的一个问题就是怎样把这个角色表现出来。首先，与舞台上的表演需要装饰一样，社会角色的表现也需要布景与道具，所不同的是，社会舞台上所需要的是真正的实物。一般说来，布景或道具的作用有二：一是象征性的，二是实用性的。其次，一个角色的更为直接的表现是他自己的仪表、风度。一般说来，一个人的衣着、打扮、仪容、外表往往会给人们留下深刻印象，并能引起人们对其内在品质的联想。最后，在角色的表现上，应注意台前与台后之分。所谓台前的表现，指人们正在充当这些角色时的表演；所谓台后的表现，指在表演某种角色以前的准备活动。在人们的生活中，这两种行为是有区别的。角色的扮演通常要经历三个阶段：对角色的期望、对角色的领悟和对角色的实践。一个人对于他所承担的角色，扮演得优与劣、水平高与低，很大程度上与角色距离有关。角色距离就是一个人自身的素质、能力、水平与他所要扮演的角色之间的差异现象。一个人扮演社会角色，既然角色不完全就是他本人，他与所要扮演的角色之间总会有差异，所以角色距离是普遍存在的。

社会角色理论开辟了社会行为定量研究的新途径。角色理论中一些概念的可操作化，为人格社会化机制的研究提供了条件，它独特的解释问题的方法和广泛的适用性得到了社会心理学家的青睐，它不仅可以解释一般的社会生活现象，而且在阐释社会行为、分析社会关系及人格研究等方面均有独到之处。但是它也有不足之处，比如，一些角色理论家把角色看成是社会赋予个体的一种外在符号，是外界强加给个体的，从而抹杀了角色扮演过程中人的主观能动性。

八、文化与人格理论

文化与人格研究或者说文化与社会行为研究是心理学和文化人类学领域之间所形成的一个新兴的研究领域。它关心的核心问题是一个社会的文化因素会对该社会成员的人格与社会行为产生怎样的影响。这一研究在两个层次上展开，其一是不同文化间的比较研究即“跨文化研究”，研究者多为人类学家；其二是在同一文化的不同亚文化群体间的比较研究，研究者多为心理学家。事实上，文化与人格研究是文化人类学家和心理学家对人格以及人格所决定的人的社会行为的探索。

(一) 文化与人格理论的先驱

最早涉及社会心理学的文化人类学家是英国功能主义大师马林诺夫斯基,而引起人类学家对心理学的兴趣的却是弗洛伊德。他在《图腾与禁忌》中对人类学的涉足,唤起了文化人类学家对社会心理学的兴趣,另一方面,文化人类学家对该领域的介入又恰恰是以对弗洛伊德的批判为旗帜的。马林诺夫斯基的《原始社会的性及压抑》、《美拉尼西亚西北部原始人的性生活》都是从对弗洛伊德的批判开始的。其后,美国的文化人类学宗师波亚士开始注意到了许多值得研究的文化和人格的关系问题,并在 1911 年把自己对爱斯基摩人的研究写成了《原始人的心理》一书。在波亚士看来,人的行为习惯和全部文化活动并不取决于身体的功能这样的生理因素,而是文化因素,即人们的心理因素受制于文化和社会组织因素。

(二) 人格的文化决定论

波亚士的弟子们注重文化与人格的交互作用,尤其注重形成的人格是怎样以及在何种程度上影响文化结构的。波亚士的观点直接影响了他的学生本尼迪克特和玛格丽特·米德的研究。20 世纪 20 年代起,本尼迪克特深入北美,研究印第安人的民俗和宗教;玛格丽特·米德则开始了对萨摩亚、新几内亚和巴厘岛的现场调查,她们以人性、人格和文化变迁为主题,力图揭示文化对人格形成的决定作用,这对社会心理学产生了巨大的影响。

1. 本尼迪克特的文化模式论

本尼迪克特深信人类具有无限的创造性,因此,每一种个别文化都只是这种无限之中的部分元素所构成的一个"构型",这种各具体元素所构成的"构型"才是该文化的精神。每一种文化都有自己的主题,围绕着这一主题体现出该文化外在的习俗、制度和行为。因此,研究文化的具体特质是不能和总体的文化网络相隔离的。在她看来,文化大于其全部具体特征之和。在上述观点的支配下,她具体研究了三种原始文化:祖尼人(新墨西哥的印第安人)、多布人(新几内亚的原始人)和夸扣特尔人(美洲西北海岸的印第安人)。通过对原始文化的描述,她进一步论及了个人和文化之间的关系问题。

2. 玛格丽特·米德的《来自南海》

玛格丽特·米德是文化与人格研究当之无愧的先驱。《来自南海》一书包括 1928 年发表的《萨摩亚人的成年》、1930 年发表的《新几内亚儿童的成长》以及 1935 年发表的《三个原始部落的性别与气质》三部曲。玛格丽特·米德的现场研究都是针对某一具体的问题而进行的,这种方法对人类学是一个大胆的创新。如《来自南海》三部曲分别讨论的是文化和青春期、文化和儿童教育以及文化和性的关系问题。而 1925—1926 年，她对南太平洋的萨摩亚人青春期问题的现场研究，是对波亚士的文化决定论的一个具体人类学验证。

(三) 文化与人格的交互作用论

在文化与人格研究领域中，以林顿(Ralph Linton，1893—1953)为代表的哥伦比亚精神分析学派的文化人类学家和前面所说的波亚士师徒是不同的。在林顿看来，每一文化的成员都有一系列共同享有的人格特征，这些共同的人格成分形成了十分完整的结构，即形成了个体之间基本相似的人格丛，而对于作为一个整体的社会来说，这种人格和人格丛就是“基本的人格类型”。这种基本的人格类型是由文化塑造的。具体来说，是由既定社会中成员所运用的多少相似的教育儿童的方法所塑造的。由此，他得出了这样的结论：某一社会的绝大多数成员所具有的人格是他们共同的早期经验的结果。文化对“基本人格类型”的塑造并不是林顿的论述中心，在他看来，个人的心理结构对文化的影响和构造更甚于文化对个人人格的影响和构造。继本尼迪克特和玛格丽特·米德之后，杜宝依丝(Cora DuBois，1903—)、卡丁纳和克拉克洪(Clyde Kluckhohn，1905—1960)等将文化与人格研究推上更有系统的科学综合研究轨道。

(四) 文化与人格领域的晚近研究

1. 国民性研究

文化与人格领域的研究在“二战”后的进一步发展，促使文化人类学家将这种对原始民族的人格特征的考察转向了对现代国家国民性的研究。战争使美国政府迫切需要了解日本人、德国人、苏联人……战争也给了从事文化与人格研究的学者们为自己的祖国服务的机会。从战后的情况来看，战争不仅刺激了国民性研究，而且也促使文化人类学家日益加强了对现代社会的关注。

第二次世界大战期间及战后 20 年内，有关日本人的国民性问题是文化人类学家研究的重点，而本尼迪克特的《菊花与军刀——日本文化的诸模式》又是其中不可多得的佳作之一。其后的代表作品还有玛格丽特·米德的《枕戈待旦：一个人类学家眼中的美国人》、《苏联人对权威的态度》(1951)，以及美籍华人学者许烺光(Francis L. K. Hsu，1909—1960)的《美国人和中国人：两种生活方式》(1953)。

2. 人格与文化变迁

戴维·里斯曼(David Riesman，1909—2002)的《孤独的人群：变动中的美国人的性格研究》(1950)是一本以人格和文化变迁为主题的著作。他致力于解答在不同的历史时期社会用何种方式来维系其社会成员对它的遵从。他列出了下述三种主要的性格类型。

(1) 传统导向。这种人的行为处处受到外界的传统文化标准、亲属关系、宗教、礼仪等的控制。其突出的特征是外界的行为标准与社区的礼仪符合。

(2) 自我导向。这种人不理会“严格的、不言而喻的传统”,他们追求“幼年时由长辈培植的、一般化但却是必然的目标”,追求财富、名誉和个人成就。

(3) 他人导向。这是典型的受同时代的人影响的人,他们对别人的心绪和感觉十分敏感,并对外在的影响有相当的适应力。①

戴维·里斯曼认为,传统导向的人格是长期定居、变化缓慢的传统社会所特有的,此时人口和土地的比例较为稳定、平衡,这是因为“出生率和死亡率两者都较高,同时又几乎相等”②。此后,由于人口增多、死亡率下降,农业得以发展,产品也有了剩余,这就进入了社会流动迅速加快、资本积累增多的时期,并导致了个人主义的萌生,使自我导向的人格类型出现。“二战”后,美国进入他人导向的人格类型占主导地位的时期。

九、参照群体理论

1942 年,美国社会心理学家海曼率先提出了“参照群体”一词。1957 年,社会心理学家辛格(J. Singer)感慨地说:“如果迄今为止,社会心理学界对隶属群体所拥有的能够左右个体价值和态度的重要影响力给予重视的话,那么近来出现的一个趋势就是学者们的注意力开始转向参照群体,人们期望并极力维持的一种归属。”③参照群体理论不仅在理论中占有很重要的作用,而且走出社会心理学的门槛,介入社会学、管理学、大众传播学等学科的理论体系,成为解释人类行为的一种特有的角度。

(一) 参照群体理论含义

参照群体理论是关于人的社会心理态度和行为怎样受其从属的或追求的群体参照力量所影响的社会心理学理论。其主要代表人物有海曼、纽科姆、谢里夫、默顿(Robert King Merton,1910—2003)、凯利等人。参照群体刚开始是一个含糊不清的概念,后来多数学者倾向于认为,个体在心理上所从属的群体,以该群体的价值规范为评价自身和他人的基准,这些价值和规范也是个体形成社会观和价值观及态度的依据。

(二) 参照群体的作用

参照群体主要有两个作用:第一,规范作用;第二,比较评价作用。参照群体理

---

①② 周晓虹.现代西方社会心理学流派[M].南京:南京大学出版社,1990:302,360-364.

③ 安德列耶娃.西方现代社会心理学[M].李翼鹏,译.北京:人民教育出版社,1987:179-182.

论揭示了非面对面的人际接触同样制约着人的行为。参照群体以它无形的力量使人接受某种人为尺度的检测。参照群体的规范作用和评价功能是不可分割的，所谓参照群体的比较功能是指个体对自我、他人进行评估时所采取的比较标准，用作评价人物或事物标准的群体。个人和社会在评价社会现象时，常常把它与其他群体进行比较。规范功能意味着确立一定的行为标准并迫使个体遵从这种标准。美国社会学家默顿和基特把参照群体理解为个人推崇并渴望加入的一种群体。如有志于戎马生涯的士兵把军官群体当做参照群体，用军官的标准评判事物，规范自己的行动。在他们看来，参照群体对个体来说是一种目标群体，这种群体成为一个人为之努力和奋斗的目标。这是对参照群体的一种狭义的理解。一个人在评判事物时，不仅用高一级的群体作为参照，也常常与次一级的群体作比较，所谓“比上不足，比下有余”，就是运用两种等级不同的参照群体与之比较的结果。

不仅个人运用参照群体来评价他人或事物，集体和社会也往往运用参照群体来评价社会现象。反面的事例也是一种参照群体，其作用在于提醒人们引以为戒。

十、社会生物学理论

对于作为社会心理学研究对象的社会行为，人们能否找到一种生物演化史上的统一基础来给出统一而又合理的解释呢？伴随着现代分子生物学、遗传学，特别是来自遗传基因物质 DNA 的复制结构及其作用的被发现，通过生物演化史或生物的因素来阐释人的行为发生、发展的内在机制成为可能，社会生物学作为一门综合性学科也得以实现。

(一) 社会生物学产生的历史背景

1975 年，生物学家爱德华·威尔逊(Edward Osbor Wilson，1929—)出版了《社会生物学：新的综合》，标志着一门新的学科——社会生物学的诞生。威尔逊将“社会生物学”定义为系统地研究所有社会行为的生物学基础。他在书中总结了相关领域的研究成果，将达尔文主义与动物行为学综合起来，将动物行为学的研究成果推广开去，试图用进化论解释人类的行为，把心理学与社会学和进化论综合起来。在威尔逊看来，人类的行为在很大程度上就像其他动物行为一样，是由基因决定的，是自然选择的结果。威尔逊开创的这个研究领域虽然仍不乏争议，却得到越来越多的人承认。

(二) 社会生物学理论运动

社会生物学也称行为生物学或心理生物学。作为一种学术运动，它坚持两种原则，一是坚持达尔文(Charles Darwin，1809—1882)的自然选择理论，二是坚持对社会行为所作的遗传学解释和说明。按照社会生物学家的基本观点，一切社会行为——包括利他主义、宗教、战争等均有其生物基础，并且都是由自己的基因决定的，因此，人与人之间的交往行为不过是基因和环境之间互动的结果。

1. 汉密尔顿的亲属选择理论

现代遗传学清楚表明，具有血缘亲属关系的近亲之间会拥有某些相同的基因，社会生物学家认为这是亲代对子代的利他行为普遍存在的原因。汉密尔顿(W. D. Homilton，1936—2000)将这种情况由亲子之间推及其他亲属——如兄弟、姐妹、侄子侄女之间，并由此形成了他的“亲属选择”理论。他在1964年发表的论文中表明，“基因为什么表现了利他行为而取得成功”①的道理就在于，“尽管基因天性是自私的，但是由于近亲体内有不少基因是共同的，所以，每个自私的基因必须同时忠于不同的个体，以保证那些拥有相同基因的动物的生存”。“一个按这种原则行动的动物，假如它能以自己的一死救两个以上同胞兄弟的生命或者至少不低于此数，那么，它就会为此而献出自己的生命。”②按照他的亲属选择理论，在实施帮助一位亲属的这种利他行为的作用因素包括该亲属的重要性、该亲属的利益范围，以及与该亲属所共同具有的那部分基因的数量。

2. 特里弗斯的互惠利他主义

特里弗斯(Robert L. Trivers)提出的“互惠利他主义”为“社会生物学的研究开辟了一个新的领域”③。他的互惠利他主义是对发生在非亲属之间的互助行为作出的某种新的诠释。

特里弗斯这样定义利他主义：“对履行这种行为的生物体明显不利，而对另一个与自己无甚关联的生物体却是有利的一种行为。”④特里弗斯认为，这种利他行为有助于生物物种的成功延续。因此，利他行为是有其生物基础的。对于人类来说，赋有意志和意识的人在认识到利他主义的生物价值之后，也可以使利他主义成为人类的种属财富，因为人类基因型的可塑性和多样性并不排斥共同的基因，这就使得互惠利他主义具有生物学上的必然性。

3. 道金斯的“觅母”说

道金斯(Richard Dawkins，1941—)的代表作《自私的基因》介绍了利他和利己行为、遗传学上的自私概念、侵犯行为等进化的内容，在这些叙述中，“觅母”说为一大创造。他将人类的独特性归结为“文化”一词。他指出，要想了解现代人类的进化，首先要把基因抛开，而不能把它作为进化理论的唯一根据，从而提出由人类文化产生出来的新型复制“基因”——觅母。觅母含有记忆、稳定的意思，从广义上

① 道金斯. 自私的基因[M]. 卢纪中，张岱云，王兵，译. 北京：科学出版社，1981：124.

② 汉密尔顿. 利他行为的进化[J]. 美国自然科学家，1963，英文版(97)：365.

③④ 萨哈金. 社会心理学的历史与体系[M]. 周晓虹，译. 贵阳：贵州人民出版社，1991：562，562.

说，觅母可以称为模仿的过程，记忆从一个脑子转到另一个脑子，从而在觅母库中进行繁殖。这样，人类的一切行为都要受到双重控制。因此，人类的行为无论是本能的还是文化的，都被归为基因和觅母，觅母成为一种有生命力的结构。而人脑只是觅母的主人，是觅母的传播工具。在觅母库中，各觅母之间也存在自然选择的压力，存在彼此间的竞争。

近十几年来，行为遗传学和神经生物学的研究已提供了大量的证据，足以证明至少人的某些行为是受遗传因素影响的。遗传因素必定是长期进化而来的，那么，用进化论解释人的本能行为的由来，就成了一个可以成立的课题。社会生物学中对人类行为的这部分内容因此独立出来，形成一门被称为进化心理学的新学科。但是，这门学科从它诞生之日起就已先天不足。它既不可能在人类进化史上找到任何心理"化石"作为直接证据，也不会被允许以人为对象进行进化实验，因此注定了它不可能像进化生物学一样成为真正的科学，而必定像它所希望取代的社会科学一样在科学与非科学甚至伪科学之间徘徊。由于缺乏直接的证据，进化心理学的研究只能从间接的证据得出推论。

本章小结

本章回顾了社会心理学学科的建立和发展历程，并介绍了西方社会心理学主要理论流派。社会心理学的建立经历了孕育、形成和确立时期。长期以来，社会心理学的发展都是由美国独断主宰的，美国以个人为研究取向的社会心理学深深影响着国际社会心理学的发展，直到 2001 年，欧洲社会心理学才成功打破美国独断主宰国际社会心理学的局面。社会心理学的理论流派有以下 10 种，即精神分析理论、社会学习理论、社会认知理论、群体动力学理论、社会交换理论、符号互动理论、社会角色理论、文化与人格理论、参照群体理论、社会生物学理论。

思考题

1. 社会心理学学科是怎样建立的？
2. 美国社会心理学经历了怎样的发展历程？
3. 欧洲社会心理学经历了怎样的发展历程？
4. 中国社会心理学经历了怎样的发展历程？
5. 社会心理学的主要流派有哪些？
6. 符号互动理论的基本思想是什么？
7. 社会生物学理论的基本观点是什么？
8. 本章介绍的这些理论流派当中，哪些是出自社会学家的思想？

第三章

社　会　化

社会化（socialization）是社会心理学研究的中心课题。人是什么？荀况说，“人之所以为人者，非特以二足而无毛也，以其有辨也”；亚里士多德说，“人是政治的动物”；本·富兰克林说，“人是能制造劳动工具的动物”；而马克思（Karl Marx，1818—1883）则认为，“人是最名副其实的社会动物”。人是社会的成员，任何人生存在社会中，时刻都受到其他个体、群体和整个社会的影响和作用，人的思维、情感和行为也因此发生变化。而我们所要研究的社会化，就是把人当做社会实体来研究，并揭示人在社会环境中形成的社会心理和行为，以及由自然人变成社会人的实质意义。

第一节　社会化概述

一、社会化的定义

人自出生以来就开始受到社会环境的影响，与此同时也开始影响社会。这个过程就是人的社会化的过程。不同的研究领域，对人的社会化有不同的阐释：心理学家偏重个人人格的形成与自我意识的完善；社会学家侧重于社会化过程中人与社会的互动、社会规范的内化及社会角色的扮演；而人类学家则偏向于人类文化的传承及文化的维模。

什么是社会化？关于社会化的严格定义，众学者莫衷一是。苏联社会心理学家安德列耶娃从社会心理学的角度提出，人的社会化实质上就是把一个具有健康特质的人逐步教化为一个能适应社会的模塑过程。而霍兰德在其《社会心理学：原理和方法》中指出：“一个婴儿是带着繁多的行为潜能来到人世间的。这些行为的发展有赖于各种复杂因素的相互联系，包括与他人的相互作用。儿童在人类社会成长的过程中，学会了抑制某些冲动，并被鼓励获得在特定社会环境中的人所具有的特征和价值，这个过程叫社会化。”①本书这样定义社会化：人的社会化就是将一个健康的自然人转化为能适应和接受一定的社会文化（包括物质文化和精神文化），并在这一过程中参与其中，从而提升自我意识，主动去扮演一定的社会角色，使自身成为一个具有较完备社会属性的社会人的过程。简单而言，就是把人培养成为一名合格的社会成员的过程。

社会是一个体系完整的结构综合体，有着自身稳固的行为规范体系和价值观念，这也是该社会得以维模的必然要求。对于新介入的社会成员，社会必定要使用可行的手段（包括强制性的与非强制性的），使其遵从社会主流的思维方式、情感方式、价值观念、社会期望、行为规范等。客观而言，人出生后，就必然会处于某一特定的社会文化模式中，自觉不自觉地受到这种社会文化的影响，遵从该社会的文化观念、道德标准，并在充分内化的基础上成为个人行为方式的规范模式。而社会在塑造和改变社会中的个人的同时，也在被社会中的个人改变，只是在改变的力度和范围程度上存在差异而已。

二、社会化的特点

社会化过程是人与人、人与社会环境因素之间互动的过程。社会化的过程伴随着个人的一生，它具有以下较为显著的特征。

1. 社会化内容、过程的特定性

人的社会化往往是处于一个具体的社会环境当中，个人往往是通过具体的、经验的感知来接受社会化的内容的。因而，在特定的社会背景下的社会人所接受的社会化的内容、方式、手段及目标等都是特定的，即人的社会化具有历史性和特殊性。从横向性比较而言，美国儿童在开放的社会体系中接受的社会化的内容往往使之容易形成独立、自由的人格，思维方式相对灵活和开放；而在苏联接受正统的社会化的过程的儿童，组织纪律观念、集体精神都比美国儿童强，但思维相对僵化和封闭。从纵向性比较而言，传统的中国社会教化是“男尊女卑”、“女子无才便是德”的儒化教育，社会对女性的模塑和定位大大禁锢了女性的发展；而现代社会的中国，主张“男女平等”，大力提升女性的社会地位，女性在社会发展中的地位和作用得到了大力的提升。由此可见，在不同的时间维度和地域维度的划分上，社会化的内容都是特定的。

2. 社会化的双向性

在正常的社会化实施过程中，一般是由社会经验丰富者向缺乏经验者传授相

① 霍兰德. 社会心理学：原理和方法[M]. 冯文吕，译. 广州：广东高等教育出版社，1988.

关的知识和技能，这也是最普遍、最为人所接受的社会化过程，称为正向社会化，如父母对子女、教师对学生、长辈对晚辈、社会环境对个人的教化与影响等。但社会化并不是一个简单的单向性过程，与正向社会化对应的是反向社会化，即通俗意义上所说的社会新介入成员对老成员进行的社会化，甚至是个人对社会环境、社会文化产生影响，比如说子女对父母、学生对教师、长辈向晚辈学习，以及社会文化因个人影响而发生变化等。当然，反向社会化的出现是有一定前提的，通常是在社会发生转型或者经过较大变革时期出现的状况，同时，也并不排除当今社会化途径和手段的多样化，其中较为典型的是网络的发展和迅速推广，使得社会新生代能以方便、快捷的方式获得信息并实现社会化。

在排除社会化功能方向性的情况下，应该充分认识到，一个社会为了维持自身的延续，通常是以自身的价值和规范，集合所有的原有社会维模力量，去教化它的社会成员，无论其成员是自愿的还是被迫的，而对于个体而言，社会知识既有者也必然会以自身所具备的观念去教化他的下一代。因此，反向社会化的出现是极其不易的，但却是必然的，因为社会的发展是必然的。冲突功能论者认为，正是由于社会在不断分化过程中社会机体内部出现反动的力量，社会才有了进步的动力源。出于对原有社会系统的维模，反向社会化并不是既有系统所推崇的，因而正向社会化一般是有意识的、主动的、明确的社会化过程，而反向社会化是无意识、被动的、隐藏的社会化的方式。

3. 社会化的终身性

个人一出生就开始受到社会的影响，同时也是基于个人发展的终身性和社会发展的连续性的原因，社会中的个人不可能割断自身与社会的联系，因而必须接受终身的社会化过程，中国古代就有“少而学，壮而有为。壮而学，老而不衰；老而学，死而不朽”①之说。在全球化、社会文化急剧变化的今天，缺乏继续教育的社会是不足以维系其生存与发展的。美国社会心理学家 W. 巴克教授曾言：“在社会迅速变迁的社会里，主要的社会抉择在整个成年时期都是未定的。社会化不再是局限于童年。而是一个无限的、自我定向的过程。”②实际上，在早期和成年的社会化对比上，后者的社会习得在数量上、深度上和实用性上远远强于前者。

4. 社会化与个性化是辩证统一的过程

个性是基于一定的生理基础、在社会条件的作用下形成和发展起来的个体特质。而个性化指的是个性在特定的社会条件的影响下，与社会化的过程同期进行、同步实现的个人心理-行为倾向的独特过程。个性是决定个体思维和行为方式的内部动力系统，是个人的社会共同性和自身独特性的有机统一体。社会化一方面

---

① 唐仲逊，叶南客. 一个被忽略的课题：论老年社会化[J]. 社会学探索，1989(5)：25.

② 风笑天. 论人的社会化过程之特点[J]. 湖北社会科学，1987(3)：18.

使不同的个体形成了某些共同的特性，如接受特定社会的共同价值观，遵守共同的行为规范和具备一些共同的社会心理特征等；另一方面则使每个个体形成各自不同的特点，而不是将每个人都变得一模一样。因此，个体的社会化过程也是个性化模塑的过程，个性化过程伴随着社会化的过程，两者是辩证统一、不可分割的。

三、社会化的基本途径

社会心理学所强调的社会化是指社会个人形成适应于社会和文化的人格过程，它是通过社会教化和个体内化两个相辅相成的过程来实现的。社会教化是先决条件，它规定了社会化的方向，并为个体内化提供了思想观念、行为、社会要求与期望以及社会目标等；内化是根本，它是个人对社会化内容和方式的主观认同，没有内化的过程，即使再大的社会化力量也不能对社会个体进行干预，达不到社会模塑的效果。因此，如果没有社会教化，个体内化则缺乏可能；而如果没有个体内化，人的社会化也就无意义了。

（一）社会教化

社会教化是指通过社会化的机构及其执行者对其社会成员实施社会化的过程，一般带有强烈的社会倾向性。社会化的机构主要有家庭、学校、社会团体、社会组织、大众传播媒介（尤其是网络）等系统的、正规的、自愿接受的教化机构，这些正式机构所进行的社会化的内容往往倾向于传授社会知识、灌输行为规范、学习职业技能、确立社会生活目标等。同样，也有法庭、监狱、劳动教养所等正规而强制的社会教化机构，这些机构则注重于个人的重新社会化过程。除了社会化的实体机构，还有一些非实体的社会化机制，如社会风俗、道德、群体亚文化、传播媒介等对人的社会化的作用也是非常巨大的。通常，这些机制都是隐性存在的，并以无形的、潜移默化的方式发生作用，因而也是非强制、非系统和非正规的。但它们作为社会维模的主要力量，对人的社会化的作用在广度上和深度上却是不可替代的，而且在内容上，这些隐性的教化机制更注重于价值目标和人生观的培养，在一定程度上，它们对人的社会模塑功能甚至超过了现实状态的作用，这也是统治阶级强调阶级意识的重要原因。

（二）个体内化

个体内化强调的是个体的内在因素，是指人经过一定程度的社会学习，接受社会教化，对社会目标、价值观、规范和行为方式作出自我选择，并将其转化为自身稳定的人格特质和行为反应模式的过程。需要强调的是，个体内化是个体在活动中实现的，它注重人的主观参与，是个体的内部心理结构同外部社会文化环境相互作用并对后者加以选择和适应的过程。它的形成过程主要有：观察学习、认知加工、主观认同、角色扮演、自我强化(见图 3-1)。

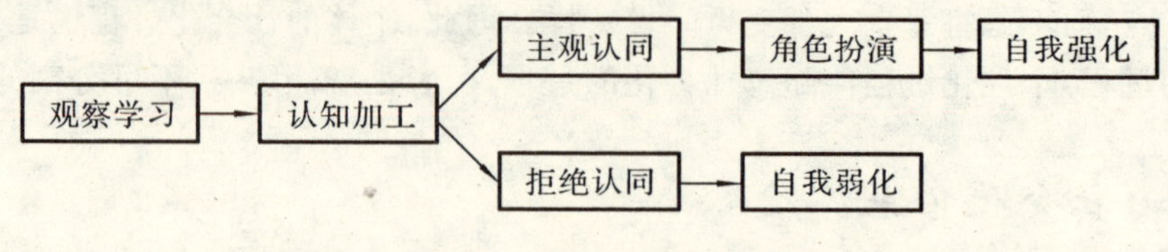

图 3-1 个体内化的过程

在此过程中，观察学习、认知加工、主观认同、角色扮演、自我强化等过程并不是一个严格的等级过程，而是一个相互关联、相互作用，共同实现人的社会化的完整体系。

四、社会化的历程

就微观而言，社会化是人格的形成过程，是人的一生的发展历程。国外众多心理学家对社会化的历程作了较为系统的研究，并形成了不尽相同的理论观点，主要有弗洛伊德的"心理性欲发展"理论、艾里克森(E. H. Erikson，1902—1994)的"心理社会发展"理论等。下面将主要在借鉴相关理论的基础上，划分个体社会化的历程。

(一) 国外学者对社会化历程的划分

1. 弗洛伊德的精神分析理论

精神分析学家弗洛伊德对人的心理发展的研究，为社会心理学对人的社会化的研究提供了经典理论。弗洛伊德把儿童心理性欲的发展过程也视为人的社会化过程。在他的论著中，基本的概念是"力比多(libido，来自于拉丁文 lust，指性欲)"①。他认为人是趋乐避苦的，而快感都来自于"性"，并认为人在不同的发展阶段，这种快感的来源区域是不同的，并将这些区域定义为"动欲区"，而这些区域与人的社会化发展阶段相对应。根据弗洛伊德的观点，儿童在每一阶段所具有的体验，在很大程度上决定了他(她)成年后的人格，成年人的性格在儿童 5 岁前就已经奠定。在弗洛伊德看来，人的发展常常表现为本能和性欲的漩涡，常常伴随着各种内驱力的冲突。依据他的理论，社会就必须对个人本能的发展进行相应的控制，把基本上是野性、原始和自恋的儿童转化为一个文明的成年人，而这就是弗洛伊德对人的社会化的理解。弗洛伊德在精神分析领域的杰出贡献，是他的性驱力的本能

---

① 赫根汉. 心理学史导论(下册)[M]. 郭本禹，译. 4 版. 上海：华东师范大学出版社，2005.

论，但也正是他的性驱动力本能论的观点，受到众多学者的批评。批评者认为弗洛伊德的这一观点过于狭隘，把一切人的活动尤其是人的社会活动归因于性本能的驱动，这是众多心理学家、社会学家所不能接受的。但客观地讲，他的精神分析理论为社会心理学的发展作出了积极的贡献。

2. 艾里克森与“心理社会发展”

艾里克森是精神分析理论发展的推动者。他的心理社会发展理论既继承了弗洛伊德的思想，又发展了荣格(Carl G. Jung，1875—1961)的学说。艾里克森放弃了人的社会化过程是“性”的这一动力因，而强调社会环境或社会文化的影响，并将人的发展以年龄为特征，划分为八个阶段。他认为人在逐步成长的过程中总会遇到种种困难，按照这一时段人所具有的心理特征将社会心理任务分为两个相对立的概念(见表 3-1)。

表 3-1　艾里克森心理社会性发展的八个阶段

阶　段		社会心理任务	成功渡过危机所获得的美德
1	乳儿期(0～1 岁)	基本信任对基本不信任	希望
2	儿童早期(2～3 岁)	自信心对羞怯	意志
3	儿童中期(4～5 岁)	首创性对内疚	目的
4	儿童晚期(6～11 岁)	勤奋对自卑	能力
5	青少年期(12～18 岁)	同一性对角色混乱	忠诚
6	成年早期(19～24 岁)	亲密对孤独	爱
7	成年中期(25～60 岁)	创造对停滞	关心
8	成年晚期(60～)	圆满对失望	智慧

艾里克森认为，人一生中的每一个阶段都会遇到相对应的危机，都会面临必须解决或必须完成的任务。在面临并解决这些问题的时候，其实就是个人社会化的过程，若能够顺利解决这些问题，那就意味着人在经历正常的社会化的过程。

3. 其他相关理论

在认知发展理论中，皮亚杰(Jean Piaget，1896—1980)《儿童的道德批判》一书以儿童的年龄(7～8 岁)把人的社会化历程划分为两个连续的部分，并指出在这一过渡时期的表现变化：首先为道德约束从“他律”到“自律”，即从受外力支配转为受内在自制力的控制；其次是道德的判断依据从“效果”转为“动机”，并且两者趋向于结合，共同作用；最后，对错误行为的处理，从笼统的惩罚到有针对性的惩罚。而美国心理学家科尔伯格(L. Kohlberg，1927—1987)在几十年后对皮亚杰的理论进一步划分为“三大水平”，即前世俗水平、世俗水平、后世俗水平，强调了道德是人的社会化的主要手段。当然，还有班杜拉的社会学习理论、格塞尔(A. Gessell,1880—1961)等提出的正常成熟论等，也对人的社会化历程从不同角度进行了划分。

(二) 国内学者对社会化历程的划分

在国内相关领域，不同的学者也有不同的划分。我们对社会化的历程进行三个阶段的划分，分别是：前期的模仿学习阶段、中期的认知内化阶段和后期的自我强化创造阶段。

1. 前期的模仿学习阶段(0～5岁)

个体在早期发展过程中所接受的社会化对个人的模塑作用尤其明显。这一阶段的社会个体缺乏对社会的初步认识，缺乏基本的社会生活经验，因此，个体在很大程度上是依靠对社会生活具体经验的模仿学习来实现的。在这一阶段的社会化的过程中，个体往往缺乏主动性和创造性，基本是以被动的、呆板的方式接受社会化的教化和模塑。个体在此阶段的社会化经历也局限于对基本生活经验的积累、社会规范的简单内化等内容，在方式上也是刻板的。从时间维度而言，这一历程并不会太久，基本是在个体出生后的5年内完成。总体上，个体不论在学习的内容上还是在学习的方式上，这一阶段所接受的社会化都是简单的、单调的，但也是基本的和重要的。

2. 中期的认知内化阶段(6～16岁)

社会个体在中期的认知内化阶段是对外在社会化知识的内化认同的阶段，主要体现个体内化具有相当的主动性和积极性，且表现出个体选择内容的不确定性。个体在早期社会化的过程中积累了一定的社会经验，具备相当的社会生活知识，从而使他具备了进入社会的先决条件，个体在逐步进入社会过程中不断接触新的事物和人，所接触的社会生活也越来越广泛。随着身体和心理的发展，个体开始运用自身具备的能力去主动积极地接受社会化的内容，并也尝试着融合自身简单的价值观念去从事社会行为，在这一过程中有选择地汲取社会化的内容和方式。通常，个体在还不能充分确定自身价值选择的情况下，往往表现出对社会化的内容和方式的不确定，这是他们的社会化经历不成熟所造成的必然现象。这一阶段社会化历程中的个体就是通常意义上的青少年，他们在成长过程中往往表现出心理倾向的不确定性，因而，进一步社会化是必要的进程。

3. 后期的自我强化创造阶段(17岁以后)

社会个体在前两个阶段社会化的基础上，已经能够充分自由选择适合个体的社会化内容和方式。社会个体在身体上的强大和心理上的成熟，都为个体挣脱原有社会化内容提供了可行性，随着个体参与社会活动的日益增多，社会活动的范围也不断扩大，社会个体已经开始依据自身的社会生活知识和价值体系构建适合自己的社会化内容和方式，对以往适合自身的社会化内容和方式，经过个体充分内化后，能够自主决定保留并进一步强化，形成稳定的结构体系，而对于以往与当前社会化内容和方式上有差异甚至是冲突的方面，在充分考虑后个体会决定舍弃。除此之外，个体还会对原有的、宏观的社会化价值体系进行加工创造，形成新的更加适合自身发展的社会化体系。因此，后期自我强化创造阶段的社会化历程是个人社会化的升华阶段。

五、社会化的功能

社会化的功能主要从个人和社会两个方面来体现，它不仅对个人人格的培养有重要作用，而且对社会文化的传播，尤其是社会正统价值观、意识形态具有巨大的模塑功能。

（一）个人方面

1. 传授生活技能

个人来到世界上，首先要解决的是生存问题，要生存就必须学会生活的基本技能，而社会化最基本的任务就是给新生个体传授生活的基本技能。衣食住行等基本社会技能的培养和学习，都是社会化作用的积极功能的具体表现，也只有通过社会化，个体才能习得在社会中生存的基本技能。

2. 促进人格形成和发展，培养个体的社会角色意识

正常的社会化能够培养个人健康的人格，主要体现在个体对社会角色的扮演上。社会角色指的是社会平台上那些有着特定的权利、义务和行为规范的角色表演者。社会化的过程就是角色学习的过程，这个过程以生活技能和某些专业技能的习得为基础，而后加上学习社会角色所要求的特定含义的内容。如顺利扮演教师这一角色，首先要求个体解决自身的吃穿住行，而这有赖于他所掌握的基本生活技能；其次要具备教师所应具备的板书、口头表达和对授课内容的正确理解等专业技能；最后，还要具有教师该有的操行，如为人师表、以学生为本、关心爱护学生，等等。换言之，社会化就是要培养个体分清角色、健全扮演角色的心理状态、全面理解角色规范化的程度和明确角色目标等能力。社会化的最终结果就是培养出符合社会要求的社会成员，使之承担起其所扮演的角色该承担的特定要求，顺利实现其权利和义务，这是社会化对个体模塑的最大功能。

（二）社会方面

从社会方面的角度来看，社会化具有内化价值观、传承社会文化、推动社会进步和发展的功能。社会化是社会文化的传承过程，即个体学习和掌握社会的群体

行为模式，进而将社会文化的主要内容内化的过程，其中最主要的就是个体学习和掌握社会文化。这里所说的文化包括代表特定文化最核心、最基本的价值体系和社会规范两大部分。价值体系指的是社会民族或体系中的一致性的共同理想、信仰和持久的信念，它在社会文化中的核心地位体现在对个人社会行为所起的定向和稳定的作用。而社会规范则是维系社会秩序的工具，它是一种标准或规定，主要包括道德规范、法律规范和各种各样的生活规则等。社会规范通常具有相当的强制性和制约性，为了使其充分发挥作用，就要通过社会化将它内化为人们的信念、行为方式和行为习惯。这对于社会来说有着极其深远的意义。个体通过社会化过程学习和掌握社会规范，内化社会价值观，实际上是在传承社会文化，而社会文化的传承和发展，就是社会发展的具体表现，因此我们说社会化推动和促进了社会的进步和发展。

第二节　社会化的影响因素

早期的哲学家关于人性与行为决定因素的争论，在柏拉图和亚里士多德时代就开始了。关于人的社会化的决定因素的争论在社会心理学发展的百年历史中一直都在进行，究其根本，就是人的社会化的动因——本能还是环境起决定作用的争论。尽管这场争论至今尚无定论，但是人们已经开始意识到，具有一定生物遗传特征又生活于具体社会文化条件下的个体，是受社会文化因素与生物遗传因素相互作用的结果。

一、本能决定论

(一) 生物遗传

在人的社会化过程中，生物的遗传起着不可替代的作用。遗传指父母的生理、心理特征经过受精作用传递给子女的一种生理变化过程。遗传因素是人社会化的潜在基础和自然前提，规定了个体的性别和身高、体貌等基本生理特性，也正是由于遗传作用，使得有利于人类从事社会活动的特殊遗传基因得以代代相传。也就是说，遗传为个体的社会化提供了生物学基础，为生物人转变为社会人提供了可能性。人的遗传具有特殊性，它必须具备人的遗传素质、生理结构、神经系统，它们特别是人脑物质的遗传，是人成为社会中的人的必备条件。据有关统计显示，遗传与智力有着紧密的关系(见表 3-2)。这充分说明遗传在人的社会化过程中的重要作用。

表 3-2　不同血缘关系者智力的相关情况

关系与类别	相关系数
无血缘关系又生活在不同环境者	0.00
无血缘关系但自幼在同一环境长大者	0.20
养父母与养子女	0.30
亲生父母与亲生子女(生活在一起)	0.50
同胞兄弟姐妹生后在不同环境长大者	0.35
同胞兄弟姐妹生后在同一环境长大者	0.50
异卵双生子不同性别而在同一环境长大者	0.50
异卵双生子同性别在同一环境长大者	0.60
同卵双生子生后在不同环境长大者	0.75
同卵双生子在同一环境长大者	0.88

从遗传学看来,黑猩猩是最接近于人的遗传的,美国人类学家克拉克夫妇在20世纪30年代驯养黑猩猩的事件则充分说明了人脑是人成为社会中的人的必备条件。克拉克夫妇让黑猩猩与自己的孩子共同生活,共同学习,创造近乎完全相同的环境,但黑猩猩却无法获得人类的语言、行为和心理。

在充分考虑遗传的作用的同时,也应清楚地认识到,遗传的作用只有结合正常的社会环境才能保障人正常社会化的实施。1920年发现的印度"狼孩"卡玛拉在孤儿院接受了近十年的社会教化却仍未能习得正常社会化的人所具有的能力,直到她17岁死去的那年,才学会用手拿东西吃,用杯子喝水,其智商仅相当于4岁儿童的水平。

(二) 本能

本能论的观点在很大程度上是受到达尔文的生物进化论影响的,因为进化论有力证实了人类与其他动物在种系发生上的连续性,并在当时获得了对人类行为进行解释的权威。当然,社会学作为一门新兴的学科也不能摆脱它的影响,将"本能"引入社会心理学领域以解释人性、认知行为以及其他社会现象的起源,这也是无可厚非的。本能之所以被重视,主要是因为社会心理学不可能摆脱本能这一基本倾向而从事其他方面的研究,因此,对本能的引入是十分重要而且是必要的。其中,英国心理学家麦独孤对本能论解释学说作了较为详尽的阐述,为研究社会心理学开辟了新视野。

麦独孤认为，人的行为，尤其是目的性的行为不是由环境，而是由本能的能力引起的。他在《社会心理学导论》(1908)中把本能定义为：一种遗传的或先天的心理物理倾向，决定有此倾向者去感知和注意某一客体，在感知这样的客体时体验着某种特殊性质的情绪激动，以及做出有关它的某种特殊形式的动作，或至少体验着做这种动作的冲动。他认为本能有三种成分，即知觉、行为、情绪。知觉，即当一种本能在积极活动时，个体将倾向于感知那些能够使得本能得以满足的事情。行为，即当一种本能在积极活动时，个体倾向于做那些能够使得本能得以满足的事情。情绪，即当一种本能在积极活动时，个体将以一种适当的情绪，对那些与本能满足或阻碍满足有关的环境事件作出反应。此外，麦独孤在他的《心理学大纲》(1923)中罗列了具体的本能的名称，比如逃跑本能、厌恶本能、交配、好奇本能、合群本能等，以及与本能活动相应的情绪名称，如恐惧、愤怒、厌恶，情欲、孤独、怀旧等。根据这些理论，他还提出了人类的战争是出于人侵略和攻击的本能的观点。当然，麦独孤也清楚地意识到，根据本能解释行为存在着一个严重的危险，那就是为每种行动进行假设，存在“泛本能”论的倾向。

(三) 婴儿的生物、情感需求——社会生物学的解释

新生婴儿，严格来讲还不是社会意义上的人，他只具有能够在社会中生存的潜力。人脑的进化是地球生物进化过程中的一朵奇葩，其进化的飞跃性是世界其他生物，尤其是动物所无法比拟的。以与人最接近的黑猩猩作为佐证：刚出生的黑猩猩幼崽的脑容量是成年黑猩猩脑容量的60%，而新生婴儿的脑容量只是成年人脑容量的22%，直到4岁，幼儿的脑容量才达到成人的80%。婴儿自出生后，除了一些本能的反应外，基本上是完全不能自理的。那么，是什么给予婴儿飞跃式的发展动力源？社会生物学说给了这一现象较为合理的解释：人类基因的遗传给婴儿社会化的可能性，建立在这种可能性的基础上的后天社会化的影响才是社会人正常发展的根源所在，也正是因为社会对婴儿的大量经验教化投入，才使人之所以为人。当然，人类婴儿并不是唯一经历社会化过程的生物，动物世界也需要社会化，只是这并不是人类意义上所指的社会化，而更确切地说成“习得”，即动物后代也必须学习它们父母的行为模式。从根本上说，遗传只能是把某一物种的行为能力传给后代的过程，而不是把某种能力行为直接给后代的过程。这就是说，所有的动物都必须经过后天的习得，才能接受正常的物种遗传和生活。人类的婴儿也是如此，婴儿所获得的遗传是学习的潜在能力，这一切都为人类社会化提供了生物学的基础和可能性。

婴儿自诞生就开始与社会中的人发生关系，虽然在很大程度上是单向性地处于满足自身的需求，比如：他需要母亲满足他对食物的本能需求和照料；需要用身体接触和语言(虽然婴儿还不能很好地理解语言的实际意义)来满足他的心理需

求，这就是婴儿最基本的生物与情感需求。许多研究表明：儿童在3个月就能认出他所认为安全和亲近的人，比如照顾他的父母；4个月左右就能模仿人的部分表情，比如对别人笑，以引起他人对自己的关注，当然还有部分潜意识的肢体动作。对此，众多的儿童心理学家作了相关的研究，并建议应该以成年人的心态对待婴儿。比如，婴儿不能安稳入睡的主要原因是缺乏安全感，为了让婴儿更好地入睡，最好把婴儿放在母亲的左侧，因为靠近母亲心脏，能够让婴儿听到或感受到母亲的心跳，增强其安全感。相反，在一个极其安静的环境中，婴儿反而不能正常入睡，或者很容易惊醒。社会生物学说对婴儿的阐述作了较为合理的解释，但在其他生物学的解释上却受人质疑。

二、环境决定论

为了弥补遗传论缺陷，一些社会心理学家提出，人类的遗传为人的社会化提供了基础条件和可能性，而社会环境才是人类社会行为的主要影响因素。社会心理学应更注重人的社会化过程中社会环境的影响，包括文化、家庭、学校、同辈群体和业缘群体、大众传媒等要素对人的社会化的决定作用。

（一）文化因素

社会风俗、习惯、行为规范、价值准则等社会文化因素在人的社会化过程中发挥着特殊的作用。它们能够使社会中的个体在思想、观念、心理、行为与生活实践中自然而然地符合社会的准则与要求，并在实际生活中发挥不同的功能和社会效应。泰勒(Edwards B. Taylor，1832—1917)认为："文化是一个复合整体，其中包括知识、信仰、艺术、道德、法律、风俗以及人作为社会成员而获得的任何其他能力和习惯。"[①]值得强调的是，泰勒在这里所强调的文化因素是排斥遗传、本能方面的人的后天所获得的广义上的生活方式及能力的总和。在通俗意义上对文化的理解是：文化包括人们日常的衣食住行、待人接物、举止言谈等交际方式，以及哲学、宗教、道德、法律、文学艺术、风俗传统、科学的思想方法等。而社会心理学往往更加注重于非物质实体形态的社会文化方面。基于对文化的定义，结合现实状况，很容易发现，文化具有历史的特殊性：不同的历史、地理条件、社会经济、社会文化的发展程度，就会造就不同的社会文化，因而不同的民族较易形成不同的文化传承和模式，不同国度的社会会对同一事件有不同的理解。虽然从宏观而言，各地的文化大同小异，并共同构成世界文化的大熔炉，但正是部分差异性决定了各民族、地区文化的特质性。

① 华红琴. 社会心理学：原理和应用[M]. 上海：上海大学出版社，2004.

美国文化人类学家本尼迪克特在比较日本军人与西方部分国家军人的荣辱观时,发现两者间存在显著的差异。在面临特殊困境时日本军人倾向于自我毁灭,即以生命的消亡作为争取荣耀的最后方式(最后的弹药是留给自己的),否则苟活于世将终生蒙羞;与此相对应的是,西方部分国家的军人则更加倾向于理智地选择生存,在绝境中往往会选择投降,以及通知家人自己仍然在世;即便如此,军人以及其家人仍然是荣耀的。本尼迪克特在她对缅甸北部会战的实地考察得出相关的结论:战争中,日军被俘人数同阵亡人数比例为 1∶120,而被关押在战俘营的 142 人中,除少数人外,被俘时都已受伤或者失去知觉,独自一人或二三人一起投降的只是极少数。而在西方各国军队里,阵亡人数如果达到该部队总兵力的四分之一或三分之一,该部队不投降是不可能的。投降者与阵亡者人数比例大约为 4∶1。[①]除此之外,较为著名的研究还有怀庭和蔡尔德的有关原始民族跨文化研究的"六文化研究规划",对印度、英国、日本等六国的儿童的成就感、社交性、自立等进行的比较研究;[②]布朗芬布伦 1970 年完成的有关现代民族跨文化的美苏两国儿童教养方式的比较研究等。这些研究表明,文化对人的社会化的模塑作用是任何其他社会因素所不能比拟的。

(二) 家庭

家庭是个体社会化的起点,是新生社会个体最早接触、并将社会要素内化的场所,因而在个体早期社会化的过程中占据绝对的主导地位。个体早期社会化阶段是人的社会化进程中最重要的阶段。在此阶段,由于个体缺乏完整而独立的思想和人格体系,在生理和心理上都存在极强的依赖性,此时家庭教化的"刻板"作用尤其明显,因而社会化的内容、方式都将会对儿童今后的人生起着决定性的作用。

家庭对于社会化的过程的作用,主要有两个方面值得关注:首先是儿童基本生存技能的培养和锻炼,如对幼儿进行语言、行走、饮食的教化,主要通过"学习-模仿"的方式来进行;其次是对儿童思维能力和思维方式的培养和锻炼,在此过程中,应该特别强调儿童对社会化内容及方式的内化及反思,是超越了"学习-模仿"的简单模式,而更加突出自我的能动反应,是一种对潜能发展的激发。当然,家庭在这两个方面的社会化过程并不是相互独立的,而是并行不悖、相互促进的过程。社会心理学特别关注的是家庭教育与人格培养之间的关系。

---

① 鲁斯·本尼迪克特.菊花与军刀——日本文化的诸模式[M].孙志民,译.杭州:浙江人民出版社,1987.

② 巴尔诺.人格、文化的积淀[M].沈阳:辽宁人民出版社,1989.

(三) 学校

现代社会中的学校，是有计划、有组织、有目的地向其成员(包括各个年龄阶段的人群)系统地传授价值观念、社会规范准则、科技知识、社会技能的制度化机构。与家庭教育不同的是，学校教育更加倾向于教育的集体性、定向性，以及阶级化、制度化的原则。学校对社会人的教育是面对社会大众的，因而必须用整体适应的方式来进行社会化。因此，学校教育除了培养正常的人格外，实际上还渗入了统治阶级的意识形态，按照一定的制度原则进行，其社会化方式、手段、目标都已明确地规范化和制度化了。在排除微观、具体的学校制度结构的前提下，可以发现学校教育的明显倾向——在正规的学校教育期间，学校教育除了向学生传播各种知识与技能外，在不同社会中占统治地位的阶级还会充分利用学校来为自己培养接班人，传授本阶级的价值规范，借以巩固自己的政治、经济制度。这正是最普遍意义上的正规社会化机构，是学校区别于其他社会化机构的最显著特征，这是学校会在社会化机构中处于特殊重要地位的原因所在。

(四) 同辈群体与业缘群体

同辈群体是指由地位相近，年龄、兴趣、爱好、价值观和行为方式大体相同的人组成的一种非正式群体。我们所关注的是不同年龄段的青少年心理状况的变化。在生理和心理上都已开始独立的青少年，面临价值冲突并产生不信任的心态，随着其挣脱家庭、步入社会不断频繁，这种心态的矛盾更加剧烈。幸运的是，在他们交往的群体中(主要是青少年群体)，逐渐寻求到了他们的情感归属和共同的价值目标，并在潜移默化中开始形成了大家共同遵守的一系列行为规范和价值标准，而这些规范和标准又是参与者在无形中共同制定并共同遵守的，其内在认同感对其成员的约束力非常大。业缘群体在排除年龄因素外，其基本形成过程也是如此。同辈群体与业缘群体之所以较易形成并能够为大家所认同，主要是因为参与者能够自由选择同伴，自由组合，在平等的基础上进行交往，有利于建立平等而亲密的关系，相互之间的信任度也非常高。时蓉华的研究发现，70%以上的青年人遇到困难和烦恼时，不是首先与父母商量，而是与同伴商量或不与任何人商量。同辈群体与业缘群体成员间的影响，既可能对个体人格产生正面的积极作用，也可能产生负面的消极作用。“近朱者赤，近墨者黑”，说的就是这个道理。

(五) 大众传媒

大众传媒是现代科技力量的发展对人类信息沟通的一大贡献，它是以报刊、图书、广播电视、网络等为媒介工具，向大众传播信息的沟通方式。大众传媒以最快捷的方式向人们提供有关社会事件和社会变革的信息，还向人们提供各种不同的角色模式、价值标准、行为规范等，对社会个体起着重要的作用。

在功能取向上，人们往往更注重于大众传媒的积极功能，主要表现为：一方面，通过传媒，社会中的个体能够直接而快捷地获取经验知识和信息，可以在最短的时期内进行个体内化并应用于现实生活当中，它是人类社会化的一个极为有效的途径，节约了社会资源；另一方面，出于大众传媒本身的性质，其社会化是面向公众的，它能够传输社会主流文化，因而也是统治阶级强化意识形态的重要方式，能够对维护社会正常运行起重要作用。但是大众传媒的消极作用也是不容忽视的。庸俗而混乱的传媒内容使得不同的群体很容易产生价值混乱甚至价值冲突，成为社会不稳定因素。因此，积极加强对大众传媒的有效管理是正确利用其社会化功能的一个重要保障。

综合以上两种观点，可以认为过分地注重基因的遗传或只强调社会环境的影响都不足以反映人类社会化过程中的影响因素。我们认为，基因遗传是社会化的前提和生物基础，而社会环境影响则是影响社会化的主要方面，两者相辅相成，缺一不可，唯有两者兼备，个体的社会化才能顺利进行。

第三节　社会化的几种主要类型

一、政治社会化

政治社会化是指社会中的个体对政治态度、信念的接受以及形成的过程。严格意义上说，它有广义和狭义之分。广义的政治社会化是指社会的个人逐渐接受被当前政治制度所肯定并实行的政治信念和规范，形成特定的政治态度和政治行为方式的过程；而狭义的政治社会化是指正式负有教育责任的政治家和政治机构有计划、有目的地向公民传输政治上的信息、价值观和政治信念的过程。[①] 简而言之，社会中的个人在这一过程中能够对国家形态、政权形式、社会政治制度有较深的认识，能够形成自己的辨别能力，对某一具体的政治事件表现出赞成、拥护或者反对、抵制的倾向和能力。因此，政治社会化直接关系到国家政治制度的稳定，是统治阶级进行政治统治所采用的最广泛的措施，也是最具有实效性的方式。同时，基于政治在社会中的特殊地位，政治社会化还是一般社会化的核心问题。世界上任何一个国家、政府都会十分重视培养自己国家公民的政治观念，使他们忠于本国

① 周晓虹.现代社会心理学——多维视野中的社会行为研究[M].上海：上海人民出版社，2004：150.

的社会体制、政治法规等。

政治社会化在实施过程中通常表现为一个双向选择的过程：个体在接受特定政治社会化内容的同时，能够经过自我内化和选择，并经过主观加工，逐步形成带有个人色彩的政治倾向；这种经过不断加工和内化后的政治思想观念，经过一定程度的整合和相互作用，又会反过来影响正统的政治社会化的内容和方式。在这一过程中表现突出的个体是那些“社会精英”，尤其是“权力精英”。由此可见，政治社会化既接受社会政治改造，同时又改造着社会的政治，这一互动政治角色的形成过程，才是政治社会化的实质所在。[①]

二、法律社会化

法律社会化是指社会中的个体能够正确认识他所在国家的法律、法规，接受并按照这些法律、法规来调整个人的行为，使之符合该国的行为规范。完整意义上的法律社会化并不简单地指服从该国的法律规定，还应该包括在认同该法律的同时将其内化，掌握并运用到具体的现实生活当中，体现规范性和灵活性的统一。法律的实质是特定区域的人们在特定的时期内通过缔结共同契约，保证大家共同遵守，并以强制的手段保证其实施的一系列行为规范的总和。它是人类文明发展到一定程度的产物。因此，法律的社会化并不仅仅是一个简单行为规范的遵从过程，而是一个人类文化的继承、接受和发展的过程。法律社会化的本质是要求其社会成员遵从社会大众（或统治阶级）的共同行为规范体系，与其他社会化内容及方式不同的是它所要求实施的社会化带有强制性，这也是法律社会化与其他社会化方式的最大区别。

三、道德社会化

道德社会化是特定的社会调整个体之间以及个体与社会之间关系和行为规范的非制度性的总和。道德是人类社会发展到特定阶段的特定产物。人类社会在不同的发展阶段会有不同的道德标准。社会心理学所讲的道德社会化，就是个体将特定社会所肯定和遵从的道德准则和道德规范加以内化，形成合乎特定社会要求的道德行为的过程。关于道德的形成，不同的心理学学者有着不同的见解。如精神分析学家弗洛伊德在论述人的道德社会化的过程中，引入了“伊底”、“自我”、“超我”等相关概念，并着重就“超我”（人格的道德力量）作出分析论述。他指出，“超我”的两个构成部分其中之一就是“良心”，即道德成分，它是由儿童受到惩罚的经

---

①. 袁振国，朱永新. 试谈个体政治社会化的意义及过程[J]. 社会学研究，1988(1)：121.

验内化而来，当他们参与甚至想到他曾经为之受到惩罚的活动，就会产生罪恶感。①

道德社会化是一个社会良性运行的重要维模力量，与其他社会化内容相比，它更注重于个人的世界观、人生观和价值观的培养和塑造。通常意义上，道德社会化是较高层次的社会化内容，它的真正教化者是整个社会的伦理道德，它是一般的社会机构所不能轻易达到的社会化层次。此外，在道德社会化的实施过程中，现实状况与道德层次很容易产生实质性的冲突，日常生活中经常可以遇到道德与法律的冲突事件，如对科尔伯格的“海先生的偷药事件”②、“安乐死”事件等的争论便是其中的典型。

四、性别角色社会化

性别角色社会化是指男女两性各自在所属的社会文化领域扮演各自的角色的过程。在心理学领域，关于性别角色的决定因素，主要有以奥地利精神分析学家弗洛伊德为代表的遗传特质学说和美国人类学家玛格丽特·米德为代表的社会习得学说。弗洛伊德认为，人类在“力比多”的作用下产生的“俄狄浦斯情结”促使性别的分化，男孩形成“恋母情结”，产生对母亲的欲望，对父亲抱有敌意，形成一种复杂的精神状态；男孩同时又开始对父亲认同，他们学习父亲的男性角色行为，逐渐获得性别自我认识，继承父亲的男性角色规范。同样，女孩则形成“恋父情结”，并以母亲角色自居，内化了母亲的女性行为特征，获得女性角色的自我认识。而玛格丽特·米德在20世纪30年代对新几内亚进行实地考察，对三个部落的性别角色的定位进行比较分析，得出的结论却是：男性可以具有女性的某些特质，而女性也可以拥有男人的特权地位。由此玛格丽特·米德提出，性别角色社会化是因文化而异的，男女人格特征与生理特征没有必然的联系，性别角色特征是由于他们学习了由社会传统所继承下来的文化模式的结果。

除此之外，班杜拉的社会学习理论和科尔伯格的认知发展理论也强调，父母及社会对儿童的区别对待以及儿童自身对符合自己的性别角色模式的选择（不论是主动的还是被动的），才是性别角色社会化的关键所在。事实上，社会文化和认知发展本身也是密切联系、不可分割的，人的认知发展不会是脱离社会文化作用的自发过程，它受先天遗传和后天社会化相互结合的影响。性别角色的社会化能够为生活在特定环境中的个体准确定位符合其情境的角色，为个人顺利进入社会、参与社会生活提供合理性。

① 赫根汉．心理学史导论（下册）[M]．郭本禹，译．4版．上海：华东师范大学出版社，2005．

② 张春兴．现代心理学[M]．上海：上海人民出版社，1994．

第四节 人格与社会化

社会化对个人模塑的集中表现就是对人格的培养。因此可以说，社会化实施优劣程度的检验机制就是社会化对人格培养优劣的效果标准。那么，什么是人格？它具有什么样的特征？在现实生活中的研究和应用又有哪些？本节将主要就这些问题展开讨论。

一、人格的内涵及其特征

现实生活中，有人天性乐观、开朗，好交际，而有人则内向抑郁，少言寡语；有些人朋友遍天下，而有些人则形单影只……是什么促使生活在相同的社会里的人们有着不同的境遇呢？其中一个主要原因就是人格(personality)。

什么是人格？追根溯源，人格源于古希腊的"persona"，指代古希腊戏剧演员所佩戴的面具，代表演员在戏剧中所扮演的角色和身份，相当于我国古代京剧表演中的脸谱。在经过漫长的演化过程中，"人格"一词才逐渐被心理学所使用，指一个人在整体层次上所表现出来的心理面貌。究竟什么是"人格"，在大多数人的意识中，似乎只是一种"只可意会，不可言传"的感觉，几乎所有成年的正常人都可以用"人格"来表述自我或者评价他人，但什么是确切的"人格"定义，却很难有一个准确的定论。在心理学界，众心理学家对人格的定义也莫衷一是。瑞士精神分析学家荣格指出，人格应该包含两个层面：一层是人格的表层，即"人格面具"，意指一个人按照他认为别人希望他去做的方式行事，即角色扮演，它主要是社会化的作用及要求；另一层是人格的深层，即"真实的自我"，它更倾向于人性本质，甚至是本能的驱动表现，它强调人所具有特质的先天性。在荣格的论述中，人格深层次中往往包含人性的阴暗面或兽性的方面，他提出的原始意象中的"阴影"(shadow)就是人类原始性格的遗留产物。

社会心理学家奥尔波特曾总结50多种人格的定义，涉及对许多学科各个方面的理解，并给出他自己对人格的定义："人格是个体内部决定其独特性地顺应环境的身心系统的动力组织。"①他认为人格是个体内在的心理物理系统的动态组织，它决定个人在现实中思想的独特性。后来，奥尔波特又对他的这一定义进行了修

① Allport G. Personality：A Psychological Interpretation[M]. New York：Henry Holt，1937.

正，认为“人格是个体内部决定其特征性行为和思想的身心系统的动力组织”①。他的这一定义，更正了人是简单适应环境的本能论观点，倾向于人主观能动地满足自身而寻求在思想和行为上的积极努力。

在我国，也有相关的定义，心理学家陈仲庚把人格定义为“个体内在的在行为上的倾向性，它表现为一个人在不断的变化中的全体和综合，具有动力一致性和连续性的持久的自我，是人在社会化过程中形成的给予人特色的身心组织”②。台湾学者张春兴在综合中西方对人格界定的基础上，认为人格是个体在其生活历程中对人、对事、对己以及对整个环境适应时所显示的独特个性，这一独特个性由其遗传、环境、成就、学习等因素交互作用，表现为需求、动机、兴趣、能力、性向、态度、气质、价值观念、生活习惯以至行动等身心多方面的特质，而由多种特质形成的人格组织具有相当的完整性、持久性、复杂性与独特性。

（一）人格的定义

从中外学者对人格形形色色的定义，可以清楚地发现这些定义的异曲同工之处：人格是一种内在特质与外在表现的集合，构成人格的这些特质是在一定的社会化过程中逐步培养和形成的，基于不同的社会经历，人格具有特殊性和稳定性等特征。本书对人格的定义是：人格是指社会中的个体在不断接受社会化的过程中所表现出的稳定的、持续而特有的行为倾向性，它是气质、性向、能力、意志、行为等诸要素的有机整合体。人格的形成是以基因遗传为基础，经过后天社会化作用而形成的一种稳定的心性倾向性。

（二）人格的特征

人格特质成分包括性向、情感、气质、态度、价值观、行动等要素，这些要素之间相互作用和影响，共同构成人格的具体特征。一般来讲，这些特征主要有以下几点。

1. 人格的整体倾向性

人格是一个综合要素的整合体，诸要素相互之间并不是孤立存在的，而是共同构成一个密切联系的有机整体。这些要素经过整体上相互协调、共同作用而构成人格特质。各要素在整体组织的有机调配下共同朝着相同的方向行动和发展，经过一定程度的功能整合，人格就表现出极强的整体倾向性。人格也是社会个体价值目标得以实现的有力保障，这就是人们经常所讲的“性格决定命运”的由来。当然，人格特质的构成部分并不总是整体协调一致的，也会存在相分离甚至相违背的

① Allport G. Personality：A Psychological Interpretation[M]. New York：Henry Holt，1937.

② 陈仲庚，张雨新. 人格心理学[M]. 沈阳：辽宁人民出版社，1986：50.

情况，这就是通常所说的人格分裂等症状。

2. 人格具有独特性和相似性相统一的特征

人格的形成是社会个体遗传和社会化相互作用的过程。不同的人接受不同的遗传基因，接受不同的家庭、学校和社会的教育，并在这些后天的社会生活中有不同的经历，尤其是遭遇不同的挫折，会形成不同的人格。所以人们常说"人心不同，各如其面"。但是，人格更大的特征是相似性。一般而言，人都具有整体参与、向善行德、快乐趋向等共同的人格特征，只是在经历一定时期的社会化过程后，这些人格特征才开始转变甚至被磨灭。但相似性才是人类所共有的人格特征，这也使人格归类有所依据。具体而言，个体人格特征之间的细微差别构成人与人之间不同的人格特征，就好比人的面貌特征，正常的人的面貌都由眼、脸、耳、鼻、嘴等器官构成，基本形状没有什么大的差异，但正是这些部位间的细小差异才构成了人所具有不同的面貌。人格特征亦然。

3. 人格具有持续性和稳定性

人格的形成和表现就像人的生命过程，是一个持续发展的过程，它伴随着人的一生而持续存在并发生作用。人格特质不断地作用于个体行为，通常表现为社会个体的行为在日常生活中的一贯性和连续性。而人格的稳定性则包含两个层次的含义。一是跨时间维度的稳定性。人格一旦形成，即使经过很长时间的跨度，都很难发生改变，或改变的幅度非常小。二是跨空间维度的稳定性，即人格不会随着人在地域或情境上的迁移而发生改变。一个人从中国迁居到美国，人格并不会随着不同的国度而发生改变。"江山易改，禀性难移"很好地说明了人格的持续性和稳定性。当然，我们也应该辩证地看待人格的稳定性和持续性。人格并不是一成不变的，人格同样具有可塑性，尤其是在后天的社会化过程中经历了重大事件或挫折，人格有可能发生较大的变化。此外，不同的情境下，具有稳定而持续人格特征的个人也会做出有悖其常态之事，这也并不是不可接受的，只能解释为稳定性在短时期内的特殊举动，但从长期而言，人格是具有稳定性和持续性的。

4. 人格是社会性和遗传性的有机整合

人格不仅受社会化的影响，也受生物遗传作用的制约，它是两者相冲突和协调的产物。婴儿自出生以来就具有不同的外显特征：有的婴儿好动好哭，有的则相对安静。这就说明人在排除社会化因素作用的情况下具有性格上的差异性。虽然性格并不完全等同于人格，但却是人格的重要组成部分。当然，在生物遗传提供了人格塑造的可能性的前提下，更应注重后天社会化对人格的塑造功能。社会情境和社会经历是影响人格形成的两大重要因素：特定的社会情境会给处于其中的社会个体塑造特定的生活、学习、工作情境，而社会个体则自然或不自然地接受并内化这些要素，并结合自身，形成较为稳定的人格特质。此外，人在接受社会化的过程中，社会中的个体会经历不同的人、事和物，期望与现实之间的差距会使个体产生不同的心理效应,特别是差距很大时会产生挫折感,这些都会影响到正常人格的发展。

二、有关人格的几种理论

在人格的探讨上,有必要对心理学关于人格的理论进行引鉴,这样才能更好地理解人格的真实内涵。心理学关于人格的理论主要有心理动力学理论、人格特质理论、人格的社会学习理论、人格认知理论。

(一) 以弗洛伊德为代表的心理动力学理论

心理动力学理论认为,强大的内驱力塑造人格并引发人的行为。弗洛伊德认为,人格的差异是由于人们对待基本的驱力方式不同而引起的,在引证的过程中,他描绘了人格的三个部分:本我、自我和超我的斗争和调和。本我(id)是原存于生命体中从本能遗传获得的原始驱动力,它排除任何干扰因素而追求快感的满足,并为人格活动提供能量,弗洛伊德称之为"力比多"。他认为人的一切活动的原始动力都是本我能量释放的过程。自我(ego)在本我提供能量的前提下,控制和运用这些能量,使目标和手段有效地结合。它是一个理性的衡量工具。超我(superego)在自我的思想和行为的过程中起着判断和检察的作用,是衡量个人行为的道德标准。弗洛伊德把本我、自我和超我三种力量表述为既相互独立又相互作用的有机平衡,从精神分析的角度为人格的解释作出巨大贡献,但他过于强调性本能的观点也受到人们的普遍批评。

(二) 人格特质理论

1. 奥尔波特对特质的界定

奥尔波特在《人格:一种心理学的解释》中最早对特质进行界定。特质是指个体内在的系统和倾向,这种系统和倾向使个体通过独特的方式知觉情境,对各种各不相同的情境作出相同的反应。一般情况下可以理解为个体在相关情境下所表现出来的心理倾向。此外,这些特征还可用来区分人或物的特征或品质。奥尔波特认为,特质不仅仅是特定情境下的反应,也是普遍意义上的一致性反应,这使得个体的行为具有持久的倾向性和跨维度性,即个体总是以相同或相似的特质来对待外界并组织自己的经验。在此研究的基础上,奥尔波特把人格特质分为三类:首要特质,即基本特质,是个体最基本、最典型而最普遍的特质;中心特质,即构成个体区别于其他个体独特性的特质;次要特质,即不易被发觉、不太重要的潜藏性特质。三种特质之间是相互促进和共同作用的,都对人格的形成和发展具有重要的作用。

2. 卡特尔的特质因素论

卡特尔(R. B. Cattell)认为，特质是建筑人格的基石。他将特质分为几类。首先是个别特质与共同特质。个别特质指个人所具有的特质；共同特质指一个群体或社区成员所具有的特质。卡特尔强调指出，共同特质是特定群体的每个成员都具有的，但在不同的成员身上，甚至是同一成员在不同情境下，这些特质的强度都是不同的。其次是表面特质(surface trait)和根源特质(source trait)。表面特质是指通过人的外显行为所表现出来的特质；而根源特质是指人格的内在因素，是对人的行为具有决定性的特质，并派生出各种不同的表面特质。卡特尔总结了人的4 500个表面特质，得出人格特质的16个根源特质，并在此基础上编制了"16种人格因素调查表"。最后是动力特质(dynamic trait)。动力特质是人的目标行为的动力因素，它包括："能"，即一种遗传而来的、动力性质的素质根源；"外能"，即来自于后天习得的动力因素；"辅助"，即存在于动力特质层间起附属辅助作用的特质。

(三) 人格的社会学习理论

社会学习理论者认为，人格是后天习得的，它包括对他人的观察、强化、消退、泛化和辨别等过程，受经验性和情境的影响较大。行为主义者华生认为，人格是习惯的综合，而习惯则是反应的综合，这些都源于环境的刺激。而斯金纳则排斥那些决定和指导行为的人格或自我的概念，他认为，对人格的研究应该是对个体的特殊学习经历和独特遗传背景的系统考察，或者说人格研究就是要发现社会中的个体的行为与行为原因之间的相互关系。

多拉德和米勒两位心理学家在实验的基础上将学习理论与精神分析理论相融合。在关于人格形成的问题上，他们认为人本身会因动机性压力而造成紧张，而内驱力会引发具体的行为去减少紧张度，在这一过程中行为得到强化，形成习惯，成为人格的形成机制。在行为主义者看来，人格就是由习惯构成的行为。为此，两人还归纳出人格动力的习惯所受控制的四种成分：内驱力，是指包括原始欲望和后天习得所产生的欲念在内的动力源，它会促使人们去行动，比如饥饿、恐惧、成就需要等；线索，是指特定情景和特定的刺激物对内驱力提供的刺激；反应，是指在内驱力提供动力源、线索提供刺激的前提下，旨在降低压力的主体所作出的行为反应；奖赏，是指个体对作出反应后的效果选择，即当某一行为确实可降低内驱力的压力，那么这一行为将会得到强化，从而使个人的具体行为得以重复并形成习惯。多拉德和米勒进一步论述了人格的发展、尤其是儿童时期的"刻板"效应的四个情境：喂养方式的积极与否会相应的形成儿童主动与被动的人格特质；父母对待孩子大小便的态度会决定儿童的顺从程度；性别训练将直接影响到孩子将来的性别角色定位；愤怒与攻击的表达在早期的行为训练中培养出人格的自控力。

（四）以米歇尔为代表的人格认知理论

米歇尔（Walter Mischel）在社会学习理论和认知理论的双重影响下，试图建立自己的人格理论，他特别关注人改变自身的机能而适用于特定的情境需要的方式，并发展出他对人格系统的“认知-情感单元”（或表象）的具体解释。他认为个体所遇到的事件会与一个复杂的“认知-情感单元”相互作用，并决定个体的行为。这些单元由人格中的特殊元素组成，包括编码方式（对他人或事件的归类）、预期和信念（对未来或他人进行预测）、情感、价值和目标以及能力和自我调整计划五个方面，每个人都有一套独特的心理表象，这导致不同的人面临相同的情境会有不同的行为模式。在“认知-情感”人格系统的框架结构上，米歇尔认为，一个完善的人格必须具备自身稳定的、典型的倾向性，并且可在不同的情境中发生变化并可模塑。为此，他提出了包括生物遗传因素、社会-认知-动机和情感因素在内的“认知-情感系统”（cognitive-affective personality system，简称为 CAPS 理论），具体内容包括两个方面。第一，两个基本假设，指“人在稳定的、接近的难易程度上存在区别”的假设和“处于‘关系组织’中的个体存在差异”的假设。他认为只有在特定的情境下相应的情感单元才会被激活，所以不同的人具有的不同的情感因素，即使在面临相同的情境下也会有不同的行为反应。第二，人格的多水平分析。根据 CAPS 理论，心理学家将社会水平上的心理分析划分为四个部分：人格的心理加工系统层次、行为表达层次、人格和人的行为“知觉”层次、稳定的个人情境层次。这四个层次既相互独立，又紧密联系并相互作用。

第五节　互联网与人的社会化

一、互联网所构建的虚拟社区

社区是人的社会化的重要场所。《辞海》对“社区”的解释是：“以一定地域为基础的社会群体，基本要素有：有一定的地域；有一定的人群；有一定的组织形式、共同的价值观念、行为规范及相应的管理机构；有满足成员的物质和精神需求的各种生活服务设施。”[①]美国功能主义社会学家帕森斯（Talcott Parsons，1902—1979）在《社会系统》一书中指出：“社会整体是一个行动的系统，社会系统……在实质上是

---

① 辞海[Z]. 北京：商务印书馆，1999.

一个互动的关系网。”长期以来，人们传统思维中对社区的概念是：参与人与人之间面对面的社会互动，并以此为基础所结成的相互关系。随着信息科技的飞速发展，到20世纪末期，传统意义上的交往模式已经开始受到一种新的载体的冲击，甚至在部分领域被完全替代，那就是互联网(internet)，以及建立在这一平台上的“网络社会”(cyber-society)。可以说，互联网的产生和迅速扩张正在形成一种新质的网络文化，这种全球性的、跨时空性的文化形成将引起传统社会的再造和人类知识体系的创新。

那么，什么是虚拟社区(virtual community)呢？1993年，霍华德·莱因古德(Howard Rheingold)在他的《虚拟社区》(*The Virtual Community*)中首次提出“虚拟社区”的概念：“虚拟社区是以虚拟身份在网络中创立的一个由志趣相同的人们组成的均衡的公共领域……我们现在必须透过电脑，设计不同的方式，找回原本一直存在社区的互动精神(而这些互动精神，正因为科技的发达，增加人与电脑的相处时间，却减少了人与人之间的沟通的机会，因而慢慢消失了)，对于从科技中获得许多好处的人来说，真是一大讽刺。”[①]所以，虚拟社区就是指人们以互联网为媒介，由一个个独立的社会人以交流互动为目的，并结成一定的相互关系的虚拟空间场所。虚拟社区之所以被称之为“社区”，是因为在这个虚拟的空间具有通常现实意义上的社区所具有的基本要素：它有一定的时间、空间维度(BBS或者聊天室，网站等)；一定的参与者(网民)；参与者之间会发生各种社会关系以及互动，有共同的认同感和归属感，并形成较为稳定的心理倾向；此外，参与者之间也有共同的行为规范和社会准则，参与者也以满足物质或者精神的需要为目标(集体聊天、游戏以及共同完成任务等)，人们可以在虚拟社区内进行聊天、交流讨论、下载网络资源、咨询与帮助等活动。

二、虚拟社区的特征

虚拟社区除了具有现实社区的一些基本特征外，还具有其独特性，主要表现在以下几方面。

1. 时空维度的跨越性

传统的社区活动必须是参与者在实时实地进行，而虚拟网络下的社会互动则不必拘泥于时空的限制，网民可以在任何地方、任何时段参与到虚拟社区的活动当中。它排除了依据血缘、地缘、业缘等形成的社会关系网络，而更偏向于“网缘”。它既能建立各自的社区区域，又可以把原有的区域进行分割；既可以摆脱古往今来知识经验的束缚，又可以自由介入到任何虚拟的社区活动当中。因此，虚拟社区活

① The Virtual Community[OL]. http://www. Rheingold. com/ vc/ book/ 3. html.

动的进行实质上是摆脱传统社区活动实时实地的特性，从而使参与者能够在一定程度上脱离时空的限制。

2. 开放性、自由化与个性化

网络的开放性是任何一个媒介平台所不能比拟的，网络虚拟社区需要大众的广泛参与，并且在参与主体上没有特定的限制，相互之间相对平等，这些现实社区所不能比拟的优点促使众多社会个体积极参与其中，也就必然会汲取不同特质的文化。在广泛的参与性和公平性的前提下，大众不同的价值观、生活经验、个人观点才能得到充分的展现和发挥，个性才能从根本上得到尊重和发掘。在社区的人员构成上，虚拟社区的人员往往是志同道合的网民，他们集中到特定的社区，形成大家共同遵守的规则和行为模式，这也使得网络世界的价值观念的认同程度更高，群集性更强，因为它充分建立在开放、自由的基础之上，个人与个性得到了充分的自主和自由。

3. 虚拟社区参与者的匿名性

参与虚拟社区的网民，不需要准确、真实的个人信息资料，相互之间的交流建立在自愿平等的基础之上，也不需要缔结相互的责任契约。这种匿名性给参与者更大的空间和自由度，在虚拟空间内能充分体现个人的意志和情感，并在一定程度上避免责罚。因此，人们可以根据自己的意愿，自由加入特定"团体"，自由扮演角色，网上恋爱、网上结婚的事情也并不鲜见。这给当今日益增加的社会压力下的人们提供了一个放松的新途径，一定程度上能够实现自己的成就欲或满足自己的精神需求。但也应该清楚地看到，网络虚拟空间的匿名性是把双刃剑，匿名性在拓展了人的自由度的同时，也增加了犯罪的可能性，有关资料显示，匿名性与犯罪可能性有着直接的相关。

三、虚拟社区对人的社会化作用

社区与人的社会化有着直接的联系，而网络虚拟社区对人的社会化的作用也非常突出。网络虚拟社区对参与其中的社会个体同样有着定向模塑的功能要求，个体在长期的虚拟社区活动参与过程中，逐渐认同特定社区的文化价值观，形成大家共同遵从的行为规范和准则，并在一定程度上使这些规范和准则制度化，形成较为稳定的团体和团体意识。虚拟社区对个体的社会化的作用主要表现为对个体经验知识的传递，思想观念、价值标准、行为的教育习得，以及社会要求、社会期望与社会目标定位等，这些内容都为社会中的个体在今后的社会生活中的活动的顺利进行打下坚实的基础。但网络虚拟社区的社会化功能并非单一的正向积极功能，在充分考虑虚拟社区的功能时，应该全面地考虑到虚拟社区对个人社会化的反向功能。下面将其分为(正向的)积极功能和(负向的)消极功能进行论述。

(一)积极功能

1. 虚拟社区为人的社会化提供新的途径

与传统面对面的社会互动不同,网络互动可以摆脱现实互动平台的种种限制,同样能够形成自我意识,建立身份认同以及网络社区社会秩序,只是人们通过符号交流来进行而已。不过,在虚拟社区中,外在形象特征,如种族、性别等个人身份特征都是匿名的,相互之间也是根据互动者对相关问题的思想观点而形成角色定位。这种以信息的传播为媒介的社会互动彻底改变了原有的个人社会化的方式与途径,导致以此为基础的社会互动新的变化。首先是社会互动的范围、参与者的范围和人数都急剧扩大。虚拟社区突破了传统社会化方式的局限,大大拓展了人的社会化的"时空性"范围,实现了参与者和参与范围的最大化。其次,虚拟社区改变了传统社会化的形式。现实社区中往往以现实的实体媒介为平台,但网络社区所提供的互动平台是一种虚拟的介质,比如电子邮件、QQ聊天室等。再次,社会化的速率更加便捷。网络提供了便捷、快速的信息传播技术,使得世界各地、各民族的人可以从各个角落在瞬间实现互动,这种互动的社会化发生加快了现代社会个体的社会化速率,节约了社会资源,也为我国和谐社会的构建提供了积极参考意义。

2. 虚拟社区为个人社会化提供了宽松的环境

网络社会强大的整合作用在于它把庞大的工业社会打散,在世界范围内重新聚集一定的团体,让人们可以按照自己的意愿、兴趣、价值观念、文化特质等特性,自发地结合并形成自由、平等的虚拟社区团体。在这些虚拟社区团体中的个人,能够以自身意愿平等为基本原则,积极主动地参与社区互动,能最大限度地反映社会个体的实际需求。在社会资源的整合上,它能够充分发挥物尽其用的效能,有效地使用社会资源,最大限度地满足网民的需求。这种社会化方式的完全开放和自由是传统社会化方式望尘莫及的。

3. 虚拟社区使人的社会化内容和培养目标多元化

虚拟社区传递的信息以明显的符号为媒介,其本身不带有倾向色彩,因此,它不针对除技术因素以外的任何标准而划分特定的群体,而以完全开放的方式来聚集相应的群体。因而这些团体能够在自愿的基础上网罗天下志同道合的一切可能的社会个体参与,参与其中的个人一般也具有相当的稳定性,不容易发生改变。此外,虚拟社区在特定团体的价值取向、组织原则和结构体系上,有着较为明确的倾向性,容易在排除政治、经济等其他干扰因素的情况下保证其价值体系得以维系和发展。这样才能使不同的人,可以在充分自由、平等的基础上选择符合自身价值观念的虚拟社区团体,并在这些团体的模塑功能下,朝着相应的培养价值目标发展。还应该注意到,在虚拟社区中参与的社会个体,必然会在相互交流学习的过程中相互作用,汲取不同特质的文化和价值观念,这些多元化的价值取向和文化背景必然带来多元化的冲突和调整,使社会中的个体能够站在更加客观的角度,来评价和选择符合自身状况的社会生活方式、价值取向以及社会行为方式等。

(二)消极功能

在充分肯定网络虚拟社区积极功能的同时,也必须清楚地看到网络虚拟社区的消极作用,如果不能适度把握,它将会影响个体的正常社会化,给社会个体以及整个社会的正常发展带来极为不利的影响。具体而言,网络虚拟社会的消极功能主要表现为以下几方面。

1. 异质文化容易引起观念混乱、角色冲突等消极影响

网络虚拟社区主张文化、意识形态的多元化,倡导人应该从多方面培养和发展,因而,在同一社会中的个体,接受来自各个特定社区不同的异质文化形态、社会经验、行为规范的影响,并在自我认同的基础上内化,形成自身的价值观念必然会形形色色。一旦这种多元化的价值观和社会行为方式形成,必定会在不同的社会个体间产生意识冲突,甚至同一社会个体在不同的异质文化的影响下都会产生意识、观念的混乱和冲突,因而对个体的社会化是极为不利的。内化的社会意识形态必定促使个体在现实的社会中进行角色扮演,而在一定的现实生活当中,人们之间的互动各自以自我为中心,个人主义的盛行、自由无政府主义等观念必然会引起角色之间的相互冲突,从而危及社会系统的正常整合。

2. 网络匿名性增加人际间的不信任感和犯罪率

网络一定程度上替代了现实的人际交往,使人们的交往倾向于虚拟化。因为网络社区中角色扮演的虚拟性,使参与其中的社会个体很难辨别其他人的真实身份,即便是自身,都是以虚拟的身份出现在网络中,更不会轻信他人在网络中所扮演的角色真实性与否。这种以匿名性为特征的人际交往,必定会引起人们间的相互不信任,长期而反复的刺激,就会逐渐形成人际交往间的不信任感,最终还会影响人的正常社会化。此外,网络的匿名性会被极少数心术不正之人利用,借以满足自身的欲望,在社会控制的特定领域内,必然会出现一定程度的社会失范,甚至是失控。有研究表明,匿名性会直接增强社会中个人的犯罪欲望和犯罪行为,这是不能忽视的。

3. 网络游戏的吸引力会弱化个人的社会责任感

在网络、游戏的虚拟世界里,人们不需要面对现实挫折,不需要接受社会规范和其他人的监督,可以随心所欲地宣泄情感。高度的自由感会给网民超强的吸引力,意志力不坚定的社会个体,尤其是青少年,很容易沉迷其中。据统计,2004 年中国网络游戏玩家人数超过 1 000 万,其中相当一部分是 20 岁左右的年轻人。此外,由中国出版工作者协会游戏工作委员会组织的一项研究确认,至 2005 年底,我

国网络游戏用户已达到 2 634 万，其中，在校学生占了 38.9%，已经超过了 1 000 万人，而且还在持续增长中。网络游戏用户的年龄集中在 16～30 岁之间，其中 19～22 岁的占 33.3%，22～25 岁的占 28.4%。在网络游戏用户中，58.8%的人是出于“纯粹娱乐”的目的。预计至 2007 年，中国网络游戏用户总数将达到 4 180 万。[①] 而这些网络游戏人员，往往沉迷其中，废寝忘食，消耗巨大的人、财、物力，当然也无法承担社会责任，给社会带来极大的资源浪费。为此，相关部门出台防网络游戏沉迷的政策——网络游戏防沉迷系统及配套的《网络游戏防沉迷系统实名认证方案》，并定于 2007 年 4 月 15 日起实施。[②] 这一制度的推行，必然会在相当程度上规范网络游戏网民的行为。

4. 虚拟社区会在一定程度上使道德观念恶化和道德行为失范

网络社会是现实社会的延伸，网络既没有明确的国界和地域的划分，也没有中心与非中心、主要与非主要之分，它是多元而松散的。个人在虚拟网络社区当中，既不遵守现实社会中的道德伦理，也并不期望他人能以现实社会中的道德伦理为规范模式，因此各自都在内心里淡漠了道德伦理的约束机能，这也是道德相对主义所主张的观点。道德相对主义是随着后现代主义的提出而产生的，它否认道德的普遍性，将个人视为自己道德行为的唯一判断者，对历史上的优秀道德传统与他人的高尚道德品质持怀疑态度。[③] 相应的，在虚拟社区当中，网民可以完全隐蔽自身的真实身份，以一个或多个虚拟身份活跃于虚拟社区的日常互动，一旦利益损失即将发生，可随时终止自己的虚拟身份而不必要承担任何社会责任。同时，网络还允许网民匿名发表自己的意见，借用他人之名在网上活动，从而个人至上之风急剧滋生。特别值得注意的是，参与虚拟社区中的个体也从不认为在网络中的不道德是真正现实社会中的不道德。此外，极度的个人主义、无政府主义的思想过分膨胀，往往会促使个体为满足欲望为所欲为，最终损害社会的整体机能。这也就是西方学者称 21 世纪为“在道德方面采取相对主义的世纪”的主要体现，我们的时代也变成了“相对主义时代”。[④] 除此之外，网络虚拟社区当中的交往用语、话题，都显现出道德失范的趋势，网络污言秽语漫天飞扬，且流行范围之广和速度之快令人惊叹，这种道德失范在虚拟社区中的蔓延，应引起警惕并加强防范。

5. 网络使伦理情感淡化和人际交往倾向于形式化

早在 19 世纪，迪尔凯姆就提出社会整合的“社会内聚力”、“社会团结”等相关概念，他认为：“社会团结是能够把个体结合在一起的纽带，是一种建立在共同的情感、道德、信仰或价值观基础上的个体与个体、个体与群体、群体与群体之间的，以

---

① http://www.linuxgoo.com/2005/3-28/41328.htm&txt.

② 《网络游戏防沉迷系统开发标准》，《网络游戏防沉迷系统实名认证方案》，2007 年。

③④ 乔治·瑞泽尔. 后现代社会理论[M]. 谢立中，译. 北京：华夏出版社，2003：100，130.

结合或吸引为特征的联系状态。”①人与人之间之所以能够结成相互帮助的社会，就是因为相互之间有现实的需要，无论是物质形态上的需要还是精神层次的需求，在相互信任和相互满足的基础上，人们才会建立契约式的相互帮助。而虚拟网络社区的出现，无疑对现实社会中的人们产生了巨大的影响。网络中的社会个体不再遵从现实社会的道德伦理、价值情感，人们之间的交往更加倾向于形式，而不是发自内心的真实需求。没有情感投入的社会交往，从本质上是偏离人的本性的，因而是非常态的，也是不稳定的。

本章小结

人的社会化是一个基于生物遗传和后天教化相互作用的过程。在这一过程中，家庭、学校等因素会对个人产生重要的影响，尤其是对个人人格的作用非常明显，而社会对人格的模塑也正是人的社会化的关键所在，因此必须从多维度来研究人格的发展。此外，在科学技术飞速发展的今天，网络信息的出现，为人的社会化提供了新的方式，在利用这些新的社会化途径的同时，也必须对虚拟社区加以有效控制，营造健康的社会化环境。

思考题

1. 比较心理学与社会心理学的异同。
2. 请列举出几种典型的家庭教养方式，并分析其对儿童人格和行为的影响。
3. 如何正确认识计算机网络对青少年社会化的影响？
4. 结合自身经历，分析社会化的影响因素。

① 贾春增.外国社会学史(修订本)[M].北京：中国人民大学出版社，2000：138.

第四章

社会认知

在日常的社会交往中，人们也许每天都会碰到这样的问题：和我说话的他(她)是一个什么样的人？他们为什么会有如此的举动？这些问题实际上是人们对周围世界的感知活动的反映。每个人都生活在与他人共同组成的社会环境中，人们为了适应社会化的过程，必须不断地认识自我和他人。

上一章内容已经谈及个体的社会化是社会行为的模塑过程，社会行为是社会学、心理学等学科研究的基本单位。社会学家韦伯（Max Weber，1864—1920）认为，社会行为“是根据社会行动者赋予行动以主观意向而与他人有关，在这一过程中以他人为取向的一类行为”[①]。可见，社会行为既是朝向他人的，也是以他人的行动为指向的。而对自身和他人的认识和判断则是个体采取社会行动的前提条件，认知的过程深深地影响着人的社会行为。社会心理学也一直关注和研究认知与行为的关系，从勒温开始，社会心理学家已认定，决定社会行为的主要因素是人们对世界的主观知觉，而不是对刺激环境的客观描述。[②] 因此，社会认知是个体采取社会行动的，是关于“个体如何主动地创造自己行动的框架”的一系列准备过程。

第一节　社会认知概述

一、社会认知的定义

社会认知，有些社会心理学家也称为社会知觉，认为两者的概念相同，即都是研究个体如何感知、认识自己和他人，以及对其行为进行推断、预测的过程。早期

① 马克斯·韦伯.社会学的基本概念[M].顾忠华，译.上海：上海人民出版社，2000：9.

② 菲斯克 S T，泰勒 S E.社会认知——人怎样认识自己和他人[M].张庆林，陈应强，译.贵阳：贵州人民出版社，1994：8.

的社会心理学著作中常用社会知觉这个术语。然而，关于社会认知与社会知觉之间的关系，目前社会心理学界尚没有统一的定论。

随着社会认知研究的进一步发展，我们认为，社会知觉与社会认知是两个既有联系又相互区别的概念。社会知觉，也称为对人的知觉或人际知觉，是社会认知活动的第一步，是对自身和他人的各种属性、特征的一种初步感知，例如对他人外貌的美丑、服饰的搭配、面部表情、身体动作等外在特征的认识。社会认知，是指个体在与他人交往的过程中，以对自身和他人外在特征的感知为基础，对其行为的规律进行解释、推断和预测的过程。社会认知是一个动态的过程，是包括社会知觉、社会印象、社会判断等一系列复杂因素相互作用在内的社会心理活动。它不局限或等同于其中的某一部分，而往往是几个部分相互作用，交织在一起形成完整的认知过程，以构成社会行动的基础。

需要指出的是，社会认知的对象特指人以及人的行为，是个体在社会交往中的内在心理以及外显行为。“对人的知觉”与“对物的知觉”尽管都是人的心理与行为的一个重要组成部分，但是两者并不相同，尤其表现在人作为一种思维有机体会受到特定的社会情景的影响，并能够对社会环境刺激物施加影响或控制，因此在认知的过程中往往因相互影响而导致其心理、行为的改变；而对物的认知，则是由认知者——人来担任主角的一种单向的认识活动，它独立于社会情景的影响之外。因此对物体、自然现象及其他生命物体的认知，并不是人的社会心理与社会行为，因而不在社会认知研究的范畴之内。

二、社会认知的内容

人们处于复杂多变的社会关系中，各种错综复杂的社会刺激，就构成了个体多方面的认知内容。如前所述，社会认知的对象是处于社会系统中的人以及人的行为，它反映在认知的内容上就包括：对自我的认知；对他人情绪和情感的认知；对他人性格的认知；对人际关系的认知，包括对自己与他人的关系以及他人之间关系的认知。

（一）对自我的认知

对自我的认知是个体对自己的心理、行为的认识和评价。它以个体的心理状态及行为作为认知对象，而个体本身又是认知的主体。因此，对自我的认知既有主观的感情色彩，又带有一定的客观性。一方面，个体的知识经验、性格、意图等因素会影响自我对自身的情绪、人格、动机、行为等综合社会属性的感知和评价；另一方面，个体也经常从周围其他人对自己的态度和评价中（即他人经验）认识和审视自我。心理学家库利认为人们对自我的认识主要通过与他人的相互作用而形成，个体对自己的印象主要从他人对自己的态度、评价中得来，就如同反映自我的一面“镜子”，他把这种自我观念称为“镜中我”。个体对自我的认知的前提是自我知觉，本小节只重点论述自我知觉的所包括两个基本的成分：自我概念与自尊。

1. 自我概念

自我概念是个体对自身各种特征、意识、体验的稳定知觉和主观评价的集合体。自我概念在社会互动中形成，并随着个体年龄的增长而呈一种曲线式的发展模式。有些学者对自我概念在个体成长中各个年龄段的发展特点进行了研究。在儿童时期自我概念发展具有由盲目乐观到相对现实、由笼统到分化、存在稳定的性别差异这三个方面的特点。在青少年时期，自我概念发展有着特殊的变化趋势：第一，各项自我概念的内容（除了身体的自我）随着年龄的增长呈U字形发展趋势，其中在初中一年级是发展的最低点；第二，自我概念发展存在显著的性别差异，男生同伴自我概念发展低于女生，最低点在初中二年级，而身体自我概念则高于女生。成年之后，人的自我概念开始下降，步入中年后回升，之后又随着年龄的增长而平缓下降。[①] 自我概念在某一阶段形成后就不轻易改变，对人们的自我评价、自我实现、社会适应以及日常行为等方面产生着重要的影响，是人们社会性发展的内在依据。目前已有不少学者开始关注并以实证的方法研究自我概念对青少年、儿童的学业成就、抑郁等心理问题及其行为的影响。关于自我概念的测量方法，目前国内外社会心理学家的研究不少，常用的主要有以下几种方法。

(1) Q分类法。Q分类法由美国心理学家斯蒂芬逊(B. Stephenson)创立。它给被试很多描述人格的形容词的卡片，然后要求被试根据卡片上的词语对照自己进行分类、选择，而被试对这些词语的认知感受，就是对自我的概念。测量分两个程序，结果分为1～9个等级，一个是对实际的自我概念分类，一个是对理想的自我概念分类，通过比较这两者的相关程度来反映个体的自我概念。

(2) 投射测量法。个体的自我概念会在不知不觉中反映在人们的行为方式和内容中，投射测量法通过测量人们的行为反应来测量自我概念。这种方法可以避免在直接测量中产生的一些偏差，例如被试可能会对消极词语产生排斥等不良反应而故意掩饰其选择，从而使测量结果产生偏差。所以，投射测量法的信度比较高。

(3) 语义分化测量法。语义分化测量法由奥斯古德(Charles Egerton Osgood，1916—1991)等人编制，采用等级量尺的方法把所要测量的内容分为7个等级，然后要求被试在其中标出自我的位置。这种测量技术简单易操作，但是在选择测量的词语方面要求信度和效度较高，否则会导致自我概念测量产生较大的偏差。

---

① 郑红涛，刑乃愈. 自我概念研究回顾与展望[J]. 学术论坛，2006(16)：156.

(4) 问卷调查法。问卷调查法是我国学者广泛采用的一种方法。目前，编制的常用问卷有田纳西自我概念量表和马升及其同事编制的自我描述问卷(Ⅰ、Ⅱ和Ⅲ)。儿童自我概念的形成与发展在其人际交往、社会适应过程中具有重要意义。国内外学者对学习不良儿童自我概念的特点与其学业成绩、自我归因、动机水平等的关系进行了大量的研究。我国学者俞国良、翁亚君曾使用田纳西自我概念量表对10～15岁学习不良儿童的自我概念特点进行测量，得出以下几方面的结论：其一，学习不良儿童的自我概念发展存在显著的性别差异，女生发展优于男生；其二，学习不良儿童自我概念随着年龄而增加，但在各个年龄段有不同的发展任务，小学六年级可能是自我概念发展的重要时期；其三，一般儿童的自我概念在各个维度上都优于学习不良儿童，但其性别差异也很显著。[①] 此外，李惠萍、孔祥军也应用了这种量表对中学生的自我概念进行测量。研究结果表明，中学生在自我满意、自我认同、生理自我、自我总分上存在年级显著差异和性别差异。[②]

2. 自尊

自尊也是个体人格的一个重要方面，是在自我概念的基础上形成的个体关于自我价值和能力的稳定的评价和认同(包括对品质、性格、能力等方面的评价)。关于自尊的定义很多国内外学者都有各自的认识，然而并没有形成统一的定论，但大都认同：自尊过强的人，通常表现为敏感、脆弱、虚荣心、好胜、独立性强等；自尊较弱的人，会表现出自卑感、缺乏主见、丧失上进心、独立性差等；自尊主要受到个体生活的成败经验的影响，成功的经历促使个体信心倍增，成就感增强、自尊提升；失败的经历会使人有挫败感，信心下降，形成低自尊。此外，人们在交往中与他人的比较也会影响自尊的高低。研究者发现，人们向上比较时，自尊降低，向下比较时自尊会得到提升。日常生活中，人们为了满足自身的需要，而常常会与不如自己的人作比较，以此来维护和提升自尊。同时，自尊还与个体内部设定的评价标准有关。根据希金斯(E. T. Higgins)的自我差距理论，个体分为三个范畴：实际自我、理想自我和应该自我。实际自我是个体在现实生活中表现出来的自我。理想自我是人们根据内心期望所向往成为的人，即“超我”，它激励人们实现自己的抱负。应该自我是人们根据社会期望而想成为的人，它引导人们尽职尽责，扮演恰当的角色。理想自我与实际自我的差异代表着个体自我实现的期望与自我评价的标准，当个体意识到两者的差距过大时，由于其愿望、理想未能实现而可能会产生负性的抑郁情绪。实际自我与应该自我的差异代表着个体对自我认同的希望，当意识到两者的差距过大时，个体就会因为未能履行职责、脱离社会规范而可能产生焦虑等特殊情绪。希金斯认为，两种情况的结果都会导致自尊的降低。我国学者王垒等

① 俞国良. 社会心理学[M]. 北京：北京师范大学出版社，2006：186.

② 李惠萍，孔祥军. 中学生自我概念的调查研究[J]. 中国健康心理学杂志，2005(5)：324.

人以98名大学生为被试，对希金斯的自我差距理论进行了跨文化研究，考察自我差异类型与抑郁、焦虑水平的关系。研究结果发现实际自我与理想自我、实际自我与应该自我的差距都与焦虑情绪显著相关，但与抑郁的相关关系不显著。[①] 自尊是个体行为的主要动力，是个体良好心理品质的基础。目前不少学者对个体自尊与其心理健康尤其是抑郁、焦虑情绪的关系进行了大量的实证研究，常使用的自尊测量方法有以下几种。

(1) 自我报告测量法。

① 罗森伯格(M. Rosenberg)自尊量表。这是最常用的测量自尊的工具，它包括10个李克特(Rensis Likert，1903—1981)式的题目，如："我觉得我有很多优点"，"总体而言，我对自己感到满意"。这套量表简便易操作，但也存在一定的缺陷。因为在一般情况下，人们受社会赞许的影响而容易对自己产生积极的评价，从而使得自尊测量的分数偏高。张向葵、田录梅采用了这种自尊量表对大学生自尊水平、抑郁与焦虑的关系进行分析。分析结果如表4-1所示。[②] 研究表明，大学生的自尊与抑郁、焦虑情绪存在不同程度的性别差异和文理科差别(表中括号内数据)，而且这三者之间存在显著的统计学意义(表中括号外数据)，这与不少学者的研究结论是一致的。

表4-1　自尊与抑郁、焦虑间的相关(偏相关)

	自尊	抑郁	焦虑
自尊	—	0.49 ***(−0.51 ***)	−0.41 ***(−0.43 ***)
抑郁	0.49 ***(−0.51 ***)	—	−0.36 ***(0.34 ***)
焦虑	−0.41 ***(−0.43 ***)	−0.36 ***(0.34 ***)	—

注：三个星号表示两个变量高度相关，其相关的显著性水平为0.001。

② 德克萨斯社会行为调查表。它是测量人们在社会交往中的舒适度和胜任度的一个工具，而不是对自尊的整体测量。但它的得分与罗森伯格自尊量表的得分相关(r＝0.65)[③]，因为个体的社交自尊是整体自尊的一个重要决定因素。题目描述的是个体与他人交往时的自信程度、与陌生人说话时的恐惧感、在社交情景中的安全感，以测量个体的社交信心、支配欲、社交能力以及与权威人士的关系。这种方法测量自尊具有较高的构想信度和预测效度，但是也存在一些问题，比如，鲍

① 王垒，郑英烨，高凡．青年自我差异与情绪关系的实验研究——自我认知对情绪的启动效应[J]．心理发展与教育，1994(1)：6．

② 张向葵，田录梅．大学生自尊水平、抑郁状态与焦虑的关系[J]．中国健康心理学杂志，2006(2)：140．

③ r表示相关系数，反映两个变量或多个变量之间相互影响的程度的大小。r越大，相关性越强；反之，越弱。

迈斯特(Roy F. Baumeister)等人认为，这种测量过程会受到人们的自我表现的影响，而导致测量结果偏离个体实际自尊水平。因为高自尊得分可能代表了过分自信的人际交往特点，人们在这种情况下很想以积极的方式展示自己；而低自尊得分则可能反映了谦虚的人际风格，他们不愿意以非常积极的方式展示自己。也就是说，人们在社交中自我表现的模式与人们内心如何看待自己没有太大的关系。此外，自我防御机制也会影响自尊的自我报告测量，在自我报告测量中得分高的人，可能会防御性地报告比实际更好的自我感觉，并以此保护和提升其自尊。

(2) 内隐自尊测量法。

格林沃德(Greenwald)等人在1995年正式提出内隐自尊的概念，认为它是人们在对与自我相联或相关的事作评价时存在的一种通过内省而无法确认的自我态度效应。对内隐自尊的研究和测量是社会认知研究的一个崭新领域，它力图排除社会赞许效应的影响，反映个体自身无法或没有意识到的自尊层面，即内隐自尊。

有关研究表明，对内隐自尊进行测量的一个最新、最有效的方法是内隐联想测验(implicit association test，简称IAT)。它的基本原理是通过测量自我词分别与积极词和消极词之间的联系差异来测量内隐自尊的相对强度。具体分为两类任务，一种是让被试把自我词和积极的属性词归为一类，即进行相容的归类；一种是把自我词和消极的属性词归为一类，即进行不相容的归类。一般而言，进行相容归类时，反应时短，进行不相容归类时，反应时长。而两者的反应时差即为内隐自尊的指标，时差越大，内隐自尊水平越高。

蔡华俭、耿晓伟等不少学者运用了这种方法对东方文化下个体内隐自尊及其与外显自尊的关系进行研究，得出以下结论。一方面，东方文化下的个体自尊存在着内隐和外显的双重结构，且两个层面上不存在性别差异。个体无意识中对自我持有一种积极的评价情感，但强度不如西方个体。这是由东西方文化的差异导致的。西方文化更重视个性的张扬和自我价值，因而个体在无意识中对自我的评价更高；东方文化下的个体对自我的评价是以社会、集体的规范为取向的(而这种标准又大都是可望而不可即的)，并强调谦虚的品格和内省的态度，因而东方人对自我的评价较之西方人普遍偏低。[①] 另一方面，内隐自尊和外显自尊是相互独立的两个不同的结构，二者间仅存在低的正相关($r=0.22$)，如图4-1所示。[②] 图中，F：自卑感量表，C：库柏史密斯(Coopersmith)自尊调查表，R：罗森伯格自尊量表，IAT_1：评价性的内隐联想测验，IAT_2：情感性的内隐联想测验。箭头上的数字均表示相关系数。

---

① 耿晓伟，郑全全．中国文化中自尊结构的内隐社会认知研究[J]．心理科学，2005(2)：379．

② 蔡华俭．内隐自尊效应及内隐自尊与外显自尊的关系[J]．心理学报，2003(6)：799-801．

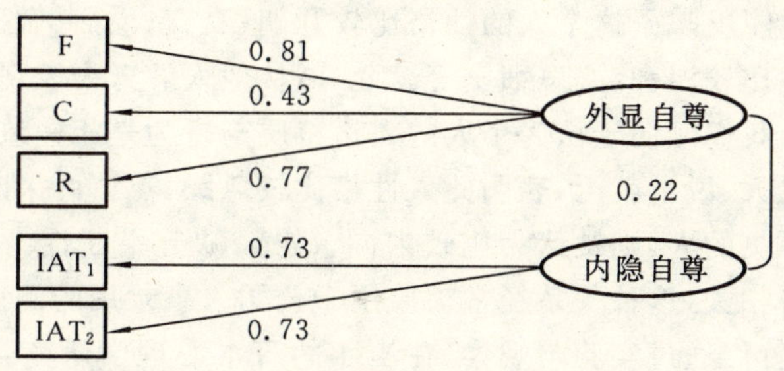

图 4-1 内隐自尊与外显自尊关系图

(二) 对他人情绪和情感的认知

人是有情绪和情感的社会人，人的表情就是反映这种内心体验的晴雨表，同时这种内心体验也感染、影响着人的外显行为。例如：怒容满面、愁眉苦脸、眉开眼笑等就反映了人们内心感受的表情活动；乐极生悲、手舞足蹈、怒目相向、咬牙切齿等就反映了人们的心理状态对其行为的影响。研究表明，个体对情绪状态的知觉表现出一定的准确性。从生理进化的角度来看，表情动作是人类祖先在原始的生存适应中残存的遗迹，各种表情动作对其行为具有适应意义。例如，原始人在准备格斗时，身体的各个部位就会产生许多变化：拳头紧握、怒发冲冠等。这种面部表情最初是为了适应机体的生存而产生的，后来逐渐变成一种先天的、固定的行为模式，并与人的情感、情绪状态形成一种机能上的表里关系。生物学家达尔文认为，在世界范围，一种特定的表情基本上反映了相同的情绪。埃克曼(Paul Ekman，1934—)等人进行的面部表情比较文化研究证实了达尔文的观点。这项研究以巴西、美国、阿根廷、智利和日本受过高等教育者为实验对象，让他们对相同的面部表情给予情绪名称，结果发现他们对面部表情与情绪的感知力有很高的一致性。其中，被试对于"愉快"、"厌恶"、"惊奇"的判断一致性尤为明显。这表明人们使用相同的面部表情来表达既定的情绪状态，因而人能根据他人的面部表情来识别各种基本情绪。在社会生活中，人们要认知他人的内心活动以及行为，首先要对情感、情绪进行感知，通常"察颜观色"是人们面对面认知的第一步。

(三) 对他人性格的认知

性格是反映他人行为的一种稳定的内隐气质及个性心理特征。对他人性格的把握是一种深入细致的认知过程，同时也是预测、推断他人行为习惯的常用策略。俗话说：江山易改，本性难移；性格决定命运。对性格的深入认知，是人们在长期的人际交往互动中获得的，这正如中国有句古语所言：日久见人心。但是，对他人性格某些方面的认知，也可以在短期内通过其他侧面进行感知，如一个人说话的语速快、声音洪亮，可能反映了这个人的性格比较开朗、爽直；说话、做事比较慢，可能反映这个人的个性比较温和、心思细密等。此外，从他人的行为表现也可以认知其性格，一般情况下，我们倾向于认为个人的人格特质与行为是相一致的。如果某个人做事总是风风火火、说干就干，表明此人性格比较急躁，热情而果断；而做事总是慢条斯理或犹豫不决的人，则被认为比较内向、敏感，缺乏果断性。还有研究表明人的血型与其性格相关，这种关系经常被应用于公司人事录用的测评、选拔中。1972年，日本的古川竹仁通过实验与观察，在当年的日本心理学研究会上提出“人因血型不同，各具有不同的气质，同一血型具有共同的气质”。日本学者玲木芳正通过对心理检查结果的实证分析，也总结了血型与性格之间的关系，其研究结果于20世纪80年代末传入中国，引起我国学者的广泛关注和研究。根据A、B、O血型性质划分，现有支持“血型-性格关系说”的研究者倾向认为：A型血的人内向、保守、顺从、多疑、焦虑、性情温和、感情丰富、缺乏果断性；B型血的人聪明、敏感、思路广、拓展力强、擅交际、怕受约束；O型血的人热情、坚强、好胜、坦诚、善良、讲义气、有胆识；AB型血的人机灵敏捷、敏感、随和、有同情心、富于自我牺牲精神、具有反抗性精神。[①] 但是，当前有关血型与性格关系的研究结果并不明确，并没有发现二者之间存在显著的相关性，其科学性、合理性还有待进一步的实验论证。

总的来说，由于性格是个体潜在的内心状态，对性格认知的研究比较难把握，而且缺乏一个科学、客观的标准。一方面，不同个性的个体可能会对同一个人的性格作出极不相同的评价，在更多时候对性格的知觉是由个体的偏好而不是所评价客体的特点所决定的。一些通过提供给被试照片让他们对照片上的人进行性格认知的实验表明：那些外貌出众、有着积极面部情绪表情的人与长相丑陋、有着消极情绪的面部表情的人相比，被试更倾向于赋予前者一些美好的、令人喜欢的性格特点。另一方面，对性格变量的测量缺乏一个客观的指标，很难准确地测量一个人的性格特质。目前，对性格的测量主要有三种方法。一是行为评定法，即在自然条件下观察一个人的行为，从而对他的性格特征进行评定。二是量表法，这是比较常用的测量性格的方法。目前常用的测量方法是卡特尔16pf个性测评法，全称是“卡特尔16种个性因素测验”(Catell 16 personality factor test)。三是投射法，即通过向被试提供一些无确定含义的刺激，让被试在不知不觉中流露出其思想感情，以确定其性格特征。

在日常生活中，人们对他人性格的认知往往与对个体所属的群体性格联系起来，以群体性格的特征作为对个体认知的途径，这实际上是后面章节要讨论的民族刻板印象。关于民族性格，是指一个民族的群体个性，是一个民族较为稳定的心理和行为特征。每个民族就其内部来说都有一定的稳定、持久的共同点，不同的民族之间受文

① 张仁伟，孔克勤．血型与性格关系研究的回顾与思考[J]．心理科学，2002(6)：742.

化、价值观差异等方面的影响存在较大的差异性。总体上来说，西方民族具有冒险、竞争、独立、坦率等民族性格，中华民族具有谦让、含蓄、仁爱、进取等民族性格。我国学者沙莲香把中国民族性格的构成要素与结构的分析结合起来，认为中国人总体的性格结构具有双重性、趋中性和匀称性等特点，具体体现在14项人格特质中：仁爱、气节、侠义、忠孝、理智、中庸、私德、功利、勤俭、进取、实用、嫉妒、欺瞒、屈从。将这14项人格特质进行一定程度的归纳，可以发现中国人的人格特质具有三个主要特点：忠孝、中庸和实用，这种性格特质也是形成中国人复杂、微妙的人际关系的基础。[①]

(四) 对人际关系的认知

人际关系，一般指在传统的社会现实基础上，基于情感的人与人之间的心理距离和行为倾向。[②] 但是随着互联网的普及和扩散，网络交往成为现代人际交往的一种重要方式，网络人际关系已成为一种新型的人际关系。因此，现代人际关系的认知理应包括现实的面对面人际关系的认知和虚拟的网络人际关系的认知。

1. 对传统人际关系的认知

在现实的人际互动中，人们往往根据人际交往接触的评价性语言、表情动作、神态等语言线索和非语言线索来认知人与人之间的关系。据相关调查显示，从个体获得信息的角度看，只有3%的信息是通过语言传递的，而非语言线索传递的信息占93%。[③] 例如：张三在跟李四说话时，总是带着亲切、友善的表情，而李四也总是喜欢给张三提供帮助、照顾，于是人们认为这两个人的关系很好；相反，张三总是有意无意地贬低李四，说李四的坏话，而李四看到张三时的表情也不自然或满不在乎，于是人们认为他们的关系一般或不好。但是在日常生活中人们对人际关系的认知远非这么简单，它必须结合特定的文化、价值观以及特定的社会情境来认识。中国人的人际关系异常复杂、微妙，是在特定的民族社会心理及文化背景下形成的。不少学者认为，作为核心文化的儒家思想是传统人际关系形成的源流。“仁爱”是人际关系的核心；“礼”是整合人际关系的手段；宗亲关系是人际关系的出发点；整体主义是处理人己、我群关系的主导原则。目前对我国人际关系本土化研究的理论方面，主要有三个模式：一种是从“人情”关系的角度来研究人际关系的维持，认为是中国人际交往、互动的内容和形式，讲究“礼尚往来”[④]；一种是从“脸”和“面子”出发解释日常人际交往的动机，“脸”和“面子”在中国传统文化中被赋予不同的意义，是人际交往中最微妙的社会心理；另一种是从亲缘关系在人际互动中的

---

① 沙莲香. 中国社会文化心理[M]. 北京：中国社会出版社，1998：6.

② 杨宜音. 试析人际关系及其分类——兼与黄光国先生商榷[J]. 社会学研究，1995(5)：18.

③ 陈秋珠. 网络人际关系性质研究综述[J]. 社会科学家，2006(2)：145.

④ 李伟民. 论人情——关于中国人社会交往的分析和探讨[J]. 中山大学学报(社会科学版)，1996(2)：58-63.

角色、功能的角度来探究人际关系的结构及运作特点。对传统人际关系认知的测量,主要有四种方法,即社会测量法、参照测量法、社会距离尺度法、问卷调查法。

2. 对网络人际关系的认知

网络不仅作为一种媒介,更引申成为一种新兴的文化背景对现实的人际关系产生极大的冲击,赋予了传统人际关系以新的内涵和特征,形成了独特的关系准则和观念。网络社会中的人际关系简称网际关系,与传统的人际关系相比,具有高效性、平等性、隐匿性、虚拟性、失范性、奇异性、低人际信任度、人际情感疏远等特点。网际关系的维系是基于个体情感的宣泄、群体的认同、信息的支持等互利交换的基础之上的,它突破了现实生活中人的性别、地位、职业、社会阶层、文化背景等社会属性因素的影响,因此也提高了网络人际关系认知的难度。夏俊对大学生网络行为进行调查,发现网络人际交往信任度低,近一半的大学生对网友感到不信任。在网络中的人际交往犹如"水中月,镜中花",具有"朋友遍天下,相知有几人","天涯若比邻,比邻若天涯"等矛盾性质。人际吸引和信息交换的程度,对网络语言的认知以及人际互动的频率、稳定性、持久性是网络人际关系评价、认知的重要线索。

三、社会认知的途径

对他人的言谈举止、仪表神情以及行为习惯的观察和了解,是人们认知情绪、性格、行为的基本途径。这是一个由浅入深的过程,正如剥洋葱一样,一步一步接近对他人人格核心特征的认知。概括起来,社会认知的途径主要包括以下几种。

(一) 语言活动

人们说话时,不仅包括说话的内容,同时也包括说话时的音调、速度、节奏等,这些特征统称语言表情。语言表情是一个人在社会化过程中习得的,反映了个体的性格及内在心理特征。通过对语音、语调、语速甚至语气变化的感知,可以了解一个人的内在心理活动,即俗话说的"听话听音"。例如,情绪激昂时,语音高亢嘹亮;情绪愉快时,语言轻快;情绪紧张时,语音中常夹带有其他杂音;语调平稳,反映内心平静、性格沉稳;语调快慢不一,反映内心的情绪变化较快、性格活泼。此外,从语气的变化也可以推测他人的内心特质,如语气刚硬而不带尾音,表明性格爽朗、心直口快;语气温和、连带尾音,表明性格文弱、恬静,一般是女性所具有的特质。当然,日常生活中人们对他人的认知并不仅是依靠这单一的线索,而是通过综合其他方面来进行感知活动的。

(二) 面部表情

俗话说,脸是灵魂之像。脸部表情是反映人们的内心态度、情绪、动机等心理活动的一种客观指标。而认知者通过对人的面部表情的观察和分析，可以了解到他人的内心活动、情绪、意图等，从而形成对他人的认识。例如，眉飞色舞、眉目传情、愁眉苦脸、横眉竖眼、喜形于色等都是描绘面部表情的词语。不少学者研究发现表情具有跨文化特性，一般情况下，相似的表情在任何地方都表达相似的心理状态，如微笑表示认可、赞同，眉头紧皱表示思考、忧虑，垂首表示失落、紧张等。颇有意思的是，人们对于微笑所表达的含义看法不一，基本上持两种观点：一种是认为微笑表达了快乐、高兴等基本情绪；另一种认为微笑是一种沟通性动作，不带有感情成分。克劳特(Kraut)和约翰斯顿(Johnston)做了一项实验以验证微笑的这两种含义。实验观察中发现打保龄球的人在面对社会接触(比如看到他的朋友)时会微笑，当避开社会接触(如看到地面)时不会微笑，据此推测微笑并不完全代表快乐。而他们又在同一实验中发现，打保龄球的人在全中后有30%的时间在微笑，其他时候有23%的时间在微笑。可见微笑既是一种社会沟通的手段，也是快乐情绪的表达。需要指出的是，他人的面部表情作为一种社会刺激，除了提供一种认知的途径之外，亦可能会模糊认知者的感知与判断活动。如前所述，对表情的认知带有明显的认知者主观色彩，并且人的面部表情在不同的社会情景下并不总是与其内心的活动状态相联系(一些受过特殊训练的人尤为如此)。正所谓人藏其心，人心隔肚皮，例如，深藏不露、面不改色、笑里藏刀等都是表示面部表情与内心活动相背离的词语。

(三) 体态语言

相对于面部表情和语言表情，体态语言对人内在素质的揭示更具有直观性。通常人的内心之情更容易溢于言表，例如：人在兴奋、快乐时，走路的脚步较轻快，昂首挺胸，常常会伴随着手势等肢体动作(如手舞足蹈、眉飞色舞等)；在苦闷、失意时，往往是步履沉重，垂头丧气，动作无力(如低眉垂首、双手抱肩等)。体态语言，不管是静态的(如垂手立正、抱臂而站等)还是动态的(如点头、摇头等)，都能反映人的态度、内在心理状态，这种无声的动作在某些方面更胜于有声的语言。但是，以身体动作为线索的认知，必须考虑认知对象的文化背景，如果离开了特定的文化环境就可能会造成误会。如亲吻在我国表示情人间的亲密感情，在欧美国家则表示友谊和问候。

(四) 行为方式

人的行为方式虽然是由某个动作或姿势组成，但并非只是一举一动的简单组合，它是个体在现实生活中不断地向他人学习、与他人磨合和接受周围环境的熏陶而形成的一种较为固定的行为模式。一个人处世的行为方式是其内心活动的长期积累的有效反映。自古以来，就有通过考验一个人行为来判别一个人内心活动和心理特征的做法，以期“知人善任”。而且我国古人早有关于行为认知途径的经验总结，例如：欲知其人，观其所行；身正不怕影子歪等。因此，根据一个人的行为方式来了解和判断此人要比根据一时一地的一举一动的观察更为准确和可靠。

第二节　社会认知的基本过程

社会认知的过程，是一个由表及里、由简单到复杂的动态完整的思维感知过程。由于个体感知到的外界信息总是繁杂的、零散的、表象的，必须经过一系列的信息加工、整合过程，才能形成对他人的整体印象，从而在此基础上进行判断、推论。一般来说，它包括社会知觉—社会印象—社会判断的基本过程。

一、社会知觉

社会知觉，由美国心理学家布鲁纳(Jerome S. Bruner，1915—)在 1947 年最先提出。布鲁纳指出，人的社会知觉受到社会因素的制约、影响。

(一) 社会知觉与知觉的区别

社会知觉不同于普通心理学研究中的知觉概念。

首先，知觉研究的对象是客观的、纯自然的物体，如硬币、食物、建筑物等。这些认知对象的属性具有稳定性，易于直接观察和认识，被认知的准确性较高。而社会知觉的对象是处于社会关系中的自我、他人以及人和人之间的关系，具有复杂的社会属性。这种认知属性在不同的动机、意图、社会情境下，其发展变化是复杂多样、不易观察的，其认知结果也并非完全准确。

其次，二者的认知对象不同，反映在认知内容上也存在着差别。普通心理学研究的知觉内容是物体的自然客观属性和特征，比如颜色、气味、形状、质地、时空距离等，它们都相对脱离了社会情景，不具有其他附加社会意义。而社会知觉的认知内容如上所述，包括对个体自我的认识和评价，对他人情感、性格以及社会行为的认知。认知的重点是其社会特征以及与之相联系的社会意义。认知的过程不仅受对象本身的各种社会属性如身份、地位、文化水平、社会关系等的影响，还受知觉者自身的经验、动机、需求等的影响。比如：不带任何社会意义的五角星，它是一个几何图形；但是如果它是解放军军帽上的一颗五角星，人们就会认识到它是一种正义、力量的象征；而认知者是一名解放军战士，他就会认识到它是一种责任和光荣的象征。

再次，普通心理学的知觉主要受物理刺激因素的影响，它是一种单向、短暂的"刺激-反映"关系，这种物理刺激本身是无意识、不会反作用于知觉者的。社会知觉的对象是作为社会刺激物的人和人的行为，人在特定的社会情景之中会因不同的需要而有意识地改变、控制自己的行为表现，从而影响其他人和周围的环境，同时，知觉者的各种表现和行为也会影响到被知觉者。因此，社会知觉活动是一种双向互动的持续过程。

（二）社会知觉的影响因素

社会知觉是个体对各种社会刺激物获得感官上的认识活动。然而，并不是所有的社会刺激物都为个体所关注和感知。例如，人们一般不会关注医生为什么穿白大褂，为什么行人要靠右走。此外，不同的人对相同事情的认知也是不同的，正如盲人摸象，各有不同。这些问题涉及社会知觉的影响因素。

首先，社会知觉具有选择性。并不是所有的社会刺激都能引起个体的感知兴趣，对于认知者来说，那些具有特殊重要社会意义、非同寻常的社会刺激会首先引起知觉者的注意。其中，社会刺激物的社会属性相对其物理属性及活动特点在社会知觉的选择性上更具有主导作用。罗伯特·范茨(Robert Fantz)关于婴儿对人的视觉注视和微笑反应的实验证实了这一点。当把人脸图形、非人脸图形以及无图形的圆板呈给刚出生 3～6 个月的婴儿看时，婴儿对人脸图形注视的时间要比对其他两个刺激物的注视时间长，这表明婴儿已经能从形式上区别刺激物的异同，并开始表现出对人的刺激物的兴趣和敏感，给予了较多的关注。此外，R. H. 沃尔夫的研究还发现，出生后 3 周的婴儿会对人的说话声作出微笑反应，第 4 周前后见到人脸时也会作出微笑反应。婴儿出生后 3～6 个月时，当给他们看各种各样戏剧表演用的脸谱时，他们会作出微笑反映；而当给他们看其他非人的刺激物如奶瓶等时，婴儿则无微笑反应。婴儿这种对人的刺激物才有的微笑反应被称为"社会微笑"。这表明婴儿对社会刺激物的感知能力是有选择性的。[①]

其次，社会知觉受到个体的内在需求、动机等心理因素的影响。第二次世界大战后，以布鲁纳等为典型代表的社会心理学家逐渐关注对社会认知的进一步研究，指出以往的认知心理学研究简单地把知觉看成是个体适应环境的机能的局限性，社会心理学家意识到社会知觉能力还受认知个体的内在需求、动机、价值观、人格特征等社会心理因素的影响。其中一个比较著名的社会认知实验是 1947 年布鲁纳做的硬币实验。实验材料是一套大小不同的圆形硬币，如 1 分、5 分、10 分、25 分等，一套是与硬币大小形状相同的硬纸片。被试是两组来自不同家庭的 10 岁左

---

① 周晓虹. 现代社会心理学——多维视野中的社会行为研究[M]. 上海：上海人民出版社，2004：171.

右的儿童:一组家庭经济贫困,一组家庭经济富裕,每组各 10 名参加实验。实验程序为先把两套材料分两次先后投射在屏幕上,然后是不同大小的硬币和硬纸随机投射,让被试依次观看;每次移去刺激后,要求被试画出刚才看到的图片。结果发现,随着刺激物的社会意义不同,被试画出的硬纸片图形与实际的比较一致,但画出的硬币图形却远比实际的要大,且被试类型(贫困、富裕儿童)与刺激类型(硬币、纸片)之间存在着交互作用,即随着家庭经济状况的不同,儿童对不同社会意义的刺激的反应也不同。贫困家庭儿童画的硬币要比富裕家庭儿童画的硬币大。这表明,社会知觉能力是人们在后天的学习过程中不断发展起来的,而且受到认知者的欲望、需求、价值情感等内在心理的影响。

二、社会印象

社会印象是在对社会刺激物各种属性、特征的感知和认识的基础上,在认知者大脑中综合形成的一种关于认知对象的记忆形象。社会印象是社会认知的第二阶段,它是知觉者通过对社会信息的收集并整合分析而形成的,是人们作出社会判断的依据材料。社会印象的素材来源于社会知觉,但是它又区别于社会知觉,其中一个最重要的特点是社会印象是在对感知对象的各种信息加以综合的基础上形成的完整的、稳定的形象,即使认知对象不在眼前也能浮现出关于这种对象的记忆,而社会知觉一般则是零散的、单一的,具有直观性。比如,我们对一个人的印象不会既是忠诚的又是奸诈的,既是激进的又是保守的,而是倾向于把对象某些稳定一致的属性综合起来构成完整的形象。亦即一个人即使获得了不一致或相矛盾的信息,也会重新组织或不惜歪曲信息资料以便消除或减少这种不一致性,否则,就会对一个人产生混乱、矛盾感,桑普森称之为“认知分离”。那么,个体在面对各种分散、繁杂甚至是相互矛盾的信息时,如何整合它们以形成对认知对象的印象呢?哪些因素会影响社会印象的形成?社会印象一旦形成,将会对人们的社会认知产生哪些影响呢?

(一) 社会印象的信息整合模式

关于社会印象的形成模式,较为有名的是安德森(John Robert Anderson,1947—)的三种印象形成模式和布鲁尔(Brewer)的印象形成双重加工模型。

1. 安德森的三种印象形成模式

1962 年,安德森通过实验提出的第一种印象形成模式是加权模式或曰累加模式。这个模式表明在印象的形成过程中,尽管最先提示的刺激物和最后提示的刺激物对总体印象的形成起中心作用,但在反复的刺激之后,这些效应的作用都会减弱,全部刺激物都会对总体印象的形成起作用。之后,安德森又通过一系列研究发现，印象形成的过程不是由所得信息的简单相加而得，而是一种信息的平均过程，即把形容各个特征的总分值加以平均，并根据这个平均值来获得对他人的总体评价。但是这两种模式都忽视了第一印象以及价值等重要因素在印象形成中的地位。意识到这点，1968 年，安德森又提出了加权平均模式。

安德森的加权平均模式比较全面地反映了印象形成过程中各种品质特征的作用和影响。他的信息整合理论在社会印象形成的研究中具有重要的影响力。[①] 我国学者王登峰、陈仲庚以 24 名大学生为被试，用有关人格特质的形容词为材料验证了信息整合理论的应用价值，并考察中国人印象形成的特点。研究结果表明，中国人在印象形成时的信息整合模型是简单的平均模型，这与西方学者的研究结果比较一致。研究还发现，中国人在印象形成过程中偏重对道德伦理的评价，并容易受人际关系环境的影响。[②]

2. 布鲁尔的印象形成双重加工模型

布鲁尔的印象形成双重加工模型认为，在对各类信息进行加工、整合的过程中，主要存在两种类型的操作，一种是以类别为基础的加工，一种是以特征为基础的加工。前者是把认知对象当做某一类别的群体中的一员，并根据对这一群体的认识来形成对个体的印象。例如，报纸报道，某医院的医生医术水平高超、医德好，对于一个来自这个医院的工作人员，人们会把他归为这一类群体，对他形成具有较好品质的印象。后一种模式则是掺入了对认知对象各种典型特征的信息的整合，这种加工需要在个体意识的参与和较长时间的综合分析的基础上才能形成。[③]

(二) 影响社会印象形成的因素

1. 第一印象产生的作用

社会印象的形成过程中，认知的第一印象产生了很大作用。两个素不相识的人第一次见面所形成的印象，称为第一印象或首次印象。认知对象的穿着、表情、神态、言谈举止等外在的属性特征在社会认知的过程中发挥着重要的作用，它是人们对认知对象的最初感知，影响整体社会印象的形成。这一点已经被社会心理学家的研究所证实。其中的一个经典实验，是卢钦斯(A. S. Luchins)的“第一印象”实验，他的实验证明了最初得到的信息对他人印象的形成起着重要的作用。1951 年，卢钦斯以大学生为被试对象，分成两组，并事先准备了两段描写一个叫吉姆的学生的生活片段。其中一段把这个学生描写成热情、外向的人，另一段则把该学生描写为冷漠、内向的人。然后把这两段文字发给被试阅读，一组被试先阅读第一段

① 钟毅平. 社会行为研究——现代社会认知理论及实践[M]. 长沙：湖南教育出版社，1999：20.

② 王登峰，陈仲庚. 信息整合模型与中国人印象形成的特点[J]. 心理学报，1987(1)：64-68.

③ 沙莲香. 社会心理学[M]. 北京：中国人民大学出版社，2002：103.

文字，后阅读第二段文字；另一组则相反。然后要求被试回答一个问题："吉姆是怎样的一个人?"结果发现：第一组有 78%的人认为吉姆是一个外向热情的人，而第二组只有 18%的人认为吉姆是外向、友好的人。由于两部分材料被呈现的顺序不同，人们对一个人形成的印象存在很大的差异。并且，最先得到的那部分信息，即第一印象在整体印象的形成过程中起着主要的作用。由于第一印象在社会认知过程中至关重要，即"先入为主"，因此，在社会交往过程中，人们往往会很重视第一次见面给人留下的印象。

由于社会认知是一个双向互动的过程，在认知他人的时候，作为社会刺激物的个体不会被动地接受，为了实现、创造自己在他人心目中的所期望的恰当形象，个体往往会主动地采取一些行为去控制、管理他人对自己的印象，称为印象整饰。比如，很多第一次去面试的大学毕业生，都会注意通过改变服饰、发型、体态以及言辞等方式，以给面试单位留下良好的第一印象。印象整饰控制得当会达到人们所预期的效果，产生积极的人际互动，有利于个体融入一个新的群体。对印象整饰研究具有划时代意义的是社会学家戈夫曼的理论。戈夫曼在《日常生活的自我表演》中借用了一套舞台、戏剧的符号（如前台、后台、剧班等）解释了人们在日常互动过程中的行为活动，他的符号互动论又称为拟剧论、印象整饰或印象管理。

中国人在人际交往中顾及"脸"和"面子"的社会心理特征，就是一种印象整饰。脸面在中国的文化背景中有特殊的意义，也是人际互动中的一种重要特征，反映了中国人社会心理中最为细致、微妙之处。因此，人情、面子、命运也被称为统治中国的三位女神。在近代，鲁迅、林语堂、胡见缙等学者就已经开始关注对中国人脸面的描述和研究。"脸"和"面子"是与中国人的道德品质、社会地位联系在一起的，在中国特定的社会文化背景下，有着不同的社会含义，中国人经常用"脸"和"面子"来解释和调节社会行为。"面子"在中国代表着一种社会声望、能力和地位，是个人通过成功和炫耀来获得的。这从汉语中一些词语的搭配可以看出来，如"给面子"、"爱面子"、"给……留点面子"等。"脸"则与一个人的思想道德品质以及名声有关，是个人人格、尊严的保证，一旦有损就很难在社会中保持正常的生活。这也可从汉语中一些词语的搭配中看出，如"丢脸"、"不要脸"、"翻脸"、"让……露露脸"等。它既是加强道德标准的社会戒律，又是一种个人的内部戒律。[①]

2. 个人的好恶评估是对他人印象形成的主要依据

人们形成印象的一个重要方面就是进行评估，其中个人好恶的评价是最重要的。奥斯古德等人采用语义差异的测量程序进行了经典的研究。他给被试一张成对出现的特质列表，包括高兴—悲伤、强壮—虚弱、热情—冷漠，等等，并要求被试指出哪个特质更贴切地形容了特定的人或物。研究结果发现，以下三个维度解释

---

① 彭 M. 中国人的心理[M]. 邹海燕，译. 北京：新华出版社，1990：210-211.

了几乎所有的印象评分:好恶评估(好－坏)、强度(强－弱)和活动(活跃的－不活跃的)。当某个特定的人或物被这三个维度确定之后,基本上反映了人们对其总体的印象,而从其他方面的维度几乎看不出印象的显著差异。也就是说,人们对他人的印象主要是通过对这三项特质的评价而得,受其他方面的影响较小。研究还发现,在这三个维度中,好恶评估是主要的维度,强度和活动相对而言起的作用比较小。[①] 而好恶评估的中心性品质——对热情与冷淡的评价,是形成他人印象的关键因素。美国心理学家阿希的经典研究证实了这一点。他把被试分为两组,并分别给每个组内的被试一张描写人格特征的形容词表格。

A 组是:健谈、冷酷、热情、机智、进取、有说服力

B 组是:健谈、冷酷、冷淡、机智、进取、有说服力

A 组有一个形容词是"热情",B 组有一个形容词是"冷淡",其余的形容词都相同。然后让被试根据表格中的形容词来描述一个人,并要他们表示最愿意具备哪几个品质。结果发现,当表中有"热情"这个形容词时,塑造出来的人物是慷慨大方、快活、幽默的形象;当表中有"冷淡"这个形容词时,塑造出来的人物则是斤斤计较、毫无同情心的形象。阿希进一步研究发现,当用"礼貌"与"粗鲁"代替"热情"与"冷淡"时,两组描述出来的形象差别就不那么明显,从而表明对"热情"、"冷淡"等中心品质特征的评价是形成他人印象的关键因素。我国学者蔡建红以 144 名大学生为被试,重复阿希的实验方法来研究中国人印象形成中的核心品质。研究结果发现,心胸宽广与心胸狭窄、真诚与虚伪、谦虚与自以为是这三对关于人的品质概念对中国人的印象形成有一定影响,但是不足以构成影响印象形成的核心品质。[②]

(三) 社会印象产生的作用

社会印象具有稳定性、渗透性,一旦形成就不轻易发生改变,从而对人们的社会判断和行为产生重要的影响。

一方面,社会印象一经形成,就转化为人们推测和判断他人行为的依据,人们总是利用它来对新获得的信息进行解释或化约不一致的信息,从而使原有的印象保持不变。另一方面,印象一旦形成,人们就会产生相应的期待和要求,而此种想法又引导人们采取相应的行为以证实这种期望,其结果有可能会产生与预先期望一致的效果。这种产生与印象相一致的行为的现象,称为自我实现的预言。例如,

---

① Taylor S E, Peplau L A, Sears D O. 社会心理学[M]. 谢晓非,谢冬梅,张怡玲,等译. 10 版. 北京:北京大学出版社,2004:68.

② 蔡建红. 中国人印象形成中核心品质研究方法初探[J]. 江西师范大学学报(哲学社会科学版),1999(1):44.

某个经济学家预言，某个银行会在近期内倒闭。这个消息散布出去后，人们会因为恐慌而争相到这个银行兑取现金，使得银行的资金周转不灵而倒闭。罗森塔尔(Robert Rosenthal,1933—)和雅各布森(L. Jacobson)在1966年做的一项研究也证明了人们的期望会对他人的行为产生影响。这项实验是以教师和小学生为被试的双盲实验。首先对小学生进行语言能力和推理能力的测验，然后随机抽取一部分学生，向老师说这部分学生有可能在几个月之后有突飞猛进的进步。到了期末，罗森塔尔等对全体学生做了一次测查，发现这部分学生都显著提高了成绩，而且教师对他们的评语也比其他的学生好。这个实验说明，教师的预先期望对学生的学习行为有显著影响。这种期望的作用也称为“皮格马利翁效应”。在这个实验里，教师由于从实验者的评价中获得对一部分学生的良好印象从而产生相应的期望，这种期望无形中会影响到他们对这部分学生的态度、行为，可能会给予更多的关注和鼓励；而这些学生也会因为老师的行为表现而受到暗示和鼓舞，更加努力地学习，所以成绩提高得比别人快。

三、社会判断

(一) 社会判断的过程

社会判断是在社会认知、社会印象形成的基础上对自身和他人行为进行解释、推论的过程。它大致经过信息的收集、信息的取样、信息的选择与综合、形成判断等一系列基本过程。

首先是收集信息。这是进行社会推论的第一步，目的是为了形成社会印象的整合素材。例如，要了解一个群体内成员的关系如何，首先必须通过各种直接或间接的渠道尽可能地打探到关于这些成员的各种信息。其次是信息的取样。为了得到社会刺激物的相关信息，必须要确定从哪些方面或途径获得信息，以及获取信息的范围，即选择多少样本或案例。再次是信息的选择和综合。必须对收集到的各种信息进行过滤、筛选、比较和综合，才能判断哪些是主要的，哪些是次要的或是不相关的。在这个过程中，有两种基本的分析模式：一种是“线性模式”，即对认知对象的推论是根据对逐个信息进行比较、取舍而成；另一种是“直觉型分析”，它是一种随机的、前后不一的综合，往往带有明显的刻板印象。最后是形成判断，推论结果。这个过程中包含了人们运用各种思维动力对各种因素循着一定的思维模式对行为而进行的解释和推断。

(二) 影响社会判断的因素

大多数社会心理学家认为，影响社会判断的因素主要有两个。一个是社会信息。来自社会的各种信息复杂多样，有些甚至是前后不一、互相矛盾的，这无疑会影响人们的认知分析和判断。尤其在现代社会，大量信息通过广播、电视、报纸、网络等大众传播媒介不断地、快速地反映给人们，面对瞬息多变的社会刺激物，人们通常很难利用这些信息进行理智、准确的判断。另一个是社会规范。它作为一种社会文化力量，通过社会化的形式内化为人们一种内在的心理尺度，从而影响着人们的价值观以及对社会行为的推理和评价。

由上述分析可知，社会认知的过程是一个认知者与认知对象的双向互动的动态过程。社会知觉是基础，是形成社会印象的前提。社会印象是对社会刺激的初步判断，是在对知觉材料进行分析综合的基础上形成的。社会判断是在社会认知和社会印象的基础上进行的进一步的推理和决策。

第三节 社会认知效应

社会认知效应也称为社会认知的偏差效应，指的是在社会认知过程中，认知者由于受到认知对象和社会情景因素的影响，在某些特殊的社会心理规律作用下，在形成他人、群体印象的过程中产生一些特殊的反应效应。

一、首因效应

首因效应是指人们在对他人整体印象的形成过程中，最先获得的信息即形成的第一印象对社会认知产生的重要影响。这种认知效应在日常生活中比较常见，如一见钟情、先入为主等。人们对他人第一印象的认知线索主要是外貌、表情、姿态、服饰、语言等外部的属性特征，而这些最先输入的信息，往往会成为人们日后认知和评价的重要依据。

首因效应产生的重要影响因素是信息输入的先后顺序。社会心理学家阿希和卢钦斯通过各自实验发现，影响印象形成的是所有人格要素综合作用的结果，其中最早出现的中心词（如聪明等）决定第一印象。但是阿希的实验认为是中心词起着关键的作用，卢钦斯则认为是中心词出现的先后顺序影响了人们的认知行为。有些学者指出这两种观点并没有太大矛盾，中心词及其出现的先后顺序都在不同程度上影响着人们的认知活动。根据注意力递减理论，人们的注意力会随着时间、刺激物的出现顺序而衰减或转移，较靠后的刺激物由于受到人们较少的关注而对人们判断的影响力较小。根据解释性理论，最早出现的信息决定第一印象，而这种印象的形成以两种方式解释以后进入的信息：一是通过削弱或同化不一致的事实，即人们在印象形成中总是自觉地把一致性的信息综合起来；二是通过对依次排列出现信息的歪曲解释来适应前者。[①] 但目前尚没有进一步的实验证明中心词及其出现的先后顺序何者起的作用更重要。

由于首因效应，个体给人的第一印象往往对人的认知产生深刻的影响，而这种印象易形成却不易改变，以此来评价他人往往会产生很大的偏差，而且很容易被一些表面的现象所蒙蔽，出现诸如以貌取人、以言取人的现象。

二、近因效应

与首因效应相对，近因效应是指最后输入的信息对人的认知具有重要影响。它最早由卢钦斯 1957 年在《降低第一印象影响的实验尝试》一文中提出。卢钦斯重组了在前面提到的 1951 年的实验。具体做法是：让被试在阅读有关吉姆的两段文字描述之间，插入一些其他的活动，如做数学计算题、做游戏等，然后再让被试阅读第二段文字。实验结果发现，对吉姆性格评价起决定作用的是第二段文字，即后面输入的信息影响了人们的认知活动。

在社会认知过程中，人们既受首因效应又受近因效应的影响，但是二者起作用的机制是不相同的。对此，社会心理学家有几种解释。卢钦斯认为，当关于人的两种信息被连续感知时，人们倾向于相信前一种信息，并利用它来进行分析解释，这时起作用的是首因效应；而如果这两种信息断续被人感知时，则最新即最后的信息会影响人们的判断，这时起作用的是近因效应。有的心理学家发现，认知者在与陌生人交往时，首因效应起作用比较大；在与熟人交往时，近因效应起作用较大。怀斯纳(J. Wishner)认为，首因效应和近因效应何者起作用，取决于认知者的价值选择。

三、晕轮效应

晕轮效应又称为光环效应，是指认知者一旦对他人形成好的或不好的总体评价之后，会影响到对他人目前或将来其他方面的特征进行的推论。它是个人的主观评价泛化、定型的结果，就像日月的光辉在云雾的作用下，向它周围弥漫、扩散、扩大而形成的光环晕轮一样，故称为晕轮效应。在人际知觉中，它是个体所形成的以点概面、以偏概全的主观推断，即俗话说的“一俊遮百丑”，“一好百好，一坏百坏”，“爱屋及乌”，“情人眼里出西施”等。中国有一个寓言生动地描述了这种“晕轮效应”。有一个人丢了一把斧子，怀疑是邻居偷的，于是他留心观察，发现这个邻居

---

① 埃利奥特·阿伦森. 社会性动物[M]. 郑日昌，张珠江，王利群，李文莉，译. 北京：新华出版社，2001：130.

一举一动都像是偷斧子的人。后来他在山上砍柴时找到了丢失的斧子，再仔细观察那个邻居，又觉得邻居根本不像偷斧子的人了。

对晕轮效应进行实验研究较早的是美国社会心理学家凯利。在1950年的一次实验中，他告诉学生，教经济学的教授临时有事，故请一位研究生代课。他先对两组学生说，该研究生是个既好学又有教学经验和判断能力的人。然后对一组学生说，此人为人热情，对另一组学生说，此人为人较冷漠。介绍之后，凯利让这位研究生组织了20分钟的课堂讨论，然后，再让学生陈述对他的评价。实验结果发现，两个组的学生对这位研究生的评价大相径庭：一组认为他很有同情心、体贴人、有社会能力、富有幽默感等；另一组的学生则认为他严厉、专断。这表明，两个组的学生对这位研究生的评价带有自身的主观推断成分在内，或由热情的特点推断出一系列优点，或由冷漠的特点推断出一系列缺点。两个组的学生对代课老师的印象还进一步影响到他们的课堂发言：印象好的那组学生积极发言者达到56%，另外一组的积极发言者只有32%。

这一心理效应是由于他人的某些品质或特征对认知者有着清晰的知觉和特殊的印象，而这种印象被泛化、扩张开来，掩盖了认知对象的其他品质或特点，认知者主观地推测认知对象也具有与这种中心品质相似的特征。例如，在认知一些知名公众人物的时候，他们的某些优点或缺点往往会被泛化而引起公众的极大关注，并成为笼罩在他们身上的光环。

四、刻板印象

社会认知的偏差效应不仅发生在对个人的认知上，也发生在对群体的认知上。社会刻板印象效应就是指对一个群体的认知偏差作用。刻板印象是个体对某一类人或群体形成了一种较为固定、简单的印象，并据此来形成对该类型或群体中缺乏深入了解的个人的认知。例如，在人们的印象中，重庆女孩是泼辣的，所以在对重庆女孩的认知上往往不会考虑到其群体中个体的差异。类似的还有“女子无才便是德”，这是典型的女性刻板形象。

刻板印象的形成，是人们的主观经验或他人经验对他人印象形成的作用被过度或简单应用的结果。它的形成途径主要有两种。

刻板印象形成的一个途径是个人的社会经验。我们每天要与形形色色的人打交道，为了快速地认知他人，而习惯把个体按不同的标准、分类划入不同的群体中，并根据对群体预先形成的各种特征、属性的印象去认知、推及他人，即“物以类聚，人以群分”。这种分类是人类天生具有的认知策略，也是刻板印象得以形成的形式。根据不同分类标准产生的效果，刻板印象常见的有性别角色刻板印象、国民刻板印象、地区刻板印象、社会角色刻板印象，等等。例如，人们心目中会普遍存在一种评价倾向，即认为女性是温柔、体贴、软弱、依赖性强的，男性则是豪爽、粗心、勇敢、独立性强的。佐斌等人在关于中国儿童对中国人形象的评价的研究中发现，不同年龄段的儿童都倾向于对中国人的形象作积极正面的评价，并且被试儿童对7个不同的国家或民族人群喜欢的程度存在显著的国别差异，分析结果与李本华、杨国枢关于中国大学生对世界各国人民刻板印象研究结果一致，与国外一些学者关于英国儿童对英国人印象评价的研究结果也类似，即被试对本国人持积极的刻板印象。① 不仅如此，人们通常也会对其他国家或民族的形象产生刻板印象。如人们普遍认为美国人民主、乐观、开放、热情、喜欢冒险、刺激；法国人浪漫、轻率、委婉、善于交际；德国人严谨、聪明、固执、诚恳；英国人聪明、保守、有绅士风度、因循守旧；等等。

刻板印象形成的另一个途径是社会学习。刻板印象的获得还来源于个体在社会学习中获得的经验，如从父母、朋友、老师、同学、课本以及其他的大众传播媒介中获得的经验。有些社会心理学家发现，人们对性别角色形成的刻板印象跟其早期接触的各种读物、教材的渲染有关。我国学者张德等人以人民教育出版社1970年至1982年出版的10册全日制学校小学语文课本为分析素材，发现我国大中学生的性别刻板印象深受小学语文教材的影响。

信息网络时代的来临，改变了人们传统的生活方式、思维方式和人际交往境遇，对人的社会心理也产生了强大的冲击。社会认知是社会心理的传导器，社会心理所受的影响是通过社会认知发生的。网络作为一种新兴的传播媒介已经迅速转化为一种多元的文化背景，在很大程度上改变了人们社会认知的方式，并超越了传统认知的途径与过程，从而提升了社会认知的地位。

在网络化时代，社会认知能力是评价个人综合能力的主要因素之一。由于认知主体——人与认知客体——网络技术及环境因素的作用，社会认知往往会发生这样或那样的偏差。对同一事物的认识，在不同人之间也会产生认知偏见。因此，要拓宽社会认知的范围，从多方面、多角度了解网络社会，避免某一信息强化导致认知偏见，这样才能适应网络社会对社会心理的冲击，做好社会认知上的准备。

对网络的过度依赖和迷恋，造成了新的心理疾病——网络成瘾综合征，已经引起了社会心理学家的极大关注。如前所述，人们的社会行为是认知综合作用的结果，网络成瘾的行为与青少年对网络的认知活动密切相关。王海明等采用李克特量表，通过对1 884名青少年的网络行为进行调查发现，青少年的网络认知与其行为间存在较强的相关性，调查结果如表4-2所示。

由表4-2可知，网络对生活、学习有积极影响的学生，其网络行为与网络认知

① 陈晶，佐斌，周少慧．5～6岁儿童对中国人形象的评价与喜好研究[J]．心理科学，2004(4)：834.

相关的显著性较强。①

表 4-2　青少年的网络认知与其行为间的相关性的调查结果

	信息获取	工具利用	交流互动	休闲娱乐	购买色情
对生活的积极影响	0.065 *	0.171 * *	−0.005	0.054 *	−0.023
对生活的消极影响	−0.031	0.036	−0.002	0.007	0.000
对学习的积极影响	−0.057 *	0.059 *	0.014	0.052 *	0.001
对学习的消极影响	−0.067 *	0.033	0.022	0.011	0.045

注：星号表示两个变量显著相关。一个星号表示其相关的显著性水平为 0.05；两个星号表示其相关的显著性水平为 0.01。

也有不少学者认为，青少年对网络的认知是一种非适应认知，即个体对周围世界、自己与他人或他人之间关系形成了一种不合理、不正确的认知。例如，青少年倾向于认为网络提供了能满足其各种需要的信息，是无所不能的，并提供了自我身份认同、自我归属感的群体支持。这种认知导致个体对现实社会的非适应性行为和意识，从而产生了心理和行为的障碍。其认知模式如图 4-2 所示。②由此可见，青少年对网络的认知偏差是导致其网络沉溺行为、社会心理障碍的一个重要因素。

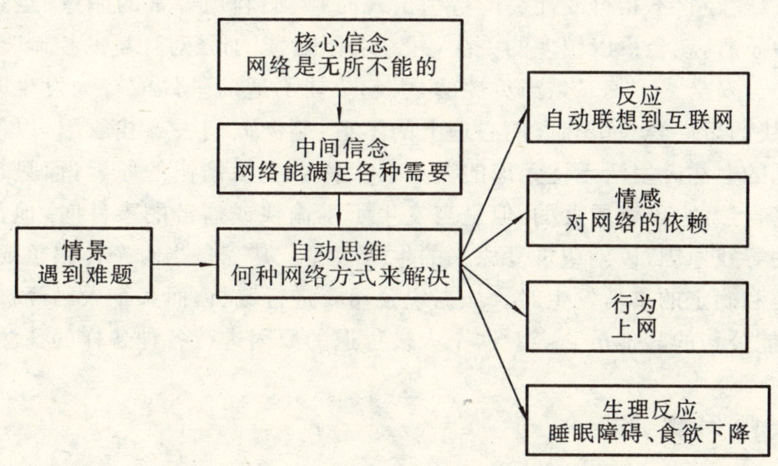

图 4-2　网络的认知模式图

① 王海明，任娟娟，黄少华. 青少年网络行为特征及其与网络认知的相关性研究[J]. 兰州大学学报，2005(4)：110.

② 李宁，李成斌. 青少年网络成瘾的认知基础初探[J]. 赣南师范学院学报，2006(2)：21.

第四节 社会认知与归因

在日常生活中，人们常常会遇到这样的问题：为什么这次活动效果会不如意？朋友今天为什么失约了？老板今天为什么会大发雷霆？人们利用各种信息对自己或他人行为原因的解释和推论就是归因行为。

对社会行为的分析和解释是社会判断过程的一个重要方面，也是社会认知理论的一个中心议题。然而人们并不是对所有的事件和行为都进行归因、刨根究底，社会学家舒茨把人们对日常生活事件存而不论的态度称为“自然态度的悬搁”。就如人们不会问：太阳为什么每天早晨升起、晚上落下？我们为什么要跟别人打交道？我们平常为什么会毫不犹豫地把信投进信箱中？等等。人们平常会利用“库存的知识”、经验对一些行为进行解释，这种因果归因实际上是不为人们所意识地、自动地，且内隐于对他人和情境形成的印象中。只有在某些情形下发生的行为才会引起人们的关注。其一是发生了不同寻常、出乎意料的事情时。社会心理学家海德认为，人有和谐地理解和控制环境的倾向，并希望对社会的发展有一定的预测力，当与以往经验不相符或冲突的行为出现时，人们利用寻常的印象、经验无法去化解这种矛盾，就会投以较多的关注，并寻求原因，以加强对环境的控制力，增强自己的信心与安全感。其二是当负性的、引起个体不适的事件或行为发生时。痛苦的、不愉快的事件容易引起人们心理上的不适，刺激人们去寻找原因，以便能找到解决问题的办法。生活无忧无虑的人不会去探求生活愉快的原因，而只是把它当成是顺其自然的、毋庸置疑的，但是当发生了不愉快或痛苦的事件时，他往往会从各方面去寻找原因，以期望恢复原来的生活状况。其三是当对个体很重要、但是又不太了解和确定的事情发生时。如据说公司要进行裁员，而某个人已经被辞退，那么，很可能公司的其他员工会对这个人被辞退的原因进行各种各样的猜测和推断。

一、归因理论

归因就是人们对自己或他人的外在行为表现的因果关系作出解释和推论的过程。而归因理论就是研究“人们问为什么”和“如何问为什么”的一些可能性的理论。经典的归因理论主要有以下几种。

(一) 琼斯和戴维斯的对应推断理论

琼斯(Jones)和戴维斯的对应推断理论并不关注归因过程本身，而是研究一个能系统地解释人们如何根据外在的行为表现去推断行动者意图的推论过程，即研究观察者在什么情况下可以根据他人的行为，对行动者内在稳定的特质进行归因、推理。其理论的主要观点如下。

1. 对行为的解释不能跟这种行为相矛盾

根据一致性理论，通常把他人的行为看做其内部稳定持久特质的体现。因此，对他人行为的推理必须与这种特质解释一致，不能矛盾。也就是说，所知觉到的外显行为与通过归因对这种行为的界定要相符。比如说一个人喜欢承诺又经常不守信用，人们就断定这是由于他不诚实的品性造成的。

2. 根据行为产生的非共同效果去推断他人行为的内因

对同一件事或同一个人，以不同的行为去对待会产生不同的效果。将不同行为产生的所有效果进行比较，有些是相同的，有些是不同的，这种行为称为产生非共同效果行为。而从非共同效果的行为出发可以帮助人们更好地认识他人行为的意图、动机。例如，一个女孩跟一个帅气、钟情于她而且很富有的男孩结婚了，人们无法透过这种行为了解这个女孩的一些性格品质，因为有太多好的理由让人们无法作出判断。而如果这个男孩很帅气，但是也很懒惰、身无分文，对女孩用情不专，那么通过女孩决定与这个男孩结婚的事，就可以推测这个女孩对于丈夫更重视外表的吸引力，而不是财富、人格。透过他人那些产生非共同效果的行为，通常更能把握他人的内在特质。

3. 行为的社会赞许度

不同行为产生的效果当中，有些是社会或其他人所赞许、期望和提倡的，有些是不为社会所接受、容忍甚至是被社会排斥的。高社会赞许度的行为因为在社会规范、约束之内，而容易被人们违背内心所采纳，却并不能清楚地体现个体的真实动机；而那些低社会赞许度的行为往往更能反映一个人区别于他人的特殊品质。例如，一个消防员冒着危险冲进火场营救被困者，由于这是他的职责所在，是社会所赞许、鼓励的行为，由此并不能推断他的内在品质；而如果他在这个时候怯弱、避开火场，根据此种行为推断他的人格特点似乎更能体现其真实的内在品质。因此，人们应该关注他人的低社会赞许度的行为而不是高社会赞许度的行为，以增加对他人特质的了解。

4. 行为选择的自由度

这种理论假设人们能够预见自己行为的后果，即人们采取任何行动都是基于一定的动机之上的，只有这个前提成立，一致性推断才能成立。行为的选择性对于归因的意义非常重大。[①] 因为行动者采取某种行为可能是受自身的因素影响而作出的选择，也可能是环境或其他刺激物压迫、限制的结果。当环境对行为的制约较

---

① 俞国良. 社会心理学[M]. 北京：北京师范大学出版社，2006：318.

强时,行动可供选择性低,通常并不能反映其主体的本意、动机;当环境的影响因素很弱时,才能从人们的内心去寻找行动的原因。行为的可供选择性大、不受客观环境限制时,就比较容易确定行为的意图。

从他人的内在稳定特质中去寻求行为的原因,一般是从那些可以自由选择的、低社会赞许度、产生非共同效果的行为中去分析、推论。

(二)韦纳的成就归因模型

韦纳(Bernard Weiner,1935—)认为,人们对行为的归因分为三个维度。一是内因—外因,内因即个人内在的原因,如性格、态度、动机、情绪、能力、努力等;外因是个人之外的原因,如运气、环境因素、外界的力量等。二是稳定原因—不稳定原因,即导致行为的原因本身是稳定的还是变动的。有些行为的影响因素是相对稳定、不易变动的,如个人的能力、性格、活动的难易程度等,有些影响因素则是随时会发生变化的,如机遇、环境因素、情绪、健康等。三是可控制原因—不可控制原因,有些行为的原因是在行动者的能力控制范围之内的,如脾气、情绪、个人努力等;有些是不可控制或天赋性的,如慢性疾病或残疾、智商等。这三种维度有可能同时存在并相互作用,构成人们对行为归因的分析框架。韦纳对原因的这种区分能够使人们更好地理解不同的归因结果对人们的自信心、期望、情绪、性格等方面的影响,并为归因理论对抑郁、自闭等社会心理问题的治疗提供理论基础。后文将详细论述,在此略论。

(三)凯利的三维归因理论

凯利在海德共变理论的基础上,也把行为的原因分为行动者、行动者知觉的对象以及行动产生的环境三个维度,提出行为的结果与其原因共变,应该在这个基础上同时分析这三个因素的作用来对行为产生的内在和外在原因进行推论。人们对行为的归因在于确定哪一种因素能够说明和解释行为,凯利认为,在此过程中会使用到以下三种信息。

1. 一致性信息

一致性信息即行动者的行为与其他人的行为在同样的情景下是否一致。亦即,他人的行为也是如此吗?若是,则一致性高;不然,则一致性低。如公司老板不轻易评价员工,但却在员工聚餐上当面夸奖小王工作踏实勤奋、为人热情。而如果其他员工也认为小王为人不错,说明他们行为的一致性高。

2. 一贯性信息

一贯性信息即行动者在其他场合、其他时间中是否采取相同的行为,亦即,他一直以来都是这样的吗?若是,则一贯性高;相反,则一贯性低。如公司老板不止一次地在其他同事面前夸奖小王,在平常的工作中也经常赞不绝口,表明他对小王的评价行为一贯如此。

3. 差异性信息

差异性信息即行动者对其他认知对象、刺激物的反应是否如此。若是，则差异性低；相反，则差异性高。例如，除了小王之外，公司老板从没有夸奖过任何其他的员工，表明行为的差异性高，是有区别的行为；相反，如果公司老板也夸奖过其他的员工，表明行为的差异性不高。

凯利认为，这三种信息的组合中，有三种原则反映了人们行为的三种典型特征，而这些特征又与行为的内因、外因联系在一起，也就是说这些特征的组合不同意味着导致行为的原因不同，即原因与结果共变。其一，行为的一致性高、一贯性高、差异性也高的情况下，倾向于把行为原因归为内部的因素。如公司老板和同事都只夸奖小王，不仅在日常生活中而且在工作中也经常提出，表明小王的人品好是内在的主要原因。其二，行为的一致性高、一贯性高、差异性低时，倾向于把行为原因归于行动的发出者。如公司老板一直以来都夸奖小王，而同时也经常夸奖其他的公司员工，表明公司老板喜欢肯定、夸奖人，可能是为了激励员工做事的积极性。其三，一致性低、一贯性低、差异性高的情况下，倾向于把行为原因归于环境的刺激因素。如公司老板并没有夸奖人的习惯，而且在其他场合也从不夸奖小王，也许是聚餐中的轻松活跃氛围刺激了老板，或者是老板惊讶于小王的某次行为表现等其他外界刺激因素。

但是三维归因理论也受到了很多批评，如有人认为这个模型过于理想化，逻辑含糊不清并且过于复杂。人们在归因过程中可能会考虑上述三种信息，但并不会完全按照三种组合的方式进行归因，而且他们还会考虑到行动者的意图、动机、性格、文化背景等其他因素的作用。此外，人们在现实的归因中经常会简化认知程序，以迅速获得对他人行为的理解和解释，并不能总是理性的按照这一标准的模式进行分析、推理。

二、归因偏差及其产生的原因

在现实生活中，由于受到认知过程的局限以及动机、欲望、性格等因素的影响，人们的归因行为并非总是纯粹的理性行为，其归因的结果也并非完全准确，而会偏离或歪曲了原本是正确的标准归因程序，导致社会判断出现一些错误或偏差。在人们的归因过程中，经常出现以下几种归因偏差。

（一）基本归因偏差

一般来说，人们的行为会受到个性特征和外部情景因素的共同影响。但在对他人行为归因时，人们一般倾向于把他人的行为归于他们的内部特点，如动机、态度等，把行为看做其自由选择的结果，而忽略情景因素对行为的限制，如社会规范、社会角色的作用或环境的刺激。这种过高估计个人内部特质而低估情景因素作用的普遍倾向称为“基本的归因偏差”。例如，看到一位女士急匆匆地挤进正在排着长队的人群中，并不时费力地用手推开周围拥挤的人，一般会留下这样一种印象：这个女士性格急躁、缺乏社会公德心，而很少会考虑潜在的外部因素的影响，如她赶时间或急着寻找某个人。不少研究都支持了基本的归因偏差的存在，其中琼斯(Edward E. Johns，1928—1993)和哈里斯(Harris)在1967年做的一个实验研究可以作为一个经典范例。他们让被试读一些赞同或反对卡斯特罗在古巴政策的文章，实验者告诉被试这些文章的作者有的是自己选择“赞同”或“反对”的立场，有的是按实验者的要求去写“赞同”或“反对”的。尽管被试知道有的文章完全是受外部因素的支配而写的，但是他们在对作者态度进行评价时，仍然认为写“赞同”文章的人都比写“反对”文章的人更支持卡斯特罗。即认为是作者本身的态度决定了他们的写作内容。这种把行为一概归因于内部因素的基本归因偏差比较容易在美国和西欧的文化背景中发生，因为欧美文化比较强调个人的责任、独立性以及个体的能力，行为受其内在自主性的特点所引导。而中国、日本、印度等东方国家的文化则强调内敛、整体利益性等，因此，情景、社会规范等外部因素的作用更容易被人们接受。

社会心理学家认为，产生这种对应偏见的原因有两种。一种是，当观察他人的行为时，他们的行动本身就成为焦点而吸引了观察者较多的注意力，而行为发生的环境或影响行为发生的情景经常消失在背景中而无法转移观察者的视线，因此，较之情境因素，行动者内部的因素显得更突出。另一种原因是，情景因素也在关注的范围之内，但是在归因的过程中没有引起足够的重视。在归因过程中，人们倾向于一种认知的心理捷径，即认为他人的外在行为是其内部稳定品质的反映，并试图纠正或忽略外部情景因素对行为产生的作用，以“自圆其说”。这种纠正并没有对外部因素给予充分的考虑，通常是不充分、不理性的。①

（二）当事人与旁观者效应

归因包括对自身和他人态度、行为的原因分析。基本的归因偏差是指观察者对他人行为的归因倾向于内部特征而忽视个体周围环境的因素。但是，行动者在对自身的行为进行归因时往往忽视其内部的影响因素，而倾向于从社会环境方面寻求对行为结果的解释，尤其反映在对负性、消极的行为进行归因时。例如，某个人在路上滑了一跤，路人倾向于从当事人内部的特点去寻找原因，认为他比较笨拙、大意；但是当事人可能会把摔跤的原因归结为路滑或有某些其他的障碍物出现

① 巴伦，伯恩.社会心理学[M].黄敏儿，王飞雪，译.上海：华东师范大学出版社，2004：68.

影响了他。

为什么对于同一个事件，当事人和旁观者的解释有如此大的差异？原因主要有两个方面。一是当事人（行动者）与旁观者（观察者）所处的观察视角不同。从行动者的角度来看，他不能清楚地看到自己是怎么行动的，如“雾里看花”，而环境因素对他而言更突出，因此容易把行为归于外部因素。在观察者看来，行动者的行为是一种知觉对象刺激下的感官知觉，环境因素被模糊为背景的次要因素，因此将其行为的原因归于行动者自身。二是行动者与观察者接触到的有关行为的信息不同。行动者由于对自身的经验、动机、情绪等方面有稳定的了解，清楚地知道其对行为的稳定作用，在对不同的情景下发生的行为进行归因时，减少了将行为原因归于内部个性因素的倾向。观察者由于无法获得行动者的有关意图、动机、情绪等信息，一般只能获得对现时情景的了解，因而认定行为的发生受内部因素的影响。

(三) 自利归因偏差

自利偏差也称为自我服务归因偏差。当人们面对一些积极的、正面的结果时，通常把自己的行为归因于内部的品质特点，如能力、态度、动机等，而把他人的行为归因于外部的因素，如运气、环境等；当面对一些不好的、失败的结果时，把自己的行为归于外部的因素，而把他人的行为归于内部的品质特点。如在团体比赛活动中取得较好的成绩时，人们通常会认为是自身努力的结果；但是当取得不好的成绩时，就倾向于从比赛的难度、他人的配合、天气糟糕等外部因素去寻找原因。也就是说人们倾向于接受成功的荣耀，否认失败的责任。

关于自利归因偏差产生的原因也有不少研究假定，基本上有以下三种解释。一是这种偏向源于个体维护自尊的需要，接纳好的结果有利于满足人们自我实现的需要。二是关于这种偏向的认知解释。首先，人们期望成功，接受成功的荣耀能够满足其期望；其次，人们相信个体的努力与成功的结果高度相关，同时也认为自己在为成功而努力奋斗，因此出现自我拔高的倾向；最后，当人们估计自己对一个情境有控制能力时，更倾向于参考过去自己成功的例子，所以会高估自己在成功时的控制能力。三是这种偏向是自我防卫的需要。

与自利归因偏差有关的一种现象是自我中心偏向。它是一种在群体的行为中，个体认为自己所承担的责任比实际上的要多的现象。自我中心偏向与自利归因偏差不同，前者是不论事件、行为的结果是成功的或者是失败的，都过分地认为自己所起的作用大或承担的责任比他人多；而后者则是首先考虑事件或行为的成败，若是成功的结果，则把行为归于自身的内部原因，若是失败了则拒绝自己应负的责任。自我中心偏向在日常生活中经常发生。如在团队合作中，有人会认为自己是主力，其他人都是助手；相关实验证明，夫妻之间也有这样的现象，如一方总是认为自己承担的家务比对方多。

(四) 虚假一致性效应

人们在推论他人行为的时候，经常以自己的行为为典型，不自觉地假定在相同的情景下别人也会作出与自己相同的行为。这种夸大自己行为和观点典型性的倾向被称为虚假一致。罗斯等人的实验较早地对这种效应进行了研究。研究者问学生是否愿意拿着一个广告牌围绕着校园走 30 分钟。有些学生同意这样做，有些学生拒绝了。无论是同意的学生还是拒绝的学生都认为校园里会有 2/3 的学生会作出与他们相同的选择。显然，这些被试作出的推断是虚假的。① 这种虚假的一致性，会使人们在日常的社会生活中过高地估计自己行为的典型性，也会过高估计自己的情绪、观点的典型性，而对整体的形势缺乏统一、理智的认识。

由上述分析可知，人们在认知过程中不会像自然科学家一样思考，而是认知的"吝啬者"，即人在认知过程中往往偏爱策略性捷径，而不是采用精细的信息加工分析，以尽量节省时间和加工资源。这是社会认知偏差产生的根源之一。

三、归因理论在实际生活中的应用

自从海德在 1958 年最早提出归因现象后，归因理论的研究迅速发展并在实际中得到广泛的应用。心理学家发现，人们的许多心理问题并不是由消极事件本身引起的，而是由人们对事件的解释所引起的。不少研究已经证明，人们的成就动机、情绪、自信心等与其归因偏向有关，归因理论已经在教育领域、心理疾病的治疗方面展开了实证研究和临床应用研究。本小节主要介绍成败归因理论对学生成就动机的影响和抑郁心理问题的归因疗法。

(一) 中小学生学业成就的归因特点与归因训练

人们对行为成功与失败的归因结果不同，会产生不同的情绪体验并影响其后继行为。在诸多成败归因理论中，影响较大的主要有三种。

第一是韦纳的成败归因理论。韦纳指出，人们通常把成功与失败的结果归因为能力、个人的努力程度、运气的好坏、任务的难易程度等。他把这些因素用三个维度来概括：控制源(内因和外因)、稳定性和控制性。如果人们把成功的结果归因于稳定的因素(个人能力或努力)，那么就会产生以后在类似情景中继续获得成功的期望；如果把失败的原因归于不稳定的原因(运气不好、任务难度大)，那么会对在以后类似情境中获得成功抱有更大的期望。人们对成就行为原因的内、外部归

---

① Taylor S E, Peplau L A, Sears D O. 社会心理学[M]. 谢晓菲，谢冬梅，张怡玲，等译. 10 版. 北京：北京大学出版社，2004：82.

因会影响到这一行为对自身的“价值或效果”，进而影响到他对类似行为的成就动机。如果人们把成功的行为归于内部的原因(个人的能力或努力)，而不是运气好、任务不难完成等外部因素，那么这一行为就会使个体感到愉悦并引发其成就动机，以期望继续获得类似的效果。相反如果人们把失败的行为归因于内部因素，则会降低个体的自信心，产生挫败感，削弱对成功的追求动力。

第二是班杜拉的自我效能归因理论。班杜拉在1977年最早提出自我效能感的概念，它是指个体对自己在某一领域能否获得成功进行的一种主观推测和判断。其代表观点是:个体的自我效能感决定他在成就情景中的行为动机。自我效能感高的人行动的积极性高，在面对困难的情境时，比较乐意付出努力或采取积极的措施来应对困难，而成功地解决困难的结果反过来也会印证他最初的自我效能感，从而强化了个人的成就动机；自我效能感低的人行动的积极性不高，面对困难的情境时容易气馁，不愿意采取积极的应对措施甚至束手无策，而招致失败的结果，这种结果反过来又会降低他的自我效能感，进而影响到他采取积极行动的成就动机。

第三是习得无助的归因理论。斯里格曼(M. E. P. Seligman)最早提出习得无助归因理论。习得无助概念最早由动物学家提出。他们发现，当动物在无休止的电击过程中了解到无论作出什么反应都没有办法改变现状时，它的行动动机就会丧失，进而放弃努力，产生习得无助现象，并弥散到其他新的情境中。随后这一概念被引入心理学中，用来研究人类的类似行为。心理学家阿布拉姆森(L. Y. Abramson)提出，人们对不可控制的消极事件或这一事件产生的原因进行归因的结果会影响习得无助感的弥散。只有当人们把不可控制的消极事件归因于内部的、稳定的因素时，才会产生弥散性的习得无助感，从而使自我评价水平降低，行为动机也会减弱。

以上三种成就归因理论从不同的角度证明了归因结果通过影响人们的期望和情绪、情感等内在心理状态，而作用于人们的成就动机的产生、发展及其后继行为。

研究表明，学生的学业成绩与其成就动机有关，并独立于个人的能力影响，而学生成就动机的激发受到个体对学业成功或失败的归因结果的影响。学习成绩不好的学生把学业失败归因于内部的、稳定的、不可控制的因素，会产生自卑、失落的情绪，自我效能感降低，对未来的成功不抱希望，放弃努力，从而导致学业成绩不尽如人意。这种结果反过来又强化了学生习得无助感的弥散，影响了他在其他的学习情境中的成就动机。学习成绩好的学生把成功的结果归于内部的稳定的因素，自我效能感强，认同个体内部努力的结果，学习成就动机也强，从而乐意采取积极的行动以期望继续获得成功，而良好的结果反过来也会强化他的成就动机。归因方式与学业成绩的关系影响着学生的学业需求，进而影响到学业的成败。研究表明，学生对自己行为结果的归因无论正确与否，都会影响到他们随后的情感、期望和行为动机，进而影响他们的成就行为和学习成绩。对学习不良学生进行归因训练，引导他们形成积极的归因倾向，增强其学习动机，是目前归因理论应用的热点研究领域。所谓归因训练，是指通过一定的训练程序，使人们掌握某种归因技能，改变其原有的不良归因方式，形成比较积极的归因方式。其基本原理是：归因的变化可以引起动机的变化，动机的变化则对行为又有直接的影响。① 目前，对于归因训练的应用研究大多是在实验情景中进行的。归因训练的内容主要是通过教师的评价、模拟训练、有意识地引导归因方式等手段激发学生的成就动机，增强自我效能感以及克服习得性无助感。韩仁生研究发现，归因训练可使学生的成败归因、期望变化和情感反应向积极方面转化，提高了学生的成就动机。但是这种归因训练的效果是即时性反馈，它对学生的成就动机的提升是暂时性的还是根本性的，即归因训练的持续性效果如何，已经引起了社会心理学家的广泛关注，并进行了深入研究。例如，隋光远②在对中学生成就动机归因训练效果的追踪研究中发现，受训者在任务选择、行为强度和坚持性方面表现出较高水平，成功期望较强烈，对成功结果倾向于作能力、努力的内部归因。这一结果表明，归因训练能够对人产生深远的影响，成就动机的改善具有长期效果，它作为一种观念体现在认知层面上，也成为一种习惯化了的行动方式表现在行动中。此外，也有研究者结合对中小学生学习策略、学习方法对学业成绩的影响，在课堂上进行再归因训练，也得到了较好的反馈效果。

（二）抑郁的归因理论与归因训练

现代生活节奏的不断加快，加上社会转型期带来的种种变动，给人们的社会心理造成极大的冲击，从而产生焦虑、抑郁、情绪失控等心理问题。现代人的心理亚健康状况受到社会学家、心理学家的广泛关注，并从各种角度探究了这种心理问题产生的根源，并积极寻求克服的途径。在归因偏差中，人们在对成功行为的结果进行归因时往往会产生自利服务偏差，而患抑郁症的人则相反，更多地把成功的结果归因于外部的、不可控制的因素，把失败的结果归因于内部的、稳定的因素。对于归因方式与抑郁问题的关系的研究形成了抑郁归因理论。

20世纪七八十年代，美国心理学家斯里格曼和阿布拉姆森等人从归因方式的角度提出了关于抑郁的认知理论，近20年来成为抑郁研究的热点问题。斯里格曼和阿布拉姆森通过修正习得性无助理论，提出从三个维度划分人们对事件的归因：内部-外部维度，稳定-不稳定维度，全面-特殊维度。具有抑郁情绪的人倾向于把消极的、负性行为归因于内部的、稳定的、全面的因素。内部的归因使人产生悲观、自

① 尹红霞，尚金梅．中小学生学业成败归因特点及归因训练研究述评[J]．四川教育学院学报，2006(9)：15．

② 隋光远．中学生学业成就动机归因训练效果的追踪研究[J]．心理科学，2005(1)：52-55．

责的情绪，自尊降低，如一个人把生意失败归因为不善经营、没有生意头脑，就会产生自责感。把失败的原因归为自己的能力不足等稳定的因素就会影响对未来获得成功的期望；若归为运气不好、经济不景气等不稳定的因素时，则不会对继续获得成功丧失信心。对负性事件的全面归因，会使消极的情绪扩散到其他后继的类似情境中，如把生意失败的原因归于运气不好等，就会影响到他对生活其他方面的成就动机。因此，抑郁的产生很大程度上取决于人们的归因方式。尽管后来人们发现这种假设过于简单，无法完全解释抑郁的产生，而进一步提出无望感理论，但是大量的实证研究仍然支持了上述假设。我国学者张雨新、王燕以大学生为被试，利用归因方式问卷(attribution style questionnaire，ASQ)进行实验，部分证实了斯里格曼和阿布拉姆森的假设：归因方式的某些特征是导致人们抑郁的因素之一。研究发现，如果一个人倾向于把生活中的坏事件归因于持久的、整体的因素，把好事件的原因归结为暂时的、局部的因素，则有较大的可能性表现出抑郁症状。[①] 对此，不少学者主张把归因训练引入抑郁症的治疗中，即归因疗法。

抑郁的归因训练是在归因理论的基础上建立的认知行为疗法，其基本原理是：通过一系列认知行为的方法，使人们建立积极的认知方式，消除或减轻无望感，从而打破抑郁的恶性循环，并通过改进对良性事件的积极归因，强化这种归因认知，引导抑郁者走向良性循环。归因模式训练如图 4-3 所示。[②]

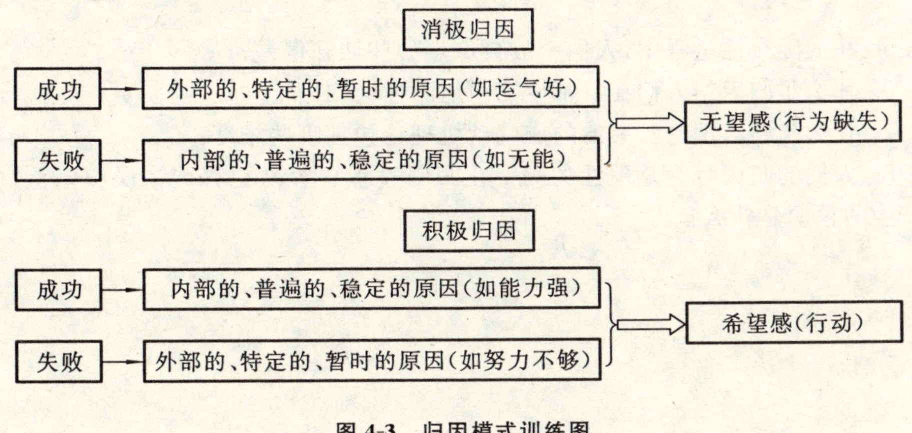

图 4-3　归因模式训练图

本章小结

社会认知是个体采取社会行动的一系列准备过程，它包括对自我的认知、面部

① 张雨新，王燕．归因方式和抑郁[J]．心理学报，1989(2)：147.

② 王纯，张宁．抑郁的归因理论与归因训练[J]．中国心理卫生杂志，2004(6)：424.

表情、态度、人际关系以及行为因果关系的认知。人们在日常生活中往往通过他人的语言、非语言、超语言线索来实现认知的效果。社会认知是一个动态、完整的思维活动，包括社会知觉、社会印象、社会判断的基本过程。在社会认知过程中，由于社会认知的主体与客体受到社会情景等因素的制约、影响，个体在某些特殊的心理规律作用下，会产生一些特殊的反应效应。归因是社会心理学研究的一个热点领域。从海德正式提出归因现象开始，心理学家围绕"人们如何对自身及他人行为的因果关系进行解释和推断"提出了不同的归因理论，研究人们的归因行为。人们的归因行为并不是完全理性的，它受社会认知过程本身的局限，以及认知者动机、意图、情绪等心理活动因素的影响，往往偏离了标准的归因程序，产生归因错误或偏差。

思考题

1. 什么是社会认知？社会认知的基本内容包括哪些方面？

2. 在日常生活中，依据哪些主要的线索认知自我和他人？

3. 对人及其社会行为的知觉与对物体的知觉有何区别？

4. 在社会印象形成过程中，哪些因素会影响到人们的评价？什么是印象整饰？

5. 在人际交往过程中，人们一般会产生哪些认知偏差？

6. 什么是归因？人们在日常生活中何时才会归因？

7. 什么是归因理论？韦纳的成就动机理论包括哪些维度？

8. 人们的归因行为是理性的吗？在归因过程中容易犯哪些错误和偏差？它们产生的根源是什么？

第五章

社会动机

第一节　社会动机概述

一、动机概述

(一) 动机的定义

在对动机(motivation)问题的研究中,如何给动机下一个全面而准确的定义,一直是困扰心理学家的问题。根据研究者对动机问题研究的侧重点,研究者对动机的定义主要包含以下方面。①从行为的内在起因来定义,动机是“推动人们行为的内在力量”;“动机是推动个体活动以达到一定目的的内部动力”。②从行为的外在诱因定义,动机是“为实现一个特定目的而行为的原因”。③从中介过程定义,动机是“一种由需要所推动,达到一定目标的行为动力,它起着激起、调节、维持和停止行为的作用”。[1]

由此可见,动机概念一般涉及三个方面的内容:动机的内在起因(如本能、内驱力、需要等),外在诱因(如目标刺激、奖惩等),个体的自我调节(如自我认知、归因等)。基于此,可以将动机定义为:在自我调节的作用下,个体使自己的内在需求(如本能、需要、驱力等)与行为的外在诱因(如目标、刺激等)相协调,从而形成激起、维持个体行为,并促使该行为朝向某一目标的动力因素。

动机与行为既有联系又有区别。首先,动机与行为是密切相关的,但是动机并不等于行为,动机只是行为的内在推动力。其次,对于个体行为而言,动机不但具有内在的推动作用,而且在行为发起后,还对该行为起着目标导向与维持作用。最

---

① 张爱卿. 动机论——迈向 21 世纪的动机心理学研究[M]. 武汉:华中师范大学出版社,1999:240.

后，动机虽然是行为的内在动因，但就其性质而言，它又是处于外界刺激与行为反应之间的中介变量，因而无法被直接观察或测量，只能根据刺激或行为反应去推测一个行为背后的动机。因此，研究动机离不开对行为的考查。

（二）与动机相关的概念

为了更好把握动机的概念，下面将分别阐述与动机相关的几个概念：均衡作用、需要、内驱力、本能以及诱因。

在生理意义上，均衡作用指的是个体身体内部的平衡机制，它调节着躯体内部生理环境的各种成分，使它们维持个体生存所需的平衡状态。当这种生理机制出现失衡时，身体内部就会产生一种要求恢复生理平衡的需要。在这个意义上，需要指的是生理上的一种匮乏状态。当这种匮乏状态达到体内均衡机制必须调节的程度时，个体就会感到需要的存在，这时身体内部会产生一种促使个体采取行动以满足需要、恢复生理平衡的内在力量，即生理内驱力。因此，生理内驱力指的是由个体的生理需要引起并推动个体去从事满足这些需要的行为的内部唤醒状态。不过，在现代心理学上，人们已经将均衡作用、需要与生理内驱力这三个概念从生理层面推广至心理层面，分别用它们来描述心理平衡、心理需要与心理内驱力。

本能指的是个体天生的、不学而成的、由遗传因素决定的行为倾向。除了失衡、内驱力、需要这些内在因素可以激发个体的动机外，外在的刺激也可能激发动机。比如有人购买某种商品并非由于自己真正需要这种物品，而很可能是受到广告的影响或者促销员的鼓动，或者商品本身吸引了他。在心理学上，人们把这种引发动机的外在刺激称为诱因。

另外，有学者把自我调节当做形成动机的因素。自我调节介于动机内在起因与外在诱因之间，是联结内在需要、驱力、外部目标和刺激的桥梁，它对来自个体内外的信息进行加工以实现其调节机能。这种对动机的调节过程可分为四个相互联系的阶段：即期望、自我效能、意志和反馈。自我调节体现了人作为认知主体的能动性与主动性。

（三）动机的分类

研究者不可能研究人们每一个行为背后的动机，因此只能根据不同的分类标准，对动机进行分类。按照人类行为先天与后天的特点，可将动机分为原始性动机与习得性动机、生物性动机与社会性动机、原始性动机与衍生性动机；按照对行为是否起支配作用，可将动机分为主导性动机和辅助性动机；按照需要层次，可将动机分为生理性动机和心理性动机；按照引发动机的内在与外在因素，可将动机分为内在动机与外在动机。另外，还有根据特殊领域来划分的，如侵犯动机、亲和动机、利他动机、成就动机等。

二、社会动机的定义

社会动机(social motivation)一词有多种定义,有学者主张将其定义为人的动机的社会方面;有学者则认为,人的动机就其本性而言是社会的,故动机也可称为社会动机①;另外有些学者从人的生理与心理需要的角度,将社会动机界定为以心理内驱力和心理性需要为动力源泉而形成的促使主体朝向一定目标的内在动力②。

上述定义虽然都考虑到了人的动机的社会性质,但是忽略了对个体所处的环境界定,因为只有经历了社会化的人们的动机才具有社会的烙印。本书将社会动机定义为:社会生活中的人们建立在其社会性需要基础上的行为推动力。需要指的是个体缺失什么或者需求什么的一种状态。在心理学中,马斯洛(Abraham Harold Masllow,1908—1970)曾将人的需要分为生理需要、安全需要、归属和爱的需要、自尊需要以及自我实现需要五个层次。根据马斯洛对各种需要的描述,可以看到,除了生理需要之外,其他几种需要都具有明显的社会意义,因此可以把它们统称为社会性需要,它们构成了社会动机的基础。

关于社会动机的理解还应该注意以下几个方面。首先,社会动机为人类所特有,它是个体在其生物性的基础上,经过广泛的、长期的社会实践活动而形成的。社会动机具有社会历史性,不同的社会文化背景下,以及不同的历史时期里,个体社会动机呈现出一定的差异性。其次,社会动机反映的是人的社会属性,因此,社会动机的动力源泉只能从社会生活中去寻找。尽管许多社会动机包含了非社会动机作为自己的基本成分,但不应用“还原论”将二者作简单的等同。

三、社会动机的性质

动机是与行为既有联系又有区别的概念,心理学家之所以研究动机,其目的在于了解人类行为的原因,从而把握人类行为中一些规律性的东西。然而就其性质而言,人类的动机是复杂且难以把握的,这主要表现在以下诸方面。

1. 动机与行为不是简单的对应关系

动机与行为之间的关系是错综复杂的,它们之间不是一对一的关系,有动机并不一定有行为,例如,有人有报复别人的动机,但是碍于法规、纪律等社会约束条

① 时蓉华.社会心理学[M].杭州:浙江教育出版社,1998:217.

② 周晓虹.现代社会心理学——多维视野中的社会行为研究[M].上海:上海人民出版社,2004:208.

件，不一定会在行为中表现出来；有的行为则没有动机，例如受迫行为；同样的动机可能产生不同的行为，例如同样受亲和动机的驱使，男性倾向于参加体育活动，观看体育赛事等，女性则喜欢聚集在一起聊天、交流感情等。

另外，马斯洛将行为分为表现性行为和对应性行为，并指出，对应性行为（或外因行为）具有明确的动机，如勤奋学习以获得奖励，努力工作以获得加薪、升职等。

2. 个体的行为往往同时受多种动机支配

马斯洛认为，任何行为都由几种动机同时决定，由一种动机决定行为的情况往往是个例外。但是在支配行为的多个动机中，总有一个动机起主导作用，这个动机被称为主导动机，其他动机则称为辅助性动机。

3. 动机总是指向一些基本的目标或需求

有关动机的研究在某种程度上必须是人类的终极目的、欲望和需要的研究。例如，现代人热衷于追求金钱，但追求金钱本身并不是目的，在当下市场化的、变动的、高风险的社会中，金钱多少在某种程度上意味着抵御风险能力的强弱。从这个角度可以说，人们追求金钱的动机实际上是出于安全的需要。

4. 动机是行为的动力

动机揭示了行为的内在动因与行为的目标方向。动机对行为的推动作用源于内驱力与需要，而动机对行为目标的导向作用则源于个体在社会生活中所习得的各种观念，包括价值规范、道德准则，还有个体当时所处的社会环境。在不同的社会文化中，同样的动机可能表现出不同的目标取向，例如，同样是为了获得他人的尊重和好评，在集体主义文化里，人们需要表现出谦卑、合群；而在个体主义文化里，人们则需要表现得进取、独立。这些充分体现了动机的社会属性。

5. 有意识动机与无意识动机

人类行为不仅受到有意识的动机的作用，同时还受到无意识的动机的影响。无意识动机（或者说潜意识动机）（unconscious motivation）属于动机行为的一种形式。在这种动机行为中，个体并未觉察到自己的需要、欲望、意向和目的。个体无意识地去获取成功、解决问题、克服障碍等，往往意识不到自己许多行为的真正理由。真正理由可能是一些深藏的本能倾向。

四、内在动机与外在动机

近年来，有关内在动机与外在动机之间关系的研究取得了一些新的进展，下面将重点讨论内在动机与外在动机之间的关系。

（一）内在动机与外在动机的概念

内在动机（intrinsic motivation）是指人们对于活动本身感兴趣，活动能使人获得满足,是对自己的一种奖励与报酬,无需外力作用的推动。一些学者甚至把兴奋、情绪状态等也归类为内在动机,认为这种精神状态也是一种重要的内在动机;有些学者认为内在动机是一种令人愉快的活动,具有满足感,例如对工作感到好奇等。

布鲁纳指出,内在动机由三种内驱力引起:一是好奇的内驱力,好奇心也就是一种求知欲;二是胜任的内驱力即好胜心,好胜心就是一种求成欲;三是互惠的内驱力,人们都需要和睦共处,协作活动。心理学家认为,对活动的探索、好奇等内驱力是与生俱来的,不仅人有,动物也有。哈洛(Harry Frederick Harlow,1905—1981)以红毛猴为实验对象,让它们解机械谜。实验表明:猴子不仅能解开搭扣,而且能在解开后又把它装好。猴子每次成功地解开谜后都给它带来了满足感,并不需要其他额外的奖励,这是猴子被解谜的好奇心所驱使而造成的。与此类似,人们对学习、工作本身的兴趣就是一种受好奇心驱使的求知欲。

外在动机(extrinsic motivation)不是由对活动本身的兴趣所产生的动力,而是由活动以外的刺激对人们诱发而产生的推动力。如有些人为了晋职加薪而努力工作,学生为了得到老师或者父母的肯定而努力学习。总之,若个体认为自己参加活动是为了某个外部目标,那么他的行为就是由外部动机所驱使的。[①]

(二) 内在动机与外在动机的关系

关于内在动机与外在动机关系的研究是近年来动机问题研究的一个热点,其中以美国心理学家德西(Deci)的研究最具代表性。德西认为,内在动机与外在动机并不是简单的相加问题,有时候,高度的外在动机会妨碍高度的内在动机。德西的上述理论是通过以下实验来论证的。实验是让被试做一项非常有趣的解谜游戏,对其中一半被试给予外部奖励(钱),另一半被试则无任何报酬。不久之后,让全部被试自由选择,是继续做解谜游戏还是做其他事情,研究者观察被试在这项由内部动机引起的活动上所花费的时间。结果发现,给了钱的被试在解谜游戏中所花的时间比不给钱的被试少。由此德西指出,如果一个人本身对某项活动很感兴趣,随即又受到外在奖励时,就很可能将由内在动机引起的活动当做由外在动机所引起的,从而削弱了内在动机的作用。

大量的研究证实,对于一个能够引起内在动机的活动给予金钱奖励会降低内在动机的强度。另一些研究用非金钱奖励进行实验,结果同样支持上述观点。研究者还分别对小学高年级学生、以色列中学生、黑人小学生进行实验,同样得到了支持性结果。为什么会产生这种结果呢?按照认知论的解释:当人们做他自己喜欢做的事情时,若没有外部强化,他倾向于认为自己真的喜欢它;而当有外在动机

---

① 时蓉华.社会心理学[M].杭州:浙江教育出版社,1998:225.

强化时,人们会把做的原因归于外部因素的吸引。但后来的一些研究发现,外部奖励与内在动机的影响并非那么简单,实际上它与被试的性别、年龄、人格特征、环境因素以及奖励者对奖励作用的强调有关。

心理学家从心理机制上解释了内在动机与外在动机在一项具体活动中的作用。西蒙指出:动机最主要的功能是控制注意活动,动机越是集中于获得活动本身内在的本质,人们就会越少注意环境中与活动兴趣无关的东西,必然会离开某些外部目标,将其注意力指向工作的重要方面。而由外在动机推动的行为,会狭隘地指向现实所强加的外部目标,不管那种目标是得到一种奖赏、谈定一个期限,还是得到一位旁观者的赞同,或者为了从某专家那里得到一个肯定的评价。然而为了得到创造性的成果,又常常必须暂时性的"离开"觉察到的目标,将注意力指向工作或学习活动本身,若一心一意地追求一个外部目标,就不可能探索解决问题的其他途径。

这些关于外在动机与内在动机的关系的发现具有很强的现实意义。在现实生活中,奖励是一个被普遍采用的动机诱因,实际上,它已经成为一种重要的社会机制。但是,如果一种奖励机制不合理,就有可能削弱人们的内在动机。所以,如何保护人的内在动机不受社会奖励机制的损害,发挥人的积极性、创造性,是一个值得思考的问题。

第二节　关于社会动机的理论

一、动机理论发展的历史

动机理论(theory of motivation)指的是心理学家对动机这一概念所作的系统性和理论性的探索。动机一词起源于拉丁文的"wavered",原意是指推动或引向行动。心理学中,"动机"(motivation)一词正式在书名中出现是在 20 世纪 30 年代。可见,动机问题是心理学研究的一个较新领域。

动机问题的研究始于 20 世纪初,这时期占主导地位的是以詹姆斯、麦独孤、弗洛伊德为代表的本能论。20 世纪 30 至 50 年代是动机问题研究的第一个黄金时期,以赫尔(Clark Leonard Hull,1844—1952)为代表的驱力论代替了弗洛伊德的本能论成为这一时期的主要动机理论;与驱力论同时存在的还有以巴甫洛夫等为代表的诱因论、斯金纳的强化论以及马斯洛的需要层次理论。20 世纪六七十年代是动机问题研究的转折时期,其特点是动机的研究由机械观向认知观转变,心理学家由过去强调动机的内在起因（本能、需要、驱力等）和外在诱因（目标、刺激、奖惩等），逐步转向对人的中介认知调节因素的研究，主要理论有联结论、驱力论、认知论、精神分析、归因论以及成就动机论等，研究内容包括好奇（探索行为）、交往、不平衡（失调）、挫折、攻击、焦虑、志向水平、生物化学关联作用等。这些研究既包含了 50 年代以前的一些研究的延续，又开辟了一些新的研究领域。

20 世纪 80 年代至今，认知观进一步发展与完善，并形成了一系列认知动机理论，如成就动机理论、自我效能论以及新近的自我决定论、预言论、归因论等。这些理论的共同特点是：强调动机的可控制性；从人类的行为出发来研究动机；动机研究小型化，侧重于探讨各种具体活动领域的动机作用规律；重视自我认知在动机中的作用。下面将按照动机理论发展的线索，选取每一个阶段的代表性理论进行阐述。

二、动机与本能

（一）早期的本能论

本能论是动机问题研究中形成的第一个理论。在早期的哲学观念里，本能概念最初是用来解释动物行为的，到了 19 世纪，受达尔文生物进化论的影响，心理学家开始强调人类与动物之间的相似性，并试图根据本能说来解释人类的行为。达尔文在他的《人类的由来》一书中，强调本能是人的感情、欲望和意愿的基本来源，他写道："人的一些社会性本能，来源虽必然是很早，早到他的原始的时代，甚至更早地追溯到猿猴难以分辨的他的远祖的时代，却到今天还对他的一些行为提供最好的动力。"①

在心理学家中，最早将本能问题纳入心理学领域的是美国心理学家詹姆斯，他在 1890 年出版的《心理学》一书中，曾专门讨论本能问题。詹姆斯将本能定义为"以某种方式产生某种结果的官能，对于这种行为不需要预测其结果，也不需要事先的教育"。他强调引发刺激的条件，这种条件由于处于有机体的生理结构之中，从而导致非习得的或基于目标预期的自动的行为系列。詹姆斯还根据大量的人类行为区分出以下几种本能：清洁、建设、好奇、恐惧、饥饿、嫉妒、谦逊、慈爱、幽默、忠诚、害羞、合群性、同情心。

继詹姆斯之后，麦独孤是本能论的集大成者，他将本能论进一步完善。在 1908 年出版的《社会心理学导论》一书中，麦独孤指出了心理学中动机问题研究的滞后性，试图建立一个由本能论统摄的动机理论体系："心理学对社会科学有一个

① 达尔文. 人类的由来[M]. 潘光旦，胡寿文，译. 北京：商务印书馆，1983：165.

基本重要的部门是研究人类行为的源泉即维持身心结构和调节行为的冲动和动机的部门,可是这在心理学的所有部门中,却是落后的,因为它是最隐晦、最含糊和混乱的。”在这本书里,他致力于为本能确立一种范围广泛的定义:“我们可以将本能定义为一种遗传的或先天的心理-物理倾向,这种倾向决定了人们去知觉、去注意某种确定的目标,去体验、知觉这种目标而形成的特殊的情绪兴奋。按与其有关的某种特定方式去行动,或者至少要去体验一下这种行动的冲动。”麦独孤最初提出12 个本能清单,后来扩展至 18 个。这时期的本能论主要建立在达尔文的生物进化论和大量的动物实验的基础上。

(二) 弗洛伊德的本能论

弗洛伊德的本能论与詹姆斯、麦独孤的本能论有所不同,他没有停留在对本能种类的划分,而是对本能发生作用的机制展开了一系列的研究。另外,弗洛伊德的本能论是建立在他的临床医疗实践和对大量异常心理现象的观察分析的基础上的。弗洛伊德将本能定义为“促使大脑运转的需求程度”。在弗洛伊德早期的本能观中,他将性本能视为人的一切行为活动的源泉。他所说的性泛指一切感官的快乐,认为性本能包含了人生来就有的所有本能的欲望和原始的冲动,以及驱使人去满足本能的欲望和冲动、寻求感官快乐的潜力。这种潜在的驱力被弗洛伊德称为力比多。在他看来,人的本能之所以具有强大的推动力量,是因为它充满了力比多。力比多是潜意识本能的精神力量,力比多积累到一定程度就会引起张力,驱动潜意识活动,只有需要得到满足,即力比多得到释放,张力才能解除或者减少,心理才会恢复平衡;否则,如果力比多得不到合理的释放,长期压抑,就会导致焦虑、不安,时间长了甚至会引发精神疾病。

到了晚年,弗洛伊德将本能总结为两大类:爱欲本能和破坏本能。爱欲本能主要包括饥饿、性欲等,它们与自我保存和种族生存有关;破坏本能则要求恢复无生命状态,是一种指向死亡和破坏的力量,这种破坏的驱动力可以是向内的,如自虐和自杀,也可以是向外的,如攻击、仇恨等。

(三) 本能论的发展和完善

本能论将现实生活中所有的行为都归于某些特殊的本能,从而造成了本能概念的无限扩大、循环建构,最终失去了对行为的解释价值。因此,自从 1919 年 K. 邓拉普发表论文《到底存不存在本能》,对本能论进行系统的批判以来,本能论就不断招致有关学者的批判。

尽管本能论因其自身理论的不足而招致人们的质疑和批判,但是人们并未因此而放弃对本能问题的探索。不过对本能问题的研究已经不仅仅停留在人与动物的简单类比了,而是从人类适应环境的角度来考察人类行为中的生物学因素。这其中包括以洛伦兹(Konrad Zacharias Lorenz,1903—1989)与廷伯根(Niklaas Tinbergen,1907—)为代表的习性学,以威尔逊为代表的社会生物学,以及当代以戴维·巴斯(David Buss)和杰罗姆·巴尔科(Jerome H. Barlow)为代表的进化心理学。

洛伦兹通过对鸦科动物的研究发现,动物行为的某些特点与其解剖学结构密切相关,这种表现遗传基础的证据提示,某些行为的发展独立于经验之外,其定型化的行为方式与周围刺激无关,这种行为受内生性的“行动特异性能量”的内力支配,这种能量还引起“欲念行动”,导致其与“释放”本能行为所必需的“信号刺激”接触,而控制本能行为的机制与这种能量有着内在的协调性。①

1975 年,哈佛大学生物学家威尔逊出版了他的著作《社会生物学:新的综合》,试图依据达尔文的自然选择理论,用人的生物特征,特别是用基因的保持和延续来解释人的社会行为,认为所有的社会行为(包括利他、宗教、伦理、战争、性爱以及同性恋等)都能找出进化的渊源,人的社会行为也是由其进化目的而得到传递的。

进化心理学是在社会生物学的基础上逐渐发展起来一种理论。该理论从种族进化的角度,用遗传学的观点解释心理的构造和意识的机能,反对经验主义的“白板”论观点。简单地说,进化心理学是有关种系进化过程留给人类的印记的研究。或者更为精确地说,进化心理学将达尔文的进化论方法运用于人性的理解,其中心论点认为心灵是一种进化的、适应的器官,而不是一块白板,心灵由进化形成的各种先天倾向组成,如语言学习倾向、鉴别不同面孔的倾向、喜欢甜食的倾向、厌恶粪便的倾向,等等。这些先天倾向都是由于种系进化史而形成的。

进化心理学对心灵的理解采取的是“过去式”,换言之,进化心理学关心心灵产生和发展的历史,对于心灵的解释可以采取两种观点:一是邻近的解释(proximate explanation),二是终极的解释(ultimate explanation)。邻近的解释寻找时间或空间上接近的原因,而终极的解释寻求的是最终的、根本的原因。例如,为什么人们特别是年轻人喜欢时尚?邻近解释的观点可能认为这种倾向是人们想“合群”,欲与群体保持一致。但是终极解释的观点会询问:“为什么人们想合群?”“为什么人们想与群体保持一致呢?”进化心理学采取的是终极解释的观点。它认为人们与群体保持一致的愿望实际上反映了他们对生存和生殖的关心。在人类种族进化史上,成为群体的一分子并不是一种选择,而是生存的必需。如果不能为群体接纳,就意味着死亡。因为在当时恶劣的自然条件下,单独生存是不可能的。被群体接纳才能有生存的机会,也才有可能寻找到性伴侣,生育子孙后代。因此,与群体保持一致、成为群体中受人尊重的成员已经深深植根于人类的心理特性中,只不过现

① 周晓虹.现代社会心理学——多维视野中的社会行为研究[M].上海:上海人民出版社,2004:211-212.

代人意识不到罢了。[①]

三、动机与需要

美国人本主义心理学家马斯洛从人的需要层次出发来研究动机，与弗洛伊德研究精神不健康者不同，马斯洛认为应该研究人群中的优秀者，这些人具有健全而成熟的人格，具有自我实现的特征，对这些人的研究是为了突出人的价值和创造性。在马斯洛看来，尽管人受到社会文化的影响，但是人本身具有一套内在的价值，这种内在价值表现为一种类似本能的潜能，或者说基本需要。在马斯洛看来，人都有实现其潜能的要求，而潜能能否实现则视基本需要的满足程度和个体的人格特征而定。

马斯洛认为，人的需要是有层次的，它们由低到高分别是生理的需要、安全的需要、归属和爱的需要、自尊的需要以及自我实现的需要五个层次。马斯洛认为，上述五种需要是逐级上升的，当较低一级的需要被满足之后，追求更高一级的需要就成为行为的动力。在这个需要层次中，低级的需要如生理需要与安全需要更具有普遍性与绝对性，这些需要的满足是基础。但是上述的划分也并非是绝对的，例如，历史上的某些人为了某种崇高的理想或为了坚持自己的信念甘愿忍受饥饿和痛苦，甚至不惜牺牲生命。这也说明了人类行为的复杂性。

另外，在某个阶段，人的行为背后虽然同时存在多种需要，但有一种需要占主导地位，对人的行为起支配作用。一旦这种需要满足之后，它就不再作为主要的需要起作用了，其他需要就开始发生作用。但是，新的需要并不是以突然的跳跃形式出现，而是以缓慢的速度从无到有、从弱到强逐步发生的。

四、动机与诱因

（一）强化论

斯金纳对动机研究的主要贡献在于他在操作条件反射学说的基础上所提出的强化理论。他认为有机体的操作性行为是通过强化而形成的，强化对行为起着动机作用。人的行为动机来源于外界施加于个体身上的强化，这种强化决定了个体今后行为活动的动机强度和目标方向。强化指的是前期行为的后果对后期行为的影响作用。强化可分为正强化和负强化。正强化指的是行为的正面效果，如一个人采取行为后达到目的，受到奖励等。正强化对个体的行为起到一种鼓励与推动

---

① 叶浩生. 进化心理学思维方式的变革及其意义[J]. 心理科学进展，2005(6)：847-855.

作用。负强化指的是行为的负面效果，如一个人采取行为后遭遇失败、挫折或者是受到责罚等。负强化对人的行为具有压抑与约束作用。一个人今后的行为表现如何，取决于其过去和当前作出某一行为时所经历的强化体验。斯金纳对强化量、延迟强化以及强化的程序等问题都作了严格的实验研究，并揭示了强化作用的规律。

强化论不考虑人头脑中所经历的过程和所发生的变化，不考虑个体内部对其外在行为表现的制约作用，只注重于外在行为表现与周围环境之间的相互作用，无论是正强化还是负强化，都是外部施加于个体的影响。从这个层面上而言，强化论实际上否定了个体行为的内在动机的存在，否定了个体的独立性有能动性，是一种典型的行为动机外因论。

(二) 动力论

动力论最初由吴伟士创立，后来在著名心理学家勒温那里得到进一步的完善。动力论旨在研究人的意识和行为的因果机制以及驱动行为的动力刺激与情境因素。勒温的理论包括场的结构及各部分之间的关系和力，因此这种理论也称为场论。

场论首先假定人的行为取决于当时所处的场，而不是以前的经历在大脑中留下的痕迹，因此这种分析是非历史的，不同于弗洛伊德等人的历史的、经验的分析方法。场论的第二个假定是对行为的分析必须考虑个体当时所处的情境。为此，勒温提出了生活空间的概念。生活空间描述的是个体在决定行为那个时刻的所有的心理事实，它是个体知觉到的环境，即心理环境。心理环境与物理环境不一样。为了说明这一点，勒温曾举这样一个例子：在一个暴风雪的夜晚，骑马人迷失了方向，当他看到远处有亮光，便直奔过去，在他到达目的地时才知道，他刚才通过的是冻层不厚的湖面。如果骑马人事先知道这一点的话，那他的行为可能就不一样了。这种知觉到的环境受许多因素影响，如需要、价值、态度、情绪和动机。而知觉到的环境也同样会影响个人，如紧急事件的发生很可能改变个人的需要或者紧张。

在论述诱因与需要的关系时，勒温指出："目标对象的诱发力来自于目标是需要满足的一种途径或者具有间接地满足需要的某种东西的事实，这样目标或事件的诱发力的力量和意义直接地取决于个体所关心的需要的即刻条件，目标环境的诱发力和个体的需要是相关的。"所以，在一个具体的情境中，目标的诱发力总量与需要的强度相联系，例如，牛排对一整天没吃饭的人比对只有三小时没吃饭的人更具有诱发力。另外，一个目标的诱发力还倚赖于它自身的特点，如色香味俱全的牛排比干瘪无味的牛排更具有诱发力。勒温将诱发力与需要强度和目标对象的特点的关系用公式表示为：Val(G)＝f(T・G)。这里 Val(G)代表目标诱发力，T 代表紧张，G 代表目标对象的特点。

动力论是动机问题研究中认知论的早期代表，它从整体上研究人类行为的动力，为群体心理学的发展奠定初步的理论基础，也为认知理论的发展提供了重要的理论视角。

五、动机与认知

认知动机理论主要包括班杜拉的自我效能论、德西的自我决定论，J. L. 弗里德曼的预言论、韦纳的归因论。认知动机理论与以往的动机理论存在着明显的区别，这种理论假定人是“理性的”，认为人的动机行为受个体认知因素的调控，反映了人类行为的能动特征。大致说来，这些理论有如下特征。第一，这些理论强调人的自我调节在动机过程中的作用，并试图用中介认知观点对人类复杂的行为进行各种解释。第二，这些理论大都将自己的理论建立在人类某一基本需要的基础之上，并根据这一基本需要建立一整套理论体系，如阿特金森(John William Atkimos，1923—2003)的成就动机理论、德西的自我决定论、J. L. 弗里德曼的预言论分别建立在人类的成就需要、自我决定需要、控制需要的基础上。第三，这些理论大都涉及人的基本心理过程，如认知、情感、意志过程。第四，认知动机理论多关注人的有意义的社会行为动机，因此其研究成果更为真实，也更有应用价值。

(一) 自我效能论

自我效能论是班杜拉在其社会学习理论的基础上提出的一种动机理论，它是关于个人行为、个人动机、认知与环境之间交互影响的理论。在班杜拉看来，人的能力并不是一种固定的行为或者仅知道做什么，而是将认知与技能组合成统一的行动，并对不断变化的环境协调适应的一种本领。改变行动的始发与调节是由个人对自己的操作和判断决定的，这种对自己能力的判断即是自我效能，它包括在自我调节过程中，“一个人对自己能够怎样有效地组织和施行行动过程以及对包含许多模糊不清、不可预测并经常令人紧张的成分的未来情境的判断”。在班杜拉看来，自我效能与对强化物的预期对人的行为具有同样重要的作用，“在特定的合适技能和合适的刺激条件下，效能预期将是人们遇到应激情境时选择什么活动、花费多大力气、支撑多长时间的努力的主要源泉”①。

对于自我效能的产生途径，班杜拉认为有三条。首先，个人的直接经验。一个人经常成功，自我效能一定会升高；反之，则下降。其次，替代性经验。观察别人在某类问题上取得成功会增加自己处理此类问题的效能感。最后，社会的影响，例如他人的劝说、舆论的影响。自我效能还能产生迁移、概括化。一般来说，自我效能判断根据要处理的具体问题而有所差异，它是指向具体问题的，但人们往往因某

---

① 周晓虹. 现代西方社会心理学流派[M]. 南京：南京大学出版社，1990：77-78.

一具体时间的成功而产生“一种更概括的效能之感，它远远超出了特定的治疗情境”。

班杜拉把自我效能作为人类动机过程的一种重要的中介认知因素来看待，用它来解释各种复杂的社会行为，例如工作、学习、利他、侵犯、酗酒、吸毒、焦虑等，在这一理论中，班杜拉强调了人对环境及个人的认知判断对动机的直接影响。

(二) 自我决定论

自我决定(self-determination theory，简称 SDT)是美国心理学家德西和赖兰(Ryan)所提出的一种新型动机理论。该理论假设，人类是积极的生物，生来就具有心理成长和发展的趋向。德西认为：“自我决定不仅是个体的一种能力，它还是个体的一种需要，人们拥有一种基本的内在自我决定的倾向性，这种倾向性引导人们从事感兴趣的、有益于能力发展的行为，以及形成与社会环境的相互适应。”自我决定的标志在于灵活控制自己与环境之间的相互作用。在自我决定时，人们自由选择行动，并且这种选择基于对有机体需要的认识和对外在事件的灵活解释。德西将人的行为分为两种：自我决定行为与非自我决定行为，其中自我决定行为始于来自环境的信息和个人需要的结构，这种信息加工体系与个人需要结构还与个人的因果取向形式（自主取向、控制取向和非个人取向）相互作用，这导致动机的形成，动机的形成是目标选择和目标行为的基础。

在这个理论中，内在心理需要的满足与否是人类天然的自我动机发展和个性整合的关键。通过实验，研究者们总结出了三种基本的心理需要：自主需要、胜任需要和关系需要。在该理论中，自主需要即自我决定的需要，这种需要的满足最为重要。个体在某个活动上的自我决定程度高时，他体验到的是一种内部归因，感到能主宰自己的活动，此时他参加这个活动的内部动机就很高。胜任需要与班杜拉的自我效能感同义，指个体对自己的学习行为或行动能够达到某个水平的信念，相信自己能胜任该活动。而关系需要即个体需要来自周围环境或其他人的关爱、理解、支持，体验到归属感。因此，如果社会环境支持并促进这三种需要的满足，那么人类的动机和天性就会得到积极的发展，人类自身也能健康地成长。

第三节　关于社会动机的研究

动机是行为的内在动力。这一界定既说明了动机与行为的密切联系，同时也指出了二者之间的区别。但是在实际生活中，动机是无法被直接观察与测量的，要研究动机，就离不开对动机驱使下的外显行为的考查。所以，在研究中，通常用一个概念来指代一种行为的内在动力和它的外在表现，例如，研究侵犯、利他、亲和、成就等社会动机时，通常会涉及与这些社会动机相应的社会行为。

一、侵犯动机

自从有了人类以来，战争、冲突就如同生产与建设一样，共同推动着历史的车轮艰难地前行，小的冲突如打架斗殴，大的冲突如国家、地区之间的战争，乃至世界大战。这些冲突到底是源于人类生而具有的侵犯本能呢，还是与社会文化有关？为此心理学家对侵犯动机与侵犯行为进行了深入的研究。

（一）侵犯的界定

侵犯指的是故意伤害他人的身体行为或者语言行为，这是从行为动机的角度来界定侵犯行为的。它排除了由于无意的过失引起的伤害（如篮球比赛中运动员身体激烈碰撞而引发的伤害），包含了一些在实际生活中容易为人们所忽略的侵犯行为（如恶意中伤等）。侵犯具有以下特征。

1. 侵犯具有明确的目的

如果一个人有意识、有目的地去伤害他人，那么这个人的行为就是侵犯行为。侵犯行为是有明确的动机的，因此，在考查侵犯行为时不可忽视动机，运动场上运动员无意的碰撞行为，不属于侵犯行为。

2. 侵犯是外显行为

侵犯不是感情、认知、态度等内在心理状态，而是外部表现出来的行为，例如愤怒、挫折感等，虽然它们有可能引起侵犯，但只是一种心理状态，尚未构成侵犯的事实。一个人心怀不轨想伤害另一个人，但并没有采取行动，就不能算是侵犯行为。

3. 侵犯是伤害他人身心健康的行为

侵犯总是带有敌意性的，侵犯不仅指伤害他人身体、生命财产等，同时也指伤害他人心理，造成心理上的痛苦，例如造谣诽谤、恶意中伤等。

（二）侵犯行为的理论

1. 本能论

弗洛伊德认为，侵犯行为源于一种自我破坏的本能，即死亡的本能，这种死亡本能所蕴涵的能量对外表示为侵犯行为，所以侵犯行为的动机是本能的、无意识的，是死亡本能的产物。习性学家洛伦兹认为，侵犯动因是本能的、生而具有的，这种本能的能量在机体内不断地积累，达到一定程度就会转变为侵犯的冲动释放出来，从而引发侵犯行为。

因为本能论忽略了文化和后天学习对人类行为的模塑作用，所以一些生物进化心理学家从人类对环境的适应性的角度来解释侵犯行为。生物进化心理学家巴斯和沙克尔福德经研究发现，侵犯对于获得资源、抵抗攻击、威吓，乃至获得威信、爱情，都是一种有效的方式。因此，巴斯和沙克尔福德认为，对于侵犯行为的适应性解释有助于解释为什么这种行为在人类历史上更多地出现在男性之间。“这并非因为男人有一种攻击本能感觉到一些能量压抑着必须被释放，这是男人从他们成功的祖先里继承而来的一种心理机制，从而帮助他们提高自己的基因在下一代中得到保留的几率。”①

还有些心理学家认为侵犯与大脑某些神经系统有关，为此研究者设计了以下实验：研究者以一只专横、易怒的猴子为研究对象，将电极安装在抑制其攻击行为的脑区；另一只小猴子掌握着激活电极的按钮，结果小猴子很快就学会了在大猴子发怒时按下电钮。另外，脑区激活机制在人类身上同样有效，一名妇女在其脑区的杏仁核受到无痛电刺激时突然发怒，把她的吉他砸向墙壁。②

另外，一些研究发现，侵犯还与大脑某些方面的构造有关。阿德里安(Adrian)和雷恩(Rained)等人利用大脑扫描来研究杀人犯的脑活动，并测量了有反社会行为障碍的人的大脑灰质总量，结果发现未受过虐待的杀人犯的前额叶激活水平比正常人低14%，反社会者的前额叶则比正常人小15%，而前额叶被认为是抑制攻击行为的有关脑区。③

2. 侵犯行为的挫折-侵犯假设

挫折-侵犯假设认为挫折会引发侵犯行为。这里的挫折指的是任何阻碍人们实现目标的具体事物。但是挫折并不一定马上导致侵犯行为的发生，即攻击的能量并不马上对挫折源释放，而很可能以一种目标转移的形式出现。许多评论认为，“9.11”恐怖事件激起了美国的强烈愤怒，他们急于寻找发泄愤怒的对象，于是把矛头指向了萨达姆，对伊拉克发动战争。正如J. L. 弗里德曼指出：“发动这次战争的真正原因在于：‘9.11’事件后，美国需要对阿拉伯世界的某些人进行打击，而之所以选择萨达姆，原因很简单，他罪有应得，而且他正处于这一世界中心地位。”

心理学家进一步分析了挫折导致侵犯的制约条件，它们包括目标的重要性与相对剥夺。一般而言，追求的目标越重要，越有吸引力，受阻后的不满情绪就越强烈。在詹姆斯·库利克和罗杰·布朗的实验中，实验者让被试用电话为慈善机构募捐并答应对成功者给予奖励。实验者对其中的甲组说，以往使用电话召集募捐的成功率高达三分之二，使被试对达到目标的期望值很高；对其中的乙组说，以往的成功很少，使被试对成功不抱太多希望。当被募捐者（全部是实验

---

①②③ 迈尔斯.社会心理学[M].侯玉波，乐国安，张智勇，译.8版.北京：中国邮电出版社，2006：281，281，281.

者)一律拒绝后,甲组被试比乙组被试表现出更多的愤怒,他们说话生硬,甚至狠摔电话。

挫折的另一种表现形式是相对剥夺,即相对于参照对象而言个体所体会到的一种匮乏状态,它并非真正意义上的匮乏。相对剥夺感包括:与参照群体相比较而产生的距离,以及对目标的期望值与真实所得之间的距离。相对剥夺的第一种表现可以预测少数群体在感觉受到不平等待遇时会有什么表现,这一研究的代表之作是美国社会心理学家斯托弗在大量实证研究的基础上写成的《美国士兵》。他们发现拥有极少晋升机会的兵种(如宪兵)比起拥有更多晋升机会的兵种(如空军)对提升机会有更高的满足感。为什么会出现这种情况呢?根据斯坦利·沙赫特(Stanley Schachter,1922—)的研究结果,就动机而言,人们常常为了消除对自身所处的环境的不确定性而去寻找作为比较对象的他人,尤其是与自己类似的人。所以对于美国空军来说,他们的参照群体自然是身边的同事,虽然自己获得了晋升,但是身边的同事比自己晋升得更快,这么一比较下来,挫折感自然就产生了。

这一理论同样适用于宏观的社会结构。伊沃(Lvov)和罗莎琳·费厄瑞本德(Rosaline Federated)组成的政治科学家、社会心理学家小组应用挫折-侵犯理论来研究 84 个国家的政治不稳定性。在现代化程度较高的国家里,随着城市化的进程和人们文化水平的提高,他们对物质生活的期望值越来越高,富裕群体只能缓慢地扩展,因此,人们的实际所得与期望之间的差距越来越大,这使得他们的挫折感变得更为强烈。①

3. 侵犯行为的社会学习理论

社会学习理论的提出者班杜拉认为,并非挫折导致了侵犯,而是不满的情绪体验导致了情绪的唤醒,而情绪唤醒则是导致侵犯行为的因素之一。但是有了情绪的唤醒并非必然导致侵犯行为,侵犯行为是否发生,还要取决于个体对挫折的归因和自身的调节。以下是社会学习理论关于侵犯行为起因的基本观点。

(1) 任何情绪唤醒均将诱发侵犯行为。一般人认为,只有愤怒、恐惧等情绪唤醒才能激发侵犯行为。而班杜拉认为,不仅愤怒、恐惧等情绪的唤醒有可能导致攻击行为,而且兴奋等其他情绪的唤醒也同样可能引起侵犯行为。另外,唤醒状态对侵犯行为的激发具有个别差异。

对此,斯坦利·沙赫特和杰尔姆·辛格曾做过一个经典的实验。实验以明尼苏达大学的学生为被试,给他们注射肾上腺素,使其达到唤醒状态。这种药物可以使人脸红、心跳加速、呼吸急促。如果告诉被试注射的药物会产生这种效果,那么即使安排被试与一个充满敌意或者欢快的人在一起,被试的情绪波动也会很小,显

① 迈尔斯.社会心理学[M].侯玉波,乐国安,张智勇,译.8 版.北京:中国邮电出版社,2006:285.

然，他们把自己的躯体感觉归于药物作用。另一组被试被告知药物不会产生任何副作用，他们同样被安排与一个充满敌意或者欢快的人在一起。结果发现，与愤怒的人在一起时，被试会被激怒；而与欢快的人在一起时，被试则过得很愉快。由此，研究者得出结论：一种躯体唤醒状态会引发怎样的反应，取决于人们对这种唤醒的解释和分类。

(2) 接触或观察侵犯行为将增加侵犯倾向。本能论认为，替代性地参与侵犯活动，如观看他人的暴力行为或电视上的暴力镜头，能替代性地消耗侵犯能量，因而可以减少侵犯行为发生的可能。班杜拉认为事实并非如此，观察他人的侵犯行为将给个体提供关于暴力行为的榜样，个体可以通过观察而习得这种行为。对此，班杜拉曾做过一个经典的实验。实验者先让一组儿童观看成人对充气娃娃的攻击行为(拳打、脚踢、口骂等)，然后让他们单独玩这些娃娃；让另一组儿童观看成人平静地玩同样的充气娃娃(没有攻击行为)，然后同样让这组儿童单独玩这些充气娃娃，对两组儿童的实验观察结果如表 5-1 所示。

表 5-1 儿童目睹侵犯行为后的行为表现(Bandura，1961)

实验条件	攻击行为总量(得分)	
	有形的(打)	语言(骂)
暴力模式(实验组)	12.73	8.18
平静模式(控制组)	1.05	0.35

由上述实验结果可以看到，儿童在观察成人的示范行为时，极易模仿成人的行为。因此班杜拉认为，侵犯行为是习得的，不是先天的，受到来自日常生活中家庭、文化、大众传媒的侵犯性行为榜样的影响。其中，父母是儿童早期最初的行为范式。因此，在侵犯行为方面，儿童未来的行为极大地依赖于父母如何待他以及父母之间如何对待。有一项研究表明：81%的虐妻者不是在孩提时代受过虐待，就是目睹过他们的父亲殴打母亲。这说明，侵犯行为可以通过学习和模仿从上一代传至下一代。

二、利他动机

利他(altruistic behavior)指的是提供有形或无形的资源，不求回报地帮助他人的行为，习惯上将亲社会行为(nonsocial behavior)、助人行为(helping behavior)等统称为利他行为。

(一) 利他行为的分类

根据利他行为产生的情境，可以将利他行为分为两类：紧急情境下的利他行为和非紧急情境下的利他行为。[①] 紧急情境下的利他行为指的是面临伤害他人生命与财产安全的威胁时的利他行为。这种利他行为的情境特殊、少见，实施这种利他行为意味着要冒一定的危险，有时可能要付出很大的代价，它对行为者的勇气、意志和能力有较高的要求。非紧急情境下的利他行为指没有生命、财产安全的威胁存在，不需要采取紧急措施的利他行为，情境中有明显的线索，知道有人需要帮助。这类利他行为在日常生活中比较普遍，如公车上让座、为慈善机构捐款等。

根据利他行为的动机，可将利他行为分为自我利他行为和纯利他行为。在自我利他行为(ego-altruism)中，人们通过帮助他人来使自己获得一种内心满足，或体会到一种自我价值。而在纯利他主义(pure-altruism)行为中，人们因他人的处境而产生移情，因而采取行动为他人减轻痛苦，其目的是为了他人的幸福。

(二) 利他行为的动机过程

利他行为的整个过程由一系列动机发生着作用。黑克豪斯(Heckhausen)指出，考察当代有关利他行为的研究发现，经由相关的人格、情境以及特殊条件等因素可以形成一个动机过程，认为个体在行动之前所预测的后果能决定利他行为的产生。他指出利他行为有六种特殊的动机发生作用。

一是利益(benefits)，即助人行为带来什么好处。二是代价(cost)，即个人作出利他行为后在物质上的损失，时间、精力上的消耗等。三是个人烦恼(personal distress)，即考虑到若帮助他人，会不会影响个人的社会地位，为解除这种烦恼，个体或伸出援助之手，或逃之夭夭。四是他人评价(others-evaluation)，指若实施助人行为，他人会如何评价自己，这是一种自我服务性的动机。五是自我评价(self-evaluation)，指助人行为后的自我评价，反映了助人行为与个体行为准则的吻合程度，若助人行为与自己的价值判断一致，则会产生自我满足的情感，否则会因失去自尊而产生内疚和羞耻的情感。六是移情(empathy)，设身处地地为他人着想而作出的利他行为以减轻他人的痛苦，这是一种纯利他主义的动机。

(三) 关于利他行为的理论

1. 本能论

社会生物学家威尔逊从个体保存基因的角度解释了利他行为的动机来源，在他看来，利他行为和侵犯行为一样，都是希望自己的基因能最大限度地遗传给下一代。例如，在白蚁群中，面对危险时，兵蚁一般走在前面，保护巢穴，抵御入侵者，许多白蚁为了巢穴的安全和其他白蚁的生存而死去，它们用自己的牺牲换来了族群的延续。在蜂群中，工蜂用自己的蜇针来攻击入侵者，当蜇针扎进入侵者体内后，

---

① 时蓉华.现代社会心理学[M].上海:华东师范大学出版社,1989:361.

工蜂最后也会因此而死去，工蜂用自己的死亡来增加蜂群生存的机会。其他动物也存在类似情况，特别是当动物们的幼仔面临危险时，它们总是采取各种措施来帮助其摆脱危险，乃至牺牲自己。

2. 亲属选择论

根据现代遗传学的观点，具有亲属血缘关系的近亲之间会拥有某些相同的基因。按照这一遗传法则，这显然是亲代对子代的利他行为如此普遍存在的原因。社会生物学家汉密尔顿从上述前提出发，将这种关系由亲子之间推广至其他亲属，由此形成了他的亲属选择理论。在汉密尔顿看来："尽管基因天性是自私的，但是由于近亲体内有不少基因是共同的，所以，每个自私的基因必须同时忠于不同的个体，以保证那些拥有相同的基因的动物的生存。"①

因此社会生物学家认为，基因使人们更愿意关心与自己有亲缘关系的人，把孩子的利益看得高于其自身利益的家长，比忽视孩子的家长更能传承其基因。基因靠善待自身来帮助自身基因的传递。虽然进化支持人们为自己的孩子作出自我牺牲，但孩子却不太会为了父母的基因存在而去冒险，父母对孩子的奉献要比孩子返还给父母的多得多。

3. 社会进化论

鉴于本能论和亲属选择论只能解释少量的人类利他行为，如父母对孩子的付出与牺牲，亲人之间的帮助等，而无法解释人类更多的利他行为，如对陌生人的无私帮助等。而人类有意识，有判断与选择的能力，他们的行为几乎很少仅仅出自本能，而更多地受到社会因素的影响，因此一些心理学家提出了利他行为的社会进化理论。这一理论认为，在人类文明的进程中，人们选择性地进化本身的性质，从而使自身所具有的一些性质以社会规范的形式保存了下来。社会进化论认为有三条规范对人们的利他行为很重要。

(1) 社会责任规范。即我们有责任、有义务去帮助那些需要我们帮助的人——尽管他们也许没有能力给予回报。例如，成人有义务照顾年幼的孩子、年迈的老人，健全的人有责任帮助身体有残疾的人，没有受灾地区的人们有义务向灾区人们捐款、捐物，等等。这些社会责任规范有的存在于特定的宗教信仰之中，有的是社会伦理道德的一部分，有的甚至被写进法律。

(2) 互惠规范。社会交换理论认为，互惠规范是人际交往的一条根本规范。互惠原则在利他行为中同样适用，正所谓"滴水之恩，涌泉相报"，"授之以桃李，报之以琼瑶"。一些研究结果表明：人们更愿意帮助那些曾经帮助过自己的人。

(3) 社会公平规范。即人们更愿意帮助那些认为值得帮助的人。比如：如果某个人的贫困是因为自然灾害或者身体残疾，那么人们更愿意向他伸出援助之手；

---

① 周晓虹．现代西方社会心理学流派[M]．南京：南京大学出版社，1990：330.

如果是因为懒惰、不思进取，则被认为是咎由自取。

4. 决策理论

1964年3月14日，美国《纽约时报》报道了一则杀人消息：美国纽约市加登斯区某街头发生了一起凶杀案，受害者叫吉蒂。案件从一名男子攻击这名青年妇女开始，直到她被害，共持续了半个多小时。期间，吉蒂不断挣扎、搏斗、呼救，附近居民有38人听到喊声，有人还从窗子里看到，但是，自始至终没有人出来帮助，也无人报警。有人将这件事称为人类道德的堕落。

拉坦内(Lateen)和达利(John Gordon Darley，1910—1990)及随后的研究者对上述事件进行了研究，提出了紧急状态下围观者的冷漠行为的"旁观者效应"(bystander effect)。这些理论与其他相关理论一起，构成了有关利他行为的决策理论。决策理论认为，在任何一个涉及利他行为的具体情境中，给予帮助的决定都包含了复杂的社会认知和理性决策过程，这个过程包括：知觉到需要，对个人责任的判断，权衡成本与收益，确定助人方式并采取行动。

(1) 知觉到需要。知道有事情发生并确定是否需要帮助是利他行为的第一步。在具体的情境中，有些需要很明确，例如，有人在大街上被车撞倒了，需要马上被送到医院抢救；而有一些则不是那么明确，例如，深夜里听到外面有人大声喊叫，则很难判断到底出了什么事情：是有人遭到抢劫，还是有人在吵架？有时候，不明确性是影响人们提供帮助的一个重要因素；有时候，即使人们知道发生了什么事情，而对情境的解释与定义不同，这也是关系到人们是否提供帮助的一个重要因素。研究发现，即使是对一个吵架的情境，人们的反应都是有区别的。

研究者要求学生晚上单独到心理系填写一份态度问卷，当他们每一个人在填写时，走廊里突然传来大声的争吵(实际上是由学生扮演的)，一个女的声音叫喊着，并不断请求那个男人："放开我！放开我！"在"婚姻"情境中，她会喊"我不知道为什么会嫁给你"；而在"陌生人"情境中，那个女人会喊"我不认识你"。结果，在"婚姻"情境中，仅有19%的学生会介入，而在"陌生人"情境中，直接干涉或报警的学生达到65%。这说明，尽管争吵的内容都一样，但在被试看来，当争吵双方是陌生人时，需要帮助的线索更明确。在实际生活中，这种争执甚至扭打发生时，人们也许会假设对方是互相认识的，这样他们提供帮助的可能性就会大大减小。①

(2) 对个人责任的判断。利他行为的第二步是考虑个人的责任，责任是否明确是影响利他行为的另一个重要因素。在上述纽约街头凶杀案之类的紧急事件中，如果只有一个人在场，那他就责无旁贷，因为若袖手旁观，舆论的指责就会针对他一个人；而如果有他人在场，大家相助的机会均等，于是就出现了责任分散(diffusion of responsibility)，见死不救所产生的罪恶感、内疚感和责任感也就减轻了。

① 巴伦，伯恩. 社会心理学[M]. 黄敏儿，王飞雪，译. 上海：华东师范大学出版社，2004：383.

拉坦内和罗丁(Roding)为此设计了相关的实验:在实验室内让被试听到隔壁办公室里一位女士从椅子上摔下来,大声呻吟,然后观察被试的反应。第一种情境下被试单独一人在场,结果有70%的被试去帮助受伤者;第二种情境下,有两个陌生人在场,结果有40%的被试去帮助受伤者;第三种情境下,被试与另一人(实验者助手)在场,该人对被试说不必去帮助,结果只有7%的被试去帮助受伤者。这一实验表明,在场的人越多,责任越分散,帮助的可能性就越小。①

在另外一些后继的实验中,研究者还通过控制其他变量,例如,控制求助者的特征、助人者与求助者的关系、旁观者的特征等,分析了责任扩散现象的适用范围。这些进一步的实验表明,影响个人责任的除了旁观者数量之外,旁观者的个人能力也是一个因素。比克蒙(Beckman)在《旁观者的助人能力对紧急情境中的旁观者干涉之影响》一文中指出,当其他旁观者客观上没有能力救助求助者时,责任分散的现象就不会发生。例如,有人落水了,如果6个旁观者中其他5个都是女士,只有1个男士(而且会游泳),那么他就很可能去救助落水者。

(3) 权衡成本与收益。决策理论认为,人们在采取一个特定行动之前,一般会考虑该行为的潜在风险,考虑损失与回报。如果一个人帮助他人的收益大于不帮助的收益,他就更可能表现出利他行为,特别是当助人行为需要花费一定的人力、物力、财力或者需要冒一定的风险的时候,这种考虑就越是慎重。这里的成本还包括对不帮助的后果的考虑,即如果不实施帮助,是否违背了自己的道德标准,围观的人会如何看待自己,会不会对自己的形象造成不好的影响,会不会愧疚甚至良心不安。所有这些关于成本与收益的考虑,都会影响到一个人助人行为是否会发生。

(4) 确定助人方式并采取行动。决策过程的最后一步是决定以何种方式给予帮助并采取行动,即要决定是直接介入还是间接介入(报警或者找其他人)。

5. 动机论

斯陶布(Stub)提出了动机论来解释利他行为的起因。斯陶布认为,在社会化过程中,受外界影响而逐步发展起来的价值取向,特别是利他行为的价值取向是人们作出利他行为的主要动机因素。斯陶布提出利他行为的动机取向包括三个方面的问题,即对人类的积极评价、对他人福利的关心和重视、对他人幸福的个人责任感。

(1) 动机论认为,人们在发展过程中形成了多种动机,其行为的目的在于追求某种期望。人们的动机是潜在的,在一定的条件下可以被激活。当这些动机处于潜在状态时,根据它们对个人的价值或者重要性的大小而依次排列。外界情景可以同时激活一个或者多个动机,如果被激活的动机是多个,就可能产生动机之间的

① 时蓉华.社会心理学[M].杭州:浙江教育出版社,1998:473.

冲突。斯陶布研究发现，利他行为价值取向越强，人们作出利他行为的可能性就越大，

(2) 动机论认为，利他行为的价值取向表现为两种性质不同的动机：一是作为利他主义的无私的动机，行为的目的在于助人，是以他人为中心的；二是以规则的道德取向为特征的动机，其目的在于坚持行为的道德规范。由于这两种动机的性质不同，故对利他行为的影响也不相同。另外，移情也是利他行为的动机因素之一。

(3) 动机论认为，动机转化为利他行为，除了动机之间的冲突以外，还受其他因素影响，其中能力是一个重要的因素。个体如果看不到自己完成助人目的的可能性，动机一般不能被激活。在这里，有三种能力是非常重要的：一是对有关事件和成功达到助人目的的能力的一般态度；二是在特定条件下制定行动计划产生助人行为的指导能力；三是助人所要求的某种特定能力，如游泳是抢救落水者的一项特殊能力。

三、亲和动机

弗洛姆在《爱的艺术》中说过："人类最深层次的需要是克服疏离感，是逃避孤独监狱的需要……人——所有时代和所有文化中的人，永远都面临着同一个问题和同一个方案，即如何克服这种疏离感，如何实现与他人融合，如何超越个体生命，如何找到同一。"由此可见，与他人和社会保持联系是人们避免孤独的途径之一，它源于人类所共有的归属需要，我们把这种人们与他人或者社会保持持续而紧密的关系的动机称为亲和动机。

如亚里士多德所言，人是"社会性动物"，人类具有结社的需要，需要有所归属。如果亲和的需要得不到满足，则人的生理和心理健康都将受到较大的影响。D. O. 赫布及其工作小组的实验表明：只要通过耳朵里塞棉花，眼睛戴上遮目镜等方式剥夺被试的感觉，让他孤独地坐在那里，几个小时之后就可能变得神经质甚至出现幻觉。威廉斯等人发现，即使在虚拟世界中，被一个永远不可能见面的人拒绝，也会引起挫折感。研究者从 62 个国家招募了 1 486 名被试，让两名被试与另外两人一起玩一种网络飞碟游戏(另外两人实际上是电脑模拟的)，结果发现，那些遭到另外两人排斥的被试感到情绪低落，并且在完成随后的知觉任务时，也更容易服从他人的错误判断。后续研究发现，他们大脑皮层活动性较高的区域，与身体创伤所激活的脑区是一样的，看来被排斥确实是一种伤害。

影响亲和动机的因素有如下几个。

1. 焦虑

心理学家通过研究发现，人们的亲和动机与焦虑水平有关。沙赫特认为，与他

人在一起可以减少个体的焦虑。在沙赫特的实验中，研究者告诉两组女性被试，她们要参加一项电击如何影响生理反应的实验。甲组被试被告知电击很疼但不会对她们造成伤害；乙组被试则被告知电击像打针一样只有一点疼。这样就导致两组被试产生了不同程度的焦虑。之后，让被试在实验开始之前选择两种等待方式：一种是与他人一起等，一种是单独等。结果在甲组(高焦虑组)的 32 名被试中，有 20 名要求与他人一起等，而在乙组(低焦虑组)的 30 名被试中，只有 10 人要求与他人一起等。

为什么焦虑会导致亲和动机加强呢？为此，沙赫特设计了另一个实验，实验程序与上述实验基本相同，只是增加了一条指令，即选择与他人一起等待的被试不许与他人交谈，这样被试就被剥夺了通过交往来消除恐惧的机会。结果被试大都选择了独自等待。这说明人们与他人交往确实是为了交换信息，进行社会比较，以减轻或消除焦虑。

2. 社会交换

影响亲和动机的第二个因素是社会交换，它强调人们可以通过社会交换获得情感和物质酬赏。Rowels 指出亲和需求可以提供六种重要的报酬。

(1) 依恋(attachment)。依恋指最亲密的人际关系所提供给个体的安全感和舒适感，这种依恋的对象小时候是父母，长大后则是配偶或最亲密的朋友。

(2) 社会整合(social integration)。社会整合指通过与他人交往，并与他人拥有共同的观点和态度，使个体产生团体归属感。

(3) 价值保证(reassurance of worth)。价值保证指得到别人支持时所产生的自己有能力有价值的感觉。

(4) 可靠的同盟感(a sense of reliable alliance)。可靠的同盟感是通过与他人建立良好的人际关系，意识到当自己需要帮助时，他人会伸出援助之手的感觉。

(5) 得到指导(the obtaining of guidance)。与他人交往可以使人们从他人那儿获得有价值的指导。

(6) 受教育机会(the opportunity of nurturance)。与他人交往能够使人们有机会接受来自他人教育。

事实上也是如此。人们会喜欢那些回报自己或与自己得到回报有关的人，如果跟某人交往所得到的回报大于所付出的成本，人们就愿意继续维持这种关系，尤其当在这种关系中的收益大于其他可能的关系时更是如此。

另外，人们还喜欢跟那些能让他们心情愉快的人交往。心理学家伯恩(Eric Berne，1910—1970)和克洛尔(Clore)、洛特(Albert Lott)认为，人们通过条件反射形成了对那些与回报性事件有关的事和人的积极感受。一些国外心理学家通过实验对这种“联系-喜欢”原则进行了检验。在一项实验中，要求来自华沙大学的学生从两张女士照片(照片 A 与照片 B)中，选择一个看上去比较和善的，结果这两张照片被选中的比率是 5∶5；而另一组学生在选择照片之前，先与一位热情、友善、长相像照片 A 的实验者交谈，结果这一组的学生选 A、B 照片的比率为 6∶1；第三组被试在选择照片之前也会同那位长得像 A 的实验者交谈，不过这次那位实验者对其中的一半人表现得很不友善，结果被试在选择照片时，几乎都没有选择与实验者很相像的 A 照片。①

3. 自我暴露

Paula 等心理学家认为，要建立亲密的关系，就要不断地自我暴露(self disclosure)。现实生活中，人们更愿意与那些真诚、随和、容易敞开胸怀的人交往，而这一原则尤其适用于一些较亲密的关系，如友谊、婚姻。那么这种方式是不是也有助于培养一般人之间的人际关系呢？为此阿伦夫妇和他们的同事专门进行了这方面的研究。他们把互不相识的被试分为两两一组，让他们共处 45 分钟，在最初的 15 分钟里，让他们交流一些低私密性的话题和想法，比如："你最近一次唱歌是什么时候?"在接下来的 15 分钟里，讨论比较亲密的话题，比如："你最宝贵的记忆是什么?"最后 15 分钟里，引发更多的自我暴露，例如："我希望有一个人能和我一起分享……"或者"你最后一次在别人面前哭是什么时候，自己哭泣呢?"结果发现：相比在 45 分钟里讨论一般性问题(你高中时是什么样子的？你最喜欢哪个节目?)的控制组的被试，那些在 45 分钟里经历了不断自我暴露的被试明显感觉到自己与交谈伙伴的关系更亲密。研究者报告："有 30％的被试认为：'这些交谈伙伴比生活中的最亲密的朋友还要亲密。'"②

四、成就动机

(一) 成就动机的概念

在成就动机研究中，默里最早系统地提出了成就需要(need for achievement)的概念，认为成就需要是人类 20 种基本需要之中的一种。他将成就需求界定为"个体为完成困难的工作；为操弄、控制或组织事物、人或思想；为尽快独立地做好；为克服障碍并达到高的标准；为超越自己；为超越且胜过别人；以及为使得个人的才能通过成功的学习而增进自尊"的一种欲望。简而言之，成就需要指的是个人希望尽可能地把事情做好的一种欲望，这么做与其说是为了争取社会地位或者名利，毋宁说是个体人格特质的一种体现。

除此之外，默里还制定了测量成就需要状态的工具，即"主题统觉测验"(简称

①② 迈尔斯. 社会心理学[M]. 侯玉波，乐国安，张智勇，译. 8 版. 北京：中国邮电出版社，2006：330-331，341-342.

TAT),用它来解释"内隐的和无意识的情绪"。这个成就动机测量工具为后来的研究者普遍采用。

(二) 关于成就动机的研究

自从 1938 年默里提出成就需要的概念以来,成就动机问题受到了心理学家们广泛的关注。从理论发展的时间顺序来看,有关成就动机的研究大致可分为两种取向,一为机械取向的研究,一为认知取向的研究;若根据研究的层次不同,又可分为宏观层面的研究与微观层面的研究。

1. 机械取向的研究

机械取向的研究所要探讨的问题主要包括以下几个方面:①成就动机的内涵或特征;②影响个体成就动机的形成或成就动机强弱的因素;③成就动机与成就行为之间的关系。机械取向的研究途径以默里、勒温、麦克利兰(David Mcclelland,1917—1998)和阿特金森为代表。

勒温对志向水平等问题展开了研究,提出了期望 X 值理论。该理论认为:有机体有方向的行为动机强度是由个体对行为的成果或目标的期望以及这个结果对有机体的价值所决定的。这个观点对后来的麦克利兰和阿特金森产生了重要的影响。

根据勒温的期望 X 值理论,阿特金森提出了关于成就动机的"追求成功—避免失败"理论。根据该理论,成就动机是一个多向度的或多成分的心理结构,这种心理结构主要包括追求成功和避免失败两个向度。阿特金森将追求成功的倾向用公式表示为:

$$Ts = Ms \times Ps \times Is$$

在这个公式里,Ts 代表追求成功的倾向;Ms 代表成就需要或者成就动机,阿特金森将其表述为"成就中体验到自豪的能力",在追求成功模型中它是一个相对稳定和持久的特质;Ps 代表成功的可能性,即对认知目标的期望和对达到目标的工具行为的预期,在实验情境中,它包括影响被试获得成功的信心的信息和其他相关的刺激因素,例如告诉被试任务的困难程度或者与他人的竞争规则等;Is 代表成功的诱因价值。勒温假定成功的诱因 Is 值与成功的可能性 Ps 是相反的关系,即 $Is = 1 - Ps$,这样,成功的诱因值随着 Ps 的升高而降低,因此个体完成困难的任务时所体验到的自豪感比完成容易的任务时要强烈。

相应的,阿特金森将避免失败的倾向(taf)与避免失败(maf)、失败的可能性(pf)以及失败的诱因值(−if)用公式表示为:$taf = maf \times pf \times (-if)$。根据这一公式,个体对追求成功的回避包括失败的可能性与失败的诱因值两个因素,与困难任务中的失败相比,个体在容易任务中的失败所体验到的挫折感更强烈。

阿特金森研究表明:成就动机高的人追求成功的倾向大于避免失败的倾向,因此他们更愿意接受困难的工作，并且在工作上精益求精，即使在遇到困难的情况下也会坚持下去；而成就动机低的人因为避免失败的倾向大于追求成功的倾向，故其在选择任务时倾向于选择较为容易的任务，以避免失败所带来的痛苦。

2. 认知取向的研究

自 20 世纪 70 年代以来，有关成就动机的研究进入第二个阶段，即认知取向的研究途径。持认知取向的研究者认为，人是主动且具有分析能力的，人会主动地寻求信息，组织信息，探索信息的意义。他们强调认知活动中人对于成败的归因过程对于个人成就动机的影响。成就需要不同者的成就动机之所以不同，是由于个人的归因过程不同所致。

认知取向的研究主要以韦纳为代表。根据韦纳的观点，影响个体成败的因素主要包括能力、努力、工作难度、运气、身体状况、别人反应这六个方面，并分别用稳定性、因素来源、可控制性三个纬度对其进行描述，如表 5-2 所示。

表 5-2　影响个体成败因素的归因事项特征

归因类别	归因事项的特征					
	稳定性		因素来源		可控制性	
	稳定	不稳定	内在	外在	可控制	不可控制
能力	√		√			√
努力		√	√		√	
工作难度	√			√		√
运气		√		√		√
身体状况		√	√			√
别人反应		√		√		√

韦纳指出，对成功与失败不同原因、不同维度的归因会对个体今后从事成就任务的动机和行为产生积极或消极的影响。一般说来，将成功归因于稳定的因素（能力、任务的难度等）比不稳定的因素（运气、暂时的努力等）更能增强其动机。而将失败归因于一些稳定的因素则更能削弱其动机。内部与外部的因素同个人的自我感觉与对任务坚持性有关，并产生特定的情感反应。若将成功归因于内在因素（个人努力、能力）则更能产生满足的体验，并能坚持完成任务；若归因于外在因素（如运气）则会产生侥幸心理。

与阿特金森与韦纳研究不同，麦克利兰关于成就动机的研究主要是从宏观层面进行的，他着重探讨特定社会中的成员如何在其所处的社会文化的影响下，通过社会化过程形成成就动机，进而分析社会集体成员的成就动机水平与该社会的经济、科技发展水平之间的关系。这些内容将在下一节详细介绍。

第四节　社会动机研究的新领域

通过对动机研究的历史与现状的总结与分析，可以看到，社会动机在研究领域、研究方法方面都获得了很大的发展，但同时其局限也不可避免地存在。

首先，社会动机研究主要关注人类行为的普遍现象，如侵犯、利他、亲和、成就等，研究者依托动机理论的发展，对社会动机进行了广泛而细致的研究。但是这些研究一般说来主要以儿童为实验对象，然后再用这些结论去解释人类的行为。而儿童并没有完成其社会化过程，他们的行为与成人的行为是存在一定差距的，因此一些仅仅以儿童为被试的实验所得到的结论，对人类的行为是否具有高度的解释效力，是值得商榷的。

其次，大部分有关社会动机的实验并没有控制性别与文化这两个变量，而人类的许多行为其实是受到性别、文化差异的因素影响的。

一、性别与动机

性别是社会生活中最基本的分类之一，那么，男性与女性之间的差异到底是先天的生物基础决定还是后天的社会学习造就的呢？男女两性在不同的社会动机上是否会表现出差异性呢？从现有的研究来看，社会心理学关于性别与动机的研究较少，一些包含了性别因素的研究也是零散地出现在传统的专题研究中（如侵犯、亲和、利他）。不过这些现象近年来已有所改变，人们已经开始关注男女两性在社会动机方面的差异，国外有些研究者已经尝试采用一些新的研究方法对这方面进行研究，如跨文化研究法、元分析（meta-analysis）方法，其中元分析方法是用统计方法从很多的研究中收集数据，得到对性别差异大小的估计。

一些元分析整合了 100 多个有关侵犯的研究，包括身体侵犯与语言侵犯在内。一般说来，身体侵犯中的性别差距更大一些，而且在自然环境中性别差异比严格控制的实验室环境中更大，通常男性比女性更具攻击性。另据美国联邦调查局的统计数字，因谋杀而被捕的人中有 90％为男性。另一个元分析关注由他人的行动挑衅引起的侵犯行为，结果显示，当有一个清楚的挑衅发生，或者攻击行为被看做是正当的时，攻击行为中的差异会大大减少。① 相较而言，如果研究中不包括明显的挑衅，那么男性明显地比女性更具有攻击性。

① 巴伦，伯恩．社会心理学[M]．黄敏儿，王飞雪，译．上海：华东师范大学出版社，2004：366.

有关男女两性成就动机的比较研究主要集中在男性与女性对自己所取得的成就的归因差异上，其中有代表性的是霍妮(Horner)的女性“避免成功”概念及成就动机的性别差异研究。霍妮以男女大学生为对象，测试了他们在成就动机上的差异。在实验中，研究者向被试提供了以下情境。

安妮(或约翰)是大学医学院的学生，在第一学期的期终考试之后，安妮(或约翰)的成绩名列全班第一名，请你按照个人的想法，描述一个故事，用以说明安妮(或约翰)获得成功后的心理感受，以及此后可能演变的情形。

研究者让男性被试写约翰，让女性被试写安妮，结果发现，女性被试对女性成就的看法与男性被试对成就的看法大不相同：女性被试以消极心态描述安妮的有65%，而男性被试以消极心态描述约翰的只有10%。以下是男女被试分别描述的两个故事：

一位男性被试对约翰所作的典型描述是这样的。

约翰是一位有见识的大学生，平时读书用功认真，而且也很自得，约翰在中学时就以进大学医学院为理想目标，故而得到学医机会后，一直发奋努力。对于自己得到全班第一，他庆幸自己平时辛苦，总算获得报酬。不过，他在兴奋骄傲之余，深知在医学院求学不易，个人必须更加用功……后来，约翰终于不负初衷，最后以全校第一名的成绩获得学位。

一位女性被试对安妮所作的典型描述是这样的。

安妮在班上有位男友叫卡尔，他们之间的感情已相当深厚。自从得知考了第一名的消息后，安妮与卡尔两个人都很不开心。安妮一直希望卡尔的成绩优于自己，但没想到出了意外。因此，从第二个学期起，安妮决心不再专心于自己的学业，改而帮助卡尔读书。此后在校期间，卡尔的成绩大有进步，不久两人结婚，卡尔继续完成学业，安妮则中途退学，专心操持家务。

霍妮据此得出结论：女性的成就动机异于男性，在男女两性竞争的条件下，女性的成就动机是消极的，男性多追求成功，而女性则恐惧成功。

上述研究结果在心理学界引起了很大的争议，批评者对实验程序提出质疑，后来有研究者将安妮的身份改为护理科的学生，采用同样的实验程序，结果一致赞成安妮是成功的。对此结果的解释是：在一般人的心目中，医师向来以男性为主，而护士才是女性扮演的适当角色。社会分工与性别角色的认定，一向受到刻板印象的影响。

而麦克利兰的研究显示：测试的条件不同，两性的成就动机则呈现出差异。在中性条件下，女性的成就动机高于男性；在竞争条件下，男性的成就动机高于女性；在同一方式进行的测试中，男女两性的成就动机水平是相同的。

二、文化与动机

文化与动机的比较研究可分为横向与纵向两个方面，横向研究主要是比较不同文化背景下人们的社会动机的异同，而纵向研究则侧重于考察历史文化变迁对人们的社会动机与社会行为的影响。

在文化与动机的横向比较研究中，较有代表性的是美国哈佛大学心理学家麦克利兰在20世纪50年代采用档案法对成就动机与社会经济发展的关系所作的跨文化比较研究。

麦克利兰根据多年的跨文化研究发现：如果以电力生产的增长作为一个国家经济增长的主要衡量指标，而以体现在儿童读物中的成就动机倾向作为一个国家重要社会成员的成就动机的水平的话，那么可以认为，在成就动机与经济技术发展之间存在着可以证实的正相关关系。事实也确实如此。研究证实"和所期望的相比，1925年儿童读物中显示的成就需要的程度与1925—1950年间发电量的增长之间达到了＋53，这样的相关系数是具有统计学意义的"。因此，在1961年出版的《成就社会》一书中，麦克利兰指出，一个社会的成就需要先于该社会的经济增长，而这个需要本身又受制于该社会的各种文化与亚文化因素。

麦克利兰的观点提出后，人们毁誉不一。持赞同观点的人认为，经济发展确实不仅仅是一个经济问题，有必要考虑价值观、宗教信仰、成就动机等文化与心理因素的影响。持反对观点的人认为，麦克利兰的论述忽视了经济制度与社会制度的作用，而单凭成就动机是无法解释整个社会的发展的。另外，对其研究方法的理论基础，有关学者也提出了质疑，他们认为，麦克利兰作为研究手段的TAT测量是建立在白人中产阶级的传统文化与价值观的基础上的，不可避免地带有种族文化中心的色彩，对于相异文化背景中的人群缺乏解释效力。

相比之下，成就动机受制于各种文化与亚文化因素的观点倒能为人们普遍接受，这些因素主要包括以下几类。

第一，宗教信仰的影响。在麦克利兰之前，德国社会学家韦伯曾在《宗教伦理与资本主义精神》(1904)一书中指出，强调灵魂的自我拯救、禁欲主义和辛勤工作的新教改革在西方资本主义的工业发展中起了重要的作用。麦克利兰从某种程度上说是受到了韦伯的启发，但他认为韦伯把新教伦理作为经济发展的动力，只能解释西欧等新教国家的经济发展，却不能解释苏联、日本等国家的经济发展。据此他推测，成就动机才是经济发展的直接动力，换言之，新教可以教育人们并使人们具有更高的成就动机，来达到促进经济发展的效果。因此，与其说是宗教信仰与经济发展有关，不如说是宗教信仰与成就动机的关系更为直接。

第二，家庭与学校教育。麦克利兰的研究发现，新教徒所具有的强烈的成就动机大多来自于家庭教育，父母鼓励孩子从小树立自信心，独立自主地处理困难，这些都是孩子长大后具有强烈的成就动机的原因所在。而乔治·德沃斯在对日本人的成就动机研究中发现，日本人无论是市民还是乡民都十分重视成就动机，他们的成就动机可以分为以下四种：自发性动机、激励动机、报答式动机、赎罪式动机。第一种来自日本文化强调不惜代价的坚持以获得成功，第二种来自父母与学校的教育，第三种来自对父母的报恩心理，第四种来自希望用工作和奉献来弥补自己的过失。

在英国心理学家迈克·彭所著的《中国人的心理》一书中，叙述了外国一些研究者采用纵向与横向研究相结合的方法研究的现代化背景下中国台湾人民的社会动机的变化。在一次横向研究中，研究者调查了 150 个大专院校的学生，发现学生们的现代化程度与其对自主性的需要、对爱情的需要呈正相关，而与对依从与谦卑的需要呈负相关；在另一项横向研究中研究者对 247 个大学生进行调查，发现个人现代化与社会趋向的成就动机呈负相关，而与个人取向的成就动机呈正相关。这表明在现代化的影响下，台湾大学生的成就动机由社会取向转向个人取向。

在对成人的调查中，研究者调查了个人现代化与特殊类型需要之间的关系。研究者调查了 161 个丈夫和妻子，结果发现，个人的现代化与以下需要呈负相关：需要有一个儿子来保持和提高在家庭中的地位；需要有个女儿来保持和提高在家庭中的地位；由于没有儿子，丈夫对妻子的爱将趋向冷淡；由于没有儿子，妻子怕失去丈夫的爱。另一项纵向研究也支持以上结果。在该研究中，研究者在 1963 年和 1975 年分别用相同的量表测试了两组被试，发现两组被试在以下几个方面发生了变化：在自我展示、自主性、自决性与爱情方面的需要有增加的趋势，在顺从、秩序、教化和忍耐方面有降低的趋势。[①]

本章小结

动机指的是在自我调节的作用下，个体使自己的内在需求（如本能、需要、驱力等）与行为的外在诱因（如目标、刺激等）相协调，从而形成激起、维持个体行为，并促使该行为朝向某一目标的动力因素。社会动机指社会生活中的人们建立在其社会性需要基础上的行为推动力。与动机相比，社会动机具有社会历史性，它反映了人的社会属性。按照引发动机的内在与外在因素，可将动机分为内在动机与外在动机，有关研究表明：外在动机激发不当会削弱内在动机。

有关动机的理论包括本能论、驱力论、诱因论、需要论、归因论和认知论等，研究者们分别从动机的内在起因、外在诱因、个体需要以及人的认知作用方面对动机

---

① 彭 M. 中国人的心理[M]. 邹海燕，译. 北京：新华出版社，1990：142-143.

进行了研究与阐释。

侵犯指的是故意伤害他人的身体行为或者语言行为，关于侵犯的理论包括本能论、挫折-侵犯假设、社会学习理论。利他行为指的是提供有形或无形的资源，不求回报地帮助他人的行为，关于利他行为的理论有本能论、社会进化论、决策理论以及动机论。亲和动机指的是人们与他人或者社会保持持续而紧密关系的动机，影响亲和动机的因素包括焦虑水平、社会交换过程中的付出与回报、自我暴露。成就动机指的是个人希望尽可能地把事情做好的一种欲望。根据研究取向的差异，可将成就动机的研究分为机械取向的研究和认知取向的研究；若根据研究的层次不同，又可分为宏观层面的研究与微观层面的研究。社会动机研究的新领域包括性别与动机的研究、文化与动机的研究。

思 考 题

1. 动机概念指的是什么？
2. 社会动机的定义是什么？社会动机与动机有什么区别与联系？
3. 社会动机的理论发展经历了哪些重要的历史阶段？
4. 为什么说习性学、社会生物学、进化心理学理论是对本能论的发展与完善？
5. 自我决定论的基本假设是什么？
6. 挫折导致侵犯的制约条件包括哪些？
7. 决策理论的内容包括哪些？
8. 阿特金森关于成就动机的研究有哪些特点？

第六章

社会态度

人们在社会生活中经常与他人或群体进行交往互动。在这一过程中，人们会对他人及各种社会事物产生认知活动，而且也会在认知的基础上表现出种种的态度。

态度不但会对人们怎样对待其他人和事物产生一定的影响，而且会左右着人如何去行动和取得何种社会效果。通过研究人们的态度，可以认识和预测个人行为。因为态度的对象都具有社会性，所以谈到态度时一般指的就是社会态度。

社会态度是社会心理学的核心概念。社会态度在社会心理学研究领域中占据十分重要的位置，早期的社会心理学家托马斯甚至认为社会心理学就是“研究态度的科学”。

目前，关于社会态度的研究领域不断扩大，内容也不断得到丰富和发展。社会态度仍是社会心理学研究的重要课题。

第一节　社会态度概述

一、社会态度的含义和特点

(一) 社会态度的含义

态度(attitude)是普遍存在于现实社会生活中的心理现象。早期的社会心理学家对态度已有了一定的研究。

最早注意到态度这一心理现象的是美国心理学家斯彭斯(Kenneth Wartinbee Spence，1907—1967)，他在 1862 年提出，态度是一种个体判断和思考后产生的有一定方向的先有之见或先有倾向。他的看法后来被印证了。1885 年，丹麦社会心理学家朗格(Carl Georg Lange)在关于情绪的实验中对反应时间的研究发现，被试有思想准备和无思想准备影响对刺激物的反应时间。这种预先的准备或者倾向就是态度。在朗格这个著名的实验之后，很多心理学家的研究也证明了态度会影响人的心理和行为。

1909年，美国社会学家托马斯与兹纳尼斯基在《波兰农民在欧洲和美国》一书中首次使用态度概念。这本研究波兰移民问题的书具体阐明了态度及其内涵。他们把态度定义为个体对社会客体的价值、作用和意义的心理感受，或者说是个体对某些社会价值的意识状态。此后，态度的研究引起了学者们的广泛重视。早期还有观点认为，态度是主体对外界事物一贯的、稳定的心理准备状态或一定的行为倾向。但是，当时心理学家并没有关于态度的一致的定义。

在前人研究的基础上，社会心理学后来对社会态度有了不同的定义。美国社会心理学家奥斯古德和瑟斯顿将态度视为评价或情感性反应；奥尔波特把态度看做心理的神经的准备状态；认知论者将态度看做由认知、情感、行为等三种成分构成的一个整体，是对态度对象的理解、情感和行为的相互关联的比较持续的某一个人内部的系统。

20世纪30年代，心理学家们着重讨论了态度的定义和分类问题。在这之后，奥尔波特在1975年发表了一篇关于态度的定义的综述文章，列举了态度的17种定义。他把这些定义加以比较，得出了几个共同点：第一，态度是意识和神经系统的某种状态；第二，态度具有反应准备性；第三，态度具有组织性；第四，态度的产生离不开以前的经验；第五，态度可以给行为以指导性和动力性影响。① 这一研究的结果使态度这个概念有了比较确定的内涵，使它与普通心理学上的几个概念，比如心向或定势，以及个性属性区别开来。

在社会心理学家看来，态度是一种看不见的内部准备状态，通常是通过外显反应加以推导，其主要特征是评价性，即对一个对象的积极或消极的反应倾向。态度必定具有特定的态度对象，即评价指向的东西。态度是稳定的倾向，是跨越一切时间和情境的。

本章在前人研究成果的基础上，提出一个综合性的定义：社会态度指个体自身对社会存在（社会事物或社会现象）的一种较为稳定的看法和一定结构的内在心理准备状况；社会态度对人的反应具有指导性和动力性的影响，并形成一定的社会行为倾向。

通过分析上面的定义，社会态度具有以下四层含义。

第一，社会态度是一种心理状态。个人对不同的人或事物会有一些不同的态度。这些态度是内在心理反应或心理过程，是不易观察到的，必须要通过外显行为

① 奥尔波特.社会心理学的历史背景[M]//周晓虹.现代社会心理学名著精华.南京：南京大学出版社，1992:407.

才能推导出来。

第二,社会态度的对象是一定的社会存在。个体所具有的社会态度都指向某些具体的对象,这些对象是一定的社会存在,比如具体的人或群体,也可以是某些社会事物。正因为态度的对象性具有明确的指向,这使它不同于个体对外界刺激的简单反应。

第三,社会态度的构成具有一定内在结构。个体的社会态度和外显行为有明显的区别,它是个体内在的心理结构,只能间接地由个人的表情、意向和行为中推导才能得到。另外,态度还由认知成分、情感成分和意图或行为成分等构成,呈现出一定的结构。正是因为态度的构成具有一定内在结构,所以它具有其独特的心理功能,成为人的心理和行为的动力。

第四,社会态度具有比较持久的稳定性。态度是后天习得的产物,个人一旦形成某种态度,便不易改变。态度具有持久性和稳定性,是一种持续的心理状态,能够保持一定时间而不变。我国的社会心理学家周晓虹认为,稳定的态度已经成为个体人格的组成部分,是不会轻易发生改变的。特别是组成态度的三种心理成分中的感情成分,它是最难以改变的,因而也是最为持久的、内在的,由此构成了社会态度的核心部分。①

在分析社会态度的具体含义之后,还要注意它和一些相似概念的区别和联系。

首先,态度与心向(或定势)是心理学上容易混淆的两个概念,其主要区别在于心向(或定势)是普通心理学的概念,而态度是社会心理学的概念。心向是指在一定情境下采取某一特定行动的准备性或倾向性,这种准备性或倾向性是暂时的。态度则是指对一定社会客体采取一定反应的倾向性,这种倾向性是较为持久的、稳定的。心向(或定势)一般是无意识的,或处于低意识状态下,而态度一般是有意识的。态度并不都处于同一的意识水平上,有些处于高意识水平,有些处于低意识水平。处于低意识水平的态度之间的不一致,很难被觉察。

其次,态度与价值观有所不同。社会态度指个体自身对社会存在(社会事物或社会现象)的一种较为稳定的看法和一定结构的内在心理准备状况。价值观是社会成员用来评价行为、事物,以及从各种可能的目标中选择合意目标的准则。态度是比较具体的、众多的,价值观则超越具体事物而涉及行动的标准和目的。价值观是对抽象目标的积极的反应倾向,如对正义、真理、自由等。态度和价值观的共同点在于:二者都有助于明确个人经验和指导行动,都可以维持和改变。但态度一般比价值观更易于改变。另外,价值观可以通过人们的行为取向及对事物的评价、态度反映出来。

---

① 周晓虹.现代社会心理学——多维视野中的社会行为研究[M].上海:上海人民出版社,2004:243.

(二) 社会态度的特点

社会态度可以说是一种比较特殊的心理现象,具有复杂性和多样性。为了更好地把握和理解社会态度这一概念,结合上文对其定义的分析,下面介绍它的特点。

1. 社会态度的社会性

一方面,社会态度的形成和发挥作用,离不开一定的社会环境。态度并非先天就具备的心理状态,而是个体在后天的社会生活中通过与他人的交往和互动,并接受周围生活环境和社会文化的不断影响而逐步形成的。另一方面,社会态度的对象是一定的社会存在。个体所具有的社会态度都无一例外地指向某些具体的社会对象,可以是具体的人或群体,也可以是某些社会事物。由于态度的对象性具有明确的指向,使它不同于个体对外界刺激的简单反应。

2. 社会态度的稳定性

态度一经形成后,在一定时间内不易改变,相对比较稳定,是一种持续的心理状态。态度的稳定性使其有别于暂时性的情绪体验和生物性的需要。当然,态度的稳定性是相对的,不可能一直固定不变。一旦影响态度的某些内部因素和外部因素发生了改变,就可能引起态度的改变。

3. 社会态度的内隐性

社会态度是一种心理状态和行为准备,它不能被直接观察到,只能从人们的言论、表情和行为等表现中间接地进行分析、推测或判明。要了解个体的态度,就必须"察其言,观其行"。态度本身是无法直接测定的,必须从个人的行为或与行为有关的语言行为表现中间接推断出来,测定态度需要一定的中间变量。

4. 社会态度的方向性

社会态度具有的方向性首先体现在其有不同的方向。个体对同一事物的态度,其方向不一定相同,也不能简单地把态度方向分为正向和逆向,因为还有介于两者之间的中性态度及异向的态度。

简而言之,态度一般具有赞成或反对的方向特点,并具有程度的差异,有时反映出态度的极端性,有时则反映出态度的中性方向。在态度的方向上,那种既不表示反对又不表示赞成的心理倾向,称中性态度。

中性态度有以下几种特点:第一,较强的内隐性,即往往以中性态度掩盖赞同或反对的真实态度;第二,现实的回避性,即采用"不表态"或"中立"来回避现实中存在的矛盾;第三,稳妥性,由于对态度对象认识不清楚而以中性态度表现出来,待认识清楚之后,再表示明确态度;第四,可变性,中性态度总是要向两极转化的,它是处于变化中的过渡期。

社会态度的方向如图 6-1 所示。

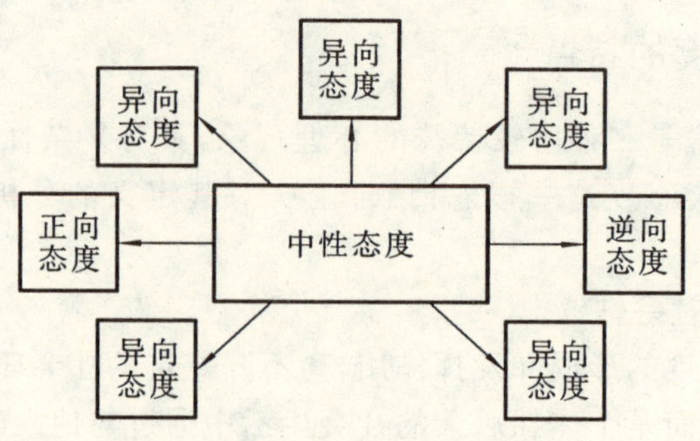

图 6-1 社会态度方向的图示

5. 社会态度的统一性

态度由认识、情感和意图(或行为)倾向三种成分构成。这三种成分彼此协调，是一个统一的整体。但态度不是由这三种成分简单组合而成，而是由它们有机统一起来，形成一个整体进行活动和发生作用。①

6. 社会态度的复杂性

社会态度是一种有着不同层次的、复杂的心理结构，这些不同的层次都会对行为产生程度不同的影响。在一定条件下，个体并不是经常表现出与内心态度相一致的外部行为。所以，简单地观察个体的行为不一定能推导出其态度。比如一个人为了人际交往需要而喝酒，他可能不喜欢喝酒，家人也不鼓励他喝酒，但为了交际的需要，在大家都喝酒的情境下，他也会一起喝酒。这个例子说明个人的态度和行为不一定相符，不同情境下人对同一事物的态度可能会不同。

二、社会态度的结构与功能

社会态度的构成具有一定内在结构。正因为如此，所以它具有其独特的心理功能，成为人的心理和行为的动力。

(一) 社会态度的结构

态度的结构包括三个成分：认知成分(cognitive)、情感成分(sensibility)和意图或行为成分(behaviour)。认知成分是主体对态度对象的认知、理解和评价，是人对于对象的思想、信念及其知识的总和，反映出个人对态度对象的赞同与不赞同、相信与不相信等方面。情感成分是主体对态度对象的情绪的体验或情感性体验，反映出个人对态度对象的尊重与鄙夷、喜欢与厌恶、同情与嘲讽等方面的倾向。

---

① 申荷永. 社会心理学：原理和应用[M]. 广州：暨南大学出版社，2004:96.

意图或行为成分是内在的反应倾向，表现为主体对态度对象向外显示的准备状态和持续状态。

从图 6-2 所示的罗森伯格和霍夫兰德(Carl Iver Hovland)的态度中介示意图中，可以直观地了解到社会态度由认知、情感和行为三种成分组成的层次结构。

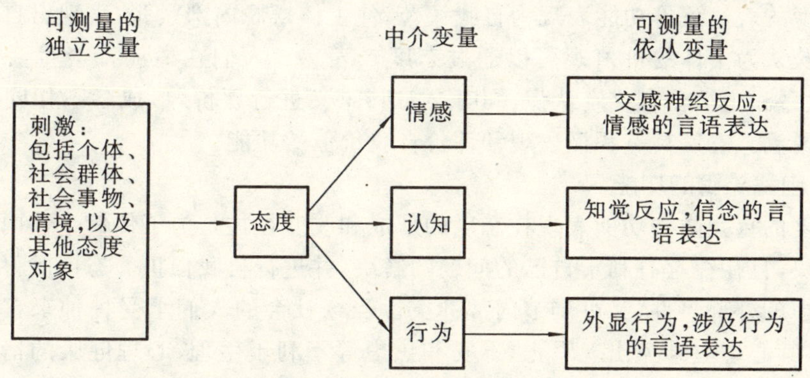

图 6-2 罗森伯格和霍夫兰德的态度中介示意图

这三种成分各有自己的特点，认知成分是态度的基础，通过对外界事物的认知，个体才会形成自己的观点和印象，从而了解和判断态度的对象。可以说，有了认知成分，才有了情感体验的基础。其他两种成分也是在对态度对象的了解、判断基础上发展起来的，情感性成分有非常重要的作用，它对态度起着调节和支持作用；而行为倾向成分则制约着行为的方向性。

(二) 社会态度的功能

一些研究社会心理的学者认为，社会态度的产生是因为它能最大限度满足人们的心理需要的功能。社会态度形成和改变的动力就来源于其功能。

德国心理学家卡茨(David Katz，1884—1953)从个体需要得到满足的角度，认为态度具有以下四种功能。

1. 认知功能

态度的认知功能表现在为解释世界和加工新信息提供一个现成的基础，它赋予经验以意义并引导经验和行为。人们都是在社会环境中生活，在日常社会里会面临很多情况，需要对周围环境的各种信息进行分类和汇总，形成自己的知识体系，从而为更好认识和理解事物提供参考。因为有了态度，人们才有了认识、理解和判断所处环境的重要手段。卡茨认为，态度的形成和改变满足了个体理解和支配自己所处的生活空间的需要。

2. 适应功能

态度的适应功能表现为促使主体指向为达到目的服务的客体，表现出态度的奖励性，人们采取社会认同的态度，才能从他人那里获得良好反应，从而更好地存在和发展。反之，如果个体的行为和做法不为社会所接受，所反映出来的态度消极，就不能适应周围环境，就会受到惩罚。

3. 表达评价功能

态度的表达评价功能表现为自我调节，使主体摆脱内部紧张，表现出自己的个性。卡茨认为个体的价值观可以通过态度来表达。人们在适应社会生活的过程中，对生命和生活会有一定认识，同时会对其意义进行评价，形成各不相同的态度的价值内涵。态度具有积极表现和评价自我价值的功能。

4. 自我防御的功能

态度的自我防御功能表现在态度的形成和改变往往是为了促使个性内部冲突得到解决，且往往是有利于自己的问题的解决，并进行自我保护。态度既可以拒绝引起焦虑的外部事件，又可调节内部冲突。当今社会的人们承受种种来自各方面的压力，其心理上难免出现紧张、不安和焦虑等不利于生理、心理健康的情况。人们在面临这些情况时，会进行相应的心理调适，缓解压力，进行自我保护。

通过卡茨的关于态度的功能的论述，可以清楚地了解到，要研究态度具有的不同功能，首先要分析支配这一态度的个体不同的内在心理需要。

第二节　社会态度与外显行为

一、社会态度与外显行为的关系

社会态度是一种心理状态，是个体行为的准备状态，而社会行为是社会态度的外在表现，是在社会态度引导下对其对象表现出来的具体反应。

从早期的心理学研究开始，学者们就不断探讨社会态度与外显行为的关系，认为态度就是用来说明社会行为的。既然认为态度是一种行为倾向，那么就要提出态度是引导或决定行为的假设。具体说来，可以假设性别歧视行为来自于性别偏见，政治行动与自由态度或保守态度有关。一般说来，不同的态度会引起不同行为。积极态度会引起赞同行为，相反，消极态度则会引起不赞同行为。然而，态度与行为不能简单地认定为单向的关系，而是双向的和相互作用的。实际上，态度会影响行为，行为反过来也影响态度的形成和改变。态度和行为之间存在复杂的相互关系。因篇幅所限，这里主要讨论两者关系（社会态度和外显行为）的相关程度。在研究中，两者之间的关系一般会出现两种情况：一是两者保持一致，也就是高度相关;二是两者不一致,两者之间相关程度较低。

一般的观点认为社会态度与外显行为密切相关,然而一些研究证明,态度与行为也存在不一致的情况。美国学者拉皮尔(T. R. Lapiere)在 20 世纪 30 年代的一项著名的研究表明,很多美国旅店老板在问卷调查中表示不愿接受少数民族旅客,而当少数民族旅客实际到来时又照常加以接待。

一些心理学家经过研究得出结论,认为通过个体的某些态度并不能预测到其实际的行为,态度和行为可能没有密切相关甚至可能只存在很少联系。那么,两者之间为什么会出现不一致的情况呢? 有心理学家认为,人具有两种态度:一种是针对客体的态度,另一种却是针对情境的态度。在美国学者拉皮尔的研究中,被调查的旅店老板们在问卷中表示的是对客体的态度,而他们的实际行为表示的却是对情境的态度。这里强调了情境因素的作用。也有人认为,态度中的认知因素和情感因素分别在不同的场合占优势。对于问卷调查反映的态度和实际行为不相符的现象,苏联社会心理学家用态度的层次理论进行解释和说明。他们认为,在问卷调查中反映出来的态度是价值定向,而在实际中采取的行为表示的是较低层次的社会定势,这个层次可以调节行为。这些说法都表明,态度与行为还是存在一定相关的,只是在不同场合具有不同的表现形式。在现实生活中,人们表现出来的态度受到各方面因素的影响,比如个体自身的和周围环境的因素。

另外一种说法认为,言语表达反映的态度是不可靠的,因此,言语有可能与单个行为存在不一致的情况,但从总体上看还是有联系的。比如在选举活动中,个人的政治态度和实际投票行为之间是有很大程度相关的,虽然两者的联系并不在每一个行动上得到表现。很多学者一直在研究态度与行为的关系,并且提出了一些相关的理论。

1975 年,费希伯恩(M. Fishbane)和阿泽恩(I. Ajzen)提出了理性行动理论,目的在于了解、预测及解释个人的行为,其基本的前提是:"人是理性的个体,因此在采取某项行为之前,会思考行为本身与行为结果,再决定是否采取该行为。"理性行动理论有两个基本假设:第一个假设认为人的多数行为都在自己的意志控制之下,且合乎理性;第二个假设认为决定人是否发生行为的因素是行为意图,而行为意图受到行为态度(指个人对采取某项行为的正面或负面评价)及主观规范(个人对社会压力的知觉)的影响。为了能对个人的特定行为作出预测和解释,他们在理性行动理论的基础上提出了的"行动意图模式",如图 6-3 所示。

在这一模式中,态度指的是个人对特定行为的态度,而不是个人对一般对象的态度。所以,一个人的特定行为可以通过这种特定行为态度和主观规范来预测。

由此可见,通过对个体特定行为本身反映的态度可以预测该行为,例如通过了解个人对饮酒的态度,可以推断此人是否有饮酒的行为。个人对事物的态度是存在差别的,因此采取的行为会有所不同。个体对具体行为的反应倾向在不同情境

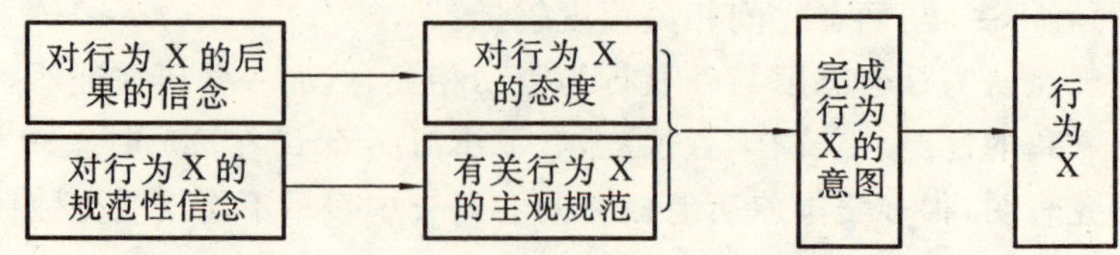

图 6-3　预测特定行动和意图的模式示意图

下或面临意外事件的时候都会表现不同，而且个人对于这种外界刺激的接受程度也有所不同。可以说，对行为的态度倾向会产生相应的意图，而情境和个别差异会影响意图实现的程度。

二、影响社会态度与外显行为关系的因素

外显行为由社会态度决定，是后者的外在表现。一般情况下，两者是保持一致的，存在高度相关。然而，一些研究也表明了态度和行为之间并不完全一致的关系，其相关程度比较低。

态度和行为产生不一致的因素，除了可以归之于研究中存在的一些问题，比如态度测量不精确，或者调查方法不科学；还由于态度是一种心理准备状态，对个体作出的行为仅仅起到准备作用，只能决定行为的一种倾向。态度不是决定个体采取行为的全部因素，只是提供一种心理上的可能。①

从态度到具体的行为之间存在着各种中介因素。这些因素对两者都会有一定的影响，其中起重要作用的有两类：一类是社会的环境因素，另一类是个体心理、人格因素。这两类因素往往共同起作用。

从社会环境因素的角度来看，会出现以下几种情形。首先，个体作为社会中的一员，其态度和行为面临强大的群体舆论压力。假如舆论压力与个体已有的态度不一致，将会较大程度地破坏态度和行为之间的一致性。其次，人们的行为一般具有目的性，如果个体为表现某种态度所付出的代价高于行为目标的价值，那么态度和行为的一致性就比较低。最后，人们在表明某种态度时与之相联系的行为方式可能不止一种。具体说来，几种态度与一种特定的行为相联系，或者几种行为与一种特定的态度相联系，而在若干种态度之间或行为之间又有冲突的情况下，往往会发生态度与行为之间的不一致。

从个体心理、人格因素的角度来看，大体表现为以下几种情形。首先，如果个体的态度非常强烈和明确，那么态度与行为的一致性可能就高。其次，个体面对外界的人或事物时，往往会形成很多态度，这些态度有机联系起来，就形成态度体系。

① 申荷永. 社会心理学：原理和应用[M]. 广州：暨南大学出版社，2004：108.

假设在态度体系中，没有彼此矛盾的或冲突的态度存在，态度又很具体，态度与行为的一致性就高。再次，动机是驱动社会行为的内在力量，个体的行为出于各种动机。假如其中的优势动机强烈又没有冲突，两者的一致性就高。最后，个体能力越强，自我实现抱负越高，行为与态度的一致性相对就越高。

总之，人们的社会态度和外显行为之所以会出现一致和不一致的情况，是因为它们受到各方面因素的影响。

第三节　社会态度的形成与改变

一、态度的形成

（一）态度形成的阶段

凯尔曼（H. C. Kelman）于 1958 年提出态度形成过程的三个阶段的理论：第一个阶段是模仿与服从；第二阶段是同化；第三阶段则是内化（如图 6-4 所示）。

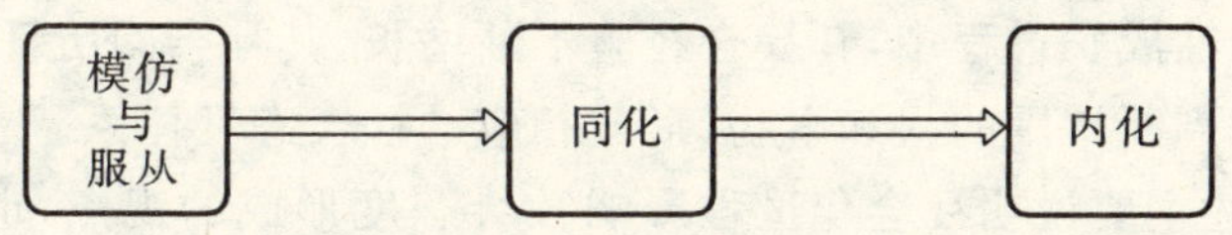

图 6-4　凯尔曼的态度形成三阶段示意图

下面详细说明这一学说。

第一阶段：模仿与服从。服从行为是人们为了获得利益和奖赏，或是为了避免受到惩罚而采取的表面行为。服从行为或者是出于主体的意愿，不知不觉地模仿其他人或其他群体的行为；或者并非出于主体意愿，只是在群体规范压力下被迫服从的产物。在这一阶段中，态度的改变是表面的，被迫进行的。尽管如此，这一阶段仍是态度形成和改变不可缺少的阶段。

第二阶段：同化。在这一阶段中，态度不再是表面的改变，也不是在外界压力下的被迫转变，而是自愿地接受他人的观点、信念、行为，使自己的态度符合他人要求。这一阶段已经与所要形成的态度相接近，但没有全部融入自己的态度体系。

第三阶段：内化。在这一阶段中，人们的内心发生了质的变化，他人新的观点、新的情感和新的意愿已经被接受，并且被纳入了个人的价值观体系之内，成为自己态度体系中的有机组成部分，比较稳固，也不太容易改变。到了这一阶段，态度才真正地形成。

态度形成的三个阶段是有联系的,从模仿与服从阶段到同化阶段,再到内化阶段,都不是简单的过程,而且人们对外界事物的态度也不一定都能完成这三个阶段,可能会出现只完成第一阶段或前两阶段的情况。

(二) 影响态度形成的因素

人作为一个社会人,其社会态度是在社会生活中不断形成的。态度形成的过程和个人社会化的过程是同步的。个人在成长的过程中逐渐形成对周围的人和事物的态度。社会态度的形成就是指个体的社会态度的获得过程。

个体的社会化过程很大程度影响了社会态度的形成。首先,社会态度的形成受到个体所处的全部社会环境的制约和影响。具体的有:社会文化的影响,如风俗习惯、经济、政治、舆论等;个体所处的社会地位,如阶级、阶层和身份也会影响态度的形成;家庭的影响,主要包括家庭生活的条件、父母的条件、教育方式等方面;学校的影响,其要素包括教师、教材、学生、班级等。学校的环境是个体社会化过程中不可忽视的环节,同样影响态度的形成。

其次,在社会化过程中,随着周围环境的改变,个体也不断改变旧有的态度以适应这些改变。个体凭着已形成的社会态度来看待自己,对待其他人和社会事物有选择地吸收或排斥外界的影响,形成新的态度。

再次,个体在成长过程中,其社会经验不断增长,其社会阅历日益丰富,个体不断认识、了解和判断周围的人和事物,形成相应的社会态度体系。

上面的论述主要说明社会化过程影响社会态度形成的观点,也有学者从其他角度提出关于态度形成的理论。

从个人的经验的角度,美国社会心理学家奥尔波特认为,态度形成需要以下四个条件:第一,经验的积累和整合,个体从个别零散的经验中形成相同类型的特殊反应的整合;第二,经验的分化,经验开始是笼统的、缺乏特殊性的,以后逐渐分化和个别化;第三,剧烈的、外伤性经验,甚至是仅仅一次的经验,就可以形成永久性的态度;第四,对社会已有态度的模仿及语言的学习也是个体态度形成的条件。①

从发展的角度看,科雷奇(D. Koreich)认为影响态度形成有以下几个因素:第一,个体获得的信息,具体是指对某一对象的信息获得的质量,以及信息源的性质,也就是信息的可信度;第二,群体,所属群体或参照群体对个体的影响是制约态度形成的因素之一;第三,需要得到满足的程度,个人的需要是否得到满足也关系到态度的形成;第四,个体的人格特点,态度持有者的人格因素会影响态度的形成,也

---

① 奥尔波特.社会心理学的历史背景[M]//周晓虹.现代社会心理学名著精华.南京:南京大学出版社,1992:407.

就是说，个人心理素质的差异会影响态度的形成。

二、态度的变化

社会态度的变化本质上是一种新态度的形成。其广义指内因或外因使某一定时期内持续的、稳定的态度发生相应的变化；狭义指由于社会的影响，特别是由于劝导性沟通使过去形成的态度向相反的方向发生变化。态度的变化主要有方向上的变化和强度上的变化。态度变化的方向按照施加影响的社会或他人所期待的方向发生变化的，称肯定性态度变化；反之则称否定性态度变化。

态度的形成和改变是有联系的。在某些情况下，一种过去的态度改变就意味着一种新的态度的形成。一个人的态度是后天习得的，是不同社会生活经验积累的结果。对社会态度形成和变化的研究一直是社会心理学的重点内容，主要有以下几种理论。

（一）认知均衡理论

认知均衡理论是关于态度变化的一种社会认知理论，它由美国社会心理学家海德在 1958 年提出。这种理论认为，人的心理活动是人与社会因素相互作用中实现动态平衡的过程。这一理论经过其他学者的发展和完善，形成了一系列与此相关的理论体系。这一理论的出发点是人们在心理上有维持态度系统平衡一致的需要，一旦失去平衡就会紧张，总有从不平衡向平衡转化的趋势，竭力使态度系统恢复到平衡状态。态度系统中的认知、情感和行为等成分的不一致性是促进态度改变的主要因素。按对一致性理解的不同，态度系统可分为几种解释态度改变的理论模式：海德的 P-O-X 模型，费斯廷格的认知不协调理论，纽科姆的 A-B-X 模型，奥斯古德与坦南鲍姆(P. H. Taunenbaum)的和谐理论等。

下面重点介绍海德的 P-O-X 模型和费斯廷格的认知不协调理论。

1. 海德的 P-O-X 模型

海德的认知均衡理论提出的假设主要有两个：第一个假设强调认知结构中存在着“趋向平衡的压力”；第二个假设是不平衡结构趋向于转变成平衡结构，这个假设是认知均衡理论的核心。而体现海德这一理论精髓的是 P-O-X 模型，如图 6-5 所示。

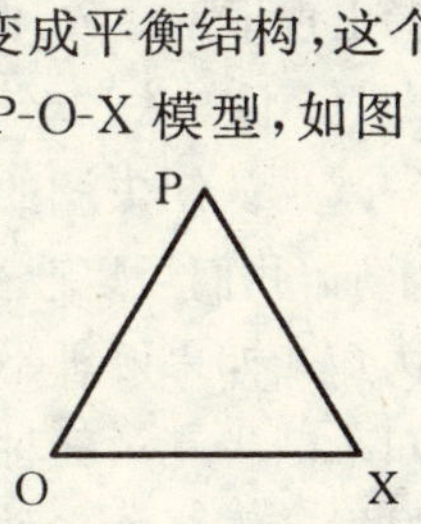

P

O　　X

图 6-5　P-O-X 模型示意图

P-O-X 模型体现的是一种简单的人际交往情境，用来说明社会认知和人际关系。其中 P 代表自己，O 代表另一个人，而 X 则代表介于 P 和 O 之间的第三个人或其他态度的对象。这三者之间存在相互的某种联系，如感情方面的联系。这三者之间的关系是否平衡，取决于其中三角关系中两者之间的正(肯定的,喜欢的)或负(否定的,不喜欢的)。如果三边全为正,或一边为正、其余两边为负,那么就处于平衡状态;若三边均为负,或一边为负,其余两边为正,则存在不平衡状态,如图 6-6 所示。

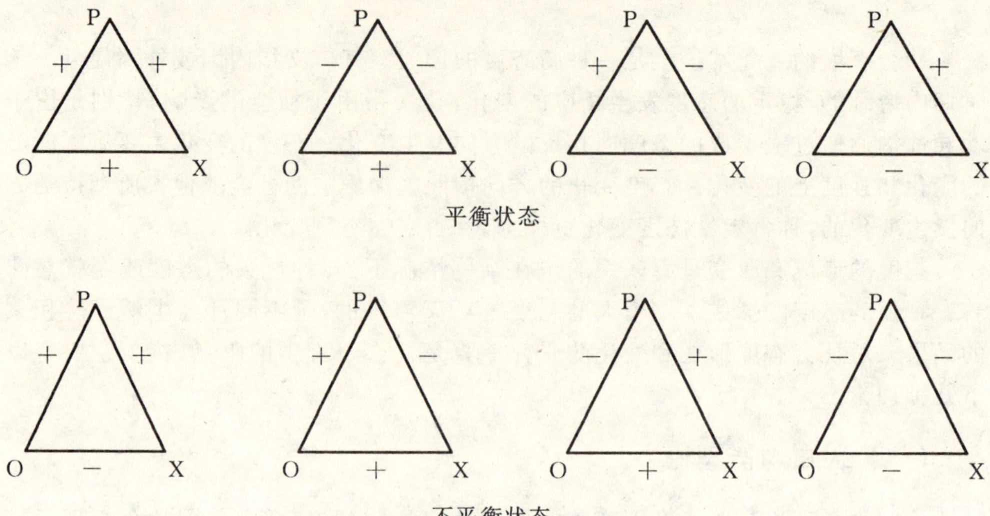

图 6-6 平衡状态与不平衡状态示意图

海德的认知均衡理论从认知角度研究人际关系,具体是研究认知主体和客体,以及主体与其他人的多重关系。但是,这一理论也有其局限性,其中提出的 P-O-X 模型过于简单化,不能完全说明复杂的人际关系。

2. 费斯廷格的认知不协调理论

针对海德的认知均衡理论的局限和不足,费斯廷格于 1975 年提出著名的认知不协调理论,这一理论成为以后许多理论的基础。费斯廷格认为社会态度为了维持与外显行为的一致性,会随行为而改变。他指出,如果态度的一个认知成分与另一个相对立,那么这两个成分间的关系就会出现不协调。

一般情况下,个体的态度与行为是相协调的,因此不需要改变态度与行为。假如两者出现了不一致,比如做了一些与态度相违背的事,或没做想做的事,就会产生认知失调。认知失调会产生一种心理紧张,个体会力图解除这种紧张,以重新恢复平衡。

减少认知失调的方法通常有四种。第一种方法是改变认知。如果两种认知相互矛盾,我们可以改变其中一种认知,使它与另一种相一致。第二种方法是增加新的认知。如果两种不一致的认知导致了失调,那么失调程度可由增加更多的协调认知来减少。第三种方法是改变认知的相对重要性。因为一致和不一致的认知必须根据其重要性来加权,因此可以通过改变认知的重要性来减少失调。第四种方法是改变行为。认知失调也可通过改变行为来减少,但一般情况下,行为比态度更难改变。

（二）信息传播理论

美国社会心理学家霍夫兰德等人在20世纪40至50年代进行了沟通项目的研究。他们研究沟通对态度形成和改变的效果和作用，认为态度是后天习得的产物，是由学习而来的反应；强化、模仿是态度形成的机制；经过肯定性强化的态度被接受，而经过否定性强化的态度被放弃；态度改变应在信息传递过程中研究个体对信息的注意、理解与接受等因素。

1959年，霍夫兰德提出以信息交流过程为基础的态度改变模型，也就是所谓的说服模型，这一模型具有社会心理学界公认的有效性，通过图6-7可直观地了解这一模型。

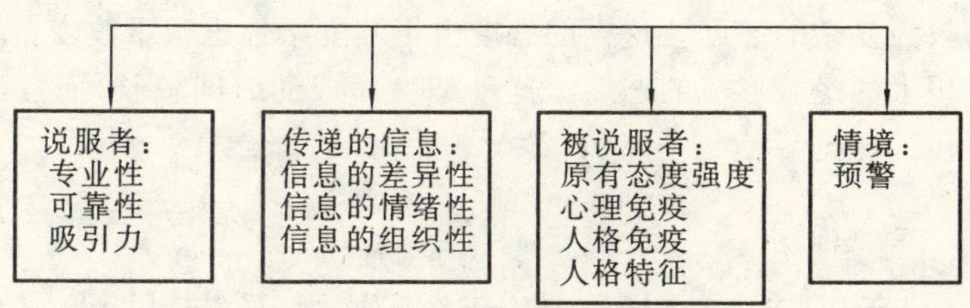

图6-7　态度改变的说服模型

在上面的说服模型中，可以清楚地了解到影响态度改变的几种因素，其中有说服者、信息、被说服者及情境。这些因素的相互作用影响说服的效果，这里要强调的是信息传播对态度改变的影响。

要改变被说服者的态度，说服者在信息内容的组织方式和传播的方法上都要适当地进行安排，以使前者放弃原有的态度，形成与自己一致的态度。

（三）心理抗拒理论

心理抗拒理论于20世纪60年代末出现，这一理论把心理抗拒现象及其抗拒效果作为一种态度进行研究。美国心理学家E.布林（Edwin Garrigues Boring，1886—1968）在其专著《心理感应抗拒理论》中首次提出心理感应抗拒理论。他认为，心理抗拒的强弱是由以下因素所决定的：第一是对自由的期望，对自由期望越高，心理抗拒力量也越大；第二是对自由剥夺的威胁，自由受到威胁时，人们也会产生心理抗拒；第三是自由的重要性程度，一项自由对自己越重要，当其被剥夺时，心理抗拒也越大；第四是一项自由被限制时是否会影响到其他自由，如果有影响，则心理抗拒会更强。

个体在一生中都会表现出一种对限制其自由的行为进行抗拒的强烈倾向。在心理抗拒的情况下，如果事先的说服教育不当，而对人们的行为加以限制，会使人们认为自己的自由被剥夺了，非但不会转变态度，反而会促使态度向预期相反的方向变化。这种社会态度改变过程中向相反方向转变，或者仍保持原有态度的现象，称为逆反心理。

后来，在心理抗拒理论的基础上发展出心理免疫理论，认为要想促使态度向有利方向转化，事先让被试参与有关的活动是必要的，被试积极参与实验者进行的一系列活动，有助于被试的态度转变。

通过关于态度形成和改变的理论的探讨，可以了解到态度一旦形成，就不会轻易改变。特别值得注意的是某些类型的态度是难以改变的，主要有以下几种。第一种是与个人主导动机相联系的态度。因为这种态度深刻反映个人的价值观、人生观，所以较难改变。第二种是反映某种特殊人格的态度。要改变某些人的这种态度，首先要改变其整个人格。第三种是依据多种事实形成的态度，以及与多种需要相联系的较为复杂的态度。这样的态度由于其复杂性也很难改变。第四种是根据个人多年积累的经验形成的态度。这种态度形成的时间较长，而且已经具有习惯性，一般很难改变。

第四节　社会态度的测量及其技术

态度是一种内部准备状态，不能被直接观察到，它的存在是通过可见反应如言语、行为等显示出来的。要对社会态度进行研究，就要对其进行测量。测量就是根据一定的法则用数字对事物加以确定，也就是确定一个事物的属性的量的多少。因此，事物的测量，就是根据一定的法则，采用一定的操作程序，给事物确定出一种数量化的价值。社会态度的测量，一般使用间接的方法(如行为观察法、问卷法等)对态度进行测定，并使之量表化。20 世纪 20 年代中期，经过社会学家和心理学家的努力，态度测量的一些理论、方法和技术开始出现。1925 年，社会学家博加德斯(E. S. Bogardus)提出了著名的“社会距离量表”，随后心理学家瑟斯顿首次公布了用于测量宗教态度的“瑟斯顿量表”。在两人的研究成果基础之上，学者们纷纷提出许多态度测量的新的方法和技术，为态度测量的研究作出了巨大贡献。在社会心理学中，常用的态度测量方法主要有两种，分别是量表法和非量表法。

一、量表法

社会态度量表大致可分为单维度量表和多维度量表两类。前者有瑟斯顿的等距测量法、美国社会心理学家李克特的累加量表法、美国社会心理学家格特曼的量表解析法等;后者有SD法(即语义分化法)、多维度量表法,博加德斯的社会距离量表等。

(一) 瑟斯顿量表

瑟斯顿量表是最早出现的态度量表之一,是瑟斯顿及其同事蔡夫于1929年提出的,主要用于宗教态度的测量,也叫等距法。这个方法首先围绕所研究的问题,收集一系列有关研究态度的陈述或项目(这些陈述或项目必须意义明确,能概括问题的全部范围),然后让一些评判者将这些陈述按从强烈赞同到中立再到最不赞同方向分为若干等级,比如7、9或11等级。经过淘汰、筛选,形成一套约20条意义明确的陈述,沿着由最不赞同到中立再到最赞同的连续统一体分布开来。最后要求参加态度测量的人在20条陈述中选择他所同意的陈述,所选择的陈述的平均量表值就是他在这一问题上的态度分数。瑟斯顿量表法的主要贡献在于提出了在赞同—中立—反对的多层次测量态度的方法,准确和有效标明了态度的差异。目前,多数量表仍保留了瑟斯顿量表这个基本特点。但是由于这个方法存在的诸如复杂、浪费时间和不实用等缺点,受到后来一些研究者的批评,所以今天已经很少有人使用这一方法进行态度测量了。

(二) 李克特量表

针对瑟斯顿量表存在的费时和不方便操作等缺点,李克特于1932年提出了一个相对简化的测量方法,称之为累加量表法。它不需要像瑟斯顿量表法一样收集对每个项目的态度反应,只是把每个项目的反应评定相加而得出一个总分数。总分数越高,说明被测量者对某一态度对象的态度越肯定;反之,总分越低,则其态度越趋向于否定。

李克特量表由一系列陈述组成,利用五点或七点量表让被试作出反应。五点量表是从强烈赞同(5)、赞同(4)、中性(3)、不赞同(2)到强烈不赞同(1),如图6-8所示。7点量表则分为强烈赞同、中等赞同、轻微赞同、中性、轻微不赞同、中等不赞同、强烈不赞同。

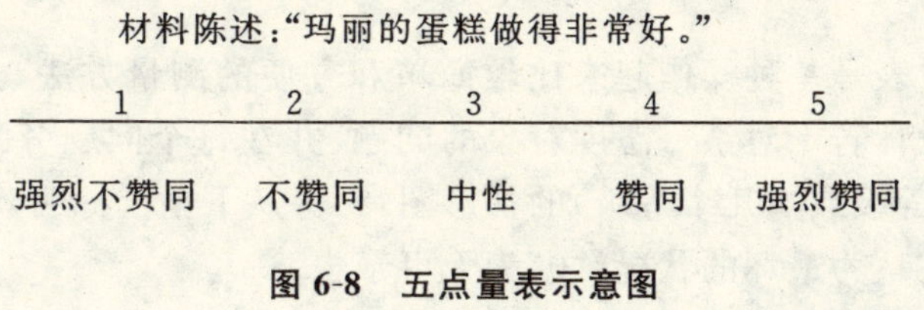

图6-8 五点量表示意图

李克特量表后来还进行了改进,其中一种改进形式是强迫选择法,为了迫使被试作出选择而排除了中性点，如把原7点量表改为6点量表。

（三）语义差异量表

语义差异量表法也叫语义分化法，是奥斯古德等人于1957年提出的一种较为全面的测量方法。语义差异量表法主要分析态度对象隐含的意义，其理论前提是认为态度是人们赋予关键词语或关键概念的语义构成，而这些意义可以通过对词语联想的反应加以确定。前面提到的态度测量，比如瑟斯顿量表，基本上是在赞同或不赞同一个维度上的测量，不易表达出态度的复杂性。语义分化法提出了三个不同维度的态度测量，所以又称为多维度量表法。这三个维度是评价、强度和活动。在这个方法中，态度对象的评定是通过由对立形容词构成的一些量表进行的，如好—坏、强—弱、主动—被动。好—坏是评价方面，强—弱是强度方面，主动—被动是活动方面。测试时给被试提出一个态度对象，要求他按照自己的想法在有关系列中选择一个数字，各系列分值的总和就代表他对有关对象的总态度。在制定的表格中三个维度一般是不变的，但各维度中的项目是可变的。三个维度中评价维度被认为是主要的。

相对前面介绍的两种量表而言，语义差异量表是能够更简便地测量态度的一种方法。

（四）博加德斯量表

与瑟斯顿和李克特量表按赞同或不赞同维度的测量有所不同，社会距离量表主要用于测量人际关系亲疏态度，是人际吸引研究的开端。美国心理学家莫雷诺(Jacob Levy Moreno，1889—1974)的社会测量量表是测量人际吸引和排斥态度的一种形式。博加德斯1929年提出的社会距离测量量表主要用来测量种族之间的社会距离。博加德斯量表包括一系列陈述，按从最近社会距离到最远社会距离排列开来，如可以结亲(1)、可以作为朋友(2)、可以作为邻居(3)、可以在同一行业共事(4)、只能作为公民共处(5)、只能作为外国移民(6)、应被驱逐出境(7)。括号内分值越大表示社会距离越大。

（五）生活梯形量表

生活梯形量表是一种操作起来比较简单和方便的测量方法。制作梯形量表，首先由调查者设计若干对某一态度对象的问题，并在每个问题旁画一个有6个等级（也可多几个等级或少几个等级）的梯形图，梯旁从下至上标明0～5号，其中“5”为最好的状况，“1”为最坏的状况，“0”为无可奉告。

上述态度测量方法是量表法里具有代表性的几个。态度量表通常是由一系列有关所研究态度的陈述或项目组成，被试就每一项目表达自己同意或不同意的方向以及同意或不同意的程度，把反应分数加以整理得出一个表明态度的分数。在制定态度量表前，首先须确定自变量、因变量，以控制和排除无关变量；其次应注意测量指标，使之能测出态度倾向的程度，即对态度作定量分析。使用量表测量态度应及时，若有可能，应跟踪测量，以获得态度变化的资料。

量表法是测量态度的主要方法，但是仍有其局限性，不一定能反映被测量者的真实意图和想法。所以就有学者提出了非量表法，如投射测验法、行为观察、生理反应法等。这些方法也是测量态度时常常被采用的。

二、非量表法

非量表法的测量与量表法差别很大，一些常用的方法主要有生理反应法、投射法、自由反应法和行为观察法等。

（一）生理反应法

生理反应法的前提是假设态度可以通过个体的生理反应来测量。态度的形成和改变会引起人的一系列生理反应，比如人在说谎的时候，心跳会加快，血压会升高，呼吸会加快，身体的静电会有一定变化，而这些都可以用科学仪器进行测定。因为这些生理反应是不受意识制约的，故测定的数据比较可靠。采用这种方法时，首先给被测量者关于态度对象的描述材料，然后观察其因心理压力而产生的生理反应的变化，从而断定态度的变化。

生理反应法建立在生物学研究的基础上，只要具备一定实验设施就可以进行实验，过程容易操作，结果相对可靠。

（二）投射法

投射法原本用于临床心理学和精神病治疗，后来得到推广，在社会心理学、社会学和人类学等学科中广泛应用。投射技术的缘起和发展与心理分析理论有密切关系。投射测验的设计者常用心理分析观点作为指导来选择刺激，解释测验的结果。

投射法是一种可以间接测量个人态度的方法和技术。它给被试一定的媒介：一般是比较模糊的刺激物，如一些不规则的线条；也可以是一些不完整的句子；也可以是一些有意义的图片；也可以是一个故事的开头，让被试来编故事的结尾，让被试作出反应或回答。被试不清楚所要测量项目的意图，也不明白自己的回答会暴露什么，从而在毫无察觉的情况下表现出其个性特征（态度、品质和行为）。这种方法大多在间接提问或不宜暴露研究真正目的的情况下使用。因为刺激物的意义是不清楚的，所以被测量的个体的说明只能来自于他的想象。通过不同的回答和反应，可以了解不同人的态度。

最著名的投射法是罗夏克的墨迹测验法(RIT)。罗夏克采用墨迹作为不明刺激物进行测试，所以把他的投射法叫罗夏克墨迹测验。下面简单介绍是这种投射法的操作过程。首先给被试以刺激物(墨迹图形)，墨迹图形可被想象为不同的东西，没有固定的意义与结构，但是不同的人能引起不同的反应。然后了解被试的反应，着重于他对墨迹图形总体上有怎样的感觉，让其讲出或用行为表示出来。第三步是给这些反应计算相应的分数。按照对墨迹图形的反应并按其所利用墨迹的部位(整体、局部、空白等)、反应时的主要依据(外形、色彩、人的动作、阴影)，以及反应内容(人、动物、器具、景物、抽象概念、艺术等)进行计分。最后就是解释被试的态度、人格结构、行为方式。这种解释是结合心理学与社会心理学的理论作出的，而不是简单对被测试者的反应进行的直接推断。

另外，投射法还有由默瑞和摩根在 1935 年编制出版的著名的主题统觉测试(TAT)。TAT 是一种常用的投射人格测验，它要求被试根据刺激物回答一些问题或解释一些情景，从中了解个人的社会交往情况和本身的人格特点。TAT 的材料包括 31 张图片，其中一张为空白图片。图片中绘有主题不明确的一些图画，大多数图画中包含人物。测验者每次给被试看一张图片，要求他(或她)讲一个故事，在指导语中鼓励被试尽量发挥想象力。完成测验的最后程序是要求被试将一系列不完整的句子补充成为完整句子。

投射法的最大好处是研究者可以隐藏研究的真实意图，这样就创造了一个比较客观的外部条件，可以比较深入地了解个体的内在心理活动，使测量的结果比较客观，真实性也比较强。但是它存在测量结果分析比较困难的缺陷，需要有经过专门训练的人员。因此，投射法在一般态度测量中运用比较少，只有特殊情况下才会使用。

(三) 自由反应法

在自由反应法测量中，首先给被试提供一组相互关联的问题或项目，但是问题或项目都没有答案或解决的办法，而让被试自己找出答案或想出办法，最后根据被试对问题或项目作出的一些反应推测被试的态度。这些反应包括认知(同意或不同意)、情感(喜欢或不喜欢)和行为(支持或反对)三类。这种方法操作起来比较简单，但是结果可能不十分准确。

三、使用态度测量方法应注意的一些问题

通过前面关于态度测量方法的介绍，我们知道借助一定的方法和技术，是可以对态度进行测量的。态度作为内在的心理现象，本身具有内隐性和复杂性，这决定

了对其测量不是容易和简单的工作。态度测量需要考虑很多东西。首先就态度本身而言，态度的内隐性（态度是内在的、不易观察的）、外显性（外在行为表现判断和推测）、倾向性（肯定与否定、赞成与反对），以及深度和强度（肯定与否和赞成与否的程度）都是要考虑的重要方面。要准确地对态度进行测量，就要深刻透彻地理解态度的内涵。除了要考虑态度的特点、方向和强度以外，还要考虑态度结构的三大成分：认知成分、情感成分和行为成分，主要包括认知的复杂度，态度相关的情感的强度，表现于外显行为的程度，以及态度的双向性和重要性，与其他态度的关联度、灵活性和意识化的程度，等等。

在设计态度测量方法时，首先必须明确态度对象。态度对象可以是比较具体的，也可以是比较抽象的，但必须能与其他概念清楚地区别开来。社会态度的主要属性是评价性，也就是对一定态度对象呈现的积极或消极的反应倾向。态度应在评价连续性上处于一定的位置，表示其方向和程度。态度与个人的基本价值观和基本需要有联系，这会造成自我卷入①程度上的差别。态度不是直接观察到的，它的存在是通过可见反应显示出来的。可见反应可分为三类，即认知反应（同意或不同意）、情感反应（喜欢或不喜欢）和行为反应（支持或反对）。评价倾向可以通过上述任何一种反应来估量。信念方面通常只能通过认知反应来估量。

另外，应该注意的是，社会态度的测量还要考虑某些外部因素的影响。这些因素主要包括测量方法的科学性、测量者个人的特点、被测量者的人格特点和测量的情境。这些因素的相互作用往往也会影响态度测量的准确度和有效度等。

测量方法的科学性是非常重要的。就态度测量的组织程度而言，一般可以分为两类：无组织的和有组织的。无组织的测量方式是由被测量者自由表达对某事的看法，有组织的测量方式则给被测量者提供多项选择项目。二者各有其用途，前一种方式可以取得较多信息，了解到测试前没有预料到的问题；后者记分比较方便，不易发生错误的理解，使反应集中于主要问题上，适用于较大群体的测量。

在社会态度测量中出现的客观方面和主观方面的问题都会影响测量的效果，甚至会造成测量错误。态度测量要做到客观，必须在测验编制、实施、评分、解释过程中减少主试和被试的随意性程度。标准化的测量是测量客观性的根本保证。研究者发现，设计的态度量表有时不能反映出被试的真实态度。如果量表里某个项目编制用语不明确，容易让被试发生误解，那么对这个项目的反应就不可能反映出被试的态度。这是客观项目的解释出现问题造成的。要避免这种错误，在编制态度量表时就应当用多个项目测量同一个态度，这样就可以在一定程度上克服理解上造成的误解，测量到真实的态度。在社会态度测量中出现的更严重的问题是主

① 自我卷入强调个体对自我的评价，也可以理解为对自己的主观体验状态。

观倾向问题。如果人们由于某种原因而不愿表达真实的态度,那么就可能提出虚假的反应;有时人们也可能并不了解自己与行为不同的内在的态度,在这种情况下,作为测量工具的态度量表就存在是否有效的问题。为了避免这类问题出现,社会心理学家已提出一些解决的办法。

最常用的态度测量方法使用的前提是假定被试意识到并愿意表达他的态度。但是在某些敏感问题上被试可能不愿意表达自己的态度,这时就需要采用间接方法。间接方法是使被试不意识到自己受到评价,或者虽然意识到但不知道评价的是什么。在一些情况下,人们作出虚假反应是因为知道有些态度是不被社会接受的。为了解决态度测量中出现的这一问题,有研究者提出了一种称为假通道技术的方法。这些研究者说只要采用一种测量的仪器,就能够得到关于被试的真正态度。如果被试不了解实情,相信实验者真能做到,就可能作出真实的反应。1971年,西戈尔(Theodoor Siegal)等人把假通道法与传统量表法相结合进行态度测量研究,结果证明,这比只用传统量表法更能揭示出真实的态度。

除了运用假通道技术之外,还有人提出通过观察个人的反应、制定行为指标的办法也能测量到真实态度。这种方法是有一定的依据的。首先,人们面对刺激作出的反应与表现出来的身体语言密切相关。比如当人们听到他们同意或可以接受的信息时,往往用点头这一动作表示,这样的动作表明了个人的真实态度。其次,人的一些生理上的细微变化可以利用仪器设备检测出来,比如皮电反应。虽然这类生理反应与态度没有直接联系,但有助于了解唤起水平,从而查明不真实的反应。

另外,测量中还要注意的一个问题是被试的人格特点。各人具有的不同人格特点也会在测试中表现出不同的反应倾向。社会心理学家发现,一些人在测量中总是具有某种固定反应模式,这些模式往往与其态度无关。这样观察其反应就不能得到真实态度。有些人有肯定反应倾向,他们对测试中的问题或项目倾向于作出肯定的回答,即使它不反应其真实态度。反之,有些人面对问题或测试项目有否定倾向,他们倾向于作出否定回答。对于这些情况,可考虑采用对一个态度的测量运用多个问题的方法,而且问题的表述采用不同方式,比如同一问题有时要求肯定性回答,有时要求否定性回答。

第五节 社会态度研究的实例——偏见

偏见是一种普遍存在于社会生活的否定性社会态度,对人们的生活有极大的消极影响。因此,偏见成为社会心理学家经常探讨的一种具体的社会态度。

一、偏见的含义和特征

英文的“偏见”(prejudice)一词由拉丁文中“先有之见”(praejudicium)一词演化而来。在古罗马时代，法庭在没有审讯一个案件之前，为了澄清诉讼双方的身份和地位，照例都会有一种“先断”(预先判断)的习惯。这种“先断”慢慢就演变成现在所谓的“偏见”。所以那时的“偏见”就是在正式审判之前而先下的判断，是在未认识事情，或没有详细了解事情之前所下的结论。当时“偏见”可以理解为一种先有之见。这种先有之见根据一定表象或虚假的信息先作出判断，从而出现判断失误或判断本身不符合判断对象的真实情况的现象。这就是后来的偏见的由来。

现在所谓的偏见一般是指对社会上某种特定群体或个人成员所拥有的缺乏充分事实依据的否定态度。偏见作为一种社会态度，从结构上可分成认知、情感和行为三个部分。态度的认知成分是指个人的信念及其对所属群体的期望。个人的认知会把一些人和群体分门别类，然后对特定的群体或个人显示相同的态度或表达相似的行为。而当偏见的情感成分发生作用时，持有偏见者会直接或间接地对特定的人或群体产生强烈的否定感情。偏见的行为成分是指对偏见态度对象的行为否定方式。这种不公平对待特定群体和个人的否定性行为表达就是偏见。歧视作为偏见态度在行动上的表现，可能会对社会产生非常消极的后果。比如较低水平的歧视会使个人或群体之间产生误会，相互不来往，较高水平的歧视则会导致激烈的暴力行为，甚至大规模的冲突。

总之，偏见可以理解为一种先有之见，是对特定群体或个人成员所持有的、缺乏充分事实依据的、不公平的否定性态度。偏见和歧视密切相关，偏见是不公正的态度反应，而歧视是对某一特定群体的不公正行为。偏见和歧视的表现有多种。偏见的表现形式包括思想方面的偏见、言语方面的偏见和行动方面的偏见，具体说来，有民族偏见、种族主义、年龄歧视、性别歧视，等等。

偏见作为一种否定性的社会态度，具有一些与其他现实态度不同的特征。偏见的基本特征主要有以下几种。首先，偏见的产生基于有限的或不真实的信息。持有偏见者把不符合事实的信息作为判断依据，这些信息是不充分的和不完全的。其次，偏见的认知成分是刻板印象。因此，偏见一旦形成就不会轻易改变。再次，偏见有过度类化的倾向，强调共性，忽视个别差异，比如对某特定群体持有偏见，那么对这个群体里的每个成员也会有同样的偏见。最后，偏见会有一种先入为主的渗透个人感情成分的判断。人们往往只看到个别现象就过早地下定论，并且在真实的信息输入之后仍不愿意改变原来的态度。[①] 社会刻板印象、晕轮作用、先入为

---

① 周晓虹.现代社会心理学——多维视野中的社会行为研究[M].上海:上海人民出版社,2004:243.

主、自傲或自卑都能导致偏见。

二、偏见形成的原因

偏见的形成与多种原因有关，如个人、文化和社会等。有很多理论可以用来解释偏见的形成。最常见的社会学习理论认为偏见是后天习得的，其途径与其他态度和价值观的习得相同。人们从他们的家庭、伙伴、大众媒体，以及身处的周围中学会了偏见。动机理论解释了偏见是如何满足个体需要的，认为偏见起源于群体间的利益冲突，是群体之间稀缺资源或权力争夺必然的结果。还有理论从个人角度认为偏见是一种人格障碍。认知理论则认为，基于社会知觉的特点，即使没有经历引发偏见的社会化过程，没有群体间资源竞争或人格障碍的情况下，认知上的偏差也会导致偏见的产生。错误的社会认知或某些情绪体验容易形成偏见心理。对某人所属团体的知觉是导致偏见的感情因素，它使偏见者进入错误的信息加工并回忆起对态度对象的否定感情。随着时间的推移，他们以某种方式开始想到其态度对象，情感性地忽略或漏掉一些信息，而这些信息与态度对象的实际情况是一致的或相同的。

人的偏见不是与生俱来的，它是后天习得的社会产物。人们所处的社会和生活环境为偏见的形成提供了条件。社会文化、家庭、学校和朋友群体等都会影响群体的个体成员的偏见。

个体所处的社会都有一定文化，这些文化会影响人们的思想观念，当然也会影响和支持个人偏见的形成。文化为人们提供一定的行为规范，这些行为规范有些是在针对特定群体的偏见基础上形成的共同遵守的行为方式，这样的行为方式会形成不断延续、根深蒂固的偏见。

家庭是个体生活的主要场所，是偏见形成的主要来源之一。家庭里，父母有抚养义务，父母的言行举止对子女的成长有巨大的影响。父母对态度对象存有偏见也会影响子女偏见的形成。另外，家庭条件也会影响偏见的形成。个体在较差的家庭条件下成长，容易形成不健全的人格，具有这样人格特征的个体容易形成极端化思想，也就可能形成偏见。

群体生活也是偏见的一大来源。一般人都有群体聚居的本能，人们在群体里相互交往，明确身份角色，发挥特长，满足自己各方面的需要，比如基本生活的需要、感情的需要和安全的需要等。社会群体有一致的群体意识和规范，群体成员在交往互动中，行为和心理相互学习和影响，形成共同的观念、态度、规则和价值观。因为共同的利害关系，人们一般认为自己所属群体的观念、规则和价值观是正确的和合理的，而其他与所属群体有冲突的群体的观念、规则和价值观是错误的和不合理的。这就可能对其他群体及其成员形成不正确的认识和评价，容易形成偏见。

许多群体为了巩固内部凝聚力，加强成员间的团结，都会有意无意地排斥其他群体，甚至丑化歪曲其他群体的形象。这些都是群体成员偏见的重要来源。

从个体的角度看，个体的客观条件如社会地位和生活境遇等，以及主观条件如个体人格和心理素质等，都会影响偏见的形成。个人的社会地位低、生活境遇差会容易使他产生对社会和其他人的认知和评价的偏差，从而影响正确的人生观和价值观的形成，当然就会产生偏见。而在主观方面，有些学者经过研究发现，一些人具有所谓的权威人格（也叫专制人格），这类人具有固守传统等级观念、顺从和认同权威、敌视其他群体成员、看问题过于简单化等人格特征，容易形成偏见。个人内在心理如过于自卑或过于自大也会影响对态度对象的认识，从而极易形成偏见。个人在现实中遇到失败或挫折后，比如考试不及格，比赛失利，心理会沮丧失落，于是会去找出理由，对心理进行调适，以保持心理平衡。这些理由最好不是因为自己的过失；如果是因为自己失误的话，为了逃避责任，唯一的办法只有把过失推到别的人或物身上。这就是心理学上所谓的“投射”现象。投射是一种强烈的自我防卫本能，用来减轻或消除个人在挫折后所产生的罪恶感和焦虑的情绪，以保持心理平衡。

三、偏见的危害及消除偏见的途径和方法

偏见作为一种否定性的社会态度，具有持久性和稳定性，是一种持续的心理状态。偏见带有强烈的感情色彩，在没有证据的情况下就断定其他人或群体不好，是对一切所不熟悉的、不了解的或不认可的东西的轻视。因此，偏见是非理性的，并没有足够的理由支持；偏见也是很难改变的，人们有时在事实面前也不会轻易改变原来的看法。

人们在研究偏见现象的时候往往联系到歧视，歧视其实就是偏见的一种行为表现。偏见特别是歧视会对社会产生巨大的消极影响。比如种族主义和种族歧视一直是人类社会的毒瘤，在人类历史留下许多不光彩记录，至今仍未彻底铲除。许多学者一直进行如何消除偏见和歧视研究，并且提出一些解决之道。

首先，可以采取协调群体间不同利益目标的办法。利益目标包括两种：一是所有群体所面对的利益目标，它是共同的、一致的；二是不同群体间各自的利益目标，它们是个别的、不尽一致的。如前文所述，不同群体间为追求同一利益目标而进行激烈的竞争，从而产生冲突，这是偏见的来源之一。因此，要消除偏见，可以在不同群体间协调不同的利益目标，使他们的关系从冲突变成合作，这就为消除偏见提供了有利条件。

其次，让相互隔离的群体成员进行交流互动，经过沟通，消除偏见。隔离的群体成员之间相互之间没有往来，也就相互不了解，容易产生误会。所以让原本隔离

的群体成员进行交往，增进了解，重新认识对方，可以为消除偏见创造条件。

还有一种方法就是在认知上将外群体成员个别化，消除对群体的刻板印象。①

而从个体的角度说，只有改变针对特定社会群体的不正确的观念和看法，削弱相关的刻板印象，给予群体及其成员正确客观的认识和评价，才有可能消除偏见。

本章小结

社会态度是社会心理学的核心概念。社会态度是指个体自身对社会存在一种较为稳定的看法和一定结构的内在心理状况。社会态度是一种比较特殊的心理现象，主要有社会性、稳定性、方向性、统一性和复杂性特点。社会态度的构成具有一定的内在结构，所以其具有独特的心理功能。社会态度和社会行为的关系是社会心理学的重要内容，本章主要研究两者相关程度，以及影响相关程度的因素。态度的形成和改变也是本章重点探讨的内容。社会态度是一种内在准备心理状态，不能直接观察到。对社会态度进行研究，就要对其进行测量。社会态度的测量方法主要有两种：量表法和非量表法。偏见是一种普遍存在的否定性社会态度。偏见是社会心理学家研究具体社会态度的一个重要课题。

思　考　题

1. 社会态度的含义是什么？
2. 社会态度的结构是什么？社会态度具有哪些功能？
3. 社会态度有何特点？
4. 谈谈社会态度与外显行为的关系。
5. 社会态度的形成有哪几个阶段？
6. 简述关于社会态度的形成与改变的几种主要理论。
7. 简单列举社会态度测量的几种方法和技术。
8. 影响社会态度测量的因素有哪些？

① 周晓虹. 现代社会心理学——多维视野中的社会行为研究[M]. 上海：上海人民出版社，2004：243.

第七章

社会角色

作为社会中的个体，无论男女，从平民到国家元首，从穷人到富人，从学生到老师……都被社会规范束缚在各种期望中，被赋予相应的行动规则。当处在一定位置上的个体合理遵循相应的规范，与其他个体产生有序互动，促进社会关系的良性循环和协调发展时，他就在成功地扮演某种角色，扮演角色过程中引发的行为乃是一种角色行为。

第一节　角色的认知

一、角色本质

在每个社会中，人们都扮演许多不同的社会角色(roles)，即社会通过规范不同地位的人应该如何行为而调节自己的位置。[①] 对于角色的理解，有的学者将其视为系统人格的一部分，人格(personality)指的是特殊的思想、感觉和自我观照的模式，它们构成了特殊个体的一系列鲜明的品质特征。人格可以分为几个主要部分：认知(思想、知识水平、知觉和记忆)、行为(技能、天赋和能力水平)及情感(感觉与感情)。[②] 从这个角度出发，个体就像在日常生活中学习各种心智结构和社会技能一样习得他的社会角色。

社会心理学中的角色概念源于戏剧专门用语，也称"脚色"，指舞台上扮演某一人物的演员，其言语和行为必须符合戏剧的要求。英国伟大的戏剧家莎士比亚(Shakespeare William，1564—1616)在《请君入瓮》中写下的著名台词："世界是一

---

① 卡萝尔・韦德，卡萝尔・塔佛瑞斯．心理学的邀请[M]．白学军，译．3 版．北京：北京大学出版社，2006：402.

② 戴维・波普诺．社会学[M]．李强，邓建伟，章谦，等译．10 版．北京：中国人民大学出版社，1999：18.

个舞台，所有的男人、女人不过是一些演员，他们都有上场的时候，也都有下场的时候，一个人一生中扮演着许多角色。”这段话形象地道出了舞台演戏和社会生活之间颇为紧密的内在联系。两者之间有着惊人的相似：正如演员在舞台上有明确的角色，社会行动者也占据明确的地位；正如演员必须按照写的剧本去演戏，行动者在社会中也必须遵守规范；正如演员必须听从导演的命令，社会中的行动者也听凭权贵或大人物的摆布；正如演员在台上必须对彼此的演出相应地作出反应，社会成员也必须互相调适各自的反应；正如演员必须与观众相应，社会行动者也有必要充当多种他人或“一般化他人”的角色；正如技能不同的演员赋予角色以独特的理解意义，具有不同自我概念和角色扮演技巧的人拥有其独特的互动方式。① 所以，对舞台上的演员和社会生活中的个体而言，角色扮演技能往往是相通的。

美国社会学家乔治·米德和林顿创造性地拓展了角色概念，为建构比较完整的角色理论作出了巨大贡献。此后戈夫曼提出“戏剧”(dramaturgy)概念，把角色理论运用到日常生活的行为研究中。尽管学者们对角色概念进行了深入的研究，却始终没有赋予这一概念本身确切的含义。

虽然对角色的定义缺乏明确定论，甚至模糊不清、自相矛盾，许多人仍不断尝试着从各方面对这一概念加以理解。特纳(Jonathan H. Turner)从三种意义上建构角色：首先，人们通常是面临着一个松散的文化结构，在这里，他们必须建构一个角色以扮演之；其次，人们假定他人也在进行角色扮演，所以努力建构隐蔽在一个人行为背后的角色；最后，在所有的社会情境中，人们都试图为自己建构一个角色，主要是通过向他人发出暗示、确认某一角色来实现。这样，互动就成了角色领会和角色扮演过程的连接点，使它们彼此受益。②而肖和一些学者则从多方面阐述他们对角色概念的理解：从历史渊源上说，角色概念取自古希腊、罗马剧场中的戏剧和舞台，它指的是演员在某场戏剧中扮演的那个任务所具有的特征；角色以其舞台原意进入社会科学领域，其概念本身并无变化；它指的是一个人在一定的社会背景下所表现出的行为特征；正如演员扮演角色要受到同时演出的其他演员的制约，社会中的角色也在一定程度上受制于该社会环境中与之发生关系的其他人；在社会科学中角色概念的出现事实上带有学科交叉的性质，其主要源于社会学、人类学和心理学；这种通过多门学科的共同参与而造成的结果，导致了一种综合社会学、人类学和心理学的有关内容，并导致了独特的语言系统和概念系统的角色理论的产

①② 乔纳森·特纳.社会学理论的结构(下册)[M].邱泽奇，译.北京：华夏出版社，2001：48-49，50-51.

生。[①] 关于角色这一概念的解释还有许多,从前人的论述中,可以归纳出两个主要方面:社会规范和个体表演,即处在一定社会关系中的个体,依据社会赋予的位置,以及与该位置相应的准则,结合自身的主观能动性,表现出符合规范要求的行为过程。

二、角色理论

"角色理论目前分裂成许多狭隘的命题和假设"[②],在理论界中主要存在两种比较突出的取向,分别是结构角色论和过程角色论,前者对角色理论持结构性的研究策略,后者则持过程性观点。这两种理论研究策略互不相容,甚至针锋相对。

结构角色论主要以林顿为代表。结构角色理论家认为,社会是一个由各种各样的相互联系的位置或地位组成的网络,个体在这个系统中扮演各自的角色。在结构角色论者看来,社会结构制约甚至决定了处在某种社会地位的个体行为,个体在相关社会期望的规范下演绎角色技能,个体承担角色的过程不过是结构泛化的表现。而过程角色论者强调社会结构与角色行为的互动性,个体对社会期望有自我理解能力,行使角色的过程是一个动态性的创造过程。过程角色论的代表人物之一特纳对结构角色理论发起一连串的攻击:首先,由于早先角色理论强调规范,以及社会地位和规范预期的设定,它对于社会的看法是结构泛化的;其次,结构角色论趋于把大量的研究和理论建构的努力集中在"失范"的社会过程——比如角色冲突和角色紧张里,从而也就忽视了对人类互动常态过程的分析;再次,结构角色论与其说是理论,还不如说是一系列前后不相连接,彼此没有联系的命题和经验概括;最后,结构角色论没有把乔治·米德的角色领会概念当做它的核心概念。[③] 特纳在提出自己的理论时,强调的不是来自社会"剧本"的支配,而是互动过程。互动的产生和维持有赖于自我与他人角色的萌发与确认;每一角色都倾向于建构或回应一个或更多其他相关角色的全面的渠道;稳定的角色往往被赋予合法期望的特征,并被视为某一情境中适宜的行为方式。在这些角色互动框架中,互动依赖于角色校正,更重要的是,角色倾向于回应他方的角色,最后,那些被证明有用的角色,那些能形成稳定互动的角色,会转而成为期望,它确信未来所发生的一切将会、而且应该与过程一样。[④]

---

① Shaw M E, Constunzo P R. Theories of Social Psychology[M]. New York: McGraw-Hill, 1970: 296.

②③④ 乔纳森·特纳.社会学理论的结构(下册)[M].邱泽奇,译.北京:华夏出版社,2001:50-51,49,52-53.

三、角色分类

当个体出生时，人们习惯提出的第一个问题是："是男孩还是女孩?"由此从生理上确定其性别角色。在个体社会化的过程中，还会担任多种角色：有的是先天赋予的，有的是后天习得的，有的是稳定不变的，有的是千变万化的。为了把握纷繁复杂的社会角色，人们趋于把不同社会环境中的行为归纳为尽可能少的统一角色。这样，人们就会把确认某一角色看做是一种了解不同社会环境中全异行为的方式。[①] 社会学家和社会心理学家根据不同的标准，从不同的角度，对社会角色进行了科学的分类。

(一) 根据获得角色的方式分类

根据个体是否通过主观努力以获得角色的方式的差异，角色分为先赋性角色和自致性角色。像男女这种由先天决定的性别，无须经过个体的努力而自然获得的角色，属于先赋性角色。此外，由社会制度和社会结构规定的，如封建社会世袭制中的王公、贵族、平民、奴隶等角色，也属于先赋性角色。这种由社会体制和结构决定的先赋性角色在我国现代社会中依然具有普遍性。通过自己的主观努力获得另一位置的角色，叫做自致性角色。人的一生中，其所扮演的角色更多属于自致性角色。如乔治·米德所说的，孩子从两岁时开始从事角色借用(role taking)，大约持续几年的时间；他们想象自己处于他人的角色或地位，从而发展了从他人的角度看待自我与世界的能力。三四岁以后，儿童开始关心在非家庭群体，包括作为整体的社会中所扮演的角色，形成了一般意义上人们对他们的要求和期望的观念。[②] 个体在社会化过程中，不断地将外在要求内化，从而形成诸多的自致性角色。

(二) 从角色系统的阶段性分类

从角色系统的阶段性出发，角色分出期望角色、领会角色和行使角色。

高度结构化的社会为个体提供了"剧本"，用以指导个体的角色扮演。社会对一定位置上的个体有特定的行为模式，"来自剧本的期望"规范着个体的行为。期望角色是一种观念形态，有的有明确的文本规定，有的只是精神、习俗上的制约，这些文本规定和制约着个体"应该做什么"。根据社会对角色期望的清晰程度，心理学家进一步把角色划分出正式角色和非正式角色。得到社会明确认可及大众公共认可的可归入正式角色；而社会期望模糊，尤其新近出现的不被人们所了解、认知

---

① 乔纳森·特纳. 社会学理论的结构(下册)[M]. 邱泽奇，译. 北京：华夏出版社，2001：54.

② 戴维·波普诺. 社会学[M]. 李强，邓建伟，章谦，等译. 10 版. 北京：中国人民大学出版社，1999：149.

的新角色，通常叫做非正式角色。当然，对正式角色和非正式角色的划分不是绝对的，那些对社会有积极意义的，会随着社会期望的逐渐清晰而发展成为社会所认可的正式角色；那些对社会只有消极作用的角色，会随着社会的发展被社会所否定、所淘汰。①

领会角色是个体对角色的领悟。个体领会的结果受社会环境及个体素质的影响，所以会出现不同个体对同一角色的理解、把握千差万别的情况。如多数城里的孩子成为学生是为了不断深造，而一些落后地区农村的孩子走进学校，只是为完成九年义务教育的程序，为了初中毕业后出去打工能多挣点钱，并认得回家的路。

行使角色是个体根据社会期望，以及自身对角色规范的理解而扮演的角色。角色期望和角色行使之间常存在距离，原因之一可能是人们尚未完全领会他们的角色，也可能是因为个人的原因而拒绝按照他人对角色的期待去扮演。②

(三) 根据角色参与程度分类

角色参与程度与角色分类有多种层次的关系，这种程度上的等级划分揭示了个体对角色扮演的热情与投入程度。如对于“网络恋爱”，有的人沉迷其中，难以自拔；有的则一笑而过，到处留情。对于网络游戏，有的人“忘我投入”，“日夜奋战”；有的则对之索然无味，避而远之。这都反映了个体对同一角色的不同努力程度。

社会心理学家根据角色互动的参与程度，将角色分为 7 种类型(见表 7-1)。③

表 7-1 角色参与分类

参与程度与角色类型	角色实例
零度参与	街上行人、电影院观众
漫不经心地参与	游览商店的顾客
传统仪式性参与	婚礼仪式中参与的亲友
生物性参与	母亲对子女、专心致志的科学家
神经质型深度参与	职业赌徒(倾家荡产都在所不惜)
情迷意乱地参与	深恋的情侣
精神与外物合一地参与	道士

① 丁水木．略论社会学的角色理论及其实践意义[J]．社会学研究，1987(6)：103.

② 戴维·波普诺．社会学[M]．李强，邓建伟，章谦，等译．10 版．北京：中国人民大学出版社，1999：98.

③ 萨宾，艾伦．角色理论[M]//林德泽，阿伦森．社会心理学大全(英文版第 1 卷)．1968.

从零度参与到精神与外物合一的参与，参与程度不断上升。零度参与的个体只是单方面专注于自身的行为，而没有对自身以外的个体施加影响。漫不经心参与的个体则会有意无意地影响互动的对象，例如对商品展览抱观望态度的路人会临时作出购买的决定。传统仪式性参与多了某种约定俗成的陈规，比如同一个家族的人在清明节祭拜祖宗的行为范式。生物性参与发自于天生的热爱，为了互动对象，能达到忘我的程度。神经质型深度参与则达到了迷狂的程度，常因参与其中而不去在意由此所带来的后果。情迷意乱的参与的个体赋予行为对象深深的感情，可能会被情所困，无法自拔。最后是精神与外物合一的参与，这与个体的信仰密切相关，如修炼多年的得道高僧，坐禅时可以达到“色即是空，空即是色”的虚实合一的境界。

第二节　角色行为过程

角色行为融合了社会结构的规定性和个体行为的自致性。正如安德列耶娃在提到角色的三个要素时所说的，社会角色是社会中存在的对个体行为的期望系统，这个个体在与其他个体的相互作用中占有一定地位；角色是占有一定地位的个体对自身的期望系统，也就是说，角色是个体与其他个体相互作用中的一种特殊行为方式；角色是占有一定地位的个体的外显行为。[①] 角色建立和角色扮演是角色行为过程的两个重要阶段，在此过程中，行为者面临多种社会期待，要扮演多种角色，这为角色冲突提供了可能性，甚至是必然性。

一、角色建立

角色建立从角色学习开始，直到角色的产生、完成。学习理论与角色建立密切相关。最初，巴甫洛夫的经典条件反射理论和斯金纳的操作性条件反射理论常被用来解释学习机制。经典条件反射指学习的一种基本形式，其中，一个最初为中性的刺激通过重复地与另一个刺激匹配而获得唤醒反应的功能。在某种意义上说，是一个刺激成为其他刺激出现或发生的信号。操作性条件反射指学习的一种基本形式，在学习的过程中，导致积极结果或避免消极结果的反应会被加强。[②] 两种理论都将学习结果视为一种强化效用。此后，班杜拉提出了不同意见：“如果知识只

---

① 安德列耶娃. 西方现代社会心理学[M]. 李翼鹏，译. 北京：人民教育出版社，1987：170.

② 巴伦，伯恩. 社会心理学（上册）[M]. 黄敏儿，王飞雪，译. 上海：华东师范大学出版社，2004：152.

能通过个体自身的体验来获得的话，那么，认知和社会化发展过程将会被大大地延迟，更别提有多乏味了。”[①]随着班杜拉的学习理论逐渐成为社会学习理论的主流，该理论得到了心理学家的普遍接受，并引入角色建立的研究之中。在角色学习过程中，班杜拉的理论有些类似于乔治·米德的“角色借用”，他反对各种学习本能论，而强调观察学习和内化；反对环境的主导操纵和个体的被动反应，而强调个体学习过程中的自主性。班杜拉提出，大多数人类行为是通过对榜样的观察而获得的，通过观察他人，人们形成了自己的行为准则，而且对将来的某些事，这些被编码的信息会为行为提供指导。这种通过观察来学习的能力使人们能够根据他人展示或生成的信息扩展自己的知识和技能。很多社会学习都是通过观察他人的实际表现及其带来的相应后果而获得的。[②]这就是班杜拉的“观察学习论”。与此相对，他还提出了“亲历学习论”，即“从亲身经历的行为后果或从个人亲身经历的成功与失败的教训中得到的学习”[③]。从班杜拉的思路出发，亲身体验的结果可以检验和完善观察学习所得，直至达成内在观念和外在行为的和谐统一。如上所述，角色学习是在个体习得和检验的多次调节中获得角色观念和角色技能的行为过程。观念和技能的顺利习得是角色建立的基础和前提。

在角色形成的问题上，乔治·米德的论述与自我的形成有密切关系。就个体的自我形成而言，乔治·米德认为人从孩提时代起就具有一种扮演他人的角色并从他人的角色来观察自身行为的能力，这种能力处于不断的发展过程之中，而人的意识和自我就产生于此过程。在他看来，自我的发展经历了两个阶段，即游戏阶段和竞争阶段，其中后者创造了“泛化的他人”的概念。[④] 乔治·米德认为，角色的形成过程是“意识”和“自我”不断发展的过程，而推动自我发展的正是不断的“泛化的他人”的过程。米德创造的“泛化的他人”的概念类似于库利的“镜中我”。按照库利的说法，自我作为一种社会产物，它的出现有三个阶段：首先，人们觉察到自己在他人面前的行为方式；其次，人们领悟了别人对自己行为的判断；第三，基于对他人反应的理解，人们评价自己的行为，简单地说，人们根据想象别人对自己行为及外表的感觉来理解自我。[⑤] 随着“自我”发展程度的不断提高，个体的角色建立将不断完善。

综上所述，角色建立是一个学习和创造互为交叉的弹性过程。换句话说，角色的形成过程不仅是一个持续吸收的过程，也是一个不断创新过程。

---

①②③ 班杜拉．思想和行动的社会基础：社会认知论（上册）[M]．林颖，王小明，胡谊，等译．上海：华东师范大学出版社，2001：63，63，145．

④ 谢立中．西方社会学名著提要[M]．南昌：江西人民出版社，1998：94．

⑤ 戴维·波普诺．社会学[M]．李强，邓建伟，章谦，等译．10版．北京：中国人民大学出版社，1999：148．

二、角色扮演

乔治·米德的“有声姿态”和“泛化的他人”对理解角色扮演有很大的帮助。从乔治·米德的思路出发，有声姿态是一种使用有意义的、有意识的符号来表达思想的过程。有声姿态的实质在于“扮演他人的角色”，换言之，即使用有意义符号总是以每个参与交往活动的个体都具有从他人立场来想象自己的行动和扮演一个他人角色的能力为前提，此个体应犹如其他人会作出的响应那样来响应自己所给出的刺激，通俗地说，即对另一个人说话的过程亦是对他自己说话的过程。① 同时，在乔治·米德看来，作为社会实体的“自我”，形成于从“简单的姿态会话”到“泛化的他人”的过程之中，这种以自己为客体建构能力的形成源于角色扮演机制的正常运转。在“泛化的他人”过程中，作为个体要成功地发挥他自己的作用，他必须能估计那些角色之间的潜在关系，他必须对整个有组织的活动胸有成竹。乔治·米德称泛化的他人的态度不仅包含了其他个体对自己的态度及相互的态度，还涵括了其他个体针对共同的社会生活的各阶段和方面的态度——而使得某个体获得自我的有组织的共同体或社会群体即为“泛化的他人”，因而其实泛化的他人的态度也就是整个共同体的态度，当个体扮演泛化的他人的角色时，也就内化了共同体的基本准则。②乔治·米德论述了角色扮演是个体得以互动的基本条件。个体互动的基础得益于识别对方的有声姿态，在基于有意义符号的交往过程中内化共同准则并能预知彼此的反应，乔治·米德称此能力为“扮演他人角色”的能力，即能认知他人心智结构并能设身处地模仿他人行为意向的能力。到这里，乔治·米德关于角色扮演的论述已趋于完成，然而，乔治·米德的理论体系显然要走得更远。他还提出了角色扮演对社会组织的自反性，阐述了社会结构是角色扮演过程中互动的产物。乔治·米德认为，对于人类社会组织而言，其基本原则是交往，正是在交往活动中，个体假想或采纳他人的态度，扮演他人的角色，并借此来调节自身的行为。个体控制自身的反应是角色扮演所带来的直接效果。如果个体有能力去扮演他人的角色，那么在合作的过程中，他就可以对自己的行为加以控制。从群体行为组织的观点来看，正是这种扮演他人角色而获得的对自己反应加以控制的能力才使得前述的交往具有价值。而交往正构成人类社会组织的前提。③在乔治·米德那里，社会组织成了角色扮演者之间有价值互动的结果。

乔治·米德深刻阐述了有关角色扮演的理论体系，与其较为抽象的论述相比，戈夫曼的研究显然更为具体。戈夫曼的“戏剧论”把社会生活比拟为戏剧表演，并用一系列舞台术语来定义现实生活中的各种情境，行为者就像演员一样在社会大

---

①②③　谢立中．西方社会学名著提要[M]．南昌：江西人民出版社，1998：92，94-95，97．

舞台上演绎着他们的生活。针对生活场景,戈夫曼提出了"剧班"、"前台区域"、"表演"、"观众"、"局外人"等舞台用语。其中,"剧班"是为维持某种情景定义而密切联结的集合体,"前台区域"则是参照特定表演对表演场所的相对划分,与之对应的是"后台区域"。在"前台区域"里,"舞台设置"是对其标志场景的装置,通常包括家具、装饰品,以及为表演活动营造背景的各种道具。"表演"是角色扮演者在特定时间内展示给"观众"的活动过程,"观众"则是观看舞台演出并与表演者互动的另一方。最后还存在一种被称为处在"外界区域"的"局外人",他们是居于"前台区域"和"后台区域"之外第三种区域的个体。戈夫曼形象地把社会生活搬上了舞台银幕,他同时也意识到了角色扮演过程中的一些问题,提出了"角色远离"说,借以缓解个体的角色要求与其对自身的设想不一致甚至相违背所带来的压力。戈夫曼指出,这种远离允许个体削弱由某一被认为是"低于其身份"的角色所带来的紧张,表现溢于角色之外的自我新增加的方面,并丢掉"完全顺从角色"的包袱,以使侵犯变得少一点,从而少给他人带来麻烦。①

三、角色丛与角色冲突

在日常生活的互动过程中,个体时常处在不同的位置,扮演多种不同的角色。对于这种角色的多样性,理论家通常用"角色丛"来指称与个体某一身份相关的两个或多个角色的集合体。正如默顿所说的,角色丛指处在某一特定地位的人们相互之间所存在的各种角色关系的总和……社会的某一个别地位所包含的不是一个角色而是一系列相互关联的角色,这使居于这个社会地位的人同其他各种不同的人联系起来。②

角色丛的存在为角色冲突提供了可能性,甚至是一种必然诱发的趋势。当多种角色期望与个体身份要求不一致或对立,而"当事人"又不能合理应对这种困境时,置于其中的个体就处在角色冲突的状态中了。

一般把角色冲突分为角色间冲突和角色内冲突两种表现形式。

角色间冲突指相互对立的多种期望赋予同一个体之中,由于时间的紧迫性、空间上的难以施展,以及精力的缺失等原因,使个体难以满足多种期望的要求而导致的紧张。角色间冲突常会导致个体的焦虑和紧张,倘若冲突强度超出个体的理性控制,很容易引发一系列问题。如心理障碍中的轻微强迫症,即是角色间冲突扩大化甚至失调的结果。以强迫洗手为例,行为者可能会花上两三个小时不停地洗手,

① 乔纳森·特纳.社会学理论的结构(下册)[M].邱泽奇,译.北京:华夏出版社,2001:68.

② Merton R. The Rule-set;Problems in Sociological Theory[J]. British Journal of Sociology,1957(8):106.

在此过程中，行为者会理性地告诉自己这样做毫无意义，并讨厌这种反复仪式，努力使自己停止下来；但另一种意识会顽固地促使他去重复这种刻板的行为。前者期望行为者扮演一个正常人的角色，即洗一遍就够了；而后者则要求行为者不停地扮演洗手人的角色，以此减轻身心的极度焦虑。

角色冲突的另一种表现形式是角色内冲突。相对于角色间冲突是由对行为者的矛盾期望引起的，角色内冲突则是由对立的期望共同交汇于行为者引发的，前者源于个体自身的角度，后者则源于他人的期待。角色内冲突可来自异类个体的矛盾冲突，也可源自同类个体的矛盾期望。如在正规的体育竞技中，参赛者的追随者希望他赢得比赛，而他的对手则希望他输掉比赛，把胜利"让出来"。关于后一种角色内冲突的例子也随处可见。比如学生宿舍的晚间休息时，不想睡觉的同学希望某一个体加入"卧谈"活动，而想睡觉的同学则希望大家保持安静，不要妨碍他人正常休息。

角色冲突会让角色扮演能力不足者无所适从，极有可能影响行为者的身心健康，甚至引发严重的心理问题。因此，在解决矛盾的过程中，应尽可能把消极影响降到最低程度。对此，"维持角色支持的机制"提供了很好的借鉴意义。人们常利用某些机制来克服在其所愿意得到，以及已经得到的某一地位角色支持之间的矛盾。主要有以下几种机制：第一种机制是在互动中积累"短期信用"，缩小矛盾；第二种机制是从他人那里谋求"优越的理解线索"，使人们所看到的只是那些有利于认同固化的反应；第三种机制是对线索进行"选择性解释"，即个体能准确地看到那些线索，但却将之扭转，或者说对它们进行有利于支持角色认同的解释；第四种机制是抽取掉那些不支持角色定位的互动，寻找那些更支持认同的互动情境；第五种机制是转入一种新的、其执行更便于受到他人支持的角色认同；第六种机制是把责任全赖到观众身上，指责他们在角色执行与角色支持之间制造矛盾；第七种机制是否决个体希望将之合法化而又不成功的执行；最后一种机制是自卫性的机制，是拒绝或抗议那些对某一角色认同不给予支持资源的观众。经过这样一些体验，人们就将学会公开地、完全地仔细确认他们自身，在特定的观众面前投入到某一特定的角色执行中去。[①] 此外，社会心理学家奥斯古德也提出了解决角色冲突的办法，即个体从多重角色中独立出来，把主要时间精力集中于其更有意义的角色中。至于角色意义的定义则依据以下几点因素：第一，该角色对个体是否有扮演价值；第二，放弃该角色所可能导致的积极和消极的结果；第三，其他个体对行为者放弃该角色的反应。[②]

---

① 麦考尔，西蒙斯. Identify and Interaction[M]//乔纳森·特纳. 社会学理论的结构(下册). 邱泽奇，译. 北京：华夏出版社，2001：43.

② Good W. G. Rde-strain Theory[J]. American Sociological Review. 1998：20.

第三节 性别角色和性别文化中的职业角色差异

一、性别角色

个体出生时，首先要确立的是男或女的身份，这种性别差异是由生理结构决定的。此后，在个体成长过程中，这种生殖系统的差异以及由此引起的社会期望的区别对待，再加上个体内化，深刻影响着性别角色差异和相应的行为模式。对于出生不久的婴儿，心理上的差异并不显著，最主要的差别在于生理上。此时生理上的差异主要是基于染色体和荷尔蒙的不同。人体胚胎的单个细胞中有 23 对染色体，其他 22 对染色体的外形都是相似的，产生的差异与性别无关，造成男、女性别差异及相关异性特征的是第 23 对染色体，也叫做性染色体。来自男子的精子细胞中，分别有一个 X 染色体和一个 Y 染色体，而来自母体卵细胞中只会有一个 X 染色体，XX 结合产生女孩，XY 结合产生男孩。这种性染色体的等位基因差异导致了男性比女性更有可能获得隐性遗传，表现在后来的生活中则是男性在秃发和色盲的发生率上高于女性。荷尔蒙来源于男女有别的性器官，这种激素影响着个体生理机制和活动功能。性荷尔蒙主要包括三种激素：雌激素即女性荷尔蒙、黄体酮即妊娠荷尔蒙和睾丸激素即男性荷尔蒙。波普诺(David Popenoe)在提到性学专家约翰·莫尼(John Money，1921—2006)的研究时指出，一些证据表明，荷尔蒙影响某些由性决定的行为。男孩子似乎比女孩子更具征服欲，更多地占据竞争中的统治地位；相反的，女孩子更愿意扮演母亲的角色。但是，应该注意到，两性都可能采用同样的行为模式，只是某些模式在某种性别中更普遍些。男性和女性中的荷尔蒙差别仅仅是预定了他们的某些行为倾向，也就是说，使他们对环境诱因的反应在敏感度上存在差别。他认为，这种天性在某种程度上会被社会化所改变。[①] 心理学家提出了生理性别(sex)和社会性别(gender)，用以论述男、女在解剖上和行为上的差别。此外，班杜拉提出，性别角色的差别是心理社会现象，而不仅仅是心灵现象。一个关于角色如何与性别相联系的综合理论必须超越性别观，对制度的结构和社

① 戴维·波普诺. 社会学[M]. 李强，邓建伟，章谦，等译. 10 版. 北京：中国人民大学出版社，1999：359-360.

会约束如何塑造性别角色进行社会分析。[①] 如今,越来越多的人意识到生理特征虽是性别差异的基础,却不全是行为模式的基础,性别角色行为是在生理构成基础上社会教化和个体认知的结果。

二、性别角色习得及行为模式

性别角色内化及相关行为模式受社会化实践的巨大影响,这种影响从父母知道出生婴儿的性别时就开始了。最初体现在父母对婴儿服饰的选择上,他们精心挑选"合适"的颜色和样式来装饰婴儿,显示出社会所认可的男孩和女孩的样子,婴儿开始以有差别的服饰作为性别的标签。由此,个体最早的性别角色社会化就从家庭中开始了。个体早期的角色学习是在游戏中发生的,社会影响也涉及游戏采取的形式。父母向儿童提供的具有性别典型性的游戏材料将他们自发的游戏引入了传统的男性和女性的角色中。甚至在儿童生命的第一年中,父亲就一成不变地提倡符合性别的游戏,而且他们对儿子的性别角色的区分比对女儿更严格。在父母对儿童的游戏的反应中,父亲是比母亲更陈腐的社会化的人。[②] 父母的行为促使孩子从这种区别对待中习得并强化自己的性别角色。

随着年龄的增长,孩子一般会走进校园,此时,学校作为连接家庭和社会的桥梁,成为个体社会化的第二个重要空间,性别角色社会化在其中得以进一步扩展。在这个场所中,主要有三种因素影响性别角色的发展,分别是教材、教师和同性别的群体。传统教材在刻画男性和女性时,存在较严重的性别刻板印象,男性通常是积极主动的英雄角色或下达指令的领导角色,而女性通常是期待男性解救和帮助或被领导的角色;扮演主角的多数是男性,女性被描述成配角。教材在传播知识的同时,也传达着这样的信息——男性是强势群体,而女性通常较弱。书籍在儿童性别角色观念的习得中起着潜移默化的作用。作为教师,从社会到学校都要求他们平等地对待男同学和女同学,可执行起来却往往产生偏差,身处社会关系网络中的教师们也无法脱离传统社会性别角色观的影响,甚至部分教师是在性别刻板印象的教化下长大的,教师关于性别的观念或偏见,会在有意无意间传递给学生,同时,男、女同学因为教师的问题而受到区别对待。正如波普诺在论述恩特威斯尔(Noel James Entwistte,1936—)等人的研究时指出的,教师们对男生和女生的态度和期望被称做"隐课程",它们常常强化了传统的性别角色模式。由于教师们认为男孩比女孩更活跃和更难以控制,所以,很多课堂时间典型地迎合男孩子们的兴趣,并试图以此征服他们。当女孩在学业上比男孩做得更好的时候(她们经常这样,至少

---

①② 班杜拉. 思想和行动的社会基础:社会认知论[M]. 林颖,王小明,胡谊,等译. 上海:华东师范大学出版社,2001:134,125-126.

到高中)，教师们可能会认为她们只是更尽责、更勤奋，与女性的方式相符。相反，如果男孩获得了成功，他们则可能被认为具有“真正的”创造力，比女孩更能引起教师的兴趣。这样，如果一个女孩完成了她做的事，她没有被给予与男孩同样的承认。这些习惯可能会影响孩子学术上的自我认识。[①] 此外，在学校(中小学)这样的育人环境中，男女教师的性别比——男少女多，决策层的性别比——通常是比例较少的男性处在决策地位上，大多数的女教师则负责日常教学，处在行政人员的领导之下，机械地接受决策层的指令。从书籍到教师，仿佛都在传递着性别角色差异的微妙信息，这样的环境会轻易影响男女学生对自身期望的差异。

离家进入学校的个体，走到了一个更大的群体，从学龄前开始，男孩子和女孩子倾向于与同性别的其他孩子一起玩，在自主的活动及虚构的游戏中，同性别群体的互动进一步强化了个体的性别角色。同伴是许多社会化学习的来源。在活动的社会构成中，儿童选择性地与追求具有性别典型性的爱好和活动的同一性别的玩伴交往。在这些交往中，儿童还因为做了被认为是不符合他们性别的游戏活动而遭到老师的批评，对男孩来说，尤其是如此。[②]

从家庭中的父母到学校的教材、教师，从同性别的玩伴到大众传媒的人物，无论是实践中学来的，还是传媒教化的，儿童不断收到各种性别典型性的行为范式。定型的性别角色广泛的文化示范加之于有差别的教导让这种教育几乎涉及儿童生活的各个方面。示范是性别角色的信息的主要传递方式。……非定型的示范拓展了儿童的抱负和他们认为与自己的性别相符的角色选择的范围。[③]

如上所述，性别角色内化及行为模式差异主要是在社会化过程中习得的，儿童性别观念的形成指导着他们的行为，实践的过程又强化了对于观念的自反性。

此后，从童年到青少年，到中年，再到老年，男人和女人会遇到多种多样的角色要求，而且会面临因性别的差异而衍生的诸多问题。如青年男女对“年轻人”这一角色期待的感受：相当一部分女性有“怕老”的心理，同是 25 岁，女性会感慨自己老了，而男性一般会觉得自己还很年轻；到了 30 岁，女性明显感到青春已逝，而处在而立之年的男士正是“三十一枝花”。这种心理年龄落差除了由男女不同的生理结构造成外，更主要的是源于长期以来社会对男女生理年龄的不同期望。社会通常认为一个 40 岁的妇女已到了“中年”，但一个同样年龄的男性却被认为正处于“壮年”。当女性发现自己的头发开始变得灰白的时候，她们有时可能会去染发，而男人则把“少许白发”看做是“有智慧”的象征。这些观点常常被那些极力鼓动女性保持青春的大众媒介所强化。虽然人们也同样期望男人表现出青春活

---

① 戴维·波普诺.社会学[M].李强，邓建伟，章谦，等译.10 版.北京：中国人民大学出版社，1999：369.

②③ 班杜拉.思想和行动的社会基础：社会认知论[M].林颖，王小明，胡谊，等译.上海：华东师范大学出版社，2001：126，126-127.

力，但主要还是鼓励他们走向成熟，获得成功，而成熟和成功往往是随着年龄的增长而获得的。感到自己变老的想法可能会导致一些年过四十的妇女隐瞒自己的真实年龄，即使她们充满了活力，有魅力，造诣颇高。[①] 社会对不同性别年龄的区别期待还体现在择偶中。中老年男子可以找到非常年轻的女子结婚，而不需受舆论和道德的压力；而女性择偶对象往往来自于她们年长的人或同龄人。此外，那些下岗想再就业的中年女性会发现年龄是她们难以逾越的门槛，对社会偏向年轻女性的选择无可奈何；而相似情景中的男性，显然更易被社会接受。这种从价值观到实践的差异主要是在社会文化的教化下促成的。关于社会文化对性别行为的影响，特别是它造成的颇为显著的性别间职业角色差异，将在下面的内容中继续论述。

三、性别文化中的职业角色差异

文化对性别的影响源远流长，各种文化对性别的期望有所不同。尽管社会长久以来就存在“男尊女卑”的刻板文化传统，但并非每一个地方都是如此。文化的差异塑造了特定的男女性别身份和不同于其他地域的性别行为模式。人类学研究先驱玛格丽特·米德在 1935 年就得出这样的结论，她的研究表明，一些原始部落中的性别角色与大多数现代化社会有很大差别。比如，新几内亚的千布里人，性别角色就“反过来”了。在那里，妇女是经济来源的主要提供者，而男人则在家里照看孩子。千布里人视妇女为统治者和权威，而把男人看做是极富感情和创造力的人。[②]此外，其他研究还发现，塔希提岛上的男人温柔婉约，没有侵略性，对于他们而言，男人哭泣，流露出内心的恐惧和痛苦是很自然、很正常的事情。在非洲中部俾格米人的一个部落中，两性分野并不明显，男人和女人一道采集植物的块茎、浆果和坚果，也一道狩猎。非洲还有一个族群，让男孩照顾婴幼儿，在他们的社会中，实际上男孩子们更善于养育下一代。生活在肯尼亚的 Mukogodo 部落女性的地位高于男性，因此女儿所获得的关注和医治远胜于儿子。美洲印第安部落为我们提供了另一种性别的文化结构。早在接触西欧文明之前，美洲许多（但不是全部）印第安部落已经在继承财产所有权和社会地位等方面建立了母系制度。这些部落不一定是母权制社会（在母权制社会中，女性享有的权利比男性多），但仍然属于母系社会，因为社会成员的亲属关系是根据母亲方面的血缘来确定的。在这些部落中，

---

①② 戴维·波普诺. 社会学[M]. 李强，邓建伟，章谦，等译. 10 版. 北京：中国人民大学出版社，1999：371，362.

女性是相对独立自主的。[①] 以上所述与诸多社会的性别文化中截然不同的价值观和规范，证实了“男尊女卑”不是生而有之的，而是特定文化要求的反映。然而，人们不得不把更多的注意力投到现代化社会中来，毕竟上述特例只是少数地方的文化态度。在当今大多数地方，男权思想依然占据主导地位，女性在诸多领域中受到不公正待遇。下面将以职业角色的差异为切入点来探讨男女性别的不同待遇，因为职业在人的一生中具有举足轻重的作用。职业不仅是一种谋生方式，还是一种社会角色、一种社会地位，是个体提高自身发展、实现自我价值和取得社会认可的重要平台，是物质生活保障和心理成就获得的双重满足。从男、女职业角色间的差异，可以更好地透视文化中的性别倾向。

人们以种种理由来划分职业赋予个体的选择，如出身、种族、受教育程度等，而其中影响巨大、又具有相当普遍性的是性别对职业选择的影响。人们在职业角色中涂上了浓厚的性别文化色彩。费孝通曾有过一段形象的论述：“社会的形成是靠分工……分配工作必须有个能说服被服从者的理由……分工所根据的差别有时和所分工作有关系，有时可能没有多大的关系。我们若是注意到各种社会分工的体系，不免会有一种印象：人们好像任何差别都能利用作为分工的基础：年龄、性别、皮肤的颜色、鼻子的高度、甚至各种病态都可利用。性别可以说是用得最普遍的差别了。到现在为止，人类还没有选出一个社会结构不是把男女的性别作为社会分工的基础。”[②]这种性别基础化的分工让长期以来处在主导地位上的男性主宰着工作分配的情况制度化，男性优越准则存在于各种工作场所，关于女性特征的职业观念则被贬低。很多职业领域一直都是男性的天下，女性一般局限于少数的几种工作，且社会地位相对较低。她们多数从事于服务员、护工、秘书等主要服务工作和文秘工作。而男性则处于报酬更高、更易升迁的职业。即使女性能进入到传统上为男性所控制的优势领域工作，她们大多数人往往被分配在较低的职位层次上。国际劳工局的就业报告曾指出，全世界劳动者中约有一半都是在某一个性别主导的职业中工作，男性主导型职业普遍是女性主导型职业的七倍以上。另外，“女性”职业与“男性”职业相比往往是缺乏价值的，所提供的收入低，地位低且提升机会少。这一结果表明女性在劳动力市场受到比男子更多的限制，而且缺乏吸引力。[③]联合国曾在一份题为《世界妇女的状况》的报告中指出：“在世界各地，工作场所是按性别分开的。”这就是职业的性别落差，这种落差强化了职业角色的性别刻板印象，正如社会学家奥斯古德所说，性别分工的总规则是非常明显的，在所有的社会

① 朱丽亚·伍德.性别化的人生：传播、性别与文化[M].徐俊，尚文鹏，译.广州：暨南大学出版社，2005：31.

② 费孝通.生育制度[M].天津：天津人民出版社，1982：24-25.

③ 国际劳工局.世纪就业报告(1998—1999)[M].北京：中国妇女出版社，1990：62.

中，有一系列的任务是分配给女子的，而另外一些任务是分配给男子的，此外，还有一些是两性都有份的。[①] 这种潜在的分工体系使处在相对弱势的女性的就业范围和层次受到限制，把她们固定在所谓的适合于女性的职业中，而这些工作领域往往是男性不愿涉足的。随着社会的发展，职业的性别落差还会带来新的社会问题。由于男性仍然被看成是家庭收入的主要来源，因此，女性没有工作，没有收入似乎比男性更情有可原。直到今天，仍然有女性把事业看成是可有可无的选择，或者工作一段时间后就辞职，全心全意地照顾家庭。但是，没有几个年轻男子会认为工作是可有可无的。若想成功地履行男性角色，就必须努力工作，赚取收入，但女性角色却不要求她们如此。[②] 这种落差在一定程度上导致了近年来在下岗这一突出问题上，女性所占的比例日益增多。从个人因素看，女性的人力资本和发展资源与男性相比都不占优势；从社会因素看，虽然近年来社会主流文化对女性的角色定位比传统的宽松了许多，但女性的经济价值仍然是从属性和补充性的。女性的就业人数在不断地增加，但基本上还是分布在低层次的行业和职业中。当改革开放的浪潮袭来时，她们自然首当其冲地成为失业大军中的成员。[③]

第四节　个体成长与社会变迁中的角色变化

一、生命过程中的角色变化

在个体的一生中，有的角色是稳定的，有的会随着个体的成长和社会的发展而发生变化，外在的要求及内在的需要将促使个体调整角色以适应变化的环境。

就个体成长过程中的角色形成而言，每个阶段都要建立相应的角色。关于儿童期的角色形成，前面已论述了很多，但角色建构不会在某个特定的时段结束，这种活动将贯穿于人的一生。

进入青春期的个体，其生理和心理不断成熟，身心会发生戏剧性的变化。这是一个探寻新思想、学习新知识的关键时期，个体要为日后的角色走向打下基础。社会也赋予个体更多的压力，使其告别无忧无虑的童年。新的角色要求促使个体去

---

① 奥斯古德.家庭[M].魏章玲，译.北京：社会科学文献出版社，1986：103-104.

② 朱丽亚·伍德.性别化的人生：传播、性别与文化[M].徐俊，尚文鹏，译.广州：暨南大学出版社，2005：33.

③ 林聚.下岗职工的性别差异研究[M]//社会性别的多角度透视.广州：羊城晚报出版社，2003：186.

习得相应的能力，以取得新的社会地位。此时的个体的角色观是高度可变的，个体的努力主要为以后服务，也就是角色预期社会化，即指向未来角色的社会学习过程。尽管预期社会化跨越了整个生命周期，但“预定”未来的成人角色在青春期少年身上表现得特别明显，如配偶（通过求爱）、父母（通过照顾幼小者）及工作（通过兼职）。[①] 由青春期进入成年期后，个体利用早期的预期社会化已为成人的角色要求做好基本准备。从理想到现实，在社会价值和规范的指导下，个体建构了比较稳定的心灵、自我与社会的关系。但角色学习并未停止，个体要在新的角色中（如父亲、母亲、爱人）不断完善，只不过成人的角色塑造相比于以前已有更大的机动性，他们有能力根据自身的意愿去建构角色。当角色内容发生变迁的时候，他们可以重新定义或再创造现行的角色。与儿童社会化的“角色借用”不一样，成人是在“制造角色”。关于角色内容变迁的一个很好的例子就是对妻子角色的新定义。过去，妻子的角色内容是照料她们的家庭，帮助她们的丈夫感到宁静和充实，而对家庭以外的责任则很少。这种角色定义现在受到了严厉批评，对妻子角色的重构工作正在顺利地进行。在40岁左右，许多人对自己成就的价值感到怀疑，害怕无法完成自己开始想做的一切。有时，这种“更年期”展示着一个再评价和变更的时期。一项研究发现，经历更年期的人，似乎尤其全神贯注于他们的工作，他们选择的工作类型源于工作的自我认同以及在成年初期是否对职业生涯作了合适的选择。[②]这种对成年期的评价结果取决于个体对自己所扮演的各种角色是否满意。如果期望与现实落差很大，个体极可能陷入“中年危险期”；如果个体满足于自身的扮演，则会觉得这是一段成功的、值得回味的生活岁月。

经历了成年期的辉煌或失落，个体总会步入老年，各种角色的冲断都会给老年人带来痛苦。如长大的孩子另建核心家庭后造成“空巢”给他们带来的寂寞，伴侣的离去所导致的失落等。所有这些使老年人的角色变迁面临重重困境。在生命的最后时期，个体都会面临生理机能的衰弱、社会期望的降低，甚至死亡。其中，现代社会中老人社会地位的急剧下降或丧失，会让他们对自己的角色感到失落。本来在传统社会，地位和年龄是正向联系的，年老者往往获得较高地位。然而，在现代化进程中，在这一政治和社会快速变化的时期，高地位与高权力自然属于老者的观念被社会平等的观念所代替。由于社会平等的观念向老年人的领导地位提出了挑战，这种观念更有利于青年人而非老年人，与文化价值变化同时发生的是工业化和城市化带来的广泛的经济利益，它也降低了老年人的重要性。以前的财产所有权给了老年人更多的权力，但在现代工业社会，所有权和控制权并不总是相联系的。这样，年轻人有机会获得提升——通过教育和商业竞争——不需要依靠有权势的

①② 戴维·波普诺．社会学[M]．李强，邓建伟，章谦，等译．10版．北京：中国人民大学出版社，1999：163，104-105．

老年人的恩惠。过去，老年人是因为他们的知识和技能而拥有了较高的价值，而现在，由于技术革新的速度非常之快，老年人掌握的许多技能也很快就过时了。并且，随着核心家庭的增加，年迈的父母在其已成人的孩子(及后代)的生活中，成为一个外围的不重要的角色，而这进一步降低了他们的地位。① 在人生的最后阶段，从工作岗位上走下来的老人们有更多的休闲时光，他们往往用更多空余的时间来思考和总结所走过的路，有的人可能会感到满足，觉得没有虚度此生；而有的人可能会感到失望，这无疑加重了老年人角色适应的危机。新陈代谢、新老交替是一种无法变更的自然规律，由于年龄变化而带来的角色地位变化是每一个人都必须面对的，因此，无论社会如何发展变化，尊老爱老都应该成为一种优良的传统。

二、现代化与性别角色变化

即使是到了21世纪，人们仍不得不面对这样尴尬的困境，传统的性别角色仍盛行不衰。从大众传媒到现实生活，无处不在地充斥着性别角色落差的迹象。随便翻开流行杂志的图案，不用特意地选择某一个电视娱乐节目，或随意看看城市街头广告，那些呈现其中的女性一般被描述成传统的角色，无数图像的焦点集中于女性身体的可观性。男性观察女性，女性通过设想男性的眼光来注意自己被观察，在这种观察与被观察的关系之间，女人的身体特别是"女人味"成了驱动利益的手段。或许，对于商业化的传媒而言这很正常，毕竟传媒是用来吸引观众，而不是挑战传统性别价值的，因此利用性别落差来迎合受众、赢取利益成了传媒常走的路子。正如王周生所说，传媒的公众性使传媒总是去迎合大众心理包括大众心理中落后的性别意识倾向。大众传媒的生存依赖的是"大众"这个衣食父母，提高电视收视率、提高报刊发行量和电影票房收入的最好方式就是"迎合"大众口味。大众文化说穿了就是一种消费文化或文化产业。与其他别的产业一样，文化产业生产的商品一样要获得利润。在社会性别方面，大众传媒生产的"商品"就是不断塑造和制造出被男性(也包括一部分女性)期待的女性形象。男权观念作为社会的主流观念，一旦与已成为主流文化的大众文化相结合，便将女性逐出主流话语系统，使真正的女性话语在传媒中难以拥有栖身之地。在商业化炒作中，对利润的追求使大众传媒迷失方向。因此，超前的推进文明理念的举措有可能暂时失去读者和观众，也就是失去利润。将女性物化、商品化，将女性置于"被看"、"被欣赏"地位，才能获得最佳利润。② 媒体在拿女性的身体或容貌当做卖点时，不知不觉中强化了男女性别模

① 戴维·波普诺. 社会学[M]. 李强，邓建伟，章谦，等译. 10版. 北京：中国人民大学出版社，1999：328-329.

② 徐安琪. 社会文化变迁中的性别研究[M]. 上海：上海社会科学院出版社，2005：187-188.

式的不平等,加强了女性角色的边缘化状态。在计算机网络中,女性网站所提供的内容多数以美容、育儿、减肥、相夫教子、性知识为主,最多的是指导女性怎样打扮,怎样做出可口的饭菜才能得到男性的注目和青睐。因此,首先从内容来看,漂亮的、具有性吸引力的时尚女性成了多数女性网站对于女性的角色定位,网页中塑造的"女性魅力"往往是另外一种社会角色定位。从这一点看,女性网站的基本倾向还是按照传统意义上的社会性别角色培养女性。[①] 男女性别角色落差依然广泛存在,这是人们不得不面对的事实。然而,社会总是不断发展变化的,现代化进程导致了传统社会发生内在变迁,这同样冲击了人们习以为常的性别角色观念。

波普诺在提到现代化的构成要素时指出,现代化使许多新的职业角色得以发展,新的职业角色的发展增加了地域和社会的流动。社会分层体系发生了变化。财富和职业变得比出身和血统更加重要。也就是说,先赋地位趋向于被自致地位所代替,并且,封闭性的社会发展体系也变得越来越开放。因为核心家庭能更好地适应工业社会,所以,尽管扩展家庭一直没有完全消失,但正在日趋瓦解。许多妇女已能在社会上找到工作,她们更大的独立性改变了原来的婚姻关系,反过来,这种变化又改变了家庭生活的特征。家庭结构中减少了独裁性而增加了民主性。最后,现代化过程伴随着人们心理的价值观的变化。这些变化包括:对接受新事物以及新发明的开明态度;民主导向的政治思想;坚信个人以及人类的尊严和对科学技术的依赖。[②] 伴随着现代化过程中的时代变迁,人们不断给性别角色注入新的认识,性别刻板印象虽依然牢固,但已有消退的迹象,广大妇女(也包括一部分男性)正积极争取实现男女平等的目标。

与此同时,世界各地的人们也在努力寻求女性应有的地位。1995 年,197 个国家和地区的代表云集北京,召开了联合国第四次世界妇女大会,大会以"平等、发展、和平"为主题,发表了《北京宣言》和《行动纲领》。《行动纲领》作为世界各国妇女进步的蓝图,列举了 12 个妇女发展应重点关注的领域:妇女与贫困、妇女与教育、妇女与健康、对妇女的暴力行为、妇女与武装冲突、妇女与经济、妇女参与权力、提高妇女地位的国家机制、妇女的人权、妇女与媒体、妇女与环境、女童。大会认为,这些领域存在着大量妨碍妇女发展的障碍。为了清除这些障碍,《行动纲领》提出了各国政府、国际社会、非政府组织和个人应采取的战略目标和措施。对《北京宣言》和《行动纲领》的提议,许多国家及联合国机构的代表们纷纷表示响应,并作出承诺。在此期间,联合国教科文组织、儿童基金、人口基金等还先后就妇女问题召开了诸多专题会议,并设立了若干专题项目。这些举措有力推动了各国政府对

---

① 任正英.女性网站并非乐土[N].中国妇女报,2003-11-06(2).

② 戴维·波普诺.社会学[M].李强,邓建伟,章谦,等译.10 版.北京:中国人民大学出版社,1999:634-636.

妇女问题的重视和解决，增加了各国妇女运动的“合法性”，许多国家建立和健全了全国性妇女事务机构。至此，重视女性权利、强调男女平等已成为世界主流。[①] 这种潮流推动着性别角色向良性方向发展，男性和女性的生活不断发生变化，性别角色在一定程度上实现了转换、融合，在诸多领域，性别不再是明显的标签，人们对男性气质和女性气质的定义趋于模糊化。越来越多的女性接受到高等教育，越来越多的已婚妇女走出家庭，参与有薪工作。随着女性自身素质的不断提高，很多人进入到传统中被男性主宰的领域，如传媒中的编剧、导演、制作领域等。当然，更多的女性在从事默默无闻的但意义重大的工作，她们从职业角色中获得物质和情感的支持。虽然，她们同时还要兼顾家务劳动这一繁重的角色，不过，近年来这种情况有了转机，部分男性回到家中做那些一度被认为只有女性才做的事情，分担家务、照看孩子，性别角色在家庭的劳动分工中趋于更平衡的发展。在现代化过程中，性别角色变化是显著的，但是还不能过于乐观，不能过于夸大性别角色转换的程度。现代化是一把双刃剑，现代化和全球化的进程并没有必然地带来女性的发展，也没有必然地带来女性地位的提高。很多国家的现代化发展在女性发展中一方面发挥其正向功能，另一方面也带来明显的负向功能，产生了许多女性问题，如女性失业率不断提高、贫穷女性化、教育中的性别不平等，等等。[②] 人们不得不面对这样的现实：真正的性别平等依然是一个遥远的目标，然而又是不得不追求的一个美丽的目标。追求性别平等，并不是要抹杀自然的性别差异，而是要抹去社会性别话语人为规范的性别差异……以促进社会性别的平等，提高女性的地位。从根本上说，女权是人权，女性的解放也是男性的解放，总之是人性的解放。[③]

三、农民工：艰难的角色变化

20 世纪 80 年代以来，随着中国现代化进程的加快和社会结构转型的巨大变革，出现了“一江春水向东流，百万民工下广州”的民工潮现象。许多人把这些从农村涌入城市寻找工作的农民称作“盲流”或“打工仔”、“打工妹”，后来改称为“农民工”或“民工”。农民工是中国社会转型过程中的必然产物，是中国当代社会变迁的必然结果。

随着环境和地位的变化，农民工的角色也不断变化。进城工作的农民，论职业已是工人，可身上还挂着“农民”的标签；他们在城市里居住、生活，可家在农村。在城市流动的家和农村固定的家之间，在农民和工人之间，他们来回奔波，扮演着沉重而多变的角色。刘怀廉曾这样论述农民工：农民工是指具有农村户口，有承包土

①② 韩贺南，张健．女性学导论[M]．北京：教育科学出版社，2005：4，219．

③ 徐安琪．社会文化变迁中的性别研究[M]．上海：上海社会科学出版社，2005：195．

地，但不从事农业生产，主要在非农业区就业，依靠工资收入维持生活的人员。他们是在农村拥有土地，但又离开了农村和土地，在城市务工，但又没有城市户口的群体，是从农村进入城镇从事非农职业，但户籍身份依然是农民的劳动者。进城务工的农民之所以被称为农民工，是由他们特殊的社会身份和社会地位决定的。这种特殊性表现在三个方面：一是户籍身份，即农民工虽然进城务工，但其身份归属依旧是农民，大部分城里人仍然把农民工视为农民对待；二是职业身份，农民工主要从事的是一些非正式的职业或边缘职业，如建筑业、采矿业、服务业，以及个体经营或自谋的职业，从事的是城里人不愿意干或没人干的职业；三是社会保障身份，当农民工在城镇就业，生活遭遇风险与困难时，只有依靠个人力量，而没有相应的社会保障体系为他们提供援助和保护。由于这三个方面的不同，农民工被定位在游离于城镇居民之外的边缘群体和弱势群体。[①] 如上所述，导致农民工处于弱势地位的因素中，有深刻的内因和外因。从农村流动到城市工作的农民工处在新的社会关系上，社会赋予其迥异于传统的身份，由于个体素质的影响，他们无法扮演好新角色，并缺少变通能力，所以城市化过程的农民工角色适应变得极为艰难。正如周晓虹所提到的，在严峻的城市生活中，他们开始意识到自己在以前的社会化过程中掌握的知识失去了有效性，但不知道如何掌握新的知识，以及如何运用新的知识。他们只能如履薄冰地在两种不同的角色行为规范之间走钢丝，靠运气、靠情分或撕破脸和以命相争来应付全新的环境和全新的世界。新的生活给他们带来了刺激，带来了希望，但同样也带来了痛苦，而他们在这痛苦中学到的知识仍不足以用来自如地应对生活的艰辛。中国农民在现代化进程中的社会适应是最为艰难的角色适应类型之一。[②] 此外，种种歧视、贬低使农民工的角色适应之路更加艰辛。光是“农民工”这个称谓就蕴含了身份性歧视的意思，还有人把农民工称为“乡巴佬”、“盲流”。人们对农民工的定义常倾向于突出“农民”的身份，而不是进城工作这一职业范畴。多少年来，部分人对农民工的歧视已是明显的事实，这种歧视渗透到农民工生活、工作的各个方面。这种无所不在的歧视给农民工带来了广泛的伤害，导致基本的权利得不到保障，首先表现在民主、平等的缺失。农民工是城市社会中“沉默的大多数”，不仅没有争取权利的话语权，就是保障已有权益的合法化渠道也难以找到，被认为是城市里的“二等公民”，被当做“无政治群体”。其次还有经济报酬上的损失。在同工不同时、同工不同酬、同工不同权的二极对立中，农民工往往是处于劣势的群体。众所周知，农民工工资低，还常被无端拖欠、克扣，以及无故交纳各种费用如暂住费、务工许可证费、管理服务费等。对于劳动报酬权损失的现象，李强提出了“多阶剥夺”或“剥夺链”。所谓多阶剥夺或剥夺链现象，即农民工不

① 刘怀廉.中国农民工问题[M].北京：人民出版社，2005：122.

② 周晓虹.现代社会心理学——多维视野中的社会行为研究[M].上海：上海人民出版社，2004：397.

仅在现实的工资等收入方面受到剥夺，而且，由于他们过度地支付自己的劳动力，比如长期超时的劳动、长期从事有害身体的劳动以及没有医疗保障等，实际上是将未来的劳动力也支付出去了，等到他们年老以后，当初身体透支的后果就会暴露出来，而雇佣他们的单位、老板，并不会补偿他们早先的损失。[①] 李强把这种既剥夺现在的劳动力，也剥夺将来劳动力的现象称为多阶剥夺或剥夺链，让人们更加彻底地看到了农民权利的缺失。最后是心理上的伤害。作为一个独特而完整的个体，广泛的歧视和偏见会严重伤害农民工的自尊心、自信心。权益上的剥夺和精神上的刺激让他们本就处于弱势的心灵伤痕累累。此外，作为城市边缘人，农民工的角色认同也变得艰难重重。多少年来，由于城乡分割的二元结构的存在，城市与农村成为社会身份定位的主要标准之一。问题在于，"边缘人"无法按照这个存在了多少年的标准对自己的社会身份进行定位，他们无法在这种定位的方法中找到对自己的完整感觉。从这种意义上说，这是一群漂泊的心灵。如果说第一代"边缘人"还能多少从他们过去的乡村归属中找到部分感觉的话，那么在他们将来的第二代的身上，这种自我认同的危机将会表现得更为明显。[②]

农民工的归宿是一个长久而复杂的问题。农民工在角色变化的过程中恍然发现自己已处在城市和农村的边缘，要走向、适应哪一方都变得矛盾、艰难。作为城里的"工人"，农民工在有意或无意间经历着个人的城市化，他们扮演着城里人的职业角色，却依然得不到城市生活的接纳，烙在身上的"农民"这一先赋角色决定了他们的身份体系。城市和农村的鸿沟并不因职业而消失，其中的落差反而凸显出城里人和农村人的差别。农民工对城里的不平感到不满，可还是羡慕城里的生活。虽难以在城市长久立足、终老，却已不愿再返回乡下务农。特别是那些年纪轻轻就到城里工作、生活的青年男女，把人生最美好的青春年华都洒在了工作的城市，无论是生活环境还是心理认同，农村生活已难以满足他们，远离农村，在城里落户成了很多青年农民工的梦想。日复一日中，农民工有越来越多与农民不同的属性。作为个人，农民工虽然存在重新回归农民的可能性，而且这种从农民工到农民的回归现象要经历许多次重复，但是农民工作为一个整体已不同于农民，已不可能再回归农民，恰恰相反，他们从农民中分化出来，而且这种分化会越来越多，并向完全的工人方向转变。[③] 然而，在相当长时期内，这种分化可能会加剧他们的痛苦，使他们陷入城市和农村的两难抉择之中。

农民工带着改变生活的美好梦想走进城里，展现在他们眼前的除了耀眼的世界，还有道不尽的辛酸。他们的农民角色、低人一等的地位、职业角色和边缘人角

---

① 李强. 农民工与中国社会分层[M]. 北京：社会科学文献出版社，2004：255.

② 刘怀廉. 中国农民工问题[M]. 北京：人民出版社，2005：234.

③ 刘应杰. 中国城乡关系与中国农民工人[M]. 北京：中国社会科学出版社，2000：235.

色错乱交织,使他们的角色适应极其艰难。挣扎在二元社会结构夹缝中的农民工,用自己的血汗为中国的现代化进程作出了巨大贡献,却要承受现代化沉重的负担。社会现代化本应是一个实现农民角色转化的过程,我们希望有那么一天,中国现代化带给农民工的不是痛苦、无奈,而是平等、自由,以及城市化的生活。

本章小结

社会角色主要包括两个方面:社会规范和个体扮演,即处在一定社会关系中的个体,依据社会赋予的位置,以及与该位置相应的准则,结合自身的主观能动性,表现出符合规范要求的行为过程。结构角色论和过程角色论是角色理论的两种主要研究策略;根据不同的标准划分出不同类别的角色。角色行为过程包含了角色建立、角色扮演、角色冲突等重要方面;个体从获得角色到扮演角色,都会受到多种因素的影响,其中社会文化的影响尤为突出,性别角色落差和职业角色差异就深深刻上了文化的烙印。随着个体的成长和社会的发展,个体将不断调整自己,以适应各种角色扮演的需要。

思考题

1. 你是否认真思考过所扮演的角色?
2. 你如何看待自己所处的社会位置及相应的行为规范?
3. 社会生活中的男女有别是如何形成的?
4. 媒体如何描述社会生活中的男人和女人?
5. 你的性别是否会对你的职业选择有所影响?
6. 你如何看待进城农民工的角色适应问题?

第八章

社会行为

第一节　社会行为概述

一、社会行为的相关概念

（一）行为

一切行为都可视为一种指号，表示某种信息或传递特定信息的指号。因此，可以把人的行为定义为：人类个体或若干个体在一定的条件下所表现的自身态势指号或作出的运动指号。[①] 这里假定了所有的行为都有向其他个体传达某种信息或意义的可能；生物个体的所有行为都有向其他个体传达某种信息或意义的可能。同理，人类社会也是如此，个体或若干个体的所有行为都有向他人提供表征、传达某种信息或意义的可能。

（二）个体行为与社会行为

行为可以分成两大类，一类是个体行为，一类是社会行为。个体行为是个体基于特定的欲求、为了实现特定的目标，并选择各种各样的手段去实现目标的活动。社会行为强调个人与群体、群体与群体的共同行为和关系。社会学家韦伯指出，社会行为是行动者按照其主观意义把他人将怎样行动的目的纳入自己的行为，并使自己适合他人的行动方针。帕森斯则从“意志-环境”两个维度来界定社会行为，并以此来界定社会系统。

---

① 郭玉锦，王欢．网络社会学[M]．北京：中国人民大学出版社，2005：138．

社会行为是人类个体或若干个体有意识或无意识地影响到他人的行为。影响他人的标志是，该行为体现出的象征意义或信息刺激使他人的感知过程或使他人的行为发生了变化，而对该行为意义感知的准确程度则另当别论。社会行为一般由一个行为单位（表示一个完整的意义）、一组行为单位或若干组行为单位构成。社会行为与个人行为因是否影响到他人而有区别。现实生活中一个人的行为或行动随时都有转变成社会行为的可能。比如，一个人在房间里低声哭泣，没有被其他任何人感知，这个哭泣行为在这段时间里，在这个特定环境下，只是一个单纯的行为或运动；但是这个哭泣行为一经被他人所知（如被门外的人听见或看见），就变成了社会行为。

社会行为有三个较为显著的特征：一是既有主动性又有受动性，社会行为是对各种社会刺激的反应，而且这种反应也有可能成为他人行为的刺激；二是社会行为是内隐性与外显性的统一体，内隐性也就是内在体验过程，它是外在表现过程的基础（或准备阶段），而外显行为则是个体行为转向社会行为的实现；三是社会行为的主体既可以是个体也可以是群体。社会心理学的社会行为一般有三类：一是个体因他人或社会影响所产生的行为，比如个人对他人或事物的感觉、认知等；二是由个体体现但同时也为群体的其他成员所共有的行为，像语言、社会态度、从众和模仿等；三是各种群体（包括有组织和无组织的）所表现的行为，诸如竞争、合作、各种集群行为和社会运动等。

二、社会行为的结构

社会行为的结构实质上是一个指号互动过程。这一过程主要有六个构成要素：行为者（主体），受行为影响者（受体），行为指号（也包括媒介事物的行为），行为场（主体的或受体的），结果（也包括社会行为的社会性产品），时间维度。一个行为作为指号被他人感知时，其结构要素有三：指号本身（行为的元结构），指号名称（行为名称），运载的信息（包括直接信息和特定含义）。以一个具体的社会行为为例说明如下。上下眼睑一时性连续接触是指号本身："眨眼"是指号名称；这一行为意味着眼睑运动或眼内不适，这是运载的直接信息；这一行为告诉另一个人，"我在这里等你多时了"，这是运载的特点含义。这里的第一要素——指号本身是全人类共有的，因为"结构同源"。对此比较心理学的运动学等学科有一定的论述：第二要素——指号名称，是假设了人类所有行为（本章所指的行为均为外显可觉知的行为，而不包括内部行为）都可用语言命名，只不过其名称的发音和书写因民族、文化而异。

三、社会行为的理论

关于人类行为的探索是社会学研究的基本主题,也是社会学学科、理论体系建构的基础。社会学关于人类行为的研究成果集中体现在著名社会学家帕森斯、韦伯和哈贝马斯(Habermas Jurgen,1929—)等的社会行动理论之中。

人类行为的研究显然具有多个向度,生物学、心理学等学科着重探讨人类的动物刺激性反应行为,而社会学及社会心理学所研究的人类行为是与他人和社会有关的社会性行为,韦伯称之为"社会行动"(social action)。韦伯在其名著《经济与社会》中对"社会行动"的含义作了非常详尽的阐述:"社会行为(包括不为和容忍)可能是以其他人过去的、当前的或未来所期待的举动为取向。'其他人'可能是单个个人和熟人,或者人数不定的很多人和完全不认识的人。"可见,社会行动具有针对他人或社会的主观意义,只有具有主观意义的社会行动才是可理解和解释的,也只有这种人类行为才是社会学的研究对象。以单纯的物质的对象为目的的行动不是社会行动,内心的态度不受他人(或其他社会体系)影响的行动也不是社会行动,类似动物刺激反应的行为也不是社会行动。韦伯强调社会学研究的人类行为是社会性的社会行为,从而将人类许多生物性行为排除在社会学研究之外,这是出于社会学学科特点的考虑,但也体现出社会学对人类行为研究和解释的不全面性。

(一) 帕森斯社会行为理论

社会行为理论或称社会行动学说,美国学者帕森斯认为,社会心理学必定要研究一个人的行为,并将社会学、人类学、心理学列为一般行为科学,而将政治学、经济学、法学等称为特殊行为科学。他认为不论是研究社会关系或是人际关系,凡是社会系统中所包含的社会行动都有定向。这种定向或称取向可以归为三类。首先,认知的定向。一个人在开始行动之前,必须对所处的环境有一种认识。虽然这种认识不会完全符合客观事实,但几乎所有互动的双方都是依据这种认识而决定动机的取向的。其次,情感的定向。即行动往往受到情绪、情感的驱使。最后,估计的定向。当行为即将引发时,对于该行为可能发生的各种效益,可以用价值判断作为行动标准而加以抉择。帕森斯认为,社会文化通过一个人的人格来完成,并决定社会行为的动机定向。而文化又是人类社会成员间互动的产物。他将文化模式分为信息系统(认知的);情感系统,代表象征系统;道德标准系统,代表价值的或整个模式的体系。

帕森斯认为,动机、价值取向和制度化模式是行动理论要探讨的内容,它们分别构成文化系统(包括复杂的价值观、信仰、符号和其他观念)、人格系统(包括动机与角色扮演的技巧)和社会系统(由规范引导的制度化模式)。在帕森斯看来,文化系统通过社会化成为人格系统的动机，通过制度化成为社会系统的规范。他更关注的是文化、人格与社会的整合。

(二) 韦伯的社会行为(社会行动)理论

韦伯的主要观点是：社会现实从根本上讲是由人们和他们有意义的社会行为构成的。他给社会学下的定义是："社会学应当是一门力图解释性地理解社会行动，并借此从过程和作用上对社会行动作出因果说明的科学。行动在这里应是一种人的行为(不论是外露的还是内心的举止、放弃还是容忍，都一样)，只要行动者与行动有一种主观意义上的联系。'社会'行动则应是这样一种行动：行动者的意图涉及他人的行为并在行动过程中以此为准则。"

一项行动被确认为是社会行动必须具备两大要件：行动个体对其行为赋予主观的意义；行动者的行动指向他人，因而与他人的行为(这种行为可以是过去的、现在的或未来预期的)发生意义关联。这里的他人可以是个人、熟人，也可以是不确定的多数人或完全陌生的其他人。社会行动的概念是韦伯用来分析社会的一个独特视角。

韦伯把社会行动分为四类：一是传统行动，它由无意识地遵循习俗的机械行为所构成，通常只是一种含糊的对习惯性刺激重复其固有态度作出的反应；二是情感式行动，它是对于一种非日常性刺激无从控制的反应；三是价值理性的行动，是一种始终依循着诫命或要求的引导，并以此为己任的行动，这种行动不顾及它可预见的后果，但它是合理的，因为它虽不以成功为最高目标但注重与信仰的一致性；四是目的理性行动，是一种彻底的理性行动，行动者将其行动指向于目的、手段和附带结果以及各种可能目的之间的相互关系。前两种行动往往处在有主观意义的社会行动的边缘地带，因而徘徊在理性行动与非理性心理行为之间。当然，这四种行动类型仅仅是一种为了理解人类复杂的行动而建构的理想化模式，实际的行动只是或多或少接近于这些类型，并且往往混合着来自不同类型的要素。[①]

(三) 哈贝马斯的交往行动理论

哈贝马斯力图在对传统的实证知识观和社会学理论批判的基础上，建立一个具有普遍性的"规范基础"或基础范畴来描述、分析和批判现代社会的结构，这个"规范基础"就是他的交往行动理论。交往行动理论是哈贝马斯整个学术理论体系的主要内容。所谓"交往行动"，是指两个或两个以上的主体间以语言或符号为媒介，以言语的有效性要求为基础，以达到相互理解为目的，在意见一致基础上遵循(语言和社会的)规范而进行的、被合法调节的、使社会达到统一并实现个人同一性

---

① 谢立中. 西方社会学名著提要[M]. 南昌：江西人民出版社，1999：27-28.

与社会化相统一的合作化的、合理的内在活动。哈贝马斯为了明确说明"交往行动"概念，将社会行动划分为"目的合理行动"与"交往行动"两大类，它们之间划分的标准是看某一社会行动是"以成就为取向"还是"以理解为取向"。目的合理行动是以成就为取向的行动，它是遵循技术规则而进行的"工具性行动"中对行动规则进行合理选择的"策略性行动"，它精确规定目的方向，选择适合的或最佳手段去实现预期的目的，也就是为成就而进行的活动。而交往行动是按理解的活动来相互决定他们的行动计划，从而使行动"合作化"。[①] 当然，社会行动还存在其他类别的行动，哈贝马斯通过对社会行动的具体分类进一步区别行动与交往行动，进一步建构他的交往行动理论。

1. 哈贝马斯的社会行动类别

(1) 目的性行动，是指一个行动者通过理性的计算，以寻求达到特定目标的最佳手段。如果行动者在考虑效益时涉及至少另一行动者的决断，则目的性的行动模型就会扩展为策略性的行动模型。[②] 这类行动旨在取得成功，是"工具性的"，其中心概念是决策，即在各种可供选择的行动方案中作出决定。

(2) 循规性行动，是指社会群体成员依据共同的价值来决定他们的行动。只要是有规范适用的情境，个体行动者就遵从或破坏规范。规范代表了群体所取得的意见一致，其中心概念是遵从规范，即实现一种一般化的行为期望。

(3) 戏剧行动，既不是指孤立的行动者，也不是指群体的成员，而是指行动的参与者各自成为对方的观众，并在他们面前呈现自己。参与者都有意识地通过突出自己的某一方面或掩饰自己的内心意图，来操纵对方的印象形成。其中心概念是自我呈现，即控制他人对自己的印象。

(4) 交往行动，是指两个或两个以上具有言语和行动能力的主体之间的行动。行动者为了协调他们的行动，而试图对行动的情境和行动的计划达到一种理解。他们使用语言与非语言作为理解他们彼此的情景和各自行动计划的手段，以便使他们能够在协调自身的行为上达到一致。所以，交往行动是合理化的行动。其中心概念是解释，即相互磋商对情境的定义，以达成一致。

行动之所以会产生合理性的问题，是哈贝马斯对现实的交往活动的观察而发现的。在观察中哈贝马斯发现，人们的交往是遵循某些规则、由权力制度所规定的，而权力制度又体现了把外部自然界的强制转变为对人的本性的强制，并使之转化为社会规范的强制，所以交往行为与对人自身的自然压抑相对应。他认为，交往行动存在正常状态与不正常状态，其中不正常状态的交往行动是指与系统扭曲了的交往相对应的操纵行为，即"被系统扭曲了的交往行为"。"理想化了的交往行动

---

① 侯钧生. 西方社会学理论教程[M]. 天津：南开大学出版社，2001：317-318.

② 哈贝马斯. 交往行动理论(第一卷)[M]. 洪佩郁，蔺青，译. 重庆：重庆出版社，1996：280.

类型”是没有任何压抑、没有任何约束的自由交往。为了使人们能成为“理想的交往共同体”，就需要使人们的行为理性化，也就是使之具有一种理性的结构。于是，“合理性”和“合理化”问题也就同样被哈贝马斯提了出来，并且被他视为交往行动理论的根本论题。[①]

综上所述，社会学对人类社会行为（即社会行动）的研究不只存在于韦伯与哈贝马斯的理论之中，事实上，杜尔凯姆基于自杀研究形成的越轨行为理论，科尔曼(James S. Coleman，1926—)借用经济学理论阐述的社会学对人类行为解释的法人行动者理论及社会交换理论、符号行动理论等都对人类社会行为作了专业的社会学探讨，但由于这些理论较为分散且在自身理论体系中并没有明显基础性意义，代表性和典型性不强。而在韦伯与哈贝马斯的思想理论体系中，社会行动理论则是其整个理论体系建构的基础。韦伯的社会行动理论是社会学发展史上对人类社会行为系统性研究的建构性理论，哈贝马斯的社会交往行动理论是对韦伯社会行动理论的批判与发展，而且他们共同的关注点集中在行动及其合理性问题上。在这个意义上，透过韦伯与哈贝马斯社会行动理论可窥见社会学对人类行为研究的一般倾向和已有成果。

第二节　制约社会行为的因素

社会行为不是单纯的个体活动，它直接或间接地受到来自主客观方面的诸多制约和影响，个体的行为是由人格特质和环境变量共同起作用的，这一论点至今已成为人格心理学工作者的共识。制约社会行为的因素具体有如下几个方面。

一、个体因素：人格

一般认为，人格是在遗传与环境的共同作用下形成的，并与特殊的情境结合，引发特定的行为即社会行为。

社会心理学上所说的人格，与道德、伦理和法律上所讲“人格”是有差异的。一些社会心理学家根据拉丁语“person”的原意“面具”，将人格定义为个人的面目，是个人在社会生活中扮演的全部角色的综合。而本书认为，人格是认知、情感和行为的复杂组织，赋予个人生活的倾向性和模式（一致性）。[②] 人格是个体独特的生理

① 侯钧生.西方社会学理论教程[M].天津：南开大学出版社，2001：323.

② 叶奕乾.现代人格心理学[M].上海：上海教育出版社，2005：4.

素质和特定的社会文化环境的相互作用的结果，具有整体性、稳定性、可塑性、独特性、社会性和生物性的特点。[①] 人们的社会行为之所以有所差别，在很大程度上是由于人格的特点所致。因此，研究人格的差异性和影响人格形成的社会因素就自然而然地成为社会心理学家的兴趣。一般而言，人格包含着个性的独特成分和通过个体显现的为某一群体成员所共有的群体成分，也就是说，人格既是个体特性产生的内在因素，也是群体共性形成的根本原因。前者导致个体间的差异，后者则形成群体间的差别。这种为群体多数成员所共有的内在因素成为社会学家和人类学家创设“社会性格”、“民族性格”及“众数人格”等概念的理论依据。

弗洛姆在《逃避自由》中明确提出“社会性格”这一概念。他认为社会性格是“一个集团的性格结构的核心，是这个集体共同的基本经验和生活方式发展的结果”。社会性格是一个群体中大多数成员共同具备的心理特质和性格特点。它是在个体人格基础上，于群体生活中形成的为多数人所共有的“人格特点”。它就像一种共识，隐藏在个人人格深处，成为对个体人格起作用的深层动力。弗洛姆就在《逃避自由》中，运用这一概念分析了德国纳粹主义盛行的原因。他认为，纳粹主义在当时之所以能迷惑德国人民，一方面是由于经济和意识形态这个因素，另一方面是德国社会中的下层阶级所共有的对强者的爱和服从的社会心理或性格。

民族性格或国民性是某一民族中大多数成员共有的反复出现的心理特质及性格特点的总和。民族是在一定的地域、相似的社会生活，以及共同的语言、习惯、风俗及文化历史上，在共同的生产方式下经过长时间的融合而成的一个群体。所以，民族性格比一般的社会性格积淀得更深，所起作用的范围更加广泛。它犹如磁铁将全民族的性格紧紧地吸引到一起，形成一定的“型”，其群体成员就按照这个“型”来塑造自己，并通过教育、媒体及文化熏陶等渠道代代相传。那些历史越是古老、悠久的民族，其民族性格就会越深沉与执著。

但社会性格和民族性格不是亘古不变的，由于外来文化、各种社会思潮和科学技术等因素的刺激及社会生产方式的改变等，社会性格和民族性格也会随之不断调整、改变，乃至发生某种相逆变化。例如，马克思主义在中国初期的传播和发展，就使整个中华民族发生了深刻的信仰转变，中国下层人民抛弃了原有的由封建时代留下的奴性思想，树立了翻身做主人的思想。当前，随着科技信息化时代的到来，社会生活更是瞬息万变，这促使一些新的社会性格逐渐形成。

在谈及性格或人格时，还需要了解“反社会人格”(antisocial personality)或“反社会行为”(antisocial behavior)。反社会人格或反社会行为通常发生在一个危害性很大的群体中。有研究表明，在当代社会中，50%的犯罪案件是由5%的人包揽的。也就是说，有一小部分人多次违法，所以他们对社会的危害是最大的。这一类

---

① 叶奕乾．现代人格心理学[M]．上海：上海教育出版社，2005：5．

人有一些共同的特点，那就是冷酷、自私，从来不关心别人，总是以自我为中心，冲动、易怒。而且，很多研究已经发现，这类人在幼年时就已经表现出一些端倪。譬如说他们在3、4岁的时候就表现出撕咬、捶打等行为，通常父母或者其他照顾者会发现照顾这类孩子很难。再大一些，他们会撒谎、逃学、偷东西、打架，总是喜欢跟父母顶嘴，有时候离家出走。他们学业落后，跟父母关系紧张，结交同样有问题的朋友，过早尝试性行为，最终成为警察局的常客。成年后，除了犯罪行为，这些人的家庭暴力、失业率，还有虐待儿童等行为的比率也很高。由此看来，他们对社会造成的破坏是无法估量的。人们在对这类群体的治疗和研究中发现，如果在早期进行干预，譬如找出一些危险的儿童或者青少年，在他们表现出问题行为的初期，就找出一些方法来预防他们将来作出更加严重的行为。这个想法听起来简单也很直接，但是实施起来却很难。很大一部分原因是，虽然这些儿童或青少年有很多共同点，但个人的情况却是千差万别的。要真正地对症下药，需要了解每个人的生理、心理以及生长环境。

另外，在个体因素方面，还有动机、态度、情绪、认知等，这些都已在其他相应的章节有具体的阐述，请参见其详细内容。

二、社会环境

社会环境是与自然环境相对而言的。人类通过劳动和创造从自然环境分化出来后，在生产、生活中创造了特定的社会环境。人类行为受自然环境的制约，但主要还是受社会环境的影响。自然环境的变化是缓慢的，而社会环境由于人类科技和人口的膨胀与融合而日益复杂，对人的行为也产生越来越大的影响。它制约和改变着个人和群体的社会行为。每个个体和群体都处于社会关系之中，他们的社会心理都是社会的产物，都是特定社会环境作用的结果。任何个体都不可能离开社会而发展出人性，比如兽孩。20世纪50年代，在全球内发现了20多个兽孩（大多数是狼孩），他们在很小的时候就远离人类社会而在兽界生存。科学家研究发现，他们基本上不具备人类的生活习惯和行为，反而有适应野兽生活的种种习惯和能力。有科学家说，人即使是在成年以后离开人类社会环境，如果时间够长，他本来已发展的人性也会丧失。

由此可见，社会环境是人类社会行为的决定性因素。因此，社会环境理所当然地成为社会心理学家十分重视的因素。尤其是在现代社会环境和社会关系迅速变化的年代，更要关注它对人类社会行为产生的与传统不一样的影响。

文化与社会环境是一个相互包含的关系。从广义上说，社会环境也是文化的一个部分；从狭义上来看，文化是社会环境的一个主要组成部分。文化对人类社会行为的产生有着极其重要的影响。文化是文化人类学研究的主题，也是用以说明人类行为的基本概念。人类文化学家一再强调,“我们在世界上不同民族中所发现的人类行为只能根据他们各自的文化来解释,而不能求助于人的感情或心理倾向”①。不同文化背景的人,他们的社会心理特点是不一样的。生活在中国传统文化背景的中国人与生活在西方文化背景下的欧美人具有的社会行为显然不一样。即使是同在中国,由于地区、民族的差异,其社会心理与行为也会有所差别。人们常说东北人豪爽,南方人比较婉约就是一个明显的例子。

这里有必要解释清楚“文化”这一概念。在西方,“文化”来源于拉丁文“cultura”,指的是与自然存在的事物相对而言的由人类耕作、培养、教育、发展出来的事物。一句话,文化就是人为创造的东西。更有学者说,只要能找到人为痕迹的东西都是文化。19 世纪以来,随着社会学和文化人类学的发展,“文化”也被赋予了丰富的社会学意义。英国文化人类学家泰勒(Taylor,1901—1987)在 1871 年出版的《原始文化——关于神话、哲学、宗教艺术和风俗的研究》中,首次把文化作为一个中心概念提出,其表述如下:文化是一种复杂体,它包括知识、信仰、艺术、道德、法律、风俗,以及其余从社会上习得的能力与习惯。② 虽然这只是一个描述性的概念,但它毕竟第一次赋予了“文化”一个完整的定义,这为后来的社会学家和文化人类学家研究文化界定了基本范畴。其后,国内外关于文化的定义层出不穷,在国内相关学者的著作中就达 300 多种。

本书认同的概念是,文化是人类群体或社会的共享成果,这些共有物包括价值观、语言、知识、形态和物质形态。③ 它大致包含以下几个意思:一是既包括价值观、行为准则和生活态度等非物质形式,又包括各种体现这种非物质文化意义的物质表现形式;二是物质文化和非物质文化既是人类赖以生存的基本方式或手段,也是人类生活的产品或创造物;三是文化的层次性,有主流文化和亚文化之分,前者指在社会中起主导作用的文化,后者指社会中某些群体所具有的既包括主流文化又有自身特点的生活方式;四是文化内容的丰富性。我国学者孙本文认为文化应该包含四大类:物质文化(一切有形的具体实物)、社会文化(语言、风俗、时尚、法律、道德等)、精神文化(宗教、艺术等)、知能文化(科学、技术等)。

需要特别注意的是,相对于每一个具体的现实的个人来说,文化和社会是一种不以人的意志为转移的客观实在,它们共同构成除自然条件以外的人类的全部社会环境,也是人类行为的所有客观制约因素。许多社会学家在说明外在世界对人的影响时候,常混用或并列使用“社会”、“文化”两个概念,但这两个概念是有区别的,社会由共享某种文化而受制于特定社会关系的人构成;文化则是这一社会或群

---

① 怀特. 文化科学[M]. 曹锦清,译. 杭州:浙江人民出版社,1988:133.

② 司马云杰. 文化社会学[M]. 济南:山东人民出版社,1990:9.

③ 戴维·波普诺. 社会学[M]. 李强,邓建伟,章谦,等译. 10 版. 北京:中国人民大学出版社,1999:63.

体所共有的生存方式,是人类生活的产品或者创造物。

总之,从社会结构角度看,文化具有意识形态的功能;从社会进步角度看,文化具有承载和传递文明的功能;从认识角度说,文化具有认知功能;从育人角度说,文化具有教化功能;从民族发展角度说,文化具有建构民族心理、造就民族性格、形成民族传统、塑造民族精神的作用。

从根本上讲,文化是人类智慧的结晶。不论是文化特质也好,文化丛也好,文化模式也好,都反映了某一民族在某一历史时期的生存与发展方面的各种方式,如想问题的方式、传递信息的方式、制作物品的方式、使用物品的方式、与他人交往的方式、组织社会的方式、生产管理的方式等。文化学家克鲁克洪(K. Cluckhohn,1905—1960)认为,文化是历史上所有的生存式样系统,既有显型式样,又包含隐型式样;它具有为整个群体共享的倾向,或是在一定时期中为群体的特定部分所共享。可以说,文化特质、文化丛、文化模式都是一种生存式样系统的表现形式。

具体的社会环境影响因素主要有以下几个。

(一) 风俗习惯

风俗习惯是指人们在长期的社会生活中自发形成、代代相传并自觉遵从的行为方式。这是一种非正式的社会规范体系。风俗习惯所调节和约束的社会行为大都是日常生活领域的行为方式,如衣食住行、婚娶丧葬、娱乐、语言、生育等方面。与个人习惯不同,风俗习惯是一种群体行为,所以这是一种随大流的从众行为。

我国历史悠久,文化底蕴丰厚,各种各样的风俗习惯种类繁多,比如有关人情往来、丧葬和审美习俗等风俗,它们都对人们的社会行为具有广泛的制约作用。

1. 社会习俗具有一定的社会凝聚力

社会习俗是一种把一定地域内的人们结合起来的无形力量,使人们产生认同感、亲近感、归属感,易于沟通和交流,从而起到很好的社会整合作用。例如,中国传统的春节、中秋节,对中国人来说都具有非常重要的作用。

2. 社会习俗可以协调社会关系

社会习俗将人们在共同生活中结成的一部分社会关系通过约定俗成的方式固定下来,使人们在交往中可以有一定的模式可遵循,使双方的行为相互理解,相互期待,从而维护社会的秩序和稳定。习俗对社会关系的调节作用是通过潜移默化来实现的。

3. 社会习俗对人们的行为具有一定的约束力

习俗的制约作用十分广泛,法律、道德顾及不到、控制不了社会行为,习俗都可以发挥作用,它通过舆论、社会氛围等影响社会成员,自发调节人们的行为,使他们都自觉不自觉地按习俗行事。在社会的发展中,各种习俗会与社会文化的其他方面结合,于是约束力越来越强;而不遵守习俗,将会受到非正式的制裁,如受到他人的轻视、讥笑等。

从社会发展的角度看，社会习俗对社会心理调控有积极的、中性的一面，也有消极的一面。那些对社会发展有促进作用及对人们生活和健康有利的习俗，应当提倡和普及；那些无益处的又没有明显害处的中性习俗，应该向积极的方面引导；那些与社会发展相矛盾、有损人们身心健康的习俗，是消极的，如中国传统的重男轻女、早婚早育等，对这些习俗应加强批判，逐步改造；而对那些严重阻碍社会发展、扼杀人性的恶习应坚决革除。

（二）道德规范

道德规范又称“道德准则”，是一定社会或阶级根据社会整体利益向人们提出的应当普遍遵循的行为善恶准则。在道德体系中，道德规范是围绕道德原则而展开的，是道德原则的具体化和实际应用。道德源于习俗，由与社会共同生活关系较为重大的那一部分习俗演化而来。例如，对共同生活有利的行为，像拾金不昧、勤劳勇敢、舍己为人等，人们认为是好的、高尚的行为；而对懒惰、自私、叛变等人们认为是不好的。

道德规范的作用在于控制社会成员的思想和行为，维持一定的社会秩序。道德对人的行为控制作用比习俗要强。习俗可遵守也可不遵守，不遵守也不会引起太大的社会关注，但是违反道德就比较严重，人们就会对这些行为加以谴责，使个体的人格和名誉受损害。同时对高尚的道德行为加以赞扬，会使人们弃恶向善，遵守道德规范。道德对人们行为的控制比法律手段巧妙。法律管不到的，道德可以管。道德的控制是内在的，不需要监督，所以中国历史上的统治阶级都非常重视利用道德来治理国家、管理社会。

另外，道德规范是约束性和导向性的辩证统一，它既从不应当的角度为人们划定行为禁区，对人们的行为进行约束，又从应当的角度为人们指明行为方向，引导人们避恶趋善。道德规范作为行为的善恶准则不同于政治、法律等行为规范，它主要不是借助于社会强制，而是依靠人们的自觉来维持的。道德规范随着社会经济关系的变化而变化，随着经济的发展，传统的道德在指导人们的行为方面的力度可能有所削减，但道德的力量依然存在。

（三）正式制度规范

社会的制度规范的产生首先受到意识形态的影响，因而本身就具有意识形态的特征。制度规范的内容，主要是界定社会成员的思想和行为方式，是社会行为所依据的标准，这就保持了个体行为与制度规范之间的一致性。一些社会学家在个人行为与社会的制度规范之间的关系问题上提出了自己的看法。例如，在迪尔凯姆看来，社会是一个实体，个体行为完全被制度规范所左右，韦伯的观点则与之相反，吉登斯则试图将两者统一起来。正式制度规范主要通过法律、行为规范等正式条文来制约和影响人们的行为，并配备相应的惩罚条例，要求制度所涉及的相关人员严格实行。正式制度规范对人的社会行为的影响具有直接性、强制性、奖惩性、明晰性、一致性等特点。

(四) 宗教

宗教区别于其他社会意识形态的重要标志之一是"生存危机意识和进而导致的对于寻求生存保障的极度关怀"，它通过对超自然、超社会、超人间力量的认同，把不同的个人和群体凝聚起来，形成一个具有相同信仰的共同体。宗教是一种极其普遍的社会现象，从原始社会就开始存在。在现在这样的发达社会里，信奉各种宗教的人仍占世界人口的60%以上，宗教对各国、各民族的政治、经济、思想、文化、科学、教育及社会生活的其他领域有着广泛而深刻的影响。

宗教通过硬控制的方法来控制信徒们的言行，又通过软控制的方法来影响人的思想观念。硬控制是指宗教通过制定各种戒规、戒律来约束教徒行为的控制方法，如佛教的不杀生、不偷盗、不邪淫、不妄语、不饮酒等"五戒"。硬控制具有强制性和表层性的特点，有很强的压抑力和约束力，这种压抑和约束只是在原则上规定不能做什么，必须做什么，它注重表层行为的约束。如果只有硬控制，宗教绝不会产生出如此明显的社会控制效果。它之所以能对人产生广泛而持久的影响就在于其软控制方面，因为最有效、最持续不断的控制不是强制，而是触发个人内在的自发性的控制。宗教的软控制是通过舆论、信仰、教育，以及宗教伦理道德等方面的引导使广大信徒按照宗教的要求行事。与硬控制相比，软控制能在更加广泛的范围内调整人们的行为规范。而且软控制一旦掌控了人们，就会变成一种自觉意识，从而形成自觉行动。正如孔子所说："道之以政，齐之以刑，民免而无耻。道之以德，齐之以礼，有耻且格。"宗教既能通过硬控制的手段从外约束信徒的言行，又能通过软控制的手段从内引导人们的思想，这使得宗教成为一种异常有力的社会控制力量。

宗教对人类社会行为有如下重要意义。

第一，宗教通过一系列宗教礼仪和祭祀活动来加强人们对彼岸世界的认同，融洽了现实的人际关系。① 宗教仪式是专为宗教生活的各种活动规定的，教徒参加宗教活动必须遵守这些仪式的规定。这种由宗教仪式所提供的社会凝聚功能是维护社会安定团结的重要力量。所以迪尔凯姆认为："宗教仪式创造出使人们深刻地体验和联络感情的气氛，有力强化了社会团结。"

第二，宗教通过对道德的吸纳和升华来加强其对人类的制约作用。世俗道德

---

① 戴维·波普诺.社会学[M].李强，邓建伟，章谦，等译.10版.北京：中国人民大学出版社，1999:454.

是调整人们行为的准则，其基本道德规范的存在和遵守是维持社会秩序的基础。当世俗道德信念被吸纳入宗教之后就成了神圣的信条，是至高无上的东西。所以马林诺夫斯基的功能学派认为："宗教的主要功能在于，将人类情感里、精神上、人格中的积极因素予以传统化、神圣化，从而既使个体的心理得以满足，又使社会的生活得以巩固。"例如，不许杀人、不贪恋他人财物、不邪淫这些社会最基本的伦理道德规范，佛教则说成是佛祖定下的戒律；伊斯兰教称其为真主的规定。当这些世俗道德被宗教吸收之后，就笼罩上了神的光辉，成为一种强有力的力量指导信徒的言行。

第三，宗教还可以通过与政治相互作用来影响人类的社会行为。作为社会上层建筑的宗教和政治，二者之间相互依托，互为影响。在这种相互交织的关系中，政治处于主导地位，宗教处于次要地位。因而统治者总是要千方百计地利用宗教来巩固自己的统治，而宗教则通过参与政治来扩大自己的势力，提高自己的影响。在古印度，佛教通过对阿育王施加影响，使得专横暴戾、重用酷吏、喜好战争的阿育王改弦更张，开始实施"达摩"治国的方针，佛教也借助其政治力量到处传播。在中世纪，以罗马教皇为首的宗教势力通过参与政治斗争成为协调各主权国之间关系的主要力量。在中国，儒教参与政治是通过"神道设教"的方式来实现的。"宗教思想感情的神秘主义信仰结构，作为'神道设教'的手段，正是其强大社会控制功能的根源。"而在很多政教合一的国家中，宗教的行为规范、戒律教条被法制化、民族化，因而其社会控制能力具有更强的神权强制性。在现今高度世俗化的社会，宗教仍具有很强的力量，如穆斯林社会，尤其是伊朗，它的宗教与政治之间的紧密联系表明了非常重要的一点，即当一个国王在为自由或独立而奋斗的时候，政治和宗教会紧紧交织在一起。

宗教对社会行为的制约功能也有它的两重性。宗教的制约功能不能简单地断言其积极或消极，它在不同的历史条件下发挥着不同的社会作用。总之，当宗教在具体的社会历史条件下对社会发展起推动作用时，其为积极的，反之则是消极的。有人把宗教称为鸦片，它以虚幻的彼岸世界来麻醉此岸世界的人们，作为人们的精神慰藉，使人们安于现状；另一方面宗教又是兴奋剂，它使人们借助于神的旗帜来反抗现实的不合理性。历史上无数次的人民起义都是在宗教的旗帜下进行的。宗教的保守性则表现在其作为历史发展中的消极保守因素，因为，当宗教把神或上帝奉为世界和人生的主宰的时候，它也把现存社会制度当成天命或神意的体现，变成神圣不可侵犯的东西了。在这种情况下，宗教极力维护与生产力不相适应的生产关系，因而对社会的进步和发展产生了负面的影响。但是，由于宗教集中表达了现实世界的苦难，描绘了理想的彼岸世界，从而增强了人类社会的群体认同力和凝聚力。我国也是一个有多种宗教的国家，很多宗教在人民的社会生活中仍发挥着作用，特别是在一些少数民族的地区，宗教已成为人们社会生活的重要组成部分，合理地利用宗教中的合理成分，对社会秩序的稳定有不可忽视的作用。

（五）网络及网络文化

当今时代，由于社会文化的多元性和社会环境的复杂化，个体和群体的人格呈现出一些新特点；同时，这些特点也会导致许多新的文化的出现，比如网络与网络文化的出现。

在网络空间，信息成了社会行动的关键要素，所有的经验与知识融合在同一个数字化媒介中，并由此混淆了行为场域的制度性分离，模糊了行为的符码意义，以至于人们再也无法清晰地区分真实与虚拟、身体与心灵、公共空间与私人空间、前台与后台及主体与客体之间的界限，一切皆处于一种二元交织状态。换言之，作为一种新的社会行为方式，网络空间的知识活动具有明显的后现代特性。因此，网络及网络文化与人们的社会行为是如何相互作用的成为人们关注的新焦点。

1. 网络文化

“网络文化”有两方面的含义：一是网络作为一种新生事物，不仅是一种技术与社会现实，更是一种文化现实，网络就是一个新兴文化形态；二是文化本身是以网络的形态存在和发展的，人无时无刻不生活在文化之网中，网络文化可以说是人类文化发展的网络形态的最典型体现，简言之，就是“网络的文化”与“文化的网络”。[①]

2. 网络社会行为

与现实社会一样，网络社会中虽存在着攻击、欺骗等不道德和犯罪行为，但也存在着各式各样的助人和利他行为。小到主动调和网上论坛的气氛、提供助人信息，大到打击网络犯罪、拯救他人生命等，不仅强化了广大网民对网络的信任和依赖度，也影响到网民自身亲社会行为的发展和网络道德环境的改善。

网络社会行为以计算机网络为媒介，这个网络既是一种传播工具，也是一个情境，其功能除了能促进组织沟通、提高生产力、获得有益信息之外，还能通过这种计算机通路构成的管道，使人们与他人互动，不需要与他人面对面的接触，便能进行沟通与交流。

网络社会行为与现实中的社会行为在性质上是一样的，都是指一个个体或若干个体影响到他人的行为；而这种行为实质上就是一套有秩序的信息指号传递到对方，而对方感觉到了并有相应的行为变化。但网络与现实不同的是，现实中可见的行为指号在网络只能是通过文本信息指示。而一个网络社会行为的完整过程意味着接收信息者一定要对发信者的信息有反应，这种反应可以是回应信息，也可以是不回应。于是，网络社会行为可分为单向网络社会行为和双向网络社会行为两

---

① 常晋芳. 网络哲学引论——网络时代人类存在方式的变革[M]. 广州：广东人民出版社，2005：287.

种。

3. 网络社会行为的特点与网络行为种类

(1) 网络社会行为特点。

严格地讲，上网者行为都是社会行为，都是在交流社会行为指号。通过社会行为指号，上网者在网络相互沟通。而沟通就是社会行为指号信息的传递、交流。网络社会行为的主要特点有以下几个。

第一，在沟通方式上，在网络社会较之在现实社会之中，其最大的不同在于：一般现实社会中的交往是亲身参与的交往，而网民的交往则是完全依赖电脑网络传达的沟通。网络传达的沟通方式，先天上缺乏所谓的"社会面貌"这个在传统的面对面接触沟通方式中最重要的因素。现实沟通中参与者口语的音色、腔调、音量和非口语化的信息，如瞪眼、扬眉等肢体语言，以及交往双方的沟通环境（如与会地点、座位形式）等，在电脑网络传达的沟通中都不存在。除了这些非言语交流的因素外，还有行为主体的社会属性和外在的生理属性也被过滤掉了。比如参与者的年纪、性别等也不为彼此知晓。

第二，网络社会行为的信息互动，即人们之间的沟通过滤了现实社会中的三大要素：面对面接触交流中的非语言因素（如表情、身势和副语言等）；交流中的行为"场"的因素，即交往情境因素；行为主体的社会属性（如身份地位等）。目前网络社会行为互动的最大特点是：媒介事物的语言符号交流是一种特殊的行为符号互动场景。随着网络的发展，已在一定程度上缩小了以往网络社会行为互动和面对面交流之间的差距。比如，已经出现的"网络可视性交流"，行为双方都能看到自己的数字影像等，这样的网络行为在非语言交流因素上会得到相当程度的补偿。在行为互动的"场"方面，人们可以把网络交流中"网络场所"视为上网者行为互动的"场"。比如，上网者进入的某个网站或网络社区，在网络社区中又进入某个具体活动场所，里面大都是些什么样的人，经常交流的主题是什么等都可以看做网络行为的"场"或行为情境。关于行为主体的社会属性，其实与现实交流中类似，总要通过一段交流过程才能确定。当然，在现实交流中，人们初次见面的时候经常互递名片，可能在以后的网络交往中也会有这种互动方式的出现，即在陌生人或客户关系的初次网络交流中会首先相赠身份名片，以期望继续交流和相互信任。但信度未必会很高，尤其在初期可能会伴随出现些"假名片"。

在电脑网络上的沟通方式之下，上网者之间的行为或沟通的频率增加了，话语权地位也更加平等；而且更多的构想或观点被参与者提出来进行讨论，参与者在参与沟通时更为积极、勇敢、直言不讳，更为自由主动，甚至更有创意；与此同时，却更少有意见领袖出现。诚然，早期的研究往往也发现，电脑网络上的人际沟通方式，常常也令沟通参与者更勇于在"大庭广众"前互相以极端或攻击性的语言相互较量，而且以更直接、更赤裸裸的方式进行。究其原因，可能是沟通参与者因此必须付出的代价或称社会成本，远低于直接面对面参与的沟通方式所造成的后果。

网民身上所残留的平民特性，仍然对网民在电脑沟通网络上的行为产生一定的影响作用。换言之，上网者对网络上的人际沟通方式所激起的想象力与使用的创意，有部分还是根据他们在真实社会里的真实生活经验而来。环境因素和情景因素总量的减少，使网民的网络行为更加个性化。进而可以说，网络人类行为更接近真实的原始人性。

(2) 网络社会行为种类。

网络社会行为种类繁多，这里主要列举常见的几种[①]。

① 互发电子邮件行为。

② 聊天行为。

③ 交友行为。

④ 游戏行为。

⑤ 获取信息行为。

4. 网络文化对人类社会行为的正负影响

网络文化具有二重性价值意义，其正面价值意义主要有以下一些。

第一，网络技术促进了文化网络系统的形成。网络本身就是人在信息时代的一种文化创造物，信息网络技术革命实质就是文化领域的产业革命，它正在促进先进的文化信息系统、文化网络系统的形成。文化网络系统集物质、精神产品于一体，能通过各种设备和媒介，向人们提供集文、声、图、像于一体并能进行动态交互作用的丰富多彩的信息，人类将享受到前所未有的丰富多彩的文化生活。

第二，网络文化为人类创造了新的文化载体。数字化的网络通信使文化产品以光速传播。在人类文化变迁中，如果说第一代文化是以语音为载体的语音文化，第二代文化是以文字为载体的文字文化，那么第三代文化则是以电子为载体的电子文化。电子文化为人类文化的创新和繁荣奠定了坚实的基础。过去的文化产品传播受各种条件限制，速度慢、易受损、难保存，而现在，随着文化网站、网上博物馆、网上图书馆、网上音像馆等的开发与建设，任何有价值的文化作品都能得到快速、有效、广泛的传播、复制和储存，从而成为世界性文化财富。

第三，网络文化促进了全球文化交流。网络文化使人类突破了时间和空间的局限，进行更直接的、跨文化的交流，扩展和深化了人与自然、人与社会以及人与人之间的联系与交往，而且将这种文化交流提高到信息化、知识化的水平，从而使文化交流展现出新的境界、层次和状态。网络也使个人的思维、观念和价值得到充分完整的发挥，并真正为全人类文化的形成奠定了基础。网络文化还是一种低污染、高效能的生态文化和绿色文化。在未来网络文化主导下，人类将消除与自然的对

① 郭玉锦，王欢. 网络社会学[M]. 北京：中国人民大学出版社，2005：143-144.

立，实现全球性的和谐有序的生存和发展。

第四，网络文化促进了个人和社会价值取向的转变，网络文化最深层次的表现在于价值取向的转变；同时，网络语言丰富和发展了人类语言的形式和内容，网络语言是网络文化的重要组成部分。

网络文化不仅具有上述正面价值意义，也存在许多“困境”和“悖论”，即在多层次、多方面上具有二元因素的冲突、对立、混杂、互补的特点。尽管在表面上，它消解了或试图消解其他文化形态中的二元对立和中心意识，但它并不能真正摆脱二元冲突对立，只是使之具有更新的形态，并为对立面的互动与融合提供了新的挑战和机遇。具体而言，存在着技术与人文、一元与多元、开放与封闭、自由与规范、民主与集中、平等与差异、虚拟与实在、理性与价值、创新与传统、个人与社会、现实与理想等方面的二元对立因素，这些因素主要属于价值层面。

第三节　常见的几种社会行为及其实证研究

人类的行为有很多，但是如果根据后果来分的话可以分成两类：一种是对社会或他人有益的行为，叫做亲社会行为（prosocial behavior），如助人行为和利他行为；另一种是对社会有害的行为，称为反社会行为（antisocial behavior），最有代表性的是侵犯行为。

一、利他行为：人类的亲社会行为

（一）亲社会行为的概念与相关研究综述

艾森伯格（Nancy Eisenberg）认为，亲社会行为泛指一切符合社会期望而对他人、群体或者社会有益的行为，不管助人者的动机是什么，其行为的后果是给行为的受体带来好处。亲社会行为主要包括谦让、合作、分享、助人、捐献、安慰、同情等形式。①

侯玉波指出，人类的亲社会行为是指任何自发性地或有意图地帮助他人的行为，人类的亲社会行为可以分为利他行为和助人行为，其中助人行为的涵盖范围要大于利他行为。利他行为是指在毫无回报的期待下，表现出志愿帮助他人的行为；而助人行为指一切有利于他人的行为，包括期待回报的行为。但是在日常生活中，

① Nancy Eisenberg. The Caring Children[M]. Boston：Harvard University Press，1992.

人们对这两种行为的区分并不多，这不仅是因为意图难以把握，还因为二者都是有利于社会发展的行为，对其加以鼓励要比区分更重要，所以心理学家常常把二者放在一起加以讨论。①

关于亲社会行为的研究方向，殷方敏对1994—2005年的有关亲社会心理方面的论文的研究范围的研究发现，从心理学尤其是发展心理与社会心理角度的研究占绝大多数，也有少数从教育角度的研究，如德育角度与音乐学科教育方面的研究，还有从管理角度的研究；研究内容大多集中在儿童亲社会行为的培养、儿童亲社会行为的发展研究、亲社会行为的影响因素和国内外亲社会研究结果的介绍与评价四方面，其余的研究主要是亲社会行为的表现与亲社会意向的调查等方面。

(二) 亲社会行为的特点

亲社会行为主要由帮助行为、合作行为、分享行为构成，其特点主要有利他性与社交性。部分研究者把亲社会行为与利他行为等同看待，这是不恰当的。亲社会行为既包括自愿帮助他人不期望得到任何回报的利他行为，也包括为了某种目的、有所企图的助人行为。因此，亲社会行为的范围远比利他行为更广泛，两者不能等同。另外，亲社会行为还具有趋利性。现实生活中绝对的利他行为几乎不存在，更多的是期待有回报的亲社会行为。如无私帮助他人的人也从帮助别人中发现了自己的价值，体验到了做人的快乐，或者求得心理平衡，不能说没有回报。“我爱人人”，目的是为了“人人爱我”，只是这种回报是广义的而不是狭义的，是长远的而不是暂时的，它只是不明显而已。

现实社会中对亲社会行为的强化是丰富多彩的，因此应该倡导有利他倾向的亲社会行为，对亲社会行为的研究不应该排斥利益驱动行为，尤其是长远的、共同的、合作性的趋利行为，不近人情、不通人性的亲社会行为，如“毫不利己、专门利人”的行为不容易获得广泛认同。事实上，在儿童亲社会行为的教育中，父母常常向孩子灌输的也是良好行为的回报，而非绝对的利他观念：“分点好吃的给小朋友，下次他也会把好吃的与你分享。”亲社会行为的趋利性建立在利他性的基础上，而且未必是利益平等的，例如，某人向希望工程捐资100万，为公司赢得了良好声誉，赚回了更多的收入。

亲社会行为的培养与训练阶段趋利性很明显，形成以后，利他性的特点可能更明显。因此，重视社会性强化，使“善有善报”，对亲社会行为的形成与培养非常重要。国内在慈善捐助观念与行为方面的落后就与慈善基金体制的不完善、尤其是捐助能够得到的合理回报机制（如部分免税或者抵税）不完善有关。

---

① 侯玉波. 社会心理学[M]. 北京：北京大学出版社，2002:82-83.

(三) 亲社会行为的先天机制

目前,强调亲社会行为来自于先天的特性理论有两类:本能论生物进化论与经验论补偿进化论。一些社会生物学家强调亲社会行为的历史根源,强调亲社会行为来自基因,来自于进化遗传。例如,科学家对动物的亲社会行为进行了长期的观察,发现野兔、白蚁、蜜蜂等动物的生活中不乏亲社会甚至利他、自我牺牲的举动。于是有一种观点认为,从动物到人的进化中保留了亲社会行为,利他主义是人之本性中的基因决定的。至今为止,大量这类研究都是以动物而不是以人作为被试,因此这种理论推广至人身上是否合适仍然是个尚无定论的问题,但简单否认亲社会行为的先天机制也是不对的。

另一相反的历史观点——社会进化论指出,在决定社会行为的因素中,社会因素比生物学因素更重要。坎贝尔(Donald Thomas Cambell,1916—1996)指出,人类社会逐渐地有选择地进化了为人类造福的能力、信念和技术,因为亲社会行为通常是对社会有益的,所以它逐渐地变成社会法律或规范的一部分,一代一代继承与延续下来。它们为亲社会行为提供了一种文化基础,通过社会化过程,个体就学到了这些规则,并且在行为上也与这些导向亲社会行为的规则取得一致。

上述两种亲社会行为的发生理论确实有一定的合理性,强调其自发产生的机制,并不会削弱亲社会行为的学习与训练的重要性。既然天性如此,人类就更应该有更多的亲社会行为,大量亲社会行为的发生就应该是很自然的,真能做到这种境界,离和谐社会的目标也就为期不远了。

(四) 移情对亲社会行为的影响比较复杂

亲社会行为多种多样,有的需要行为者付出巨大的时间、金钱、精力甚至性命的代价,有的可能在紧急情况下发生,因此影响亲社会行为的因素是非常复杂的。移情对亲社会行为有非常重要的促进作用,但有的时候也会减少亲社会行为,对此应该有清醒的认识。如某人以前经历过许多磨难,终于熬过来了,今天遇到同样境遇的人,他可能产生积极移情,伸出援手予以帮助;也有可能想起自己当初的痛苦经历而拒绝帮助,甚至不愿意再面对与当初相似的情境而回避。所以移情的产生并不一定引发亲社会行为或唤起同情式的移情。

(五) 社会正义感、公平感与亲社会行为

坎贝尔指出,有三个特殊规范对亲社会行为来讲是最重要的:社会责任、互利互惠和社会公平。社会公平是关于公正和资源公平分配的规则,根据这一原则,对一项任务作出同等贡献的两个人应该得到同样的报酬。如果一个人的收获多于他应得的份额,他就可能给该得的人一些补偿,观察到这种情境的第三者也可能会给

受到不公正待遇的人一些补偿，以便恢复公正，因此人们都有一种维持社会正义的倾向。出于公平感而产生的亲社会行为很多，如分享、捐赠、帮助等，而且出于公平感、责任感可能产生长期、复杂、代价巨大的亲社会行为，如抚养、收养、赞助、巨额捐献等。

但不公平感对不公平承受者的亲社会行为有什么影响是迫切需要研究的。当今中国社会贫富差距比较大，社会不公平感比较强，而中国社会的贫富调节机制不健全，社会福利与保障事业刚起步，慈善机构与组织不健全，富人的"为富不仁"、不知道回报社会在一定程度上存在，这些都对中国亲社会行为的研究提出了迫切要求，我国亲社会心理的研究重心应该放到这方面来，为解决社会不公平感、为社会的和谐发展服务。

(六) 从责任扩散现象分析亲社会行为与亲社会心理的研究

见义勇为、紧急情况下挺身而出救助他人是社会倡导的最重要的亲社会行为，见死不救被各种文化认为是严重的亲社会行为缺失、社会正义的丧失。我国现已立法并从经济利益、未来保障等角度鼓励见义勇为，使"善有善报"。达利的旁观者效应的实验是紧急情况下亲社会行为研究的经典实验，他提出的责任扩散的观点无论是从理论还是从实际生活的经验来看，都是合理的解释。但后来 R. D. Clark 和 L. E. Word 的研究没有支持责任扩散现象，Piliavin 的现场实验研究也不支持与证实责任扩散现象。对这一矛盾的研究结果的主要解释是当时现场需要帮助的情景线索是否明确。如果能明确当事人在现场需要紧急帮助，责任扩散就不容易发生。这一解释有一定的合理性，情境的模糊会产生旁观效应。但有人救助后也会引发其他人的旁观效应，甚至是责任感的丧失，仅仅用情境的模糊来解释显然有问题。决定帮助与不帮助的过程有许多变量参与其中，如需要帮助的线索是否明确、帮助可能需付出的代价与危险性、助人者的道德品质与责任感、帮助他人的能力、其他旁观者的评判、帮助者的情绪唤起(如激愤)、需要救助对象的个人吸引力、对需要救助者陷入困境的归因分析等，最终是否产生亲社会的救助行为，取决于当事人在趋避的利弊之间权衡决策的结果。这类情况下的研究如果仅仅重视亲社会行为的产生与否，而不重视亲社会的心理活动机制，难免会产生不同的结果。因此，我国亲社会行为的研究应该把重点放在亲社会的心理上。一个见死不救的人如果事后不停受到自我良心的谴责，还不能简单地认定他已经丧失亲社会的良知与正义感。亲社会行为是由亲社会动机产生的，但亲社会倾向不一定导致亲社会行为。从这个意义上，艾森伯格的亲社会行为的理论模式能给我们有益的启发。

目前我国的社会科学研究者们更多地在德育研究的层面上对亲社会心理进行间接的思索与探讨，这对亲社会心理的研究还是很有意义的，但这也使得研究的角度与应用有局限性。社会心理工作者们理应介入进来，通过理论与实验的方法，更多地研究诸如良心、道义、社会正义感、内疚感、承诺等亲社会行为的重要心理基础。

二、反社会行为：以人类的侵犯行为为例

以 2005 年为例，我国各地发生一系列恶性事件：9 月 11 日，苏州自石街小剑桥幼儿园 2 名儿童被一个平时看似很老实的人砍伤；9 月 20 日，山东莒县第一实验小学，一学生家长为泄私愤而砍伤 24 名学生；10 月 2 日，1 名 54 岁的农民因家庭矛盾在长沙市一公交车上制造爆炸，造成 54 人受伤，11 月 1 日，重庆铜梁县巴川镇洗马村一男子因与妻子纠纷，在杀妻后又在一茶馆实施爆炸，造成 15 位无辜者丧生；11 月 25 日，河南汝州市一中 1 名 21 岁男子因“认识问题偏执，对学生有仇视心理”，闯入该校男生宿舍，对熟睡中的学生行凶，共造成 1 死 4 伤的悲惨结局……

这一幕幕触目惊心的惨剧有着一些不约而同之处：肇事者大多处于社会底层或是意识模糊的学生，无体面职业，认为自己在社会上受到歧视和不公正待遇，事发直接原因多为婚姻、家庭、工作、人际交往中的日常纠纷，但因长期郁结于心，形成强烈的仇恨心理，遂将报复行为指向不特定人群，不顾后果，手段残忍，造成无辜群众大面积死伤，其行为具有偶发性、突然性，防不胜防。一般来说，这些行为都属于反社会的暴力行为，它们在社会上造成极大的负面影响。尽管社会管理者在每次案发后三令五申加强社会安全管理措施，然而公共场所难以始终戒备森严。采取有效措施，切实防范此类事件的发生，消除民众的恐慌心理，增强群体的社会安全感是“治本”之策，而要治本，就必须对导致这些惨案的“反社会心理行为”有所甄别、有所认识。

（一）侵犯行为的概念

侵犯行为（aggression）是指任何试图伤害或危害他人的行为，它是心理学家最为关注的人类行为之一。对侵犯行为的界定要注意三个方面。一是强调它必须是一种行为，而不是一种意图，尽管这种行为伴随有意图。二是从效果上看，这种行为可以是反社会行为，也可能是亲社会行为。大多侵犯行为不为社会所认可，但也有一些行为是社会所赞同的，称为认可的侵犯行为（sanctioned aggression），比如教练对不认真训练的球员加以处罚。三是侵犯行为必须有侵犯性情绪（aggression-feeling），比如愤怒。尽管外在行为不一定总能够反映一个人的内心情绪，但大部分情况下侵犯总是与愤怒联系在一起。

(二) 与侵犯行为有关的因素

1. 学习

学习在侵犯行为产生中有着非常重要的作用,受攻击与挫折使人感到愤怒,这些愤怒情绪只是侵犯行为的一项重要因素,在有些情况下,人们并不表现攻击行为,这主要与学习有关。正如学习理论所强调的,侵犯行为可经由学习而获得,强化和模仿对学习过程具有重要意义。班杜拉所做的观察学习的假人实验就很好地说明了学习对侵犯行为的影响。他认为,儿童侵犯行为的获得并不一定要以其亲身获得奖励或惩罚为前提,儿童可以通过观察他人从事此类行为之后受到奖励或惩罚而学会这类行为。

2. 温度

对温度这一因素的研究比较多,如安德森(Craig A. Anderson)用概率论对卡尔史密斯(J. M. Carlsmith)等人提出的曲线理论加以修改,指出在特定的温度范围内,暴力事件的发生与温度呈线性关系。也就是说,在 38～41℃以内,随着气温的上升,人们的暴力倾向增强,但是在超过这个温度之后,由于人们外出的机会下降,所以暴力行为产生的概率下降。

3. 饮酒

长期以来,人们一直认为酒精能使人变得易于被激怒及好斗,许多相关研究也证明了这种假设。如一些心理学家就用实验研究证明,过量饮酒的人易于被激怒,从而表现出高的侵犯倾向。大多数的研究认为,饮酒降低了人们对侵犯行为的控制。

此外,"兴奋转移"、侵犯性线索、去个体化行为等也与侵犯行为有很大关系。①

(三) 媒体传播与暴力行为

到目前为止,对影视暴力与侵犯行为关系的争论很多,到底是影视暴力导致侵犯行为还是个体的侵犯倾向决定着他对影视暴力的偏好一直是研究者关心的问题。为什么媒体暴力会对人们的行为产生影响呢? 心理学家弗朗卓(Stephen Franzoi)认为与以下几个方面的原因有关:去抑制(内心宣泄),形成侵犯剧本(参照模板),认知启动(激发)。

有些研究表明,年轻人在性犯罪问题上的行为主要受同伴的影响,而不受媒体的影响。但是这一结论受到了批评,尤其是女权主义者,她们宣称,某些黄色书刊贬低了女性的地位,从实际上鼓励了性暴力。也有人认为,在媒体暴力与侵犯行为的关系中,性别因素也起着重要的作用,如马拉姆斯(Neil Malamuth)比较了观看

① 侯玉波. 社会心理学[M]. 北京:北京大学出版社,2002:75-77.

暴力色情片、非色情片以及中性影片对青少年侵犯行为的效果，发现暴力性色情片增加了男性而非女性对暴力的态度，使男性被试产生更多的性幻想。

三、失范行为

重大的社会转型时期对每一个社会成员都将形成不同程度的冲击和震荡。社会转型过程在上层建筑领域里本质上可以理解为一种文化重整过程。重整起源于文化撞击，经历文化冲突、文化失衡阶段，最后达成共识，形成新一轮的文化平衡。当前，正是这种冲突和失衡使得公众心理普遍存在焦虑情结。

所谓失范行为，就是指所有违反或偏离某个社会现行规范的活动与行为。当前失范行为出现频繁且处于市场经济运行初期，其表现具有新的特征，特别是与新中国成立以来社会规模的失范相比具有以下一些特征：第一，社会规范呈现多元化形态，无序行为大量增生；第二，失范的重点部位在异质的社会结构之间的经济利益上；第三，失范行为具有趋利性。

一般认为，造成现阶段社会行为失范的主要原因有以下一些。

（一）社会经济结构的分化加速

二十多年的改革开放和如今市场经济的运行，促成并加速了社会经济结构的分化，生产关系变革分化了原有的经济结构，上层建筑的变革分化了原有的政治结构、文化结构和心态结构。这些分化后的结构与他们的母体相比具有较强的自主性，它们的活动更多地遵从自身的逻辑。

社会分化一方面促进了社会机制的发展，另一方面也会造成行为异化，使分化形成的特定利益侵凌公共利益，使单元自由与普遍自由相悖，使发展与稳定违和，给社会协同和稳定带来前所未有的困难。以企业为例，在它属于行政附属物时，它是没有特定利益可言的，它的社会关系也极为简单，只可能以社会、国家的意识为准则。当改革或市场经济赋予它相对独立的权利并从行政结构中分离出来以后，其形成的新特性使它与其他组织相互区别，它所面对的社会关系包括国家及主管机关、供给单位、销售单位、消费者、居民自治组织、社会团体、有关企业及其他组织，比过去纷繁复杂得多。处理好这些关系，符合与之交往的每一对象的规范，并求得自己的生存发展，无异于在各种异向的矢量中求合力，稍微不慎，就会偏离正轨。更何况企业相对自主后，它处理关系的依据自然倾向于维护自己的特定利益，从而使它往往与社会普遍利益相背离。但必须同时指出，把特定利益甚至把个人主义进行极端地强调，以致把它夸大到既是必然的也就是绝对合理的地步，对于分化的主体失范也起了推波助澜的作用。从这类流行一时的错误导向来看，应当说，失范的意识归根到底是由失范的条件所决定的。

(二)社会文化的因素

一个国家的文化传统是社会失范的核心问题之一,尤其是存在于中国这样一种有着历史悠久、个性独特、与异地文化接触较少的文化传统。长期以来,面对强大的外来文化的压力,中国的文化危机一直存在,国民对文化传统的自傲与自卑情结难以摆脱。传统文化在当前剧烈的社会转型过程中受到更大的冲击,而公众对它的态度则依然暧昧不清,这些都直接加剧了行为失范,影响了社会稳定。

失范行为总是受一定的思想意识和价值观念支配的。观念形态的文化最有活力的部分是价值观念,它是文化的核心要素,能够促进社会进步和个人发展。但是社会转型带来的文化冲突必然导致社会价值观念和道德观念的紊乱,导致人们的行为失去规则,进而导致个人与个人、个人与社会的关系失调,导致社会矛盾的发生。随着市场经济运行进一步深入,文化冲突和价值观念的变化十分强烈,其消极影响在很大程度上促进了失范行为的增多和类型的变化。当前我国现实社会中的文化冲突主要有传统文化与现代文化的冲突、东方文化与西方文化的冲突、主文化与亚文化的冲突。

社会文化之所以是社会失范的一种诱因,是由于文化作用于人们的价值观念和行为准则,作用于人们的活动方式,也由此得出高尚文化的社会作用是积极的,而低级庸俗文化的社会作用是消极的。同时,文化冲突导致并集中表现为人们价值观念的嬗变,价值取向显现出多元化的态势。过去那种重社会本位,轻个人本性,重精神而轻物质的价值主体和取向,几乎从一个极端走向了另一个极端。尤其是在“金钱拜物教”的侵蚀下,一些人视金钱为社会的最高价值。这种价值观念泛化的结果,就会导致人文精神的失落,造成个人主义极端发展,无政府主义恶性膨胀,见利忘义,道德意识物欲化、庸俗化,最终使一部分社会成员心理迷惘,行为偏差,发生社会适应障碍而导致行为失范、越轨。

(三)社会整合不充分

社会是政治、经济、文化等多种因素平衡的产物。社会整合则是通过各种方式,将社会结构不同的要素、互动关系及其功能结合为一个有机的整体,从而提高整个社会的一体化程度。在一般情况下,虽然存在着某些社会离心力,但从总体上说,由于社会整合力占优势,因而,社会处于静态的平衡状况。但是,社会平衡不是永恒的,各种社会因素发展的不平衡性,必然打破旧的平衡。在从旧的平衡到新的平衡的转变过程中,社会处于暂时的失衡。在这一时期,社会整合力大为减弱。正如法国社会学家迪尔凯姆所指出的:只要这种失控的社会动力没有达到新的平衡,这段时期各种价值观念都无一定,规则标准也无从谈起,可能与不可能之间的界限模糊不清。由此,人们很难区分什么是公正的,什么是不公正的,什么是合情合理的要求，什么是非分之想，人的欲望便也失去了约束。在我国目前市场经济体制没有完全健全的时期，经济活动中不免出现一些空白点，其根本表现是缺乏经济秩序。在这种情况下，经济活动是不规范的，人们感到自己在一个极不稳定的环境中活动，对预期的利益没有保障，势必会出现行为的短期化。这时，各种利益矛盾、观念冲突导致社会整合力减弱，致使失范行为大量产生。

四、越轨行为

在日常生活中经常可以看到有人喝醉了砸桌子、偷盗、失恋者跳楼、贪污受贿等行为，有些属于违法行为，有些则不属于违法行为，对后者常用“越轨行为”来定义。大多数人认为越轨者是坏人，即那些破坏法律的人的思想和行为方式在大多数人看来基本上是错误的。在不同的社会里，人们对越轨和犯罪的定义是不一样的，在不同的时期，越轨的定义也不同。比如男人留长发，原来被认为是异类，是越轨的行为，而现在却被接受了。社会学认为，在现实生活中将什么行为定为越轨完全是相对的，尽管人们的确认为某些行为(比如谋杀)是错误的，但对哪种类型的行为该处以怎样的处罚存在很大分歧。而社会心理学对越轨行为的研究主要是分析其产生的原因，以防止这些行为的发生。

(一) 越轨行为的含义

越轨行为又称为社会越轨。离轨或偏离行为是指社会成员(个体、群体和组织)偏离或违反现存社会规范的行为。[①]

如何确定某一行为是否越轨不但是一个理论问题，也是一个现实问题。对越轨的定义，强调要以社会规范为标准是十分必要的，因为现实生活中任何社会规范都有其社会适用的范围，越出这一范围，就失去评判的标准。

首先，越轨的判断标准在不同的文化背景是不同的。例如，未婚同居在中国文化中被认为是越轨行为，在西方社会中则是被认可的；一夫多妻现象在封建社会和伊斯兰教国家中被认为正常的，而在其他很多的文化中被认为是不正常的。

其次，对同一社会中的同一行为在不同的社会情景或地域中可能有不同的评价。例如，社会规范要求人们在红灯前停下来，但是当一位驾驶者为了赶紧将病人送去医院时，他闯红灯的行为是越轨吗?

再次，越轨行为还随着社会规范及时间的变化而变化。例如，离婚在20世纪中期的中国被看成是不正常的行为，而现在，大多数人不再认为婚姻就一定能白头偕老了。

---

① 郑杭生. 社会学概论新修[M]. 北京：中国人民大学出版社，2000：473-474.

最后,当被视为越轨的行为发生时,还意味着这种行为必须作为违规的行为而被观察,并被贴上越轨标签。比如,一个青年偷了一件商品,被售货员发现,如果售货员不将此事告诉任何人,而只要他归还物品,那么他就不会被称为越轨者。然而,如果售货员坚持要控告,那么这种行为就会尽人皆知,结果这名青年就成了大家知道的越轨者。

(二)越轨行为的社会心理学理论视角

越轨是一种多因素的社会行为,许多学科都十分重视对越轨行为的研究。社会学的视角集中于对社会情景的分析,而社会心理学的解释强调那些促使人们以越轨的方式行动的个人特征,即从人们的心理方面寻找社会越轨的原因。

心理缺陷说,即以弗洛伊德的精神分析理论为代表。这一理论认为人的人格由三部分构成,即本我、自我、超我。本我无意识,由欲望和本能构成,本能就是按快乐行事以满足自己的利益为快乐;自我是一种认识的过程,是通过后天的学习和与周围环境的接触形成和发展的,它的目的就是使个体维持在达到目标的轨道上,在自我和超我之间起调节作用;超我是社会中的道德、禁忌、准则等在人意识中的反映,它代表社会的道德标准。这三者之间应该有一个协调、平衡的关系。超我是人格的检察官,起压抑本能的作用,一旦本我失控,本能的随意表现就造成越轨。正常人知道限制自己的越轨冲动即管好自我,而人格发展不完善的人不能限制自己的越轨冲动,也无法预想越轨的后果。这一理论认为,心理的缺陷是儿童时期社会化失调的结果。在儿童时期如果在心理和感情上遭受挫折,难以形成健全的人格,成人后会不善于处理个人与环境的关系,社会适应能力差,这样就容易产生越轨行为。

挫折-侵犯论,这种理论认为越轨是因为受挫折而产生的针对他人和社会的侵犯形式。当个人的某种满足受到挫折时,就会灰心、愤愤不平,产生一种挫折感,想通过一定的途径发泄出来。而挫折越强烈,侵犯越强烈。如果因为某些原因不能实施侵犯发泄,就会将侵犯施加到其他无辜者的身上。

上面讨论的越轨行为一般是指个人方面的,或者说是对整个社会的影响不是很大的。而对于像抢劫、贩毒、杀人、贩卖人口、盗窃等对整个社会、对很多人都产生了严重影响的行为,就是犯罪了,是一种很严重的越轨行为。犯罪是指违反国家法律、给社会造成一定危害、并根据法律应当受到刑事处罚的行为。犯罪分为很多种类,如有组织的犯罪、女性犯罪、青少年犯罪等。对于犯罪这样的越轨行为,必须由司法机构即由警察、法院和改造系统组成的连锁的控制系统对他们进行干预和控制、教育和改造。犯罪产生的原因是极其复杂的,教育改造犯人的关键就是针对其犯罪的原因采取“因人而异”的措施,消除犯罪的思想根源,对他们进行再社会化,重新树立正确的人生观和价值观,洗心革面,重新做人。教育改造系统对犯罪的改造是指对法院已经定罪的犯人施加刑罚和采取的其他措施。这个改造系统的核心是监狱，其措施一般有下面几项：剥夺资格，限制犯罪的自由、使他们难再犯其他更多的罪；改过自新，改造罪犯使他们回到守法的轨道上来；威慑，通过向他们灌输刑罚的一些处罚的严重性和对处罚的恐惧来使他们减少犯罪活动。

五、阿希从众行为研究

黎朋将从众心理称为“群体精神统一性的心理学规律”（law of the mental unity of crowds），这与海德为首的心理学家所持的“一致”观点是相通的。海德认为，人类有一种寻求认知上一致或和谐的倾向，这种倾向是人类在传播中以及态度形成和改变过程中的一个主要的决定因素。

1956 年，心理学家阿希进行了从众现象的经典性研究——三垂线实验。他以大学生为被试，每组七人，坐成一排，其中六人为事先安排好的实验合作者，只有一个人为真被试。实验者每次向大家出示两张卡片。其中一张画有标准线 x，另一张画有三条直线 A、B、C，x 与三条直线中的一条等长。实验者要求被试判断 x 线与 A、B、C 三条直线中的哪一条线等长。实验指明的顺序总是把真被试安排在最后。第一、二次测试大致没有区别，第三至第十二次前六名被试按事先要求故意说错。这就形成一种与事实不符的群体压力，可借此观察被试的反应是否受到从众压力，观察被试的反应是否发生从众行为。阿希多次实验，所得结果非常相似。实验表明：第一，大约四分之一到三分之一的被试保持了独立性，没有发生过从众行为；第二，所有被试平均从众行为的百分比为 35%；第三，大约有 15% 被试从众行为的次数占实际判断次数的 75%。实验后，阿希对从众的被试作了访谈，归纳从众的情况有三种：第一，被试确实把分阶段的反应作为参考框架，观察上就错了，发生了知觉歪曲；第二，被试意识到自己看到的与他人不同，但认为多数人总比自己正确些，发生了判断歪曲；第三，被试明知其他人都错了，却跟着作出了错误反应，发生了行为歪曲。一般认为，发生从众行为是因为个体在群体中受到信息上和规范上的压力。信息压力：经验使人们认为，多数人的正确几率比较高，在模棱两可的情况下，由于缺少参照构架，就越发相信多数人，发生从众行为。规范压力：群体中的个人往往不愿意违背群体标准而被其他成员视为越轨者，害怕与众不同而成为“一匹离群之马”，遭受孤立，因此采取多数人的意见。①

① 侯玉波. 社会心理学[M]. 北京：北京大学出版社，2002：172-173.

第四节　中国人的社会行为取向

中国人的人际关系和社会行为取向，不仅是中国人的心理与行为研究的重要课题，也是所有研究中国社会、文化及行为的学者都非常关注的一个核心问题。对此，许多思想家、社会学家、心理学家、社会心理学家和文化人类学家提出过不少见仁见智的看法。

一、国内已有的相关研究

社会学主要从社会结构和社会制度的角度看行动者的社会行为，社会心理学往往侧重从社会个体（不是单个人）的行为出发研究人的社会心理与行为取向。纵观国内相关研究，研究中国人的社会心理与行为取向的代表性观点主要有以下几种。

1. 费孝通的差序格局

费孝通否定了西方主流社会心理学的权威观点，认为中国人社会行为的核心并非集体主义，而是自我主义的，“私”才是中国人社会行为的核心。然而，中国人的这种“自我主义”是具有相对性和伸缩性的，一旦明白了这个能放能收、能伸能缩的社会范围，就可以明白中国传统社会的私的问题。

2. 许烺光的情境中心

中国人在选择行为时，并不像西方人一样从自己内在的感受、喜好和想法出发，而是在同一个情境中，以他人的关系、地位及社交的性质及规范来决定自己的行为。他认为中国人非常接近戴维·里斯曼所说的他人导向性格。在他们看重彼此依赖的生活方式中，委曲圆滑不仅左右着一切人际关系，而且博得社会和文化的嘉许。因此，中国人可以毫无顾忌地虚与逢迎，他们没有必要抗议这样的行为或者捍卫自己。因而，他得出结论：美国人的性格萌生于一种强调自我的以个人为中心的生活方式，中国人的性格特征起源于一种看重相互依赖的以他人为中心的生活方式。

3. 杨国枢的社会取向

杨国枢从文化生态学和生态心理学的角度研究人与环境的关系，他认为生态特征影响经济类型，经济类型影响社会结构，社会结构影响社会化方式，社会化方式影响人的性格和行为，从而提出工业社会的西方人是自我取向的，而中国人——至少在传统农业社会里的中国人，在日常生活中的适应方式是偏向社会取向的，是个体融入和配合其社会环境的一套生活方式。杨国枢一直以“社会取向”来描述及理解中国人的主要心理与行为，他认为社会取向主要是一种行为倾向，这种倾向使人易于表现出顺从他人、不得罪人的行为，即符合社会期望的行为及优先考虑别人意见的行为。

4. 何友晖等人提出的关系取向

何友晖等人认为中国人的生存论是以关系为中心的，而西方人的社会生存论则趋于个体中心。这里的“关系”并没有包含中国本土含义中的“人情”、“面子”等意义，也没有实现建构与西方构想可清楚区分的中国本土概念架构的愿望。

5. 翟学伟的社会行为四因素配置论

翟学伟认为，中国人的任何社会行为都包含四个因素，即家长权威、道德规范、利益分配和血缘关系，他们的社会行为取向是由这四个因素的配置而定的。在价值上，中国人必须强调社会行为因素之间的正向理想地，即能将个人和集体融为一体并同时满足两者的需要，个人和集体的相容性关系，包含了个人和他人互相从对方那里获得自身利益。而在制度和现实上，中国人的社会行为的各因素之间不一定构成和谐关系，在不同的情境中四因素的配置不同，具有很强的变通性，进而使中国人的社会行为中带有世故、圆通及双重人格的色彩。

除上述几个主要观点外，还有许多学者在各自的研究中提出过有关中国人特性的概念框架。如帕森斯的“特殊主义”，梁漱溟的“伦理本位”，杨懋春的“家族主义”，韦政通的“权威性格”，杨中芳的“社会优先”，等等。

二、传统中国文化的特征与中国人的社会行为取向

在中国几千年的历史发展中，经过漫长的变迁，形成了博大精深的中国传统文化。在文化学者看来，中国传统文化是中华民族历经世世代代所形成的相对稳定的意识形态体系，这个体系的特征包括以下几点。

1. 提倡以人为本的思想，强调伦理首先的作用

从古到今，中国人就有“人为贵”的人本主义传统。潘菽也曾指出，“中国古代心理学思想中很独特的一种思想是人贵论”，伦理首先是这种人本思想的核心。

2. 以家庭为主体的家族主义盛行

在中国，家庭可以被看成是整个社会的缩影，中国人对家庭的依赖要远远超出西方人。传统的中国文化正是利用人们的尊祖情绪使得家族主义在建立社会秩序等方面起了很大的作用。在家族主义中，以孝为主的道德观念制约着人们的心理与行为。

3. 封闭性的经济基础

传统文化的第三个特征体现在经济基础上，以小农经济为特征的经济与生活

方式使得中国文化成了一种自给自足的、封闭式的文化体系，这一体系具有排他性的一面。尽管随着社会的发展这种体系有所松动，但它的影响依然很大。目前对中国经济发展起阻碍作用的地方主义就是其表现形式之一。

4. 政治制度中的专制主义

几千年的封建专制使人们认识到有权就有一切，“万般皆下品，唯有读书高”。而读书的目的就是要做官。人们对权力的崇拜与狂热追求使得买官卖官等腐败现象有了滋生地。

中国传统文化的这些特征都体现在儒家思想的追求之中，所以在许多人的眼中，以“仁义道德”为核心的儒家文化成了中国传统文化的代名词。

传统中国社会的文化价值是以“家族”为核心的家庭主义，又由于中国社会具有家国同构（泛家族化）的特点，因此，中国文化价值体系是提倡并强调“集体主义”的，中国人的价值观在中国社会史上长期表现为“伦理取向”。

三、个人主义与集体主义

个人主义与集体主义既具有文化的含义，又有人格的内涵，它们的影响主要表现在以下方面。

首先，从文化背景的角度来讲，它们影响了人们的服从性。来自集体主义文化的人有较高的服从倾向。一位美国心理学家在研究到美国留学的中国学生时就发现，在他们处理与导师的关系时，服从的倾向要远高于美国学生对导师的服从。当他们遇到困难时，更愿意求助于来自上下级的帮助，而不像美国学生那样求助于同级的朋友。

其次，从心理学的角度讲，个人主义与集体主义的影响也表现在人格中的自我上。马卡斯（Markus）等人在提到文化与自我的关系时指出，与西方文化中独立型的自我相比，东方文化中的自我是一种依赖型的自我。马卡斯认为，东方依赖型的自我结构使得自我的内容延伸到了与自我有关系的他人。对中国人来说，自我在一定程度上与内群体重合，因此在处理与外界的关系时往往以内群体为准。中国人所谓的内群体包括父母、兄弟以及朋友、同事等诸多与个体关系密切的人。

最后，个人主义与集体主义对个体的社会行为有着重要的影响。在解决现实中的人际冲突时，集体主义者更倾向于用协商的办法，而不像个人主义者那样更多地求助于法律。在社会知觉与人际交往方面，集体主义者看重团体的欢乐与和谐，而个人主义者强调竞争和控制他人。由于在人际交往方面的这些特性，使得这一文化特征也影响了人们的身心健康。全德斯（Triandis）曾经指出：寂寞是个人主义文化的问题，而不是集体主义文化的问题。但这并不是说集体主义就一定好，集体主义者由于情绪联系的扩大化，因而紧张的概率比个人主义者要多，这一点又不利于健康。

总之,对个人主义与集体主义及其影响的研究虽历经数年,但到目前为止还有颇多争议。比如费孝通早就提出,中国人实际上是典型的个人主义者。他用“差序性同心圆”的概念比喻中国人的人际关系模式,实际上是从心理学的角度看集体主义的特性,与萨姆森(E. E. Sampson)提出的包容式个人主义相对应。而最近日本心理学家也发现日本人的个人主义倾向比美国人的还高。因此,单从文化或人格某一方面分析个人主义与集体主义都具有片面性,这些问题还将争论下去。

四、中国独生子女社会行为取向研究

欧阳晓明在2005年通过对南京市中学生在人际关系中的自我定位和社会行为取向的调查研究发现:随着社会经济变化的变迁,中国城市独生子女的社会行为取向与传统的中国人的行为的他人取向相比发生了明显的变化,他们的社会行为取向具有明显的“自我取向”的特点。他们在不同的人际关系中都表现出较强的自主性和独立性,对社会行为的选择不为他人的看法、观点所左右;他们判断事物能采用较为客观的普遍性原则,不因关系或情境的不同而具有明显的差异;与传统的中国人相比,他们更倾向于内思外行的一致性。当这种社会行为取向成为中国人的社会行为的主要特征,并构成主流文化的重要部分时,将会在很大程度上改变中国人的人际互动的传统模式乃至整个社会支持系统。关于中国独生子女的研究,在社会学者风笑天的著作中有更为详尽的阐述。

本章小结

本章阐述了社会行为的相关概念和理论,包括对行为、个体行为、社会行为三个概念的描述,理论方面主要有帕森斯的社会行为理论、韦伯的社会行动理论、哈贝马斯的社会交往行动理论。另外主要阐述了影响人类社会行为的制约因素,包括风俗习惯、道德规范、正式制度、宗教、网络和网络文化等,并对中国人的社会行为取向作了详细的描述。

思考题

1. 简述网络信息化条件下的人类社会行为的特点与变迁。
2. 影响人类社会行为的主要因素有哪些?个体行为与社会行为有何异同?
3. 简述中国人的社会行为的特点及其变迁。

第九章

人际交往

马克思认为:“人的本质不是单个人所固有的抽象物,在其现实性上,它是一切社会关系的总和。”①这说明人不是一个孤立的个体,而是社会的人,是生活在社会关系当中的人。人从出生的那一刻开始就离不开社会,也离不开人际交往。心理学家研究表明,人际交往是每个人的需要。正常情况下,一个人除了睡眠之外,其余时间的70%以上都花在人与人之间的直接或间接交往上。可以说,人的一生就是一个与人交往的过程。

第一节 人际交往概述

一、人际交往的含义

人际交往是人与人之间的互动。宽泛地说,人际交往就是人与人之间的一切活动。具体来说,人际交往是指社会中的个人有目的或无目的地使用符号与他人交流的过程,在这个过程中,交往双方在某种程度上获得了自己所期望或者意外的需要和满足,包括物质上的利益、情感或心理的需求。

关于人际交往的含义,马克思主义经典作家的著作中有丰富的内容。从交往主体间的联系看,人际交往包括个体与个体之间的交往、个体与群体之间的交往、群体与群体之间的交往。从人际交往的类型看,人际交往可分为物质交往和精神交往,与物质生产过程相联系的交往是物质交往,与精神生产相联系的交往是精神交往。总的来说,马克思主义所说的人际交往是人们之间的物质、精神和情感等能量的交换,是人与人之间的相互沟通、相互影响、相互作用的社会性行为。具体来讲,有以下几点含义。

---

① 马克思,恩格斯.马克思恩格斯选集(第3卷)[M].北京:人民出版社,1972:18.

1. 人际交往是人类所有活动的前提

马克思主义认为，人要生存、发展和享受，就必须进行各种社会实践活动。而人的活动的对象、材料和工具等都不可能自给自足，需要其他人的分工合作来提供，这就需要与人交往。任何社会的实践活动都离不开人与人之间的交往。

2. 人际交往反映了人的社会关联性和制约性

在马克思看来，人际交往实质上是一种社会关系。在交往的同时，交往双方产生了关联，社会关系也作为交往的结果而产生。为了维持社会的秩序和发展，人际交往不可能是随心所欲的，必须在一定的规则下进行。这说明交往双方都是受到社会制约的，同时由于人与人之间的利益或情感的不一致，在交往过程中也是彼此制约的。

3. 人际交往范畴与生产方式、生产关系是内在统一、彼此互动的

前面说的人际交往包括物质交往和精神交往，但从唯物主义的观点来看，物质交往是一切交往的基础。所以，人际交往尤其是物质交往的发展反映了生产方式和生产关系的发展。物质交往最初是个人与个人之间的交往，随后是个人与氏族、氏族与氏族之间的交往。随着生产力的发展，出现了分工和私有制，于是产生了集团间和民族间的物质交往。可见，人际交往的发展是与生产力和生产方式的发展同步的。

二、人际交往的产生

在生活当中，人与人的交往并不是无缘无故的。不管是简单至点头或眼神交流，还是复杂到盘根错节的利益来往，人际交往都是出于有意或无意的目的和需求。而人们所看到的交往目的和原因实际上是表象性的，人际交往还有其深层次的原因。总体而言，人际交往的产生主要有三方面的原因：心理需求、社会化的需要和人际吸引。

（一）心理需求

心理学家经过研究发现，人类进行社会交往具有深刻的心理动因，换言之，是人类有强烈的促使自我与他人交往的心理需求。人际交往的心理需求包括三个方面：本能、合群的需要和认识自我的需要。

1. 本能

英国早期心理学家麦独孤曾经指出，群集性是人的本能之一。也就是说，与人生来就会吃、喝、拉、撒一样，人的交往需要也是一种本能，是人类在发展进化过程中逐渐形成的适应自然界和社会生活的能力，它通过遗传基因直接传递给后代。在远古时代，人类的祖先古猿就已经知道，只有采取集体行动才能抵御一切会伤害到自己的野兽。在从古至今漫长的进化和演变过程中，人类始终保持着集群的习性,并通过种族繁衍流传给后代。所以,人类与生俱来就有与人交往的本能。我们看到,婴儿一生下来,就需要有人为其提供温暖、食物和安全,也需要母亲的拥抱和抚摸;儿童对独处常常会感到孤单和恐惧;普通人一旦陷入孤独的处境,就会感到不安全。这些都是人具有与人交往的本能的表现。

人只有与他人进行正常交往,保持一定的情感联系,形成良好的人际关系,才会有安全感。无论是人类还是灵长类动物,都表现出与其他个体进行交往的本能需求。英国比较心理学家哈洛曾做过一项恒河猴的有趣研究。研究者将小猴与猴妈妈分开,而让它与一个用金属制成的和一个用绒布制成的假妈妈一起生活。金属猴妈妈能为小猴提供食物,绒布猴妈妈不能提供食物。结果,在165天的实验过程中,小猴同金属猴妈妈和绒布猴妈妈待在一起的时间有显著差异。小猴在绒布猴妈妈身旁的时间平均每天达到16小时以上,它总是设法呆在绒布猴妈妈身旁,与其拥抱、亲昵或在绒布猴妈妈的怀里睡觉。相反,小猴每天在金属猴妈妈身旁待的时间只有1.5个小时,而且还包括吃奶的时间在内。可见,动物之间的依附行为和交往行为取决于机体寻求温暖、舒适的本能需要,温暖和舒适能为机体提供安全感。

人同样具有寻求温暖和舒适的本能,婴儿依恋母亲就是这个本能的体现。这种本能促使人们与他人进行沟通交流。通过人际交往,人们得到情感的满足,包括归属感、踏实感、安全感等,而这些感觉是人们天生就需要的。

2. 合群的需要

合群的需要,即是与人相处和交往的愿望。合群包括被他人接受或喜欢、与他人共享和分担某些情绪或感情等内容。马斯洛特别强调,人是社会的动物,没有人希望过孤独的生活,总希望有知心朋友,有个温暖的集体,渴望在团体中与他人之间建立浓厚的感情,每个人都愿意为达到这个目标而努力。在生活当中,人们经常有这样的体验,如果被他人排斥或孤立,就会感到沮丧、难过、无助和孤独;如果受到他人接纳或者欢迎,就会心情舒畅。这表明,每个人都有合群的需要,人们喜欢与人交往,而不喜欢孤零零的一个人。周作人说:“人是合群的动物,他最怕孤独……谁都不能安于寂寞,总喜欢与人来往。”

合群的一个重要性在于,通过与人亲近,人与人形成相互影响,从而调整彼此的情绪。对于这点,美国社会心理学家费斯廷格作过相关论述。他的社会比较理论认为:亲和行为可成为消除不协调的一种有效工具,因为进入群体,当人们在一起互动和讨论时,可引入消除不协调的认知因素,如新的消息和意见,从而使焦虑大大减轻。所以,人们情绪波动大的时候更加需要与人相处以减轻烦躁。

合群本质上是人的一种情感需要,它能给人带来安全感和归属感,可以分担人的不安,排除孤独与无助而获得安全感。此外,人们都需要归属于某个群体的感觉,而这种感觉只有与人交往才能获得。因为通过交流思想或宣泄情感,可以得到彼此的理解和支持，产生对自己和他人的认同感，得到他人的认同和接纳，从而产生归属感。

3. 认识自我的需要

人本身具有自我审视的内在机制，通过这个机制，人们不断地了解和改善自我。人们可以通过比较自己的现在和过去来认识自己，但更多时候是以他人为参考来认识自己。这就涉及与人交往，只有在人际交往的过程中，才能比较出自己的优点和缺点来，才能更全面地了解自己。如果不在人际交往中更好地认识自己，就会犯“井底之蛙”的毛病。

20世纪初，美国社会学家库利提出了“镜中我”理论(looking-glass self)，他认为，一个人的自我观念是在与其他人的交往中形成的，一个人对自己的认识是其他人关于自己看法的反映。库利还指出，他人对人们建立自我意识起着决定作用：如果人们不能从他人的眼光中看待自己，就无法形成清晰的自我意识，因为人们无法从社会的角度去看自己。他人的看法就像一面镜子，个体可以从中审视自己、界定自己，及时地调整自己的行为。例如，如果一个学生经常得到父母、老师和同学的夸奖，那么他就知道自己的行为表现很优秀，进而继续这种表现。相反，如果一个人常常得不到别人的赞同和支持，那么他就会认为自己的想法或行为是错误的或者是不合适的，从而对自己作出一定的改变来适应周围的人们。所以，人际交往为个体认识自己提供了一个参考平台。

(二) 社会化的需要

我国学者郑杭生对社会化作出了定义，他认为：“社会化就是指作为个体的生物人成长为社会人，并逐步适应社会生活的过程，经由这一过程，社会文化得以积累和延续，社会结构得以维持和发展，人的个性得以形成和完善。”[①]可见，社会化是个体由单纯生物特性的人成长为具有社会特性的人的过程。在这个过程中，个体通过与人交往，从他人身上习得和传承社会文化，掌握道德规范和价值观念，潜移默化地学会为人处世，获得适应社会生活的生存技巧。人际交往是社会化的根本途径，如果被剥夺与人交往的权利，个体将不能形成社会性而流露动物特性。许多人都听说过狼孩的故事，其实这不是传说。1920年，在印度加尔各答东北部的一个山村附近，居民们从狼窝里救出了两个女狼孩，她们的行为方式和生活习性同狼一样，不会说话，没有人的思想意识，也没有人的复杂和丰富的情感，智力只相当于初生婴儿的水平。经过七年的精心照顾，虽然无法达到同龄孩子的心智水平，但大狼孩(小狼孩被救三年后染病去世)也学会像其他孩子一样注意自己的穿着，并以自己整洁漂亮的服装而高兴。同时也产生了羞耻心，不肯让别人帮助她穿衣服，

---

① 郑杭生.社会学概论新修[M].北京：人民出版社，2000：105.

常因自己动作缓慢而感到焦急。可见，一个人要成为具有社会属性的人，必须与人交往。因为作为生物个体的人，只有通过后天与人交往才能获得社会化的机会，才能习得社会规范，从而具有社会行为能力。

社会化贯穿于人的一生，人际交往也伴随着人的一生。心理学家艾里克森的人的心理社会发展的八个阶段理论，也叫做生命不同时期的社会化理论（详见第二章），关注了人在每个人格发展阶段中的交往内容。通过人际交往，个体克服每个生命时期出现的基本矛盾，获得社会规则中所期望的人格。

（三）人际吸引

人们每天都会遇到许多人，有些人在处理完相关事情之后就再没有联系了，但有些人还会继续交往。排除相互之间的利益对人际交往的维持，人们发现自己特别喜欢和某类人相处，或者某些人比较喜欢和自己交往，这就涉及人际吸引。关于人际吸引，主要从以下几个方面来把握。

1. 身体上的吸引

通常引起人们注意的是他人的样子，对某个人的外貌感兴趣，所以想要进一步接触和了解他。身体上的吸引有可能是两性间的吸引，但多数情况不限于此。比如，人们注意某些人是因为他们的打扮方式，这种打扮方式是人们正在选用或者喜欢并愿意模仿的。相对来说，身体上的吸引对青少年之间的交往影响大一些，因为他们的处世方式还处在感性阶段。而对于成年人来说，由于他们的生活阅历丰富，他们与人交往更注重对方的内涵，身体上的吸引并不是很重要。

2. 相似性

所谓“物以类聚，人以群分”，“话不投机半句多”，讲的就是共同点是双方交往的基础。在日常生活中，保持长久的交往关系的两个人必定是具有相似性的。相似性包括信念、态度和一致性。信念是人们确信的东西，如信仰、理想等。态度是根据感觉和价值观所形成的指导和控制行为的心理。一致性由态度、性格、生活背景、共同的兴趣爱好构成。具有相似性的交往双方因为有共同的生活体验而产生更多的共同话语，也很容易理解对方的心理反应，两人在一起往往因为彼此的默契而心情愉悦。深厚的友情和真挚的爱情容易在两个相似程度高的人之间产生，相似性是亲密交往的重要维系点。最近一项研究发现，人们更愿意选择那些与自己有相似态度、宗教信仰和价值观的伴侣。① 这项研究来自美国爱荷华州婚姻评估计划的一部分，有 291 对新婚夫妇参与其中。研究开始时他们结婚还未满一年，平均结婚时间在三个月到半年之间。心理学家对这些新婚夫妇作了大量的相关测查，包括人格特点、态度和人际交往质量指标。研究结果显示，这些新婚夫妇在态

---

① http://www.39.net/mentalworld/hlxl/hynw/178532.html.

度和价值观上高度相似，在与人格相关的诸如依恋、外向性、责任感和情绪上也有相似性。没有任何证据支持互补吸引的观点。

3. 空间的接近

空间上的接近也是产生人际交往的重要因素，“近水楼台先得月”、“向阳花木易逢春”、“远亲不如近邻”就是这个道理。同学、同事、同乡、邻居，由于空间上的接近，往往会有更多的人际吸引和人际交往。当然，在现代社会里，由于通信和网络的发达，空间距离并不能阻隔人际交往。但毋庸置疑的是，面对面的距离比通电话、发电子邮件等使人感觉更亲密，也更可靠。

三、人际交往的相关理论

不少心理学家或社会学家都对人际交往有过独到的研究，产生了多种人际交往理论，包括人际关系理论、符号互动理论、自我呈现理论、场合交往理论等。

1. 人际关系理论

心理学史上最著名的事件之一——霍桑实验的实验结果表明了人际交往对于人的不可或缺性。霍桑实验是指由美国行为科学家梅奥(George Elton Myao，1810—1949)主持的从1924年至1936年在美国西方电气公司所属霍桑工厂进行的一连串实验。通过实验，梅奥得出了一个很具影响力的结论：人们工作的最大动力是社会心理需要，而不是经济需要，人们追求的是保持良好人际关系。由此，梅奥创立了人际关系理论。社会人也开始被称为社交人。

2. 符号互动理论

美国社会学家、社会心理学家乔治·米德提出了符号互动理论，又称为象征性交往理论。他强调人类意义上的符号和语言在人际交往中的作用，着重研究个人或群体如何发出信息以及对方如何反应，总结出象征性交往理论模式图。

3. 自我呈现理论

以戈夫曼为代表的自我呈现理论，主要阐述人际交往中的自我暴露，强调交往中的动机和目的。该理论认为，自我呈现是对交往的对方产生影响并使人际交往逐步加深的一种手段，因为通过自我暴露可以赢得对方的信任。

4. 场合交往理论

以康波(A. W. Comb)和斯尼格(S. P. Snygg)为代表的场合交往理论认为，交往中的个体的行为受到交往的情景和个体对自己的交往行为的认识的影响。该理论强调交往中的特定情景、特定场合、特定的人，强调特定情景下的人的行为，并由此推演出特定情况下“对情况的解说”，把复杂的人简单化。

5. 需要层次理论

美国心理学家马斯洛提出了人的五个需要层次理论：生理需要、安全需要、归属和爱的需要、自尊需要、自我实现的需要。人际交往的需要仅次于生理和安全的需要，足见社交在人们生活中的必要性。社交需要也叫归属需要。马斯洛指出，倘若一个人被抛弃或被拒绝在团体之外，便会产生孤独感，轻者精神受到压抑，重者产生无助、绝望的情绪，甚至轻生。

6. 社会交换论

社会交换论的主要观点是：人际交往具有社会性；各种交往关系都会涉及谋划者的报酬和代价，即对方的反应给个体带来的直接的奖赏或惩罚；交往总存在着一种“分配上的公平”原则。

7. T组理论

T组理论产生于勒温的实验研究，这是针对人在人际交往中的敏感性的实验。设计T组的目的是让人明白自己的角色，了解自己行动的动机是潜在的、无意识的。其实验结论是：交往中人们都是按角色来行事的，只是大部分人没有感觉到自己；应该努力使交往双方藏于内心的感情表面化。

8. 人际特质理论

人际特质理论的代表人物之一是马斯洛的学生舒茨(W. C. Schutz)，他认为每个人都具有与别人建立人际关系的愿望和需要。他提出了人际交往的三类需要：包容的需要，表现为希望与他人交往、接触、相容；控制的需求，表现为支配他人或被他人支配的愿望；感情的需求，表现为在爱情和友谊上同别人建立并维持良好关系的愿望。

9. 多重智力理论

美国哈佛大学教授霍华德·加德纳(Howard Gardner，1943—)于1983年提出了多重智力因素理论(又译为多元智能论，Multiple intelligences)，指出每一个人至少有七种不同的“智力中心”，即语言的智力、逻辑数学的智力、视觉空间的智力、身体动觉的智力、音乐的智力、人际交往的智力、对心理的洞察的智力(后来他又增加了“自然观察的智力”)。加德纳强调，成功的人际交往正是一种非常重要的智力活动。

第二节 人际交往的功能

人际交往是人们生活的主要内容，不管是工作、学习还是娱乐，都必须与人交往，人们只有在人际交往中才能获得生存和发展的资源。总之，人际交往维持着人们的正常生活，发挥着各种功能。按照美国著名社会学家默顿关于功能的分类，人际交往具有显功能和潜功能。在默顿看来，每个社会事项都会对个体或社会造成后果，那种可以看得到或者意识到的后果就是显功能，不被认识到的后果则是潜功能。

一、显功能

1. 人际交往有“安全阀”的功能

“安全阀”理论是社会学家科塞(Kewies Coser，1913—2003)提出的。他认为，一个良好的社会应该有合法的制度化的机制，使各种社会紧张能够得以释放，各种社会矛盾得以解决。该理论用在个体身上就是，健康的身心需要有某些途径使个体发泄不满或烦恼情绪，人际交往就是这样一个“安全阀”。通过与人交流、倾诉甚至吵闹，人们宣泄心中压抑的情绪，从而恢复平和的心态，更好地投入到学习工作中去。

2. 人际交往具有维持感情的功能

两个人的感情包括亲情、爱情、友情，需要在不断的相互交往中逐步加深。通过交往，人们可以更多地了解对方的日常动态和心理变化，能够获得倾注情感的途径，并产生感情依恋。人际交往是感情产生、加深和维持的基础。现代社会的人口流动性很强，彼此之间如果缺乏交往，就难敌时空的距离。在日常生活当中，不乏好朋友由于各种原因缺少交往而导致陌生感产生的例子。所以，人际关系的双方只有在交往中才能维持感情。

3. 人际交往具有协调功能

这个功能一般体现在诸如公司、学校等团体当中。在共同生活和活动中，为了使成员之间安定有序，避免矛盾和冲突，人们需要在交往团体内部制定相关的行为规范和准则。通过交往，成员之间相互监督，使团体行为规范和准则得以有效实施，维护团体的正常发展。同时，有利益冲突的成员也必须经过双方讨论才能得以解决。总之，在相互交往中，成员之间取得了行为上的认可和情感上的沟通，轻松的情绪使得彼此之间的工作进行得更加协调有序。

4. 人际交往具有心理保健功能

心理保健功能就是指人际交往有利于人的心理健康。在人际交往中，人们能够与对方分享快乐，分担痛苦，共享彼此的秘密，从而获得亲密感和愉悦感。而且，每个人都有获得归属感的需要：与父母的交流，知道自己是他们的最爱；与爱人交流，感受到爱与被爱；与朋友交流，得到关怀也付出关怀……总的来说，与人交往越多而且关系良好，心理健康的程度就越高。关于这一点是有实证依据的。美国心理学家摩根(William Morgan)在对退休老工人做的一项调查中发现，与别人交往多而且关系和谐的人，比那些很少与人来往的更富有幸福感，而且精神饱满，身体健康。[①] 美国心理实验室专家也做过相关实验。在实验中，专家们通过对做过心脏手术的病人进行调查，发现周围有良好的人际交往关系的病人的死亡率明显低于周围人际关系较差的病人。[②]

5. 人际交往具有传递知识和创新知识的功能

在各式各样的交流中，双方获得各种信息。“三人行，必有我师”，“听君一席话，胜读十年书”，说的就是这个道理。爱尔兰著名作家萧伯纳形象地比喻说：“倘若你手中有一只苹果，我手中有一只苹果，彼此交换一下，你我手中仍各只有一只苹果。但倘若你有一种思想，我有一种思想，彼此交换一下，那么，各人将各拥有两种思想了。”同时，在交流过程中，彼此的思想相互碰撞之后又会形成新的信息或知识。俄罗斯社会心理学家、莫斯科大学心理学系教授安德列耶娃在其编著的《社会心理学》中说：“在人们交往的条件下，信息不仅是在传递，而且也在形成、补充和发展。”

二、潜功能

1. 人际交往具有形成社会和维持社会发展的功能

社会唯名论者齐美尔(Georg Simmel，1858—1918)认为，社会并非一个实体，而是一个过程，一种具有意识的个体之间互动的过程。人类社会之所以形成，主要是人与人交往并且发生人际关系的结果。之所以说人际交往形成社会和维护社会的功能是潜功能，是因为人们在交往的过程里并没有意识到会产生这样的结果，人们也并非是目的明确地为了社会的形成和发展而进行人际交往的。

2. 人际交往具有积累社会资本的功能

人际关系是人际交往的结果，而人际关系属于社会资本的一种。在很多情况下，人们与别人交往没有功利性，尤其是对惺惺相惜的朋友，而这些朋友在自己有需要的时候给予最及时的帮助。一般来说，与人交往的范围越广，得到帮助的机会就越大。而且，机会往往是在预料不到的地方出现的，也许是朋友的朋友、顾客、一个曾得到自己举手之劳帮助的人等。即使是萍水相逢的朋友或者在某个场合只有一面之缘的人，都有可能给自己带来意想不到的支持。著名的社会资本研究者、美国经济社会学家格兰诺维特(Mark Granovetter)提出过“弱关系假设”理论，认为个人求职过程中真正有价值的信息往往不是通过其关系密切的亲朋好友(强关系)获得，而是通过一般朋友(弱关系)获得。

---

① 匡玉梅.现代交际学[M].北京:中国旅游出版社,2003:15.

② http://www.online.sdu.edu.cn/cms/model/1/index.php? p_id=8678.

第三节 人际交往模式

人际交往模式是指在人与人交往的过程中，交往双方以某种心理或态度对待对方所形成的交往形式。对于同一个人或同一种类型的人，人们往往以一种固定的模式与之交往。但是，由于每天要面对不同的人，也因为时间地点甚至心情的不一样，人们时常要转换与人交往的模式。按照不同的标准，有不同的人际交往模式，所以，有必要充分了解它。下面主要介绍几位心理学家的有关研究及社会学家波普诺的观点。

一、心理学家的观点

(一) 爱利克·伯奈的四种人际交往模式

美国著名心理学家爱利克·伯奈(E. Beme)依据个体对自己和他人所采取的基本生活态度，提出了针对交往一方的四种人际交往模式：

A 我不好—你好，我不行—你行(自卑、恐慌)

B 我不好—你也不好，我不行—你也不行(不喜欢自己也不喜欢别人)

C 我好—你不好，我行—你不行(骄傲自大，自以为是)

D 我好—你也好，我行—你也行(理性、理解、宽容、接纳)[①]

著名心理学家阿德勒(Alfred Adler，1870—1939)对这四种人际交往模式进行了解释。他认为，在A模式中，个体在与人交往中往往表现出拘谨和不自信，最极端的表现是社交恐惧症。人在生命的初始是依赖于周围的人而生存的，与周围的成人相比，儿童常常感到自己的无能，因而从小就有自卑感，在潜意识中形成了“我不行—你行”的心理模式。

在模式B中，个体在交往中充满了悲观的态度，对自己和他人都表现出强烈的不信任感。这类人不喜欢自己，也不喜欢别人。在现实生活里，这样的个体很容易冲动和偏激，对人对事都不满，产生对抗心理。

模式C中，个体经常以占上风的一方自居，放大自己的优点而缩小别人的长处，容易以自己的标准去衡量别人。这类人在人际交往中往往以自我为中心，喜欢表现自己，不顾别人，因而人际关系不好。

---

① 匡玉梅. 现代交际学[M]. 北京：中国旅游出版社，2003：65.

相比 A、B、C 三种模式，模式 D 是比较理想和积极的交往状态。该模式中的个体对他人和自己都充满了信任，能够自信地展现自我。这种人并非十全十美，但他善于发现和认识自己，他的理性、理解、宽容和对他人的欣赏影响并取悦了对方，使得交往顺利进行。

这四种模式是针对人际交往某一方的单向表现而总结得来的，基本涵盖了各种性格的人在交往中的表现，同时，也概括了人们在不同交往情况下的表现，因为，虽然人们通常运用固定的交往模式与他人交往，但在特殊的人面前或者在特殊利益的驱动下，也有可能采用其他交往模式。

(二) 伯恩 PAC 理论下的两种交往模式

加拿大心理学家伯恩(Eric Berne，1910—1970)在《人们玩的游戏》中提出了 PAC 理论[①]，他认为人的个性是由三种心理状态构成的，即父母(parent)心态、成人(adult)心态、儿童(child)心态，这个理论简称 PAC 理论。P 心态以权威和优越感为标志，表现在口气上是“你应该……”、“你必须……”、“你一定……”等；A 心态是以商量的方式使对方接受自己的心理状态，语气通常是“我认为……”、“我的看法是……”、“我建议……”等；C 心态是一种儿童式的非理性的心态，表现为情绪化、任性、撒娇、服从。PAC 理论认为，这三种心态可以是相互独立存在、互不干扰的。人们可以根据交往的需要，适当地调整和运用各种心态。如果双方都是以同一种心态进行交往，就会出现顺畅的平行沟通；如果双方是以不同的心态交往，则会出现交叉沟通。所以，根据 PAC 理论，人际交往可以划分为两种模式。

1. 平行型交往模式

平行型交往模式即是交往的一方顺应另一方的交往状态。这种模式有多种表现，例如：

(1) 父母—父母(P—P)

——“她应该为弟妹们作出榜样。”

——“显然她没有做到。”

P ⇄ P

A　　A

C　　C

(2) 成人—成人(A—A)

——“请问民主路怎么走?”

——“走到前面的十字路口往右转。”

---

① 马修·麦凯，玛莎·戴维，帕特里克·范宁. 人际沟通技巧[M]. 郑乐平，刘汶蓉，译. 上海：上海社会科学院出版社，2005：69.

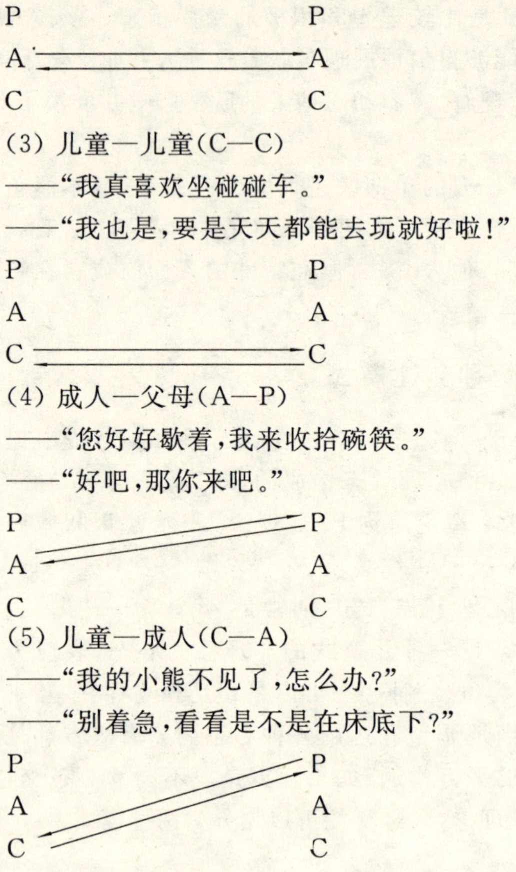

(3) 儿童—儿童(C—C)

——“我真喜欢坐碰碰车。”

——“我也是，要是天天都能去玩就好啦！”

(4) 成人—父母(A—P)

——“您好好歇着，我来收拾碗筷。”

——“好吧，那你来吧。”

(5) 儿童—成人(C—A)

——“我的小熊不见了，怎么办？”

——“别着急，看看是不是在床底下？”

2. 交叉型交往模式

在交叉型模式中，或者交往的一方作出使另一方感到意外的反应，使另一方的要求或愿望落空；或者双方针锋相对。例如：

(1) ——“现在几点钟了？”

——“不要打扰我，你自己去看钟。”

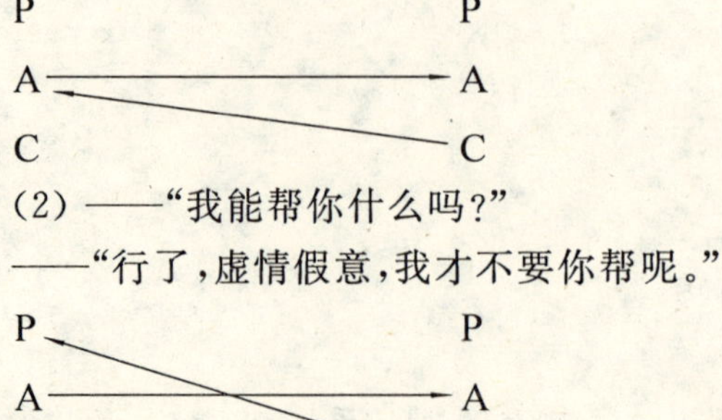

(2) ——“我能帮你什么吗？”

——“行了，虚情假意，我才不要你帮呢。”

(3) ——“你炒的菜真难吃。”

——“那下次你来炒好了。”

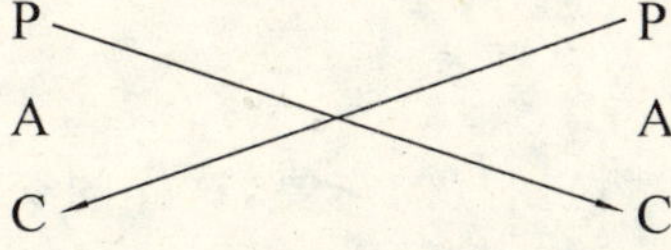

(4) ——“都快考试了,你怎么还看电视？快别看了!”

——“别烦我！就快要大结局了!”

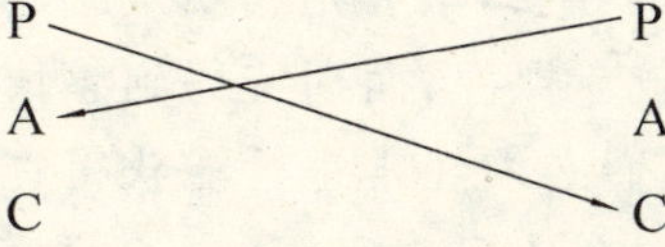

(三) 谢弗和哈赞的三种人际交往模式

美国心理学家谢弗(P. Shaver)和哈赞(C. Hazan)在《落基山新闻》上刊登了一个心理实验,其中有一个问题是要求答题的人标明下面三种描述中哪一种与他们最接近。[①]

——我很容易与人接近,信赖他们或让他们信赖我是件开心的事。我不怎么担心被抛弃或害怕别人离我太近。

——与他人接近让我不安;我很难完全相信、依靠他们。有人对我太亲近时我会很紧张,并且爱侣想让我更亲近一点我也有点不自在。

——我想让人亲近我,可别人不情愿。我常担心我的同伴不是真的爱我或者想离我而去。我想和他人完全融为一体,可这个愿望有时会吓跑别人。

根据人们在人际关系中的这三种心理,谢弗和哈赞把人划分为三种类型:安全依恋型、回避型、焦虑-矛盾型。人们在交往中,会分别采用三种交往模式:安全依恋模式、回避模式和焦虑-矛盾模式。值得指出的是,这三种交往模式主要出现在双方的情感交往中。

二、社会学家的观点

美国著名社会学家波普诺指出,人际交往主要有交换、合作、竞争、冲突和强制等模式。这些交往模式并非总是单独出现于人类社会生活中,在一次人际交往中它们会以不同的方式结合在一起。比如,在一次谈判中,合作与冲突的交

① http://baike.baidu.com/view/250722.htm.

往模式会一起出现；两个人采用合作模式进行交往的同时肯定也会存在交换的关系。

(一) 交换

在人际交往中，彼此之间有获得物质报酬或感情回报的需要，这样的交往模式就是交换。波普诺指出，雇主和受雇者就是运用交换模式进行交往的典型例子。

大多数情况下，与人交往都会期待得到一定的收获，不管是物质报酬还是感情回报。只是旨在获得物质报酬的交往显得比较赤裸裸，而期待得到感情回报的交往就相对隐秘和微妙。为了生存和生活，人们必须经常进行能获得物质报酬的人际交往。在现代社会里，这种交往模式往往使人身心疲惫。社会学家布劳认为，与目的明确的行动相比，人们更多的是无意识地期待别人感激。[①] 助人为乐就是一个例子。人们在做好事的时候是心甘情愿的，受到帮助的人给一个感激的笑容，就已经很满足了。但是，如果得到帮助的人没有任何表示，人们则难免感到不舒服。

在亲密的交往中，如亲情和爱情，亲人之间和恋人之间的交往很少带有明显的目的性。但是，回想自己的体验就不能否认，在潜意识里人们都期待得到对方的感情回报。尤其在恋人之间，如果一方的付出得不到另一方的回应或回报，双方的交往终究是会停止的。

霍曼斯从微观层次上提出其社会交换理论，并结合行为心理学家斯金纳的观点指出，在人们彼此交往的背后，自我利益是一种普遍具有的动机。就像斯金纳的心理学实验中的动物一样，报酬和奖赏能强化人们的某种行为，使人们继续这种行为。总的来说，人们在交往中倾向于使用交换模式。

(二) 合作

为了共同的利益和目标，人们联合起来一起行动，这种交往模式就是合作。无论是在猿人时代还是现代，物质生产都是以合作为基础，合作是人类持续发展的一个支撑点。合作为交往的双方带来利益，本质上是一种互惠互利的行为。

在社会生产和生活当中，合作无处不在，大到两个国家搞合作项目，小到人与人之间的互帮互助。1970 年，尼斯比特(Robert Nisbet)区分出四种主要的合作模式，依其发展顺序，分别是自发合作或互相援助、传统合作、指导合作和契约合

---

① 戴维·波普诺. 社会学[M]. 李强，邓建伟，章谦，等译. 10 版. 北京：中国人民大学出版社，1999：131.

作。[①]

从个体的角度来讲，合作的愿望往往促使个体与他人交往的行动。合作既有利于双方利益的实现，也能加强双方的关系。

（三）竞争

通常情况下，物质、荣誉和权力等资源是有限的，而人们为了发展自我或获得某种利益，在一定的规则下会采取某种途径对有限的资源进行争夺，这种交往模式即是竞争。竞争这种交往模式的目的性非常明确，其结果是一方实现目标，另一方失败。

在人际交往中，人们到底是更倾向于使用合作模式还是竞争模式？为此，心理学家多奇（Morton Deutsch，1920—）等人曾做过一个经典的实验。[②] 实验要求两人一组，分别充当两家运输公司的经理，两人的任务都是使自己的车辆以最快的速度从起点到达终点，速度越快则赚的钱越多，要求尽可能多赚钱。实验者告诉被试，每人都有两条路线可供选择，一条是个人专用路线，另一条是两人共同的近道。但近道由于狭窄，只能一次通行一辆车，因此使用这条近道最好的办法就是两人进行合作，双方交叉使用。实验设计明确告诉被试，交叉使用近道，需要等待一点时间，但比起用个人专用路线经济有效。实验以运营速度记分，越快分数越高。实验结果是，双方都想走近道但不愿意合作，双方僵持不下的情况时有发生，尽管在实验中也偶尔会有合作，但大多是竞争。当研究者问到被试宁愿竞争也不愿合作的原因时，大多被试都表示自己希望战胜其他竞争者，他们并不重视自己在实验中的得分，而是更希望能胜过他人，实现自我的价值。[③] 这一实验证明，人们在心理上更倾向于竞争。

（四）冲突

广义上，冲突是指两种事物互不相容的状态。人际交往中的冲突一般是指交往双方的意见或利益出现了不一致。“世界上没有两片相同的叶子”，由于差异的存在，冲突也是在所难免的。

冲突模式往往出现在双方矛盾难以解决或情绪不稳定的情况下，或者出现在一个人的行为侵犯另一个人的利益的时候。在日常生活中，这种交往模式主要表现为吵架、打架、财产争夺、打官司等。

---

① 戴维·波普诺. 社会学[M]. 李强，郑建伟，章谦，等译. 10版. 北京：中国人民大学出版社，1999：131.

② http://blog.sina.com.cn/u/1264498375.

③ Taylor S E，Peplau L A，Sears D O. 社会心理学[M]. 谢晓非，谢冬梅，张怡玲，郭铁元，等译. 10版. 北京：北京大学出版社，2004：305.

冲突可以划分为三个一般性的类别[①]。第一，具体行为，指的是交往一方针对另一方的具体的行为而引起的冲突。比如，一个顾客被另一个顾客的插队行为激怒；或者一个人因为同伴的迟到而生气。第二，规范与角色，这类冲突针对的是交往对方的权力和责任等问题。比如，搭档双方可能抱怨对方没有很好地完成自己的任务。第三，个人性向，这类冲突针对个人的动机和人格。比如，一个大学生可能会抱怨舍友自私或者懒惰。

(五) 强制

波普诺认为，当一个人或一个群体将其意志强加于另外一方时，强制这种互动形式就出现了。[②] 与冲突一样，强制通常被认为是负面的交往模式，可以将其称为规则模式或命令模式。

一般来说，在人际交往当中，强制模式并不常见，通常只有在以下三种情况中，交往双方的互动才表现为强制模式。第一种情况是，当一方的利益掌握在另一方的手上，而且主动的一方对被动的一方有所要求时，强制就有可能发生。第二种情况是，某个人碍于朋友或熟人的情面，被动去办对方所要求的事情。第三种情况是，交往的一方看到了对方看不到的利益，而强迫对方做某事。比如，父母出于对子女的关爱，要求孩子做他们认为有好处的事情。在前两种情况中，主动方注重的是自己的利益，而在第三种情况中，主动方采用强制交往模式的出发点是被动方的利益。

第四节　人际交往的影响因素

影响人际交往的因素很多，概括来说主要有内在和外在两大因素。内在因素是指人们在人际交往中产生的心理效应，外在因素则主要是印象整饰。我们由外到内来了解它们对人际交往的影响。

一、印象整饰

印象整饰也叫印象管理，是指在交往中人们为了给他人留下某种印象，有意识地使自己的外在打扮以及言语动作等符合某种角色或场合的要求。最早对印象整饰作出有影响力研究的是美国著名社会学家戈夫曼。他借用莎士比亚的观点提

---

① Taylor S E, Peplau L A, Sears D O. 社会心理学[M]. 谢晓非，谢冬梅，张怡玲，郭铁元，等译. 10版. 北京：北京大学出版社，2004：305.

② 戴维·波普诺. 社会学[M]. 李强，邓建伟，章谦，等译. 10版. 北京：中国人民大学出版社，1999：133.

出:人生是个大舞台,而人与人之间的交往就像演员相互配合的演戏,演出受演员双方的制约。演戏需要戏服、台词、表情等,同样,要使交往顺利进行,交往双方必须通过某些方式来控制和管理自己的印象。比如,医生面对病人,必须通过服饰、言行和表情来展示他作为一个医生的形象。如果医生没有穿上白色大褂,病人必然会质疑其是否是医生;如果医生操作医药器材时不那么专业,病人则很难相信他是合格的医生。所以,每个人都应该针对自己的身份、职业等特征进行印象整饰。印象整饰可以分为两个层次,首先是外在形象,主要指衣着打扮,另一个层次便是言谈举止。之所以要把印象整饰分为两个层次来讨论其对人际交往的影响,是因为这两个层次对人际交往的影响作用可以分离开来。在交往中,即使外在形象失败,也还有言谈举止可以挽救也许会失败的交往。

古语道,"佛要金装,人要衣装","人靠衣服马靠鞍"。可见,自古以来人们就深谙服装对印象整饰的重要性。得体的服装不但是个人身份地位的体现,也是对交往对象的尊重,同时还能给对方带来至少是视觉上的愉悦。一般来说,与不修边幅或奇装异服的人相比,人们更喜欢与仪表整洁得体的人交往。同时,服装在一个人所有外在特征中具有最大的可变性和最多的暗示,所以也是外在形象中最影响人际交往的一个方面。在不同的场合面对不同的人,应该穿戴不同的服装,因为每种服装都传递不同的含义并导致不同的交往方式(见表 9-1)。①

表 9-1 不同服装的含义及其相应的交往方式

分类	含 义	相互交往方式
制服	维护工作场所的社会控制,相互作用的发生是为了团体或组织的利益而不是代表穿制服的人的利益——团体或组织的代表	制服排除个人利益想法的侵扰,所以相互交往是正式的、有结构的和可控制的
职业装	传递组织关系,允许外部团队或组织的规则进入 制服和职业装都表明结构、团体或组织关系	与顾客或客户间的沟通更加便利,将沟通置于亲密的层次上
休闲服	表示暂离工作,是社会流动性、情绪和身份的表达,有松散的结构和更大的自主权,所以它不受工作场所的社会控制	相互交往在这里是开放的,并且不正式,没有结构和控制
化妆服	标志着以特殊的和自发的行为废除一般的社会关系和安排。传统的社会结构、正式性和控制消失了	因为它们代表了传统的责任和义务形式的废除——传统规则的终止——化妆服使交往的自发性和社交性更便利

对自己的形象进行适当的印象整饰,是人类文明的标志和个人修养的象征,目

① 资料来源:Nathan Joseph. Uniforms and Noununiforms. New York:Greenwood Press,1986.

的是使交往对象对自己有良好的印象,促进交往的顺利进行。然而这只是促进交往的第一步,更重要的还有言谈举止。有些人即使外在形象不被人看好,如果他举止得当、言谈透出博学或风趣等与众不同的地方,也还是具有人际吸引力的。多数时候,印象整饰就是使言谈举止符合角色期待。所谓角色期待,是指人们对某一个角色的行为方式的要求。一个人在生活中总会扮演着不同的角色,不同的角色有不同的角色期待,这就要求其言谈举止符合角色期待。比如一位中年教师,当他面对晚辈时,语言是庄重的,行动是稳重的;当他遇到他从前的老师,他在语言和行动上就必须显得尊敬和正式;而当他回家面对自己的子女,他的言行应该显得既庄重、慈爱而又自然亲切。

二、心理效应

所谓心理效应,是指心理因素对人们看待人和事物所带来的影响。影响人际交往的心理效应,往往是因为个体对交往对象的认知偏差造成的。心理效应由于影响个体对他人的看法而影响甚至决定与他人交往的开始和过程。比较常见的心理效应有以下几种。

(一) 首因效应

关于首因效应,详见本书第四章。首因效应对人际交往的影响有时甚至是决定性的。如果对某个人的第一印象很好,就促使个体产生继续与之交往的心理;相反,如果第一印象比较差,则一般继续交往的兴趣不大。所以在日常生活的交往中,尤其是与他人初次见面时,人们常常很注意自己的言谈举止,尽量给对方留下良好的第一印象。但是,首因效应实际上是一种心理偏见,因为一个人不可能在一次交往中完全展现出自己真实本质,也不排除有的人刻意表现。所以应该尽量减少不当的首因效应的影响,在多次交往中充分了解他人。

(二) 近因效应

心理学研究发现,近因效应一般没有首因效应明显和普遍。当新信息足够引起注意,或者原来的印象已经淡忘的时候,才会发生近因效应。那么,到底是首因效应引起的影响大还是近因效应的影响大?有人指出,当与陌生人交往时,会产生首因效应;而和熟人交往时,容易产生近因效应。也有人认为产生何种效应是由交往对方接受信息的顺序决定的。比如,一个母亲在狠狠地责备了孩子之后,接着抚摸孩子并用很温和的口吻说:"乖孩子,刚才妈妈吓着你了吧?你那样做让妈妈很生气,知道吗?下次不要这样了,好吗?"这样,孩子就会觉得母亲是为自己好,而不会记恨母亲。再比如,有时候老师出于盼望学生成材的心理,批评学生的时候一时情绪控制不好，但只要在批评之后，再说出苦心，往往也能给学生留下好印象，不至于给下次交往留下障碍。

（三）晕轮效应

在人际交往中，晕轮效应很常见。心理学家戴恩等曾用实验证实了晕轮效应的实际存在。[①] 他们让被试看一些人的照片，这些照片上的人分别是无魅力的、中等的和有魅力的。研究者让被试对照片中的人赋予某些特征。结果表明，被试对有魅力的人比无魅力的人给予更多理想的特征和更美好的评价。具体的评价结果如表 9-2 所示。

表 9-2 晕轮效应实验的评价结果

	无魅力者	中等者	有魅力者
受欢迎性	56.31	62.42	65.39
婚姻的美满	0.37	0.41	1.70
职业地位	1.70	2.02	2.25
做父母的能力	3.91	4.55	3.54
社会和职业幸福	5.28	6.34	6.37
一般幸福	8.83	11.60	11.60
结婚的可能性	1.52	1.83	2.17

可见，人们一般都会认为“美即好”。除了容易以貌取人之外，人们还会以他人某点突出特征去评价他，如学习成绩、工作能力、交际能力等。在人际交往中，人们通常把善于言谈的人看做是热情外向和知识丰富的人，认为衣着打扮一般的人社会地位也不高，诸如此类，都会影响到人们与之交往的频率。晕轮效应有利也有弊。积极的例子如，某个人平常表现得比较诚恳，往往给人留下值得信赖的印象，即使其能力一般，同事也比较喜欢与其搭档。但是，晕轮效应更多是消极作用。在求职面试中，晕轮效应非常明显，往往因为某点表现而影响成绩的稳定性和准确性。在办公室里，如果某个人对倒茶扫地之类的事情做得好，甚至会给人留下他适合打杂的印象。

（四）投射效应

投射效应是指在交往中个体相信对方有与自己一样的倾向，即把自己的意志、感情和特性强加于对方身上的心理现象。平常所说的“以己之心度他人之心”和“以小人之心度君子之腹”就是这个道理。投射效应有三种表现：一是相同投射，对对方进行自我同化，认为自己如此对方也是如此，忽视自己与对方的差异；二是愿

① http://baike.baidu.com/view/55129.htm.

望投射，以为对方希望的和自己所希望的是一样的；三是情感投射，个体对对方有强烈的好感或厌恶感时，就美化或丑化对方形象，把自己的情感投射到对方身上。

由于受投射心理的影响，人们往往不能正确对待交往对象，给对方造成不适。在日常生活中有不少投射效应不利于交往的例子。比如，某个人喜欢吃牛肉，就以为别人同样喜欢吃，请对方吃饭不管不顾地点牛肉，这会给对方留下不尊重人的印象，从而影响彼此的关系；自己不友好却认为对方也不友好，所以采用不友好的态度对待对方；把自己的观点强加给对方，会让人觉得自以为是；与人交往时，过分吹捧自己喜欢的人，或过分贬低自己厌恶的人……这都是不理智的交往态度，容易导致交往对象的反感。

产生投射效应的主要原因是过度关注自我，而忽视他人的特点。多关注身边的环境和他人，能够避免沉溺于自我的世界，并发现别人与自己的不同。

（五）多看效应

多看效应是指对见得越多、接触越频繁的人或东西越容易有好感的心理反应。关于多看效应，美国心理学家查荣茨（R. B. Zajonc，1923—）曾做过实验。研究者给被试出示一些照片，有的出现了 20 多次，有的出现了 10 多次，有的只出现了一两次，然后让被试说出对照片的喜爱程度。结果发现，被试更喜欢看的次数多的照片，而不是那些只出现了几次的照片。由此看出，多看可以增加人与人之间的吸引力。这就跟平常反复看广告一样，看多了就有印象。当面对众多同类产品的时候，会倾向于选择经常出现在广告中的产品。

在人际交往中，多看效应有三种情况：一是双方接触越多就了解得越深，所以更容易加深感情；二是经常出现在他人面前，容易引起对方的关注；三是即使交往一方一时不被另一方所接受，只要多争取机会出现在另一方眼前，并充分展示自己的优点，也可能获得接受。交际高手们一般都深谙多看效应的道理，他们善于创造和争取双方接触的机会，以提高彼此熟悉的程度，增强双方的吸引力。

当然，多看效应并非无条件地产生，前提是第一印象不能太差，否则，见得越多，反而会增加讨厌的程度。

（六）错误效应

在人际吸引中，存在一种“错误效应”，即一个有能力、有才华的人，偶尔暴露一点小弱点，会使别人更喜欢他。因为一个才能出众、不犯错误的人，会使别人敬佩，甚至敬畏，但没有亲切感，这可能妨碍人际交往。美国社会心理学家阿伦森（Elliot Aronson，1932—）做过关于错误效应的实验[①]，他在实验中安排 4 名博士在解难题

① http://www.beihai365.com/bbs/viewthread.php? tid=401104.

后喝咖啡。其中A博士解出了难题并顺当地喝了咖啡；B博士也解出了难题，但碰倒了咖啡；C博士没有解出难题，喝了咖啡；D博士不仅没有解出难题，还碰倒了咖啡。之后让数百名大学生说出对4位博士的喜欢程度，结果B博士最受喜欢。错误效应说明，在各方面都很优秀的人，如果在人们面前流露一些小缺点，反而更招人喜欢。

第五节　人际交往的工具

沟通是人们使用符号进行信息、思想和情感交流的过程。人际交往实质上就是一个沟通过程，作为传递信息、交流思想和情感的过程，必须借助符号系统这座沟通的桥梁才能实现交往。在人际交往中，人们采用的沟通手段或符号有两种——语言和非语言。从这个维度上讲，人际交往可以分为语言交往和非语言交往。由于非语言的内容丰富，本节将以更多篇幅来讨论各种非语言在人际交往中的表现和作用。

一、语言

语言是由语音、语词和语法构成的社会上约定俗成的符号系统。恩格斯在《自然辩证法》中提出："语言是从劳动中并和劳动一起产生出来的。"[①]

所以，语言随人际交往的产生而产生，语言的产生离不开交往，交往离不开语言。语言是人际交往最重要的载体和工具，是交往双方表达和交流信息或思想的最清晰明了的手段。因为语言可以清楚表达任何复杂的信息，比如交往一方对另一方眉目传情，最多也是表示爱慕和好感，至于到什么程度并不明了。而如果使用语言，就可以说"我对你有好感"、"我喜欢你"、"我有点爱你"、"我很爱你"、"我爱你但不会嫁给你"。可以说，语言一般都能没有局限地表达人们所能看到和意识到的事物和现象。同时，有实验证明，借助语言表达的交往信息，在意义上的损失最小。[②] 为了某种需要和目的，人们很多时候必须用语言与他人交往和协调行为。世界上任何事，无论是政治、军事、商业上的交往还是普通人之间的交往，任何群体或个人都要使用语言去表达自己的看法。一个人或团体倘若在与人交往当中不善言辞，就无法清楚表达自己的真正意图，从而使自己的利益受损。

---

① 马克思，恩格斯．马克思恩格斯选集(第3卷)[M]．北京：人民出版社，1972：511.

② 时蓉华．现代社会心理学[M]．上海：华东师范大学出版社，1989：322.

语言分为两种，即是口头语言和书面语言。

（一）口头语言

在面对面的直接交往中，人们主要是采用口头语言，也就是说话表达思想和情感。口头语言有许多表达形式，例如，对话、讨论、演讲、讲课、会议发言、口头命令等。口头语言又有正式与非正式之分，在正式的人际交往中，如面试、新闻发布、访问等情况下，口头语言必须是规范有效的；在家庭生活、朋友聚会、熟人路上偶遇等相对私人的交往场合里，口头语言通常具有随意性。

口头语言是人际交往的主要桥梁，而熟练地使用口头语言是人们在人际交往中必不可少的能力。

（二）书面语言

书面语言是一种文字表达式的语言，一般出现在人与人之间的间接交往中。书面语言虽然不像口头语言那样直截了当，信息发出和反馈也不如口头语言快捷灵敏，但它所具有的稳定性、保留性和流传广泛的特点，又是口头语言所不能比的。书面语言给人们的印象通常是很正式的。其实，书面语言也分为两类：正式书面语言和非正式书面语言。书本、报纸、杂志、政府文件、宣传单、标签等都是正式书面语言；而留言条、私人日记、信件、随手涂鸦等文字形式则属于非正式书面语言。

二、非语言

人际交往离不开语言，但语言并非人际交往的唯一工具，人们也借助非语言进行交往。比如，当夸奖别人的时候，言语之外通常还带有赞许的目光、微笑的表情，也许还会鼓励地拍拍他的肩膀。这些言语之外的表情和动作就是非语言符号。

由于非语言符号在沟通中的使用频率大，表达的含义深刻或者意味深长，20世纪上半叶，西方就开始有心理学家、社会学家、人类学家对非语言交往产生兴趣，并对此进行了研究。到20世纪50年代末，非语言符号已经成为现代社会心理学里不可忽视的研究领域。

在人际交往中，非语言符号是使用最频繁、表现力最丰富的辅助工具。所以有必要了解非语言符号，以提高人们的交际能力。非语言符号主要有以下几种形式。

（一）面部表情

波普诺认为，面部表情直接地展示着情绪的变化，因而可能是非语言信息的最丰富的源泉。[①] 的确，面部表情传递的信息是非常丰富的。面部可以做出成千上万种表情，而且表情变化迅速、敏捷、细致。在每次变化中，面部表情都传递不同的信息，在不同的时候具有不同的作用。在交谈中，它是语言的同步注释；沉默时，它也同样能传递信息，甚至比语言来得更强烈。在与人交往的时候人们常常要注意对方的面部表情，以了解对方的态度或对自己发出的信息的反应，这样才能及时地采用相应的交往方式。"进门看颜色，出门看天色"，就是对此的经验之谈。

面部的任何部位都有传递某种信息的功能，各个部位或是单独或是联合展示一个人的喜怒哀乐。瞪大眼睛表示阻止或生气，皱眉表示不满意或苦恼，撇嘴巴表示不屑，嘴唇闭拢表示和谐宁静、端庄自然。但绝大多数情况下，面部表情是由面部的几个部位一起做出反应来表示各种情绪的。比如，惊讶的时候，眼睛张大的同时嘴巴也会张开；愤怒的时候，皱眉瞪眼还咬牙切齿；高兴的时候，眉开眼笑嘴角还上扬（见图 9-1）。

图 9-1 各种面部表情

可是，面部表情并不总是一目了然地反映人的心理、情绪或能力的，因为人不同于动物，有时候会受到社会因素的影响而被迫或有心计地掩饰自己，以免被别人看穿心理而不利于自己的利益。另外，人们还发现相处时间较长的人会共同具有某些独特的面部表情，如生气时都会眯起眼睛，紧张时都会吐舌头、喜欢扮鬼脸等。这里涉及这样一个问题：人的面部表情更多是先天的生物安排还是后天的文化习得的？许多跨文化研究结果都显示，处于不同文化背景下的人们对同一种面部表情的体验是一致的。埃克曼和弗里森（Wallace V. Friesen）曾做过相关实验，当他们把各种表情的照片给现代文化中的人和与世隔绝的传统文化的人看时，他们都能正确地区分每种表情的意义。[②] 同样的表情在不同的文化中都传达着同样的意义，这说明人的表情是先天的。但是，有关的心理学研究又揭示出在不同的文化中有不同的"表情展示规则"，这些规则会限定人们在某时某地应该如何表现自己的

①② 戴维·波普诺. 社会学[M]. 李强，邓建伟，章谦，等译. 10 版. 北京：中国人民大学出版社，1999：129.

情绪。[①] 长久以来,面部表情主要来自先天还是后天的问题没有得到令人信服的答案。

(二) 身势语

身势语就是身体上传递出来的信息。身势语是面对交往对象发出的,而独处时没有必要使用。理解身势语对于人际交往很重要,因为一种信息50%以上的效果来自于身体动作。美国著名心理学家阿尔伯特·梅拉比恩(Albert Mehrabian)指出,一种信息的总体效果可以分为以下几部分:[②]

7% 口头信息(语言)

38% 声音信息(音量、音质、节奏等)

55% 身体动作信息

身势语可分为动态身势语和静态身势语两种。

1. 动态身势语

动态身势语包括手势、体态和触摸三类动作。

(1) 手势。

手势语是一种形式多样的非语言符号,有人研究了课堂行为后指出,可以明确区分的手势高达7 777种。[③]

确实,人们无法计算手上姿势的种数,单是表示数字的手势就有很多种,更不用说其他表示比较复杂意思的手势了。手势语具有很强的表达功能,如翘大拇指表示夸奖、了不起的意思,翘小拇指表示看不起、差劲等意思。在某些特殊的交往场合,手势语的表现力更加强。在热火朝天的足球赛场上,进球的队员为了回报球迷的欢呼而使劲地打飞吻,这比千万句"感谢你们,我爱你们"要来得直接和快捷。2004年奥运会体操赛场上,俄罗斯体操王子莫涅夫精彩绝伦的腾跃没有打动裁判,却打动了观众,他们以一片嘘声表示对裁判的不满,久久无人能喊停嘘声。莫涅夫用双手放平往下压的手势很快使观众的情绪平静下来。这个手势不仅表现了莫涅夫的男人气度,还体现了手势语在某个时候即使是声嘶力竭或千言万语也代替不了的作用。而且,在提出要求的时候,手势语比语言来得柔和,比如在吵闹的场合,人们用食指竖起压在嘴唇上表示要求安静,这比直接的语言命令更让人容易接受。另外,对于特殊交往个体和群体来说,手势语更是语言不可替代的,比如,聋哑人的手势语;两个语言不同的人交往时,往往借助手势来表达自己的意思。

---

① 贺淑曼,聂振伟,金树湘,等.人际交往与人才发展[M].北京:世界图书出版公司,1999:160.

② 马修·麦凯,玛莎·戴维斯,帕特里克·范宁.人际沟通技巧[M].郑乐平,刘汶蓉,译.上海:上海社会科学院出版社,2005:45.

③ 周晓虹.现代社会心理学——多维视野中的社会行为研究[M].上海:上海人民出版社,2004:298.

（2）体态。

体态语是指人的身体、四肢的运动所传递的无声语言。体态主要表达出一个人的态度。比如，在某人讲话的时候，对方很随意地摇摆双手或者东张西望，表明他并不在意讲话者的说话；更微妙的情形是，当某人说话时，对方的身体偶尔略微地转开，就能表示对方不喜欢或不情愿继续交谈；而如果对方身体往讲话者的方向前倾或不停点头，则表示对方重视讲话者的说话或对他的话很感兴趣。体态还能反映人的情绪。一个人如果表现出这样的体态：坐立不安，手指不停地转动或摩擦手里的东西，摆弄衣服，乱摸头发等，与之交往的人就能感受到他紧张的情绪。

（3）触摸。

交往关系越亲密的人越容易出现触摸动作，比如人们拥抱亲人，牵爱人的手等。触摸也是人际交往的重要方式之一。哈佛医学院精神病学教授约翰·瑞特伊解释了触摸的重要性："人类对触摸和被触摸是一种本能的需求，它是驱动人类开发与改造世界的动力之一。……触摸也是我们最有力和最亲密的沟通形式。触摸可以用语言无法做到的方式感动我们、伤害我们，可以跨越语言和文化的界限传递喜欢或憎恶的信息。"①所以，交往双方可以通过触摸来传达感情；拥抱对方能表示喜欢、分享快乐等，对方伤心的时候轻拍其后背表示安慰，诸如此类。研究者发现，即使不认识的人相互接触时，如果一个人触摸对方，他（或她）则被认为是慈爱的、令人放松的和随和的。由于触摸的形式多样，有人尝试对触摸行为进行分类。里查德·赫斯林描述了五种触摸行为②：职业功能触摸，如体检时医生对病人触摸；社交礼节触摸，如握手；热情友谊触摸，包括朋友间的拥抱和轻吻；亲密爱意触摸，如父母抚摩孩子、爱人间的亲吻；性刺激触摸，即身体上相互吸引而表露的触摸。

2. 静态身势语

静态身势语主要包括站姿和坐姿。虽然姿态是小节上的问题，但在交往中，对方会根据这个来判断个人的内在特征。站的时候总是靠住旁边的物体，坐的时候整个人都陷在椅子里，容易给交往对方留下慵懒和没有斗志的印象。另外，静态身势语能够反映交往双方的身份地位。一般来说，人们在与自己地位低的人交往时，姿势比较随便；与自己地位相同的人交往，体态比较稳重；而与地位比自己高的人交往时，身体姿态就显得比较严肃和拘谨。

（三）辅助语言和类语言

辅助语言包括语速、音调、音量、音质、节奏等。具体来说，就是说话的速度、声音的高低、声音的响度、声音是动听的还难听的、语调的掌控等。类语言是指那些

①② 桑德拉·黑贝尔斯，里查德·威沃尔二世．有效沟通[M]．李业昆，译．北京：华夏出版社，2005：146.

有声但不含语言词语的声音，像叹息、呻吟、吼叫等就是类语言。[①] 辅助语言和类语言都是语言表述的一部分，但它们不是语言的词语本身。

美国心理学家阿尔伯特·梅拉比恩对辅助语言进行了研究，他把语言的表达效果概括为一个公式：一句话的影响力＝15％声＋20％色＋25％姿＋40％情。[②] 话语的内容固然重要，但说话的方式也十分重要，一句话有声有色与平淡无奇地说给交往对方所传达的意思是不一样的。比如同样一句“谢谢”，如果说的时候音质清晰，音量大，而且尾音拉长，听的人就知道是真诚的感谢语；而如果喃喃且快速地说，听起来就好像并不领情。所以，在与人交往的过程中，必须注意自己的说话方式，同时，也可以通过说话方式来了解交往对象的情绪、态度或心理。戴维斯通过研究指出：表示气愤的声音特征是声大、音高、节奏不规则、发音清晰而短促；表示爱慕的声音特征是柔和、低音、共鸣音色、慢速、均衡而微向上升的声调、有规则的节奏和含混的发音。[③]

类语言是表意性的非语言发声，日常生活中常见的类语言有笑声、哭声、咳嗽声、啧啧声、哼声、口哨声等。根据人们在交往中使用的类语言所传达的意思，类语言至少有以下三种功能。首先是代替功能。比如几个员工在一起谈论领导，正在兴头上，领导走过来了，其中一个员工就会发出咳嗽声，示意同伴们停止谈论。其次是强调功能。比如某个人冲对方生气，也许会说：“再也不要见到你了，哼！”这“哼”的一声，既强调了说话的内容，也强调其生气程度。再次是协调功能。例如，一个德高望重的教授面对初次来访的显得有些紧张的学生，会在谈话中适当加入笑声，以缓和学生的紧张情绪。[④]

(四) 空间距离

一位心理学家做过这样一个实验[⑤]：在一个刚刚开门的大阅览室里，当里面只有一位读者时，心理学家就进去拿椅子坐在他或她的旁边。试验进行了 80 人次，结果证明，在一个只有两位读者的空旷的阅览室里，没有一个被试能够忍受一个陌生人紧挨自己坐下。在心理学家坐在他们身边后，被试不知道这是在做实验，更多的人很快就默默地远离到别处坐下，有人则干脆明确表示：“你想干什么？”这个实验说明了人与人之间需要保持一定的空间距离。那么，在与人交往的时候，与交往对象的空间距离应该是多少呢？

---

① 周晓虹. 现代社会心理学——多维视野中的社会行为研究[M]. 上海：上海人民出版社，2004：301.

② 贺淑曼，聂振伟，金树湘，等. 人际交往与人才发展[M]. 北京：世界图书出版公司，1999：156.

③ 时蓉华. 现代社会心理学[M]. 上海：华东师范大学出版社，1989：326.

④ 谢伦浩. 论类语言的功能性发音[J]. 云梦学刊，2001(5)：104.

⑤ 人际距离[OL]. http://hi.baidu.com/songpei19861123/blog/item/0d8de8c81e44f3167e3e6f6f.html.

美国人类学家爱德华·霍尔(Edward Hall)是研究空间距离的权威专家,他为空间距离的研究创造了空间关系学这个术语。通过对北美人在交往时呈现的空间距离的研究,霍尔指出,在人际交往过程中,人与人之间的距离有四种类型,每种距离都与交往双方的关系相关。[①]

1. 亲密距离

这是人际交往中间隔最小或没有间隔的距离,这个距离在约46厘米之内。在这个范围内,人们直接相互接触。亲人、夫妇、恋人或亲密的朋友之间的交往通常保持这种亲密距离。与恋人约会不应该超出这个范围,否则对方会有被疏远的感觉。而当其他人进入这个空间距离时,人们会抵触或不安。

2. 人际距离

这个距离在46～122厘米之间,这是人与人之间稍有分寸感的距离,在这个距离范围内人们已经较少有身体上的接触,交往双方刚好可以亲切握手和友好交谈。任何熟人都可以进入这个空间,但陌生人应在122厘米的距离范围以外。

3. 社会距离

当人们与不熟悉的人交往的时候,一般保持122～366厘米的社会距离。在这个范围内进行交往的双方通常是社交性或礼节上的关系,他们在交往时彼此之间一般有物体间隔着。比如,工作招聘时的面谈,教授和大学生的论文答辩等,往往都要隔一张桌子或保持一定距离,这样就增加了一种庄重的气氛。

4. 公共距离

这是在公共演说中,演说者与听众之间保持的距离,也就是超出了366厘米的距离。在这种距离中进行交往的人们说话声音比较大,肢体语言和手势也更加夸张。

当然,人际交往的空间距离并不是呆板的、限定的,而是具有伸缩性的,这由交往双方的关系、交往情景、社会地位等很多因素来决定。例如,上司和下属在办公室里工作的时候,双方通常在社会距离中相处,而如果下班后两人相约去钓鱼,他们又是在人际距离中进行交往。总之,了解了交往中人们所需的自我空间及适当的交往距离,才能有意识地选择与人交往的最佳距离。而且,通过空间距离的信息,还能很好地了解一个人的社会地位及人们之间的相互关系,从而更好地进行人际交往。

人际交往的空间距离还与一个人对对方的喜好程度有关。心理学家研究表明,人们离自己喜欢的人比讨厌的人要近些。

另外,在不同的文化背景下,人际交往的空间距离也不一样。与美国人交谈,必须保持在61厘米的空间距离上,这是他们认为最有分寸和最友好的空间;而如果与阿拉伯人交谈,就要小于这个距离。

---

① 桑德拉·黑贝尔斯,里查德·威沃尔二世.有效沟通[M].李业昆,译.北京:华夏出版社,2005:143.

(五) 目光接触

目光接触是指人们在交往过程中通过眼神和目光来传达信息。“眼睛是心灵的窗户”，说的就是透过目光可以看出一个人的心理特征。现代研究发现：眼睛是大脑在眼眶里的延伸，眼球底部有三级神经元，就像大脑皮层细胞一样，具有分析综合能力，而瞳孔的变化、眼球的活动等，又直接受脑神经支配，所以人的感情自然就能从眼睛中反映出来。①

所以，眼睛能够揭露心底的秘密。同时，眼睛是所有脸部器官中传递和获得信息最多的一个部位。国外研究表明，一个人通过眼睛获得的信息占 83%，通过耳朵获得的信息占 11%，通过其他感官获得的信息占 6%。②

目光传达的信息非常丰富。首先，目光反映一个人喜好。通常看到自己喜欢的人就会张大眼睛去看对方，目光追随对方的眼睛；相反，看到不喜欢见到的人，会尽量避免目光接触。其次，目光接触可以看出一个人的性格。交谈中只要被对方注视就转移目光的人通常不自信，而不卑不亢地迎视对方目光的人往往给人留下自信的印象。再次，目光接触可以用来表达感情。如“眉目传情”、“含情脉脉”、“暗送秋波”等都是妙不可言的目光接触。通过目光接触，还可以看到人们的兴奋、喜悦、留恋、忧郁、哀怨等许多情绪。另外，目光接触具有鼓励、告诫、警告、提示、暗示等作用。比如，对方做了令人满意的事情后，用微笑的眼神与之交流，表示赞许和鼓励；学生在课堂上做小动作，老师长时间地注视，表示告诫；在某些场合，不方便与对方交谈的时候，人们会“使眼色”去提示或暗示对方某种意思。

不同的情形下，目光接触的时间长短不同。在谈判或辩论中，陈述完自己的观点之后，要想获胜，就要长时间地注视对方以表示坚定；而如果在把痛苦的事情告诉对方的时候，稍稍与对方进行目光接触后就应该转移视线或低头，表示难过和遗憾。

在不同文化背景下，目光接触的习惯不同。比如直盯着一个人，在东方人看来是不礼貌的表现；而在西方人的观念里，在交谈过程中，不敢直视对方，目光躲躲闪闪是不真诚和试图掩饰什么的表现。英美有这么一句话：“不要相信不敢直视的人。”

第六节　中西方人际交往的差异

中西方文化存在很大的差异，主要表现在价值观、思维方式等几个方面。比如

① 张先亮. 交际文化学[M]. 上海：上海文艺出版社，2003：278.

② 凡禹. 人际交往的艺术[M]. 北京：北京工业大学出版社，2004：137.

在价值观上，中国人强调集体主义，西方人则注重个人主义；在思维方式上，中国人习惯于整体性思维，而西方人通常喜欢把事物一分为二。经由社会化，文化内化为人们的思想，从而影响人们的行为模式。当然，并非同样文化背景下的人们都具有同样的行为模式，只是从总体上来说是这样。下面从价值观、思维模式、人格特征、情理观这几个方面来看中西方人际交往的差异。

一、集体主义和个人主义

中国文化和西方文化都认同"群体"和"个体"的存在，但是对两者的先后问题持不同的观点。西方人认为，个体先于群体，有个体才会有群体，群体是由于个体之间的契约而形成的。在他们看来，只有个体得到了充分发展群体才能获得发展。而中国人则认为群体先于个体，有家族才会有个人。群体是个体发展自我的手段，有了群体的帮助和提携，个体才能更好地完善自己。所以，集体主义成为中国人的群体价值观，中国人提倡个体对群体的忠诚和责任。西方人的主要价值观则是个人主义，它重视个人自由，强调自我支配、控制和发展，在生活和工作中奉行以人为本的信条。在这样的文化背景下，中国人习惯从集体或他人的角度来衡量和评价自己的言行，注重集体或他人的利益和感受；而西方人则以个人的好恶或兴趣爱好考虑问题，以个人的利益和感受为主。

因此，在人际交往中，中国人和西方人的侧重点是不同的。中国人十分重视群体中的人际关系，与他人尤其是与群体中的人交往时力求达到融洽，讲究以和为贵，尽量避免得罪对方。而且，中国人从集体主义价值观出发，顾及群体的面子。比如，有些情况下，即使是对方错了，为了大局或别人的利益，也会委屈自己。而西方人在与人交往过程中，一般从自己的角度出发，只要是自己有理的就力争到底。

二、圆式思维模式与线性思维模式

中国人凡事习惯从整体到局部去思考，可以说，中国人的思维模式是一种圆式思维模式。西方文化刚好相反，西方人的思维模式属于由点到线的线性思维模式，他们思考问题通常是由局部到整体。比如，中国人写日期是"2007 年 1月 1 日"，西方人则写成"1/1/2007"。圆式思维模式表现为喜爱圆满，注重家庭内部的和谐、人际关系的和谐、整个社会的和谐，在交往中具体做来就是注重"面子"和"礼"。而属于线性思维模式的西方人对人对事往往是所谓的"一根筋"。在人际交往中，当礼貌原则与合作原则发生冲突的时候，中国人首先考虑礼貌原则，尽量不伤害对方的面子，因为中国人认为没有礼貌的基础就无法达到和谐的合作；而西方人在礼貌原则与合作原则的取舍上，会首先选择合作原则，他们会采用最利于合作的方式来向对方传达信息，不管是礼貌的方式还是不礼貌的方式。中国人在这方面带有“对人不对事”的意味，而西方人则是“对事不对人”。

受圆式思维模式的影响，中国人在与人交往中语言委婉含蓄，而且经常用暗示性语言，以免伤害他人。相对地，西方人则喜欢直接。比如，在车厢里有人抽烟，旁边一位女士对另一个人说：“你抽烟吗？”答：“我不抽”。这位女士就会接着说：“我也不抽，即使抽烟也不会在车厢里抽。”然后转头对抽烟的人说：“你说是吗？”这就是暗示抽烟的人注意对其他人的影响。直率的西方人恐怕不会用这样的方式。而且，只要注意就不难发现，中国人喜欢用例子和类推来表达自己的观点。比如，有人要说明人际交往的重要性，会说“人际交往于人就像新陈代谢于身体”。另外，在陈述、解释、阐明、辩明观点时，辩解方式比西方人更具有循环性。[①] 与别人的观点不同的时候，西方人通常是通过提问引出对方的观点，然后用辩论的方法去说服对方改变观点；而中国人并不着急，先是描述某个具体事件，然后回顾其历史由来，解释目前所采取的措施，最后展望或进行道德性劝诫。[②] 在批评或劝告对方的时候，中国人经常使用委婉语低调陈述；在提出请求时，请求的人一般为对方留有答应或拒绝的自由空间，这样双方的面子都能够得到保全。当然，西方人也要面子，但他们往往从个人主义出发，强调自己的面子。

三、人格特征

根据“词汇学假设”，美国心理学家奥尔波特（Gordon W. Allport，1897—1967）和奥伯特等经过长期的努力，总结出西方人一致认为比较稳定的五个人格特点，这五个人格特点构成了西方人的人格结构表：

① 外向、有活力、热情；

② 愉快、利他、有感染力；

③ 公正、克制、拘谨；

④ 神经质、消极情绪、神经过敏；

⑤ 直率、创造性、思路开阔、文雅。

1999 年，北京大学心理学系王登峰教授历时 9 年，终于完成了中国人人格纬度[③]表：

---

① Lubman S B. Negotiations in China：Observations of a Lawyer[C]//In Kapp(ed)R A. Communicating with Chinas. Illinois：Intercultural Press，Inc，1983：31.

② Matalene C. Contrastive Rhetoric：An American Writing teacher in China[J]. College English，1985(8)：47.

③ 人有各种各样、千差万别的特点。将这些特点集中起来，把其中最为相近的一些特点归纳在一起，用几个简单的方面来概括所有的人格特点。在心理学研究上，便被称为人格维度。

① 势力浮夸(卖弄、炫耀、贪心);

② 外向开朗——内向拘谨(乐观、活泼、健谈);

③ 沉稳干练——迷糊懦弱(恒心、毅力、沉稳);

④ 善良宽厚(友爱、好心肠、和善);

⑤ 暴躁固执(急躁、暴躁、刚烈)。

把西方人格结构表中第二项与中国人格维度表第四项对比可以发现,西方人的交往特点是直接指向他人的,是相对流于表面的浅层次的东西,比如令人愉快、有感染力等;而中国人的人际交往特点是直接指向个人品质的,注重内在的东西,如善良宽厚,好心肠、和善等。这是因为中国人的生活较封闭,人际交往圈子小,所以注重选择交往对象的品质;西方人热衷于通过开派对、舞会或沙龙等方式去交际,他们经常一大群人聚在一起,吃东西,跳舞,聊天气、时事或学术。他们不是很讲究要深入地交往,只要互相之间能够带来笑声和欢乐就满意了。而中国人一般不会与很多人做泛泛之交,他们讲究交往对象的内在素质及与自己是否有共同语言,喜欢与少数几个投机的朋友喝一杯酒、饮一盏茶,推心置腹地深入交流。

四、情理观

人情和面子是中国人际交往中的一种独特的文化现象,他们往往通过物的东西来承载人情,也就是“送礼”。中国人爱送礼是世界闻名的。中国人讲“义利兼顾”,更重视亲情、人情,家人与熟人往往受到特殊关照,而轻视规则和法则。所以,中国人强调做什么事都应该给对方留情面。而西方人比较务实,个人利益、个人实惠比脸面更重要,人与人的交往建立在一种平等的关系上,他们之间的利益以合同、契约规定,而不是人情面子起作用。

中国人与人交往先是讲人情,然后讲理,再次才是讲法。一般人们会避免双方的关系发展到要靠法来处理,尽量通过人情求得和谐。北京大学光华管理学院副教授张志学认为:“人情已经变成一种待人的社会规范和社会认知,它包含了一层观念,即我们需要和别人建立一种持久和睦的关系,它要求人们对待熟人要一团和气,要互相帮助,于是,冲突在他们看来就是不和谐。”[①]确实是这样,在中国,人情味浓厚,许多事情通过托人情、走关系就能办成。但是,由于注重人情,导致人们法制意识薄弱,有时候会出现有法难依的情况,容易导致不公正现象。西方人重法不重人情,他们认为只要能解决问题,冲突并不可怕。所以,人们时常看到西方父子之间、夫妻之间、朋友之间上法庭打官司。有的事即使合情合理但不合法,他们也

---

① 好心真能办好事?中国式人情观更容易导致冲突[OL]. http://tech. 163. com/05/0121/11/1AKA459200091537. html.

会争论不休，不惜上法庭；而有的事只要合法了，即使不合情合理，吃亏者也只能自认倒霉，旁观者也无话可说。西方人人情淡薄，可是在处理事情上容易做到公平公正。

第七节　互联网中的人际交往

人类社会已经进入互联网时代，互联网在改变人们的工作和生活方式的同时也改变了人际交往方式。现在人们提醒别人联系自己的时候，不再常说“记得写信给我”或“记得打电话给我”，而一般是说“记得发电子邮件给我”。报上曾有一则故事很风趣地反映了互联网对人际交往方式的影响。一天，美国微软总裁比尔·盖茨走进西雅图的一间餐厅，一个流浪汉伸手向他要钱，盖茨随手给了他 10 美元，没想到流浪汉竟然将他的 E-mail 地址留给了盖茨。盖茨大吃一惊：“这是什么世界？流浪汉也有 E-mail 地址？”后来发现是收容所配给流浪汉的地址。

一、互联网人际交往的含义

互联网人际交往是一种通过互联网进行的非面对面沟通的新型人际交往形式。在互联网中，人们通过互联网所提供的文本或游戏等各种途径进行信息传播和情感交流。从实质上来看，它不是人际交往，而是人机交往。在互联网中进行交往的人们自由地展现着不同的自己，可以是真实的自我，也可以是戴着面具的自我。

二、互联网人际交往的特点

如今的世界已经是一刻也离不开互联网的世界，很多人对着电脑的时间要比对着人的时间多得多，网上交流无疑是他们与人交往的主要方式，即使不是常常对着电脑的人们也喜欢选择网上联系的方式。Sproull 等人认为，人们使用互联网主要是为了扩大人际交往，但这并不意味着互联网人际交往与传统的人际交往一样。[①] 互联网以其特殊性给人际交往提供了特殊的空间，正是这种特殊性，使互联网人际交往具有许多不同于现实世界人际交往的特点。

---

① 陈秋珠. 网络人际关系性质研究综述[J]. 社会科学家，2006(2)：144.

(一) 超越时空

首先,互联网中的人际交往在时间上可以不同步。现实世界里的人际交往,不管是面对面的直接交往还是互通电话的不同场景交往,都需要双方具备同时性,这常常使交往受到一定的限制。比如,学生想要找老师解答问题,直接找老师或打电话都要考虑当时老师是否有空;而互联网人际交往具有不共时的特点,学生可以随时通过邮件向老师求教。其次,互联网淡化了"这里"和"那里"的概念,人们可以和世界各地的人交流。

(二) 匿名性

互联网人际交往并非面对面的直接交往,对姓名、性别、身份、地位、年龄、职业等信息的真实性都没有限制。在这里,人们一般是匿名交往。互联网人际交往的匿名性的特点就在于它有极大的自由空间让人们回归本真的自我。在日常生活中由于扮演着各种角色,有些话是不能说的。比如,作为教师的人平常不得不谨慎地发表自己的言论,而在互联网中则可以随意发表自己真正的想法。有调查表明,互联网能够使人轻易说出自己的真实想法。有人做过关于喝酒行为的调查,得到两种调查结果,即面对面采访得到的结果和通过互联网进行采访得到的结果。对比这两个结果发现,互联网采访得出的人们的饮酒量相对面对面采访得到的饮酒量多出很多,正好与根据酒的实际销售量推算出来的饮酒量是相符的。① 匿名性的另一个表现是,因为对方是不认识的人,是日常生活中接触不到的人,在生活和工作中背负着压力的人们可以毫无顾忌地互相诉说平常不能说的烦恼,可以发发牢骚,可以说一些不争气甚至不负责任的话,充分发挥互联网所具有的"安全阀"的功能。

(三) 虚拟性

互联网人际交往的虚拟性主要体现在人际交往的文字化、数字化、符号化,尤其是角色的模拟上。人们可以在互联网中虚拟自己在现实生活中已有的或向往的角色,比如,与别人过虚拟家庭生活、虚拟结婚等。

(四) 平等性

哈贝马斯的"交往异化理论"认为,在人际交往中,人们过于注重金钱和权利,忽视了作为金钱和权利的重要载体的人,忽视了公平和平等,以至于人的交往陷入了异化状态。而在互联网论坛里,没有社会地位的差别。不管在现实世界里人是

---

① 榎本博明. E时代人际关系[M]. 高丕娟,译. 北京:科学出版社,2004:100.

多么的优秀和显赫，在这里也只是普通的一员，大家都是平等的。因此，人与人之间的联系和交往趋于平等，个体的平等意识和权利意识也仿佛是与生俱来的。人们可以利用网络所特有的交互功能，互相交流、制造和使用各种信息资源，进行人际交往。当然，不可忽视的是，“数字鸿沟”仍然存在，许多“信息边远地区”的人们根本没有机会参与到互联网人际交往中来。但总体而言，平等性仍是互联网人际交往的主要特征。

（五）广泛性

在互联网中，与人交往的途径很多，可以聊 QQ、MSN，或者进入网站聊天室等。在现实生活中，由于时空的限制，人们的交际圈通常只是周边认识的人；而在互联网上，只要愿意，就可以和任何一个人交往。并且，由于互联网人际交往的非面对面性，克服了身体疾患、自我表达甚至外貌等因素对人际交往的阻碍，人们可以无限制地进行交往。所以说，互联网扩大了人际交往范围，使人际交往具有广泛性。

（六）人际情感的疏远

互联网使人与人之间的交往没有了空间障碍，同时也使现实社会中人与人之间的情感变得疏远。随着社会的发展，电脑的利用一定会越来越普遍，人们也更经常地使用电脑来学习和工作。随之而来的情况是，人们面对电脑的时间也会越来越多，甚至比与人相处的时间还要多。这必然在一定程度上影响人与人之间的情感交流，毕竟人机对话代替不了人们面对面的交流。虽然人们可以在互联网世界里找到一些志同道合的人，找到某种意义上的精神寄托，但是这只能满足一时的情感需要，因为人总是要回到现实世界去生活的。有些人由于过分沉溺于虚拟的世界，与亲人、朋友、同事的联系减少，这样反而会对现实生活产生更大的疏离感。互联网人际交往导致人际情感疏远的特点也已被人所感受。据美国学者研究，到 20 世纪 90 年代后期，“居家办公”的电子通勤者的数量并不如想象的那么多，其原因不在于网络技术不成熟，而在于居家办公在给人们带来自由方便的同时，也带来了寂寞与忧愁。①

（七）非语言符号的缺失

互联网人际交往与现实生活中面对面的交往差别很大，缺少了由身体发出的非语言信息。在互联网中，人们无法看到交往对象的面部表情，无法与之进行目光接触，听不到对方的声音，从而捉摸不到文字之外的更多微妙的信息，这就在很大

---

① 朱彤. 试析互联网中的人际交往[OL]. http://www.neanews.net/jyz/4q/18.htm.

程度上减弱了人际交往的完整性和丰富性。尽管互联网里也有模拟的表情，但这与现实中人们瞬息万变的面部表情相比是极其有限的。这样，人们的音容笑貌和言谈举止都只是有限的数字或图片符号。我国学者陈秋珠认为这是缺乏身体线索和非语言线索的人际交往，她指出："根据线索过滤原则和社会呈现理论，随着社会线索的缺乏以及社会呈现的降低，人与人之间建立亲密的、真诚的人际关系是不可能的。"[①]这也表明了互联网人际交往是无法替代现实世界的人际交往的。

互联网人际交往还有很多特点，如人际交往的不稳定性、人际关系的脆弱性等。互联网是一把双刃剑，给人们带来方便的同时也带来失范性问题。如伦理道德问题，有人指出网络是滋生婚外恋的温床；还有网络犯罪问题，如网络诈骗、色情犯罪等。所以，要辩证地看待网络人际交往，以更好地利用网络发展和完善自我。

本章小结

本章总体上在社会心理学的视野里论述人际交往，主要从七个方面来把握。①人际交往的含义、产生和理论。②人际交往的三个深层次原因：本能、合群的需要、社会化的需要和人际吸引。符号互动理论和社会交换理论关于人际交往本质的论述。③心理学和社会学两个视角下的人际交往模式。④影响人际交往的内外因素。⑤人际交往的两种工具，分别是语言和非语言。⑥中西方文化差异对人际交往的影响。⑦互联网人际交往的七个主要特点。

思考题

1. 人际交往的理论主要有哪些？
2. 如何理解人际交往的潜功能？
3. 如何理解伯恩的 PAC 理论及其人际交往模式？
4. 应该怎么应对影响人际交往的心理效应？
5. 非语言符号在人际交往中有哪几种体现？
6. 简述中西方的文化差异及其对人际交往的影响。

① 陈秋珠.网络人际关系性质研究综述[J].社会科学家，2006(2)：144.

第十章

群体与集群行为

古希腊哲学家亚里士多德在他著名的《政治学》一书中写道："人在本质上是社会性动物，不能过社会生活的个体，或者自以为不需要因而不参与社会生活的个体，不是兽类就是上帝。"亚里士多德所说的社会生活就是以群体方式进行的。人们通过社会互动形成了社会群体，在群体中依靠他人来满足自身的物质需要和大部分的心理需要。社会学有一个基本的假设：认为人是社会性动物，人类就是生活在所有不同规模和类型的群体中的。社会群体是人们生活的基本单位，也是构成社会的重要元素。

社会群体在人们的日常生活中有着十分重要的意义，是连接个人与社会的桥梁，因此也是社会学、社会心理学研究的一个基本课题。而由社会群体产生而来的集群行为也是学者们研究的一个重要课题。本章就从社会群体的定义及分类讨论开始，对社会群体的规范及凝聚力进行分析之后再对集群行为、社会运动进行分析。

第一节　社会群体的定义及分类

一、社会群体的定义

群体生活是人类生活的基本特征和活动方式。荀子曾经说过："人生不能无群。"由此可见，人类过的是群体生活。人类之所以要群居，第一是生产上的需要；第二是安全上的需要；第三是精神上的需要。自古以来，人们都把社会群体视为人类生活中不可缺少的一部分。

社会群体(social group)是社会学的一个基本概念，也可以称为社会团体，有广义和狭义之分。广义上的社会群体，泛指一切通过持续的社会互动或社会关系结合起来进行共同活动、并有着共同利益的人类集合体；狭义上的社会群体，指由持续的交往联系起来的具有共同利益的人群。[①] 因此可以将社会群体定义为由若干社会成员通过一定的社会关系，并按照某种互动方式进行共同活动的人类基本社会结合体。根据上述定义，可以明确的是并不是任意一群人都可以称为社会群体。例如街上的行人、车上的旅客、商场里的顾客等，虽然也是一群人，但并不构成社会群体，这样的人群称为集群。

根据社会群体的定义，可以明确以下几点：第一，社会群体都有一定的社会成员，而且成员与群体之间有明确的所属成员关系；第二，群体成员有较持久的社会交往和较稳定的社会关系，亦即群体成员的交往活动是经常性的、持续性的；第三，有较一致的活动目标，目标是群体活动的宗旨，目标一致，群体的凝聚力就增强；第四，有较明确的行为规范，群体规范既是群体存在和发展的维系力量，又是群体间区别的重要标志；第五，有一致的群体意识，群体意识使群体成员与别的群体人员有了明确的区别感。

社会群体的规模应该有多大，大概有多少个社会成员？这是在确定社会群体的定义时需要明确的另一个问题。社会学家和社会心理学家对群体规模的大小看法不一。有些学者认为从“两人组合”到数以亿计的民族都属于社会群体的范围。齐美尔对群体规模怎样影响群体成员的行为这个主题很感兴趣。齐美尔认为，有三个成员的三人群体，某种程度上来说是所有群体中最不稳定的群体。因为在三人群体中，有一位可能总是局外人，也可以说是“入侵者”。群体越大，群体间的关系就越复杂，因为每增加一个新的群体成员，群体中可能的社会关系数就会成几何级数增加。比如说在由甲、乙、丙三个人组成的群体中，只有三对可能的相关关系，那就是甲和乙、甲和丙、乙和丙。这时如果丁加入这个群体，那么可能的相关关系就变成了六对：甲和乙、甲和丙、甲和丁、乙和丙、乙和丁、丙和丁。

群体中的每个成员是各不相同的，他们之间都有各自的任务，而且扮演不同的角色。例如，梅里(Merei)发现，一个儿童群体在经过三四次接触之后，便会建立一些正式的规则：他们决定每个孩子应该坐什么位置，谁能玩所有的玩具，当大家在一起的时候活动顺序怎么安排。这些便是群体的社会结构。群体的社会结构包括三个主要成分：社会规则、社会角色和社会地位。这些成分的有机结合就构成了群体的社会结构。一些社会心理学的研究证明，群体成员的结构与群体活动有着密切的关系。如果群体成员搭配合适，群体成员的情绪就协调一致、关系密切，活动展开就会有成效；如果群体结构不协调，成员搭配不合适，则群体成员情绪涣散，会经常发生矛盾乃至冲突，开展活动就不易达到预期的效果。[②]

---

① 郑杭生.社会学概论新修[M].北京：中国人民大学出版社，2000：190.

② 周晓虹.现代社会心理学——多维视野中的社会行为研究[M].上海：上海人民出版社，2004：331.

二、社会群体的分类

社会群体有不同的分类。美国的社会学家艾班克(Eubank)在他的《社会学概论》中,就列举出了40种群体的类型。根据群体内成员的相互作用的目的和性质,可以分为正式群体和非正式群体;根据群体成员之间有无直接的、面对面的联系和接触,可以分为大群体和小群体;根据群体成员间关系的亲疏程度,可以分为初级群体与次级群体,等等。以下主要介绍几种常见的社会群体。

(一)初级群体和次级群体

美国社会学家库利最早提出初级群体的概念。他在《社会组织》这本书中提出:“所谓初级群体,我这里指的是具有亲密的面对面交往与合作关系的群体。这些群体在多种意义上是初级的,但主要的意义在于,它们对于个人的社会性及其思想的形成是至关重要的。……是人性的养育所。”①库利所指的初级群体主要是家庭、邻里和儿童游戏伙伴群体,并强调这些群体在人的早期社会化过程中所发挥的重要作用。按照群体成员之间联系的纽带,初级群体又可以细分为血缘型初级群体、地缘型初级群体、友谊型初级群体和业缘型初级群体等。血缘型初级群体是指建立在婚姻、亲子关系基础上的群体,如家庭。地缘型初级群体是指建立在紧密相连的地域空间基础上的群体,如邻里等。友谊型初级群体是指建立在友好、信任基础上的群体,如儿童的游戏群体、成年人的朋友群体等。业缘型初级群体是指建立在工作联系基础上的志同道合者,如工作小组等。初级群体还承担着重要的社会功能。一方面,初级群体承担了社会化的功能,个体在未成年时期基本的社会化就是在初级群体中完成的。库利说:“家庭和邻里群体在人的儿童时代对处于空白和可塑阶段的心理发挥着决定性的影响作用。这一事实决定了家庭、邻里的影响作用是其他群体所无法比拟的。”②另一方面,初级群体还能满足人们的感情需求。研究证明,初级群体与人们的感情活动密切联系。1971年社会心理学家所罗门在调查中发现,在对人生活影响最大的前10位事件中,属于初级群体的有7件,占了70%。

次级群体又称做次属群体或间接群体,指的是其成员为了某个特定的目标而集合在一起,通过明确的规章制度结成正规关系的社会群体,它用来表示与初级群体相对应的各种群体,如学校、职业群体、社团等。③ 次级群体一般不受血缘或者地缘的限制,它是基于一定的社会需要而形成的,而且次级群体规模比初级群体要

①② Cooley C H. Social Organization[M]. New York:Charle Scribners Sons,1909:23-24,27.

③ 郑杭生.社会学概论新修[M].北京:中国人民大学出版社,2000:194.

大，成员较多，有些成员之间不一定有直接的个人接触，群体内人们的联系往往通过一些中间环节来建立。次级群体既是个人步入社会所必须加入的群体，也是个人社会活动领域拓展和活动能力增强的标志。最常见的次级群体就是社会组织，比如学校、工厂、政府部门，等等。

（二）大群体和小群体

大群体和小群体是以群体规模的大小为标准而进行的一种群体分类。大群体是指规模较大、人数较多、人员之间较少直接互动的群体。阶级群体就是一种典型的大群体，它是一种利益群体。这类群体人数众多，其活动方式和组合形式有的超出了作为实体的群体范围，在其中甚至还可以划分出许多具有实体形式的群体，比如阶级群体可以划分为无产阶级群体和资产阶级群体。

小群体则是指那些规模较小、成员之间能够直接互动的群体。小群体的主要特点是成员之间有面对面的联系，行为上相互作用、相互影响，心理上彼此意识到对方，保持着直接的思想沟通，并具有共同认可的群体规范。小群体研究在群体研究中占有重要地位。美国社会学家米尔斯认为，小群体是一般的社会系统，它不仅是微观系统，而且基本上是大社会的缩影。仔细研究这些微观系统，可以构建理论模型，然后应用到较难直接接触的社会中去，发展一般社会系统思考方法。克特·巴克也认为："我们研究小群体有两种不同的理由：一是作为社会环境的特点，存在着小规模人群的聚集，即存在着小群体；二是小群体是研究许多社会现象的方便场所，是社会生活的实验室。"常见的小群体有学校里的班集体、办公室里的人员、运动队伍等。

（三）所属群体和参照群体

所属群体指的是成员身份所属的群体，它规定了成员身份及其日常活动①，如家庭、游戏伙伴、学校等。参照群体是个人用来作为评价自身、别人或社会事件的标准的社会共同体，是社会心理学的一个重要概念。最早使用"参照群体"这个概念的是美国社会学家海曼。1942 年，他在《地位心理学》一文中使用这一概念来表示个人在确定自己的地位时与之进行对比的人类群体。② 1943 年，纽科姆研究大学生的社会观点，用参照群体这一概念表示个人在心理上所从属的群体。他认为，社会观点的形成是个人对某一或某些群体的肯定或否定态度的函数。谢里夫和默顿等人的著作对于参照群体概念在社会心理学中的最后确立起了重要作用。谢里夫在《社会心理学原理》(1948)中强调参照群体的重要性，因为它的规范可以成为

---

① 郑杭生. 社会学概论新修[M]. 北京：中国人民大学出版社，2000：195.

② 周晓虹. 现代社会心理——多维视野中的社会行为研究[M]. 上海：上海人民出版社，2004：311.

个人的社会目标，成为个人的自我评价、对社会生活现象评价和世界观形成的基准系统。默顿和基特合作，研究第二次世界大战期间美国士兵的社会观点和行为。他们认为，处于同样地位的士兵观点存在差异，这是由于他们具有不同的参照群体、并把自己的地位与这些参照群体进行比较形成的。

各种各样的群体都可以成为个人的参照群体，如现实的群体和想象中的群体、大群体和小群体。一般来说，参照群体主要是指个人并非其成员的群体，但也不能否认，个人所属的群体同样也可成为他的参照群体。通常，每一个人都会有若干个参照群体，他依据这些群体，并按照不同的问题，把自己、别人与这些群体进行比较。同时，不同的参照群体对个人的影响力量也会是各不相同的。这种"相对满足"或"相对剥夺"现象揭示了参照群体对个人的态度和行为取向的影响作用。①

(四) 内群体和外群体

内群体和外群体是以成员对群体的心理归属为标准而进行的一种群体分类，又可以称为"我群"和"他群"。这两个概念是由萨姆纳在《民俗论》(1907)一书中最先提出的。萨姆纳认为，根据成员对自己与群体关系密切程度的自我感觉，以及对不同群体的态度，可以将群体分为内群体和外群体。凡是成员感到自己与群体关系密切、对群体有强烈归属感的，就是内群体。而那些由他人结合而成、与自己没有什么关系的群体，就属于外群体。内群体和外群体是通过"我们"和"他们"的群体界限来划分和定义的。这些群体界限，有的是有形的，如学校的校徽就是一种群体界限的符号；然而，更多的是无形的，基于群体成员一种感情上的亲切和态度上的认同，这种认同促使成员之间亲密、团结、协调、合作。但有时内群体和外群体也相互隔离，并且处于相互对立的位置，例如当群体之间有严重的利害冲突时，很容易产生抵制、斗争或者侵略等行为。因此，研究内群体和外群体，对于揭示社会伦理问题，有着更显著的社会意义。

(五) 正式群体和非正式群体

正式群体是指有明确的目标和固定的组织形式，并且有正式文件规定的，成员有固定的正式编制，有规定的权利和义务，有明确的职责分工的人们活动的结合体，如企业、学校等。正式群体有共同的目标和行为规范，它会对群体中的个体造成一种无形的压力，称为规范压力。规范压力常常导致从众行为，即个体与群体保持态度和行为的一致性。非正式群体是人们在活动中自发形成的，未经任何权力机构承认或批准而形成的群体。非正式群体是基于人们社会交往的需要而存在的。在正式群体中，人们基于社会交往的特殊需要，依照好恶感、心理相容与不相

---

① 周晓虹．现代社会心理学——多维视野中的社会行为研究[M]．上海：上海人民出版社，2004：336．

容等情感性关系，也会组成非正式群体。这种群体没有定员编制，没有固定的条文规范，因而，往往不具有固定的形式。由共同利益偶然结合在一起的人们，同院的伙伴，工厂或学校中存在的一些“小集团”、“小圈子”等都属于非正式群体。

非正式群体这个概念最初是由美国心理学家 E. 梅耶提出的。20 世纪 20 年代起，梅耶等人经过长达 8 年的实验研究（即“霍桑实验”）发现，在企业中，除了正式组织外，实际上还存在着各种形式的非正式组织。正式组织只反映组织成员之间的职能（或职务）关系，不能表现出他们之间的相互接触、相互作用的社会关系，而这种社会关系却时时影响着他们的行为，从而影响着企业的生产效率。梅耶认为，所谓非正式组织，是指企业成员之间由于共同的价值标准而自然形成的无固定形式的社会组织。在这里，人们之间具有基于共同的价值标准而产生的共同的情感和态度，而正是这种情感和态度把他们组合到一起。非正式组织的领袖人物是自发产生的，但对其成员却往往比正式组织的领导人具有更大的影响力。他在实验中发现，工人们在生产中自发形成了一些共同遵守的准则，如干活不能过于积极，也不能过于偷懒等。这些约定俗成的准则对非正式群体中的成员具有普遍约束力。如果有人违反了这些准则，就会遭到其他人的指责和讽刺、冷淡和疏远，甚至武力报复。在非正式群体中，起支配作用的价值标准是感情逻辑，它是每个成员都必须遵守的基于成员之间共同感情而产生的行为规范。

（六）网络社会群体

随着网络的发展，为现实中的人们提供了新的互动方式与空间。人们在这种新的互动方式中形成了新的社会群体。这种网络社会群体不同于现实中的社会群体，但是又来源于现实中的社会群体。网络社会群体与经典社会学理论界定的社会群体的相同点在于它们都有一定数量的人在进行互动，而且也有一定的角色分工，比如说论坛中的版主和发帖者。还有一个共同点就是它们都有一定的规范，不遵守规范的成员会被禁止发帖或者留言。不同点在于：人与人之间互动的场域不同；成员的社会角色不如现实群体中那么确定，角色划分比较简单；社会关系不复杂，物质生活中相互依存不强；群体意识和归属感不是那么强烈和持久。[①]

网络社会群体具有以下几个基本特征。首先是亲和性。网络社会具有高度的弹性和匿名性，因而网络社会群体中的成员无须考虑隐私可能会被暴露，进而能更积极地与他人进行交流以获得别人的回应。另外也有研究指出，网民本身所具有的一些特殊倾向，也是使网络上的社会群体得以维持的主要因素。例如，网民之间惺惺相惜的亲近感，往往是彼此之间的共同兴趣使然。另外，网民有“愿意相信陌

① 郭玉锦，王欢. 网络社会学[M]. 北京：人民出版社，2005.

生人”的倾向。[①] 其次是交往的空间大。网络社会群体的交往超越了时间和空间的限制，扩大了互动的频率和场域，而且网络社会群体的交往不会因为地理位置的因素而减少互动的频率。网民在网络世界中找到“知音”的机会，可能远远超过传统的社会。[②]最后是群体成员交往的自由度大。在网络社会群体中，网民们一般只是经常上网互动，他们之间的关系就是简单的“网友关系”，相互之间没有明确的责任和义务。当群体成员在网络中获得了某种“满足”以后，也许就会脱离这个群体，或者不能在这个群体中得到“满足”也有可能会脱离这个群体。这意味着网络群体成员有更多的自主性和自由度。

群体的存在对于个体成员来说总是有一定作用的，网络社会群体对其成员的作用主要体现在以下四个方面。首先，具有慰藉群体成员心理的作用。群体成员在现实生活中很难找到合适的人物、时间和地点倾诉自己的情感。但是在网络群体中就不会受到这样的限制，无论群体成员是高兴或者悲伤，都可以随时把自己的情感通过网络公布得以发泄，或者得到别人的支持和鼓励。其次，能够满足社交的需要。人们可以在网络无限的空间中认识并结成关系比较亲密的群体。由于工作或者个人的一些情况，网络的交往会更好地促进人们彼此之间的交往。网络社会群体满足了一些人社会交往的需要。再次，可以提供自我表现、自我认同的机会。在网络社会群体中，每一个成员都想表达自己的看法或发表自己的意见，一旦有成员发表了言论，其他的成员就会看到并且作出回应。还有就是网络社会群体能使群体成员之间产生认同感，群体成员在认知和评价某件事物上的尺度往往是一致的，群体成员的意见会在网络互动中统一起来。最后，可以完成群体成员的目标。群体成员可以从群体中获得新的信息，以了解社会发生的新闻或者事件。此外，还可以得到别的群体成员的帮助以达到自己的目标。

第二节　群体规范及凝聚力

一、群体规范

(一) 群体规范的含义

驾车的司机在遇到红灯时会主动把车停下来，老师上课时学生们会自动安静

---

①② 吴齐殷. 电脑架构的社会网络：社会学研究的新领域[OL]. www.chinasociology.com，2000-01-10.

下来听老师讲课……是什么原因促使人们这样做呢？这是群体规范使然。群体规范是制约个人行为的某个群体所共有的特别规范，是指为了保证目标的实现，每个群体成员都必须严格遵守的思想、信念和行为的准则。但是群体规范与社会意识形态中的规范不同。社会意识形态规范指的是社会中的法律观念、宗教信仰、政治观点等，它一般与社会制度的发展联系较密切。社会意识形态虽然也能对人们的相互关系产生影响，但是它的影响作用是间接的，只能通过具体的群体发挥出来。而群体规范对成员具有比较和评价的作用，可以为成员提供认知标准和行为准则，用以调节、制约成员的思想和行为，使其保持一致，还可以作为成员间彼此认同的依据。但是群体规范并不是对成员的一言一行都加以约束，而是规定了成员的思想行为的可接受与不可接受的范围。群体规范因群体存在的正式性和非正式性，以及有无明文规定、监督和处罚，可分为正式的规范和非正式的规范。群体规范在群体成员中形成以后，就具有一种公认的社会力量，它通过不断内化为人们的心理尺度，在个体的社会化过程中发挥积极的作用。因此群体规范是影响个体社会化的重要因素。

（二）群体规范的形成

群体规范的形成是有一定的心理机制的。人们在生活中有一种将外界事物格式化和规范化的倾向，这种倾向经验称为定型，群体规范也属于定型的一种。群体规范的形成还受模仿、暗示、从众、服从等心理因素的影响。[①]

乔治·米德认为，自我发展有两个阶段。在第一阶段，个体的自我由他和其他个体参与，在特定社会动作中其他个体对他，以及彼此之间所持的特定态度的一种组织构成；在自我发展的第二阶段，自我不仅由这些特定个体的态度的组织所构成，也是由对泛化的他人即他所属的整个社会群体的社会态度的组织构成。美国心理学家谢里夫也认为，由于群体中人与人的相互作用的结果逐渐形成了成员共同的判断标准或依据原则，从而使各成员的判断趋于稳定，这个过程就是群体规范形成的基本过程。谢里夫通过实验表明，当一个群体面临模糊不清的事态时，会出现可供了解和把握事态，并采取适当方式予以处理的共同判断标准——群体规范，而且各个成员会依据这一规范采取相应的行动。谢里夫认为，他所揭示的群体规范的形成过程的研究结果不仅适用于小群体，而且适用于大群体，如社会组织、城市甚至整个国家或民族。

（三）群体规范的压力

群体规范会对群体成员产生一定的压力，使成员能够按照群体目标去规范自

---

① 周晓虹．现代社会心理学——多维视野中的社会行为研究[M]．上海：上海人民出版社，2004：338．

己的行为。群体规范产生的压力与上级命令所产生的压力是不一样的。上级的命令具有强制性，群体规范则不一定具有强制性，但是群体成员在心理上却会觉得很难违抗。如果有群体成员违反了群体规范，就会遭到群体其他成员对其的惩罚，比如孤立和排斥等。由此看来，对违反群体规范的群体成员的处罚可以影响到成员的行为，有时甚至比上级命令更有效。

但是，任何压力都是有一定限度的。如果规范的压力超出了群体成员所能承受的范围，那这种压力就几乎起不到任何作用。杰克逊对规范特质的研究曾经试图用规范的潜在收效曲线来表示群体规范压力及其作用范围。他认为，人们在社会生活中采取的所有行为都反映着某种规范，因此，可以通过群体成员的行为来测定群体规范的妥当性；此外，几乎在所有的场合，群体规范都体现在其成员对事物表示赞成与否定的态度评价中。所以，又可以通过评价活动来考察某种群体规范被其成员接受的程度。杰克逊就把成员评价程度与行为表现对应起来描绘成“潜在收效曲线”。这条曲线明确表明某种群体规范能在多大范围内被其成员所允许，以及群体规范的压力是否能被其成员所接受。

(四) 群体规范的作用

群体规范能把群体成员的行为统一起来，为了群体的目标而共同努力，其主要作用表现在以下四个方面。

1. 维系群体

群体规范对任何社会群体都是必不可少的，群体规范使群体能够继续维持下去，并且得到巩固和发展。群体规范在群体成员的交往中起着媒介的作用，如果缺少了群体规范，群体成员之间就无法互相有效地交流和传递信息、经验和情感，群体活动也就无法进行。

2. 统一群体认识

每个个体对某一事物的看法都是不一样的，但是一旦个体组成群体，这个群体的规范就会像一把尺子，衡量规范个体的看法和行为，从而为每个群体的成员提供一个认知和评价的标准，最后形成共同的认识和看法。即使群体中的个别成员有不同的看法和意见，迫于群体的压力和从众行为，也会服从群体的规范。

3. 引导群体行为

群体规范为各个个体划定了各自的活动范围和规定的日常行为方式，即人们应该做什么、不应该做什么、怎么样去做等。如果个体不按照群体规范来执行，则会被视为背叛群体，严重的话会被群体排斥在外。

4. 消极作用

群体规范要求每个个体的行为都处于一个中等的水平，对个体的行为有约束作用，使个体既不能太积极，也不能太落后。这种规范限制了个体的积极性和创造性，使得一些很有创意的行为被看做越轨行为，从而使有创意的个体受到打击和排斥，对人们的积极性和创造性产生消极影响。

二、群体凝聚力

群体凝聚力这一概念作为群体的一个重要特性，最早是由群体动力学派著名心理学家勒温在20世纪50年代提出的。勒温认为，对凝聚力的研究主要应该关注个体如何知觉其自身与某个特定群体的关系，个体之所以愿意留在群体中，是因为群体能够帮助个体实现个人目标。

（一）群体凝聚力的含义

在国外，学者们对群体凝聚力有多种看法。费斯廷格把凝聚力定义为作用于群体成员使其留在群体内部的各种因素的合力。这个定义比较接近勒温最初的定义，费斯廷格定义中的这些因素被后来的研究者们不断拓展为群体所提供的，能够满足成员生理、心理和社会需要的各种因素，如使群体成员获得安全感、归属感、接纳、友谊、成就感等的因素。实际上，不同的群体有不同的具体情况，如某些非正式群体能够满足成员的友谊需要，但不能给他们带来成就感。所以，现实中不同群体的凝聚力来源是不同的，凝聚力类型也彼此各异。认为凝聚力是指群体成员渴望留在群体中的程度的观点与洛特认为的凝聚力可被描述为群体成员之间互持积极态度在量和程度上的群体特点的看法颇为相似。他们都从凝聚力强弱的角度来定义凝聚力，从而认识到在现实存在的各种群体中，凝聚力大小实际上是一个谱系，不同的群体凝聚力只是对应于这个谱系的不同点，不同群体的凝聚力呈现极大的强弱差别。

国内不少学者将群体凝聚力定义为群体成员发生作用的所有力量的汇合，也就是把成员聚集于群体的一种力量。这种定义与国外社会学者对凝聚力的定义有些出入。

（二）群体凝聚力的形成

群体凝聚力的形成有三个层次：人际吸引、成员对群体规范的遵从和成员认同群体目标并将群体规范内化为自身的行为准则。可见，群体凝聚力的形成和凝聚力的强弱最主要的影响因素，是成员对群体的认知程度、认同程度和群体自身所具有的吸引力。就成员个人而言，群体对其凝聚力的大小可从以下三个方面分析：其一，群体自身对成员是否具有吸引力和成员是否感受到这种吸引力；其二，成员与群体间的利益关系是否遵循了互惠性原则，保持一致；其三，群体的关系结构是否具备一致性和互补性，即成员能否在群体中寻找到与自身志向、爱好、观念、信仰等一致的伙伴，或别的成员能否与该成员在性格、气质和能力等方面形成一定的互补。另外，影响群体凝聚力的还有环境因素，表现为群体在遇到外部冲突时所形成的压力。当一个内部凝聚力较弱的群体，遇到来自外部激烈冲突的巨大压力时，凝聚力会大大增强。

（三）影响群体凝聚力的因素

1. 群体成员交往时间

如果群体成员很少有时间接触到别的成员，并且没有互动的话，则很难产生人际吸引。因此，成员之间交往时间的长短会影响到群体凝聚力。如果成员之间在一起交往的时间比较多，成员之间的关系就会比较友好，他们会自然地交谈，作出反应，并进行其他的交往活动，然后进一步发掘共同的爱好和兴趣，从而增强成员之间的人际吸引。

2. 群体规模

群体规模越大，群体凝聚力就越小。各种实证研究也证明了这一点。随着群体规模的扩大，群体成员之间的交往互动就会变得更加困难，群体成员保持共同目标的能力也会减弱。群体规模的扩大也会使群体内部产生小集团的可能性相应增大，而群体内部产生小集团通常会减低群体的凝聚力。

3. 外部威胁

大多数研究都支持这样一个命题：如果群体受到外部的攻击，群体的凝聚力就会增强。但这种现象的发生是有条件的。如果群体成员认为群体无力抵抗外部的威胁，群体作为群体成员的安全之源的重要性就会降低，这个时候群体的凝聚力就很难提高；如果群体成员认为遭到攻击是因为群体的存在而引起的，只要放弃群体或解散群体就能使外部停止攻击，这时群体的凝聚力也会降低。

（四）群体凝聚力的作用

群体凝聚力的作用表现为群体对成员的控制力的增强，群体成员的自信与安全感的增强，成员之间人际关系的协调一致，等等。

1. 增强群体的控制力

群体凝聚力越强，群体成员就越容易接受来自群体的监督与控制，以免被群体排斥。因此，群体成员乐于留在自己所属的群体，遵守群体的规范，参加群体组织的活动，承担群体规定的任务，完成群体共同的目标。

为了与群体保持一致，当群体遇到舆论压力时，群体成员容易产生从众行为和服从行为。沙赫特研究了凝聚力强度显著不同的两个群体，让两个群体的成员各自讨论解决一个问题。讨论过程中有三个实验助手也作为群体成员，他们扮演了不同角色。其中一名故意表示赞同群体意见；一名故意先发表不同意见，而后同意群体意见(从众者),另外一名则自始至终都坚持不同于其他群体成员的意见(异议者)。结果发现,上述两种群体的许多成员都试图改变异议者的看法,他们好言相劝,一旦发现异议者坚持自己的观点,就对他不予理睬,甚至将他排斥于群体之外。凝聚力强烈的群体,排斥现象更加严重。

2. 增强群体成员的自信与安全感

群体凝聚力越强,群体成员之间的观点与看法就越一致,关系也越和谐,从而也增强了成员心理上的自信与安全感,成员对于自己所属的群体,以及对自己的评价也会越来越高,也因此更加忠实于自己所属的群体,将群体看做自己的坚强后盾与靠山。

3. 协调成员之间的关系

群体凝聚力越强,则群体成员之间的关系越紧密,成员之间的矛盾和冲突就会减少到最低程度,使群体一致对外。

第三节 集群行为

社会心理学认为,趋群性是人类的本性之一,人类行为的一个重要特点就是趋向于合群。社会生产方式越发达,生活方式越先进,各类人员的集群意识和结群倾向就越强烈。面对社会的巨大变革和发展,社会集群现象发生的原因、情况和结果是多种多样的。这种随意的、自发的、无拘无束的集群现象无所不在。它发生的原因之一是人们最基本的交换信息需要。这一需要最原始的生物学价值是减少对周围环境的不确定性,从而及时调整自身的行为,以适应变化了的环境。集群成员希望在集群中寻找到共鸣点,并力图补充缺陷,达到志趣相投、知能互补。因此,从社会心理学角度优化、整合集群心理与集群行为发生、发展的过程,以及特征和规律,即集群心理的外在行为规律与集群行为的内在心理规律,探求对积极集群行为的鼓励、强化的途径和方法,以及寻求对偏离集群行为的预测、预防和调控的有效途径和方法,对于建设社会主义精神文明是一个非常重要的课题。

一、集群行为的定义

每当说书人说书的时候,练武的人进行武艺表演的时候,马路上发生交通事故的时候,超市里有商品降价销售的时候,都会有一大群人聚集在一起围观,这样的人群称为集群,这群人的行为称为集群行为。

国外将集群行为称为“collective behavior”,又可以称为“集聚行为”或“聚合行为”,即无组织、无纪律的大众集合现象。苏联社会心理学家安德列耶娃把它称为“非集体行为”(或译为“集体外行为”)。美国社会学家帕克在其 1921 年出版的《社会学导论》中,最早从社会学角度定义集群行为,认为它是在集体共同的推动和影响下发生的个人行为,是一种情绪冲动。而在我国社会心理学和社会学的文献上,一般译为“集体行为”。

早在黎朋和西格尔所处的时代,许多社会学家和社会心理学家就尝试对集群行为进行理论上的概括。帕克认为,“集群行为是在公共和集体冲动的影响下发生的个人行为,换句话说,那是社会互动的结果”[①];斯梅尔塞(Smelser Neil Joseph,1930—)将集群行为界定为“在重新规定社会行为的信念的基础上产生的社会动员”[②];波普诺则更为详细地指出,集群行为“是指那些在相对自发的、无组织的和不稳定的情况下,因为某种普遍的影响和鼓舞而发生的行为”[③]。

从以上的西方社会学者对集群行为的定义可以看出,集群行为一般来说是自发组织的,并没有受到某些具体的命令或者指令,并且集群行为持续的时间也较短,不具有稳定性。下面就简要介绍集群行为的性质和特点。

二、集群行为的性质和特点

集群行为是一种无组织、无纪律的群体类型。集群行为有多种表现形式,包括有骚乱、流行时尚和恐慌。尽管这些现象的表现形式不一样,但它们也有相同之处,即参加集群行为的人们对于群体的目标和期望不明确,社会控制机制比较薄弱。

将集群行为与一些高度组织的行为相比较,可以更好地理解集群行为的性质。比如,国家组织的一些大型考试,参加考试的人事先都明白参加考试的目的和性质,而且进入考场的人都要有身份凭证。此时的情境定义非常清楚明了,就是遵守考场的规则,这时的社会控制是有效的,如作弊的考生会遭到处罚。如果考试的时候突然发生了火灾,从考试的人看到了火光的一刻起,社会情境就会发生变化。这时人们不知道发生火灾时的目标和手段是什么,完全不知所措,因为他们也许从未经历过类似的情境,而且对火灾的情况也不了解。这时人们为了保全自己,只能牺牲整个群体,用个体的目标取代群体的目标,并且完全不遵守平时日常生活中一些基本的行为道德规范,社会控制完全失去作用。因此,惊慌失措的人们逃离现场

---

① Park, Burgess E W. Introduction To The Science Of Sociology[M]. Chicago: University Of Chicago Press,1921:865.

② Smelser N J. Theory of Collective Behavior[M]. New York: Free Press,1963:8.

③ 戴维·波普诺. 社会学[M]. 李强,邓建伟,章谦,等译. 10 版. 北京:中国人民大学出版社,1999:566-567.

时，很容易发生相互践踏的行为。这种相互践踏行为在球场发生球迷骚乱的时候也可以见到。

集群行为常常是自发组织的，它是否具有一定的社会结构和行为模式呢？社会学家们一直在研究集群行为发生时所表现出的社会结构。最常见的例子就是发生车祸时，总会有一群人充当旁观者围在旁边观看，另一群人则在充当救护人员急忙抢救伤员。

从集群行为的性质可以看出，集群行为的特点是很明显的，主要表现在以下几个方面。

（一）突然性

集群行为的发生都是很突然的，事前没有任何预兆，也就是说集群行为的发生是不可预测的，它不是由自上而下的组织发动的。突发事件的突然性，就导致了集群行为发生的突然性。

案例　2007年3月15日7时许，天空下着小雨，一辆牌照为豫P71835的重型厢式大货车途经事发地。车上满载着40吨橘子，驾驶室里坐着3人。可能是路滑加上开夜车的缘故，车子冲上路中间的隔离带，向前滑行轧坏约40米的隔离带后，侧翻在另一侧路面上。满车橘子因惯性散落一地。附近村民闻讯后，先是三三两两翻过高速公路护栏捡拾散落的橘子，随后人越来越多，交警赶到时，已有数十人参与哄抢。直到高速交警二大队6名民警赶到现场后，事态才得到控制。11时许，货物全部清理完毕，路面恢复正常通车。

从以上案例可以看出，货车翻车导致橘子散落这一事件完全是突发事件，事前没有任何预兆，而村民哄抢橘子的行为就属于集群行为，村民完全不用组织而自发地去哄抢橘子。

（二）情绪化

集群行为的参与者都是带有某些特定情绪的。人们的情绪很高涨，或者高呼口号，或者作出一些不理智的行为，或者进行一些破坏，或者进行人身攻击，等等。

案例　据法新社报道，在意大利那不勒斯进行的一场意大利杯赛中，那不勒斯主场以0∶3输给了罗马队。这场比赛的结果成为冲突的导火索。赛后不满结果的那不勒斯球迷在场外与警方发生了冲突，最终演变为一场骚乱。至少有15名警察在对峙中负伤。

在比赛前，警方怕发生意外，护送罗马球迷进场。这一举动遭到了那不勒斯球迷的反感，他们在圣保拉球场外向警察投掷杂物。防暴警察用催泪弹帮助驱散愤怒的人群，同时逮捕了10名向警方投掷东西的球迷。

比赛结束后，0∶3的结果给主场球迷火上浇油，于是有大约500人的队伍袭击了当地警察局，逼迫警方释放被逮捕的球迷。他们焚烧警车，向窗户投掷石头和酒瓶，警方再一次借助催泪弹才得以控制局势。

这个案例说明了参与集群行为的人们情绪的高低是与突发事件本身对个人的利害关系紧密相关的。越是关系紧密的，人们的情绪反应也就越激烈。而强烈的情绪往往导致非理智行为的发生，容易引发暴力倾向。

（三）盲目性

在集群行为刚刚开始的时候，多数个体往往并不了解参加集群的目的、性质和后果。只是受到周围环境或者其他人的影响而盲目地参与其中，是一种从众行为。

案例 据英国报纸透露，目前在英国留学的外国学生总数约为 23 万人，中国学生占 5 万人左右；2001—2002 年度，中国赴英留学攻读本科以上学历的为 10 332人，几乎是 1998—1999 年度 3 850 人的三倍，创下历史最高纪录。另外，还有数以千计无法统计的在语言学校读书的中国学生。中国学生是英国人数最多的外国留学生群体，中国已成为除欧盟外英国最大的国际学生来源地。青少年出国留学潮带有极大的盲目性。

当集群的规模越来越大的时候，人们的情绪更加容易受到影响，也更加容易受到群体的暗示，从而引起更多具有相同情绪的人参与到集群行为中。但随着时间的推移，一些人的盲目行动会逐渐受到宣传或诱导的影响而变成自觉的行动。

（四）过渡性

集群行为不可能永远持续下去，当集群行为获得了情绪上的发泄或者满足了群体成员提出的条件后，集群行为就会很快宣告结束。

三、集群行为发生的条件和过程

特纳认为：“从集群行为的性质来看，它只有（但并非总是）在现在的组织不能为人们的行动指引方向和提供途径时才会发生。”[①]集群行为之所以能够发生，是需要一定的条件和过程的。

（一）集群行为发生的条件

集群行为的发生，依赖于以下几个因素，这些因素对集群行为的发生产生了重

① Turner R. Collective Behavior: In Refaris(ed) Handbook of Modern Sociology[M]. Chicago: Rand Mcrally. 1964.

要影响。

1. 环境因素

任何集群行为的发生都是在一定的自然环境和社会环境下发生的，而且这个环境场所能够使参与集群行为的人们对某一刺激产生一致的反应。任何能使人们快速便捷的传递信息的组合都能增加发生集群行为的可能性。这样的组合很常见，如在体育场、广场或大型的商店，等等。

时间也是一个不能忽略的因素，根据美国克恩纳调查团体对 20 世纪 60 年代城市骚乱的研究，大多数的动荡都发生在周末或夜晚，因为这个时候的人们都处于空闲时期。① 1992 年春天的一个晚上爆发的旧金山暴乱也与这一结论相吻合。

2. 失范

人们总会遇到一些意想不到的事情，比如看电影的时候突然发生了火灾，在教室看书的时候突然停电，或者车船失事，这时几乎没有任何明确的规范来指导人们的行为。人们由于事先没有想到会发生这样的意外，因而只能靠自身临时的判断和别人的暗示来调节自己的心理和行动。其他的“无规范”情况也很容易导致集群行为，在个体与社会结构之间的联系纽带松动的情况下，例如，当人们从家庭和职业角色中短暂脱离出来去度假，或者参加某个偶像的演唱会时就容易发生集群行为。

在最混乱的情况下，规范性的行为模式也会显示出来。例如，发生地震的时候，某地引发了大量的集群行为，人们都跑出自己的住处，到空阔的地方以寻求自我保护。这时，人们一些不太正式的穿着，比如睡衣、拖鞋等都是可以被别人接受的。但是恢复正常的秩序以后，如果还是穿着睡衣走在大街上，则会被看做另类。如果地震还在继续，人们只能住在临时搭建的帐篷里面，这时住在帐篷里的人都有礼貌地对待别人，但也希望能拥有自己的隐私。经过一段时间的居住以后，人们用于规范帐篷中的行为规则也发展起来了。也就是说，人们渴望将秩序和日常行为规则带到生活中来，这只能通过发展更多的社会结构才能实现这个目标。

3. 社会控制的缺失

美国社会学家罗斯在 1901 年出版的《社会控制》一书中首次从社会学意义上使用社会控制一词。在他看来，社会控制是指社会对人的动物本性的控制，限制人们发生不利于社会的行为。因为许多集群行为其实是危害社会的，所以，罗斯认为，必须用社会控制这种新的机制来维持社会秩序，即社会对个人或集团的行为进行约束。他还认为，舆论、法律、信仰、社会暗示、宗教、个人理想、礼仪、艺术乃至社会评价等，都是社会控制的手段，是达到社会和谐与稳定的必要措施。当正式的社会控制手段减弱并准备崩溃的时候，往往为集群行为的产生提供了充分的条件和

---

① 戴维·波普诺. 社会学[M]. 李强，邓建伟，章谦，等译. 10 版. 北京：中国人民大学出版社，1999：610.

机会。比如暴乱就很容易在社会控制机构(如警察和法庭等)有所让步的情况下发生。另外,非正式的社会控制的缺失,如社区服务人员的不称职,父母缺乏对子女的管教等,也会导致集群行为的发生。

4. 相对剥夺

相对剥夺是引起内乱和其他集群行为的又一个普遍因素。[①] 马克思曾打过这样一个比喻:当大家都住在茅屋里时,并未觉察生活怎样困苦,但是当茅屋旁边出现了宫殿,就会反衬出茅屋的简陋与寒酸,再住在茅屋里面就会感到不堪忍受了。在社会学上,这种主观效应就是相对剥夺感。最早发现这种现象的是美国社会学家塞缪尔·斯托弗。斯托弗等人通过对美军人员的素质及心理状况的调查,提出了"相对剥夺感"这个概念。

以上这些条件并不一定要同时满足才会发生集群行为,这些条件只是会发生集群行为的一个可能性。还有其他一些条件也会导致集群行为的产生,例如人们的好奇心理、观念上的冲突,等等。

(二) 集群行为发生的过程

根据以上的这些条件,可以总结出集群行为发生的一般过程。

1. 高度的刺激和暗示

本来分散的一群人,突然发生了意外事件,比如说交通事故,这时高度的刺激就打断了人们的正常秩序,人们受到外部的刺激,好奇心促使他们聚集在一起,人们的情绪也受到了感染,容易产生冲动和狂热。在高度情绪化的情况下,人们不可能很理智地控制自己的行为,而只能寻求别人的暗示,然后加以模仿。因此在高度的暗示下,人们会失去自身的判断能力,从而进行完全不顾后果的活动。

2. 情绪的感染

比如,在体育场看球赛的时候,人与人之间的距离非常近,人们的情绪很容易受到别人的感染,而且感染的传递也非常快。这种感染是相互刺激的,它由一个人传染到另外一个人,或者看到别人情绪激动,自己也情绪激动,接着又影响到别人,这就是循环式反应和连锁式反应。最后,整个体育场的人都受到情绪感染,这种情绪上的感染相互刺激、相互强化,传遍整个群体,最后达到了狂热的状态。

3. 情绪的发泄

比如,人们在看演唱会的时候,情绪上的感染会使群体变得激动起来了,这种情绪到达一定的程度就会爆发出来,并且表现出一定的行为模式,如大喊大叫、扭动身体之类。大家进行的是同样一种行为,这时社会规范已经不起作用了,社会控制手段也极其薄弱,人们很容易作出一些违反社会行为规范的行为。但是随着演

---

① 戴维·波普诺. 社会学[M]. 李强,邓建伟,章谦,等译. 10 版. 北京:中国人民大学出版社,1999:596.

唱会的结束，人们的情绪得到了发泄，也会慢慢平静下来。这时集群行为也就结束了。

由集群行为的发生过程可以明显看出，在集群行为中，情绪感染和模仿是两个极其重要的机制。情绪感染是指情绪的传递交流。情绪感染总是在非强迫性、无压力感的条件下产生的，也就是无意识的屈从。就是说，感染是在不知不觉中发生的情感或行为的变化。任何一方如果宣布自己“我要感染他了”或“我要开始接受他的感染了”，使大脑进入有准备的意识之中，那就谈不上是真正的情绪感染。情绪感染有时还会使人丧失理智，破坏现有的社会规范，从而表现出一些过激的反社会行为。

模仿就是再现别人的行为，尤其是在集群行为中，模仿他人是很正常的事情。比如发生火灾时，自己是无意识的，但是当看见别人逃跑的时候，自己也跟着逃跑，这就是一种模仿。模仿使参与集群行为的人产生了一致的行动。因为人们大多没有经历过火灾，所以只能盲目地模仿其他人的行为。这样集群行为就产生了。

在集群行为中还有一种“去个性化”的现象存在。去个性化(deindividuation)又叫个性消失，最早是由法国社会学家黎朋提出的，意指在某些情况下个体丧失其个体性而融合于群体当中。此时人们丧失其自控力，以非典型的、反规范的方式行动。比如，在临时性大群体中，球迷们闹事，个人都很少考虑自己行为的适当性，很少考虑自己应承担的责任。“一个和尚挑水吃，两个和尚抬水吃，三个和尚没水吃”，就是去个性化的典型例子。

四、关于集群行为的理论

每个人都是单独的个体，每个个体都有自己的思想和行为，个体行为是怎样转变为集群行为的呢？这是社会心理学家们研究的重点问题。西方社会心理学家试图从理论上对集群行为进行研究。以下简单介绍几个有关集群行为的理论。

(一) 斯梅尔塞的价值累加理论

斯梅尔塞在1963年出版的《集群行为理论》一书中，对集群行为进行了综合的解释。斯梅尔塞认为，集群行为的发生是人们为了改变自身的处境而进行的一种尝试，尤其是当人们处于一种威胁或者压力的情况下。集群行为的发生有六个决定性因素。

1. 环境条件

集群行为的发生总是要有一定的物质环境和社会环境的，如广场、公园、电影院等公共场所。这些场所的存在为发生集群行为提供了一个合适的环境条件。

2. 结构性压力

结构性压力指的是由贫困、自然灾害、不平等的待遇而引起的人们内在的心理压力。这些压力不是单靠个人的努力就能承受的，而会促使人们通过群体来解决这些问题。

3. 普通的信念

普通的信念指人们通过对自己所处环境中的问题的认定，形成对问题的看法和信念，它使得人们通过对形势的了解而做好行动的准备。①

4. 促发因素的出现

促发因素是集群行为的导火索。通常一个戏剧化的事件为集群行为提供了具体的刺激。这样的事件可能证实普通信念所表达出来的恐惧，或者夸大结构性压力的严重性。但是有些集群行为的发生却缺少明确的促发因素。

5. 参与者的行动动员

参与者的行动动员仅仅表明集群行为的开始，即由群体内的领袖人物或煽动者传递信息和压力，唤起大众的情绪，使最初仅仅是旁观的人群，经过鼓动而成为集群行为的实际参与者。在动员的过程中，通常会出现一些相对模糊的行为规范和模式。

6. 社会控制的能力

社会控制就是社会组织运用社会规范对人们的社会行为加以约束的过程。社会控制决定了前面的五个因素，如果社会控制非常强，就能阻止集群行为的发生；如果社会控制缺失，集群行为就很难避免。社会控制可以是预防性的，也可以是紧急性的。一些社会学家提出了社会减压阀理论，认为为了防止破坏性集群行为的发生，社会应该有自己的减缓结构性压力的机制，例如可以通过协商对话方式来疏导群体中的不满情绪。

斯梅尔塞的价值累加理论实际上就是将引起集群行为发生的因素归类到有意义的类别中，虽然不能在特定的案例中找到所有的六个决定因素，但是这个价值累加理论仍然在确定和组织集群行为的基本条件方面开创了一个理论依据。

（二）模仿理论

塔尔德是社会心理学中模仿理论创始人，他在《模仿的法则》中认为，模仿产生的刺激是非控制性的，因而模仿有时是自愿产生的，有时可能是无意识的；当人们面临突发事件时，会丧失理智和自我控制能力，从而出于本能地相互模仿，寻求大众行为的一致性，满足人们的安全感和归属感。塔尔德的理论认为模仿是先天的，是人们生物特征的一部分。然而，经过米勒、多拉德、班杜拉及其他许多学者的研究，认为模仿性行为犹如其他许多种类的行为一样，也是习得性的。

---

① 周晓虹.现代社会心理学——多维视野中的社会行为研究[M].上海：上海人民出版社，2004：405.

(三) 感染理论

1896 年，黎朋用“集体意志”来解释集群，认为有三个因素在集群中发挥作用，即不可征服感、传染、易受感染性。集群行为具有传染性和易受感染性的特点。在集群行为中，新的行为方式像传染病一样传播，而人们的心智也降低到一个较低的活动水平，人们毫不怀疑地被动接收和模仿集群中其他人的行为和态度。集群改变了人们的意志，使得集群行为成为“无理性”行为。与模仿理论不同的是，感染理论侧重于个体所处的环境对其行为和决策的影响，而模仿理论是基于行为者自身的因素的考虑而产生的从众行为。

(四) 紧急规范理论

紧急规范理论是由特纳和基利安提出来的。他们认为：集群行为的发生，是在场的人群发现了指导他们的行为规范，才使整个人群的行为统一起来；这种规范并不是一般的社会规范，而是在紧急场合下由情绪循环刺激产生的。

(五) 新兴规范理论

新兴规范理论认为，当一种新的方式成为集群中的新兴规范时，那些不遵守该规范的参与者会感到一定程度的社会压力。社会学研究表明，新兴规范理论对集群行为提供了最好的解释。由于一套行为规范逐渐被整个群体所接受，群体中的一致性普遍流行开来。那些不遵循这套规范的人将会被施以社会压力。

通过多种研究，现在大部分社会学家认为：大多数集群内部并不具有很高同质性，集群成员在态度和参与程度上通常是不同的；集群行为本质上并不是无理性的，集群成员没有丧失理性，也没有脱离现实；集群行为与所有社会行为一样是受规范支配的。

第四节　几种典型的集群行为

集群行为的类型多种多样，以下介绍几种有代表性的集群行为。

一、恐慌

恐慌是一种广为人知的大众行为。如果在戏院里面发生了火灾，群体中的个体就会到处逃命，观众越是被演出所吸引，戏院越是封闭，个体为了自身的安全，为了脱离这个群体的场面行动就越激烈。不管戏院里面的群体感情如何，一旦发生了火灾，群体的感情就会被推向高潮。由于面临共同的、明确无误的危险，所有的人都感受到了恐慌，必须以最激烈的方式逃跑，完全不顾他人。于是人们互相推挤，互相践踏。这些激烈的只顾自己的行动清楚地说明群体发生了突变。每一个人都为自己的生存而奋斗，而同那些在各个方面阻碍自己的人进行斗争。他们不爱护妇女、儿童和老人，因为在群体中，一切人都是平等的。因此可以将恐慌定义为在群体中发生的群体性四散奔逃。在恐慌发生时，个体脱离群体，并想逃离群体，因为群体作为一个整体受到了威胁。

案例 麦加朝觐人潮拥挤连环踩踏酿悲剧，逾244人死亡。2004年1月1日上午，当大批朝觐者向象征“魔鬼”的3根石柱投掷石块时，人群中突然发生混乱。由于拥挤，不少人从一处双层露天走道的上层坠落下来，而当时走道下方挤满了朝觐的人群。许多人恐慌不堪，试图逃离现场，混乱范围随之不断扩大。拥挤发生后，整个“射石”现场出现了数万人往一个方向奔跑拥挤的场面……拥挤的人群长达400多米。事发后，警方封锁了“魔鬼”石柱周围区域，并中断“射石”仪式两个半小时。

二、流言、谣言与闲话

流言、谣言是一种极为普遍的社会心理现象，是一种最无组织性的信息共享方式。它们产生于人们无法获得所需要或渴望了解的信息时。人们通常寻求一切可能的、甚至是未经证实的信息来源，而不满足于缺乏信息这一现实。谣言是人与人之间非正式的、通常是口头传播的未经证实的消息。谣言与流言的传播是单线的、匿名的，很难寻找他们的最初来源，无法判定制造者的意图和目的。它尽管有时是不正确的，但是它的发生要比终止容易得多。特别是在社会剧烈变动或发生特殊事故的情况下，谣言和流言的盛行有可能造成动乱，甚至引发严重事件。

这里的闲话是指关于他人隐私的谈话，它也许只是一些无关紧要的先入之见，但是事情是否“无关紧要”则依赖于社会情境。比如当一个人询问她的朋友如果未婚先孕该去哪家医院做流产手术时，那么就是在传递一个重要的信息，而当这个信息在邻里或朋友中传来传去的时候就成了闲话了。现在的一些媒体报道八卦新闻，将一些名人引入电视、报纸和杂志的头条，也一直是普通老百姓关心的一个重要话题。闲话在社会生活中起着十分重要的作用。一位人类学家巴塔宫对斐济的一个村庄中的闲话进行研究时，得出了一个结论：闲话模棱两可的性质（它可能是真的，也可能是假的）使人们在不必相互赞同的情况下体验到一种共同感。

很多情况下，流言、谣言都是非常荒诞的，但却很容易使社会成员判断失误，信以为真。因此，在多数情况下，流言、谣言和闲话会给社会生活带来消极甚至是灾难性的后果。对个人来说，流言和谣言轻则影响生活、情绪和心理健康，重则会产生“众口铄金，积毁销骨”的“杀人”效果；对一个社会群体或组织来说，流言、谣言轻则影响它的发展，重则会扰乱社会秩序。因此，对流言、谣言的制止，无论对个人还是社会都有很重要的意义。而制止流言的常见措施是法律的制裁。下面从社会心理学的角度，介绍三个控制流言、谣言的办法。

第一，在谣言、流言刚开始时，准确估计其本质，看它会带来什么样的社会结果。如果是积极的就因势利导，如果是消极不利的，就要采取措施，将其扼杀在萌芽之中。只要能即时采取行动，使大众保持冷静的头脑，谣言、流言就会被有效制止。正如古人所云，“流言止于智者”。

第二，当流言、谣言已经被传开时，最重要的是采取有力的措施使信息公开，选择适当的方式让人们了解真相。因为流言常常是信息不灵造成的，而人们一旦了解了真实的情况，传闻就会停止。现代社会中，要使人们了解事实，有多种渠道可利用，比如电视演说、在互联网上发布新闻。但是在宣传时要注意方式，注意听众的态度和接受范围。2003 年春季“非典”发生时，面对之前的谣言，有关部门没有做到信息的公开，甚至控制了很多消息，从而造成信息的不流畅，耽误了很多控制疫情的时间。当时对这件事件的报道中，有一篇题目为《谣言猛于疫情》的报道，形象地说明了谣言的恐怖。而在 2003 年 4 月 20 日记者招待会后，人们才看到了希望。从那之后，民心的变化表明，对大众的要求作出敏捷的反应，不但没有降低政府的威信，反而在人们心中产生了普遍的信任感；不但有效制止了流言，还控制了更大的社会的危机。所以，有一个人们参与的互动平台，使大众可以对一个正在传播的消息进行鉴别，尽管不能保证一定能够澄清谣言，但它毕竟可以通过多种渠道为人们提供一个鉴别的机会。所以在信息的时代，如何利用互联网、大众传媒，并使之成为应对谣言和危机的一个手段，已经越来越受到重视。

第三，流言和谣言的传播是有一定的社会心理基础的，当人们处在恐惧不安和焦虑的状态中时，流言、谣言就易于传播。这其实是一种社会失衡的反映。因此，要从根本上消除流言产生的社会动因，保持社会安定，保证信息渠道畅通，同时使用多种方法提高公众的抗干扰能力。而对社会组织来说，要避免谣言、流言的伤害，就要求组织完善自身的运作机制，与公众保持密切的沟通。

三、公众舆论

长期以来，人们认为舆论是潜在的价值观和社会态度的直接表达。但是人们的基本价值观保持着相对稳定，而公众的变化却很迅速；同时，迥然不同的公众舆论可能反映基本相样的价值观。个人在社会中遇到一些现象，必然会产生不同的主观反映,这些反映也是不一致的。但是经过彼此的相互作用以后逐渐加以汇集,个人原先的主观反映经过群体无形的压力会发生改变,最后形成一种相同的看法。公众舆论受社会背景和群体成员的深刻影响。在许多情况下,同一社会阶层的人与具有相似教育背景和收入水平的人在许多问题上都有相似的观点。公众舆论既表现为街头巷尾的群众议论,也反映在电视、广播、报刊、互联网上的BBS等传播媒介中。舆论也包含有认知成分、情感成分和意志成分。一种舆论科学知识成分越多,水平就越高;相反,如果舆论中的情绪成分占了主导地位,就容易"感情用事"。舆论的范围有大小之分,有全国性的,有地方性的,也有社区性或群体性的。一般舆论有以下特征。

第一,公众舆论具有大众性。公众舆论是社会中具有相当多数量的公众对某事物的意见,如果只有个别或是少数的人发表意见,没有取得大多数人的支持,就不能算公众舆论。

第二,公众舆论具有很强的现实性。公众舆论是人们针对现实问题的议论和评价。一般来说,当一件事情关系到许多人的利益时才会引起人们的兴趣,引发议论。当社会上出现某些特殊的现象与社会原来的风俗、道德相背,同时感到这种情况不利于社会的安定与幸福时,就会形成一种舆论。所以一般而言,与人们的利益关系越直接,越容易引起人们的议论。

第三,公众舆论的传播也具有大众传播性。舆论是靠大众的传播形成和扩散的。一个消息只有通过人们之间的相互交流,得到大部分人认可时才形成。它的影响力大,影响范围广。

人们对事物的议论往往带有感情色彩,所以舆论的形成和传播都带有情绪性,而对舆论的接受与传播同个人的需要和愿望有关。与自己关系越密切,其传播的速度就越快。而与自己的关系越远或与自己的需要和愿望相矛盾,个人对舆论一般就采取置之不理的态度。

如果舆论被别有用心的人制造、利用,就会违背真理,歪曲事实真相,蛊惑人心,把人们引入歧途。所以舆论既可众志成城,也可众口铄金,积非成是。因此,对舆论的控制决不可掉以轻心,这同时也向国家有关部门与社会组织提出了挑战。对正确的舆论要加以引导,对负面舆论要加以控制。负面舆论的负面影响不是某一种方法手段就可以消除的,必须从各方面协调配合,多管齐下。除了硬性的"控制",还需软性的"引导",控制与引导并重,才能使舆论不脱离正常轨道。舆论调控得好,可以使政府体察民意,顺应民情,加速社会的民主化进程;而对舆论调控失当,挣脱控制的舆论便会变成肆虐的洪水猛兽,贻害无穷。

社会舆论自身也是一种十分独特的社会控制手段。它作为一种软控制力量,渗透在风俗、道德、政权等一切控制手段之中,发生着重要作用。舆论是社会某一个团体的共识,必然对个人、群体和社会产生重大影响。人们经常所说的"人心所向”、“众怒难犯”、“众望所归”指的就是舆论的压力。所以要从舆论的作用来有效地利用它。舆论的作用表现在以下几个方面。

一是鼓动作用。舆论对改革有促进作用。中国20世纪70年代的关于实践是检验真理的唯一标准的大讨论为中国实行改革开放做了舆论准备，所以接下来的改革开放才能取得成功。相反，反动活动也是从制造反动舆论开始的。所以，掌握好舆论的阵地，宣传广大人民群众的呼声，对实现社会控制、保持良好的社会秩序是极为重要的。

二是对社会行为具有导向作用。舆论往往暗示特定的社会价值和规范。个体一般会受到舆论的引导，而群体尊重舆论和大众的意见，也能增强效率。在日常生活中，舆论的作用也是很显著的。人们在购物、求职时受舆论的影响很大。一般的，当舆论是某个权威的人物或是组织提出时，其对人行为的指导作用比较强。比如，有魅力的人物或是新闻节目主持人对公众舆论有相当大的影响力。

三是对社会行为有约束作用。舆论是一种公共的意见，起评论和监督的作用，所以对那些与众不同的行为具有一定的压力。而人们一般会有一种从众心理，当个体言行与大众所认可的不一致时，为了缓解压力并避免受排挤，个体会改变甚至放弃自己原来的言行，以与大众保持一定程度上的一致。舆论不但对个体，甚至对群体、组织的行为都有约束作用。当社会成员在某个问题上发生冲突时，其他人会作出评价，于是理亏的一方会作出让步。这都反映了公众舆论对社会行为的约束作用。舆论是群体中大部分人的意见，它构成了一种社会控制力量，对每个社会成员都会形成一种压力，所以要善于利用舆论，阻止不文明、不利于社会安定的言论和行为的发生。正如江泽民同志所言：“舆论引导正确，是党和国家之福，舆论引导错误，是党和国家之祸。”

集群行为还包括其他的一些表现形式，如暴乱、骚乱，等等，也包括网络上的集群行为，限于篇幅，就不一一介绍了。

第五节 社会运动

现代社会最为显著的特征之一，就是今天的人们更愿意进行集体的、有目的的行动以促进社会和文化的变迁，其中最重要方式之一就是社会运动。[①] 社会运动作为一种有意识地改造社会的集体力量，不断地指出人们生活中的各种问题，如性别、环境、族群、权力等，这些都是社会学家密切关注的新兴研究议题。英国社会学

① 戴维·波普诺. 社会学[M]. 李强，邓建伟，章谦，等译. 10版. 北京：中国人民大学出版社，1999：610.

大师吉登斯指出，社会运动对社会研究具有特殊意义。在西方，集体行为和社会运动研究是一个长盛不衰、迅速成长的学术领域，长期以来受到社会学、经济学、政治学、历史学、社会心理学、传播学、人类学等学科的大批研究者的关注，并取得了一定的研究成果。

一、社会运动的定义

布鲁默说："集群行为统一而持久，而且又含有某些特质，我们便称之为社会运动。"[①]例如18、19世纪以来首先出现在欧美的各种罢工、市民抗议，以及"二战"后出现的民权运动、女权运动、环保运动、和平运动，等等，都是社会运动。由此可见，集群行为和社会运动是有联系的。社会运动是由集群行为发展而来的，但是又不同于一般的集群行为。

(一) 社会运动具有"抗议"的性质

首先需要知道什么是抗议。根据威尔逊的定义，抗议是在议价过程中一种专门利用"负面诱因"的集群行为。"负面诱因"就是指人们不喜欢的制度或决策。抗议活动主要来自于所谓的相对弱势群体，也就是缺乏传统政治资源的群体。弱势群体对于"负面诱因"无法从一个正常的国家体制渠道寻求资源以获得合理的解决，于是弱势群体所遭受的种种不满情绪经过日积月累，引发了其群体企图通过体制外的渠道来抗议某种制度或决策的运动。在这种抗议的过程中，弱势群体通过与政府之间形成一种"讨价还价"的形态来达到群体的目的。

(二) 社会运动是由下而上的抗争活动

社会运动的目标主要是为了解决社会问题、设定社会议题，以及促进社会目标的实现。人们正处于一个科技快速发展的时代，社会变迁急剧加快，科技的日益发展突破了传统固有的制度体系的限制，造成传统的社会结构分裂，制度与制度之间失衡，这一切导致了社会制度内在的矛盾与冲突。遭遇到这些问题的弱势群体无法从一个正常的国家体制内的渠道寻求解决之道，必须寻求体制外的渠道，也就是一种自下而上的抗争活动，来获得政策或制度方面的改变，以解决社会变迁中所发生的问题。

(三) 社会运动是有抗争、理念和组织的集群行为

社会运动以社会组织(social movement organization)为领导核心，并以精心

① 周晓虹.现代社会心理学——多维视野中的社会行为研究[M].上海:上海人民出版社,2004:434.

的策略规划来达到目的。抗争并不一定引起社会运动,但它却是引起社会运动的必要条件。社会运动需要靠群体的行为才能达到其目标。换句话说,社会运动是集群行为的现象,在群体成员共同信念的相互支持下,由群体成员执行这种信念,并把这种信念用具体的行动表现出来。然而只有抗争的集群行为无法使社会运动达到其既定目标。因此,社会运动必须以社会组织作为领导核心,并进行精心的策划,进而达到社会运动的目标。

二、社会运动的类型

社会运动包含有多种类型,其中主要的类型有改革运动、革命运动、抵抗运动和表意运动。

(一) 改革运动

一些社会运动试图通过改变社会结构的某些方面来改善整个社会,而不是寻求改变基本的经济或政治格局,或社会分层体系的实质,这些运动被称为改革运动。[①] 例如16世纪欧洲基督教国家出现的教会改革运动,也是欧洲新兴资产阶级在宗教改革旗帜下发动的一次大规模的反封建的政治运动和民族独立运动,其表现形式是反对西欧当时封建制度的主要支柱即以罗马教皇为首的天主教会,并导致基督教新教会的诞生,形成路德的信义宗、加尔文和兹温利的归正宗、英国的安立甘宗及欧洲各国出现民族教会的新局面,由此促进了宗教宽容和信仰自由之风在近代欧洲流行。

(二) 革命运动

革命运动是有大规模人群参与的、高度组织化的、旨在夺取政权并按照某种意识形态对社会进行根本改造的体制外政治行为。革命运动又可以进一步划分为政治革命运动和社会革命运动。政治革命运动旨在夺取政权并改变政权性质,而不对社会结构进行全面重建。而社会革命运动的发动者则在夺取政权以后,不但会改变现存政权的性质,亦会对整个社会结构进行彻底改造。一个美国政治评论家曾经评论道:“一个政权,一种已经确立了的制度,极少是被革命运动所推翻的;它通常都是由于自身的虚弱和腐败而倒塌的,革命运动随之在这片废墟上兴起,接管了已经成为真实的权力。”

---

① 戴维·波普诺.社会学[M].李强,邓建伟,章谦,等译.10版.北京:中国人民大学出版社,1999:611.

(三) 抵抗运动

不是所有的社会运动都试图引起社会变革。抵抗运动就是旨在防止社会变革,或者是企图扭转已经取得的变革,这些运动通常发生在急速的社会变革时期。[①] 1940 年 6 月 18 日,法国的戴高乐将军在伦敦发表《告法国人民书》,呼吁人民在他的领导下继续抵抗,第一个打出民族抵抗的旗帜,宣告自由法国运动的诞生。法国国内抵抗运动由少数自发的分散行动,逐步发展为有组织的抵抗运动。在丹麦、挪威、荷兰、比利时,从 1940 年秋开始,出现了各种形式的抵抗运动。在阿尔巴尼亚、南斯拉夫和希腊,抵抗运动一开始就采取了武装斗争的形式,一些山区出现了游击队。国际反法西斯同盟形成后,欧洲各国抵抗运动进入广泛发展的新阶段,抵抗组织的联合趋势加强,武装的游击活动和各种形式的破坏活动普遍展开。

(四) 表意运动

表意运动就是不以实际利益为中心,而在于表达或宣传某种文化价值的社会运动,表意运动本身的旨意不是要改变社会结构,而是要改变社会运动面向的对象本身。

三、社会运动的过程

尽管许多社会运动的目的都不一样,但各种社会运动的过程却有相似之处。巴亚坤克认为,许多社会运动在经历了四个发展阶段以后,就会被社会所接纳,从而达到社会运动的巅峰。

1. 社会运动的预备阶段

这个阶段的标志就是社会不安定因素的增加,导致社会集团之间相互冲突,社会问题得不到解决。社会成员对某些社会现象极端不满,或者对某些事物和理想极其向往,就很容易发生社会运动。否则,无论社会的任何组织或者领袖怎样去组织或者鼓动,社会运动都很难发生。

2. 社会运动的普及阶段

这个阶段,预言家与改革家成为社会运动的主角,预言家用自己的权威和自信把自己对未来的理想充分向群众宣传,改革家则把群众的注意力转移到具体的社会问题及其解决方案上来。在这个阶段,群众之间的互动会导致不满情绪快速增长。研究社会运动的学者们都认为,社会运动强调的是社会运动的参与者在参加运动之前心理上是否存在挫折、不安或愤怒。

---

① 戴维·波普诺. 社会学[M]. 李强,邓建伟,章谦,等译. 10 版. 北京:中国人民大学出版社,1999:613.

3. 社会运动的正式组织阶段

在这个阶段，预言家与改革家让位给战略家，战略家就是能把运动进行到底的人。这时候，社会运动的参与者的目标和理想已经建立，并且有了理论基础，也为参与者确定了一系列的信念目标和行为规范，参与者能够全身心地投入到社会运动中来。

4. 社会运动的制度化阶段

管理人员是制度化阶段典型的领导者。这个阶段社会运动已经取得了一定的效果，社会运动的目标能够被社会所接受，并通过制度化成为社会的一部分，社会运动的参与者的热情也会慢慢地减退直至消失。

四、关于社会运动的理论①

社会运动的理论研究在 20 世纪 60 年代进入高峰时期。历史上，西方社会运动的研究先后出现了六种理论研究范式，形成了美国的实证主义路线和欧洲的历史哲学传统路线。下面根据表 10-1 所示内容，对社会运动的理论进行简单的论述。

表 10-1　西方社会运动研究的理论范式

时期	美国的实证主义路线	欧洲的历史哲学传统路线
20 世纪 70 年代以前	崩溃理论	马克思主义模型
20 世纪 70 年代之后	资源动员理论 政治过程理论	新社会运动理论
20 世纪 90 年代以来	社会建构论	

(一) 欧洲的历史哲学传统路线

马克思主义认为，社会运动是社会变迁的重要工具，因此阶级意识成为社会变迁的制约因素和推进剂。马克思认为，人类的全部历史就是统治者和被统治者之间的斗争，资本主义社会分裂为两大敌对阵营——无产阶级和资产阶级。它们之间的冲突就是主要的阶级冲突，从而导致了工人运动的发生。

新社会运动则是一种根本不同于工人运动的全新的社会运动。图海纳是建构新社会运动论的主要人物之一。新社会运动主要“新”在有不同的价值观，其价值观是反对把经济的增长作为社会进步的现代主义价值观。新社会运动关注得更多

① 王谨. 西方社会运动理论述评[J]. 国外社会科学，2006(2)：45.

的是社会问题，而不是经济问题，并且反对科层体制，提倡个人自治。新社会运动在行为方式上反对议会制民主，也反对科层组织方式，它更常见的行为方式是游行、请愿、静坐及示威等直接的民主政治参与方式。这种行为方式与工人运动所采取的工会和政党的行为方式是不一样的。新社会运动的支持者通常是社会弱势群体，也就是那些在现代化过程中被边缘化的人，还有一类支持者是新中产阶级，这一类人构成了新社会运动的主体。新社会运动理论主要解释了新社会运动的新特征，以及“二战”以来西方社会结构转型之间的关系。

（二）美国的实证主义路线

美国的实证主义路线主要包括崩溃理论、资源动员理论、政治过程理论以及社会建构论。崩溃理论主要是指社会运动是社会变迁的附带现象，是由社会变迁引起的社会崩溃所导致的。资源动员理论认为，如果要改变现有的规范与制度，必须动员资源才能达到目的。资源动员理论的研究者认为，社会运动可以由足够的资源创造而来，因此，资源动员理论着重研究的是组织、领导人、社会资源、精英团体与社会运动之间的关系。根据政治过程理论，社会运动的形成有四个主要条件，如图 10-1 所示。

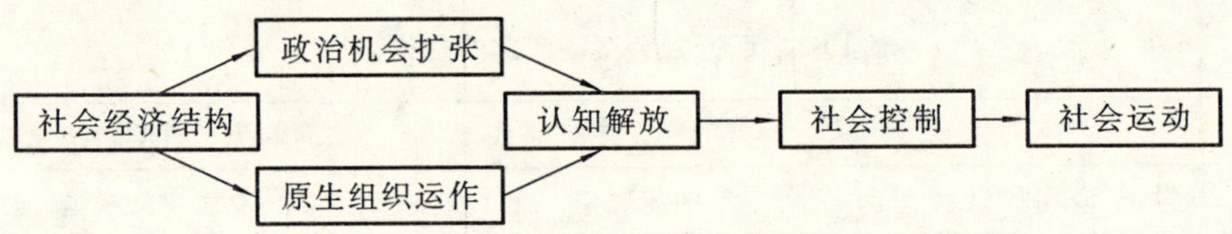

图 10-1　政治过程理论中社会运动形成示意图

社会建构论是一个正在形成的社会运动理论范式，也被称为社会运动的心理学派。可以说，它是在对资源动员理论和政治过程理论的反思、批判、修正、补充的基础上形成并发展的，在它形成的过程中，新社会运动理论又不断给它注入新的活力。意义的建构、意识的提升、对符号的操控，以及集体认同感又是如何引发社会运动的是这一理论范式的核心议题。①

本章小结

社会群体是人们在社会生活中基于一定共同利益而形成的社会互动的集合体。社会群体根据不同的特征和成员内部的互动关系可划分为初级群体与次级群体、大群体与小群体、所属群体与参照群体等。不同的群体内部，都存在着维系群

---

① 王瑾. 西方社会运动理论述评[J]. 国外社会科学，2006(2)：45.

体成员关系、规范群体活动的准则，这种准则的形成受到模仿、暗示、从众、服从等心理因素的影响，在社会群体内部起着统一、整合、规范的作用。群体凝聚力是群体成员将群体规范内化为个体行为准则所产生的效力。集群行为是人类一种自发、短暂的、受到感染和刺激的趋群行为。集群行为具有突然性、情绪化、盲目性、过渡性等特点；情景、社会失范、社会控制的缺失、相对剥夺等因素，都是引发集群行为的必要条件。集群行为的发生过程一般是：高度刺激和暗示的影响—情绪的感染—情绪的发泄。关于个体行为如何转化为集群行为，西方社会心理学家提出不同的看法，形成了集群行为的不同理论，主要有斯梅尔塞的价值累加理论、模仿理论、感染理论、紧急规范理论、匿名理论、新兴规范理论。集群行为表现方式多样，常见的有：恐慌、流言、谣言、公众舆论等。网络集群行为是在网络化环境下的一种特殊的集群行为。集群行为统一而持久，而且又含有某些特质，人们便称之为社会运动。其主要的类型有改革运动、革命运动、抵抗运动和表意运动。

思　考　题

1. 什么是社会群体？社会群体具有什么作用？
2. 社会群体的规范和凝聚力有哪些区别和联系？
3. 什么是集群行为？集群行为有什么特点？
4. 集群行为的发生需要哪些条件？
5. 社会运动包含有哪些类型？发生社会运动的一般过程是怎样的？

第十一章

社会心理学的未来展望

从社会心理学的建立和发展历程中可以发现，曾经被公众奉为“宠儿”的社会心理学在20世纪70年代陷入危机之后，进行了理论和方法的再探讨，但至今仍不能完全解决学科存在的问题。那么，未来的社会心理学将怎样发展？本章主要探讨了四个方面的内容：影响社会心理学未来发展的理论、社会心理学未来发展的综合趋势、社会心理学的应用研究展望和中国社会心理学的未来走向。

第一节　影响社会心理学未来发展的理论

影响社会心理学未来发展的理论主要有社会生物学理论、后现代社会心理学理论、图式理论和混沌理论。首先，社会生物学理论和后现代社会心理学理论都属于社会心理学学科的新兴理论，是随着现代社会的高度发展而产生的，它们对社会心理学未来发展的影响会更深远。其次，图式理论揭示了个体或群体根据已有知识来处理外界新信息的方法和过程，为社会心理学解释人类社会行为提供了新的途径。最后，混沌理论被认为是物理学在20世纪发生的第三次革命，它对人们的思维方式和现代科学发展都产生了重大影响。目前，混沌理论在社会心理学的应用中仍处于初级阶段，未来仍有很大的发展空间。

一、社会生物学理论

（一）社会生物学理论的基本观点

社会生物学正式创立的标志是美国的威尔逊在1975年撰写了《社会生物学——新的综合》一书。这本书的出版，确立了社会生物学的学科地位。为社会生物学作出杰出贡献的学者除威尔逊外，还有汉密尔顿、特里弗斯、史密斯(J. M. Smith)和道金斯等。

社会生物学与习性学有着千丝万缕的内在联系，它们都坚持两个原则：一是坚持达尔文的自然选择理论；二是坚持对社会行为作遗传学解释和说明。按照社会生物学家的观点，人类的一切社会行为，包括伦理道德、宗教、利他主义、战争、性行为、同性恋等等，都有其生物基础，并且都是由其自己的基因决定的，或者说，至少部分是由基因决定的。所以，人与人之间的交往是个体基因与环境互动的结果。

由于社会生物学关于人的社会行为的解释是建立在对动物行为的研究基础上的，因而引起了不少争议。有的学者认为社会生物学是19世纪社会达尔文主义在现代的翻版；有的学者则认为社会生物学是一种政治态度，而不是科学理论。

（二）社会生物学理论对社会心理学的影响

总体上看，社会生物学研究对社会心理学贡献颇大。因为这种研究为揭示人的社会行为背后的深层次原因又开辟了一个新的领域，它不仅为社会心理学研究提供了一套新的方法，同时又为社会心理学注入了新的灵感。具体而言，社会生物学对社会心理学有以下四个方面的影响。第一，社会生物学进一步充实了社会心理学的研究内容。社会生物学的研究对象已由反常的个人行为转入到正常的个人行为，并且社会生物学的考察重点已由人类的特殊行为转变到人类的共有行为。社会生物学的这些转变无疑充实了社会心理学的研究内容。第二，社会生物学为社会心理学提供了新的视角。社会生物学的目的是揭示人类内部认知结构的进化原因，这为解决人类行为的起因问题——遗传或环境，提供了新的解释和说明。另外，在生物和人类都存在的共生现象，如妥协、绥靖、救生、协定等，社会生物学也可以为社会心理学提供新的见解。第三，社会生物学可能使社会心理学进一步繁荣。社会生物学正在试图超越现象描述和贴概念标签的自然史阶段，如它们从细胞水平的层次去解释情绪和伦理判断，以及从生物学的角度去解释现代文化生活的适应性，这都可能使社会心理学进一步繁荣。第四，社会生物学取向的社会心理学可能出现。尽管社会生物学的研究取向正在形成之中，由社会生物学家独自撰写的作为学科著作的社会心理学也尚未问世，但是随着现代科学技术和生物手段的进一步发展，社会生物学取向将可能在社会心理学内部产生。霍曼斯也认为“社会生物学在为了解人类社会行为方面提出的问题是重大的……”①

总之，社会生物学的理论与方法可以对社会心理学的研究带来很大的启发，在今后生物技术更加发达的基础上，社会生物学可能对社会心理学的影响更广泛和更深刻。

---

① 霍曼斯.社会学的五十年[J].国外社会科学，1987(12)：31.

二、后现代社会心理学理论

(一) 后现代社会心理学理论的基本观点

后现代主义社会心理学(postmodernism social psychology)是 20 世纪 90 年代兴起的一种新思潮。1988 年,在澳大利亚首都悉尼举行的国际心理学会议上,美国社会心理学家格根作了题为“走向后现代的心理学”的专题报告,指出传统的科学主义心理学正面临着各方面的挑战,孕育着一场深刻的变革;他还从社会心理学学科角度出发,提出了构建“后现代社会心理学”的概念和具体设想。1989 年,美国另一位社会心理学家帕克出版了《现代社会心理学的危机》一书,回应了格根的观点。1991 年,格根出版了《饱和的自我:当代生活中的身份困境》一书,考察并分析了自我(self)概念在后现代文化中的境遇,试图借助这项具体的研究来展示和描述后现代社会心理学的具体内容。至此,后现代社会心理学明确地进入了社会心理学家们的视野。

后现代社会心理学理论是在批判现代社会心理学理论的基础上而建立的,因此,要了解后现代社会心理学理论,就必须先了解现代社会心理学理论。格根在“走向后现代的心理学”专题报告中,总结了现代社会心理学的四大基本原则。首先,尽管社会心理学家对社会心理学的研究对象众说纷纭,但现代学者都认为应该有也确实有一个可能被探讨的世界,即有一个基本的研究领域。其次,社会心理学家可以在各自的研究领域中找到具有普遍性的特征,他们都希望在实证的基础上建立起某些具有广泛预测能力的理论框架,并据此来预测人类的社会行为。再次,社会心理学家相信,在自己的研究领域中找出普遍性特征的最可靠方法就是实证方法,特别是那种可以对变量加以严格控制的实验法。最后,社会心理学家认为,使用实证方法研究社会心理可以逐步加深对人类行为的理解,同时可以逐步抛弃先前的错误观念。这四大原则是社会心理学的基本特征,可以说是社会心理学之现代性的同义词。接着,格根对后现代社会心理学作了如下总结。第一,社会心理学家对周围世界所作的诠释,只是在特定的社会中运作的结果;如果社会心理学家再相信科学都有一个基本研究领域存在,无形中就会将本身并未能排除偏见的那些论述客观化。第二,社会心理学家不能在自己的研究领域中找到普遍性特征,因为每一位研究者在从事自己的研究时,都开始考虑自己的历史与文化背景。第三,社会心理学家已不再将“方法”视为神圣的追求,相反,社会心理学家认为方法成了一种误导他人去认识自己,并将自己的想法合理化的工具。第四,社会心理学家对真理的看法已完全不同于以前,并且开始对实证研究是获得真理的必然途径的信念发生怀疑;甚至有人相信,所谓科学进步的观念不过是由它的文字及叙述特点所产生的结果。

后现代社会心理学的研究重点主要有以下几个方面。首先，探讨人的社会性。现代社会心理学关注个体的心灵和个体的理性，而后现代社会心理学关注个体的社会性，强调文化关系和社会互动，并重新挖掘在后现代社会中被商品化了的人性概念。其次，注重语言的研究。现代社会心理学认为，语言在人际交往和思想沟通等方面都起到非常重要的作用。后现代社会心理学则认为，语言的主要功能不是表达思维，而是规定思维；语言为人类提供了一个认识世界的框架和思想范畴。后现代社会心理学对语言的研究重点放在语言的建构性上，而不是其反映性。再次，注重心理投射的研究。后现代社会心理学尤其关注建筑风格和艺术观念在人们心灵深处的投射和影响。例如，通过古典建筑可以透视艺术和情景深度。最后，提倡超个体主义研究。后现代社会心理学家为了减轻后现代社会给人们造成的心理压力，主张让个人回归到大众与平凡之中，或通过宗教来消除自我奋斗的焦虑与恐惧，这即是所谓的超个人主义。

(二) 后现代社会心理学理论对社会心理学的影响

后现代社会心理学以批判为先导，对科学主义社会心理学的"科学"方法——实验室方法进行了无情的批判，它促进了社会心理学向研究实践的重要转变，并且重新挖掘了语言的意义与作用。后现代社会心理学把研究重心从个体转移到社会关系，进一步向人们揭示了客观世界作为主观建构世界存在的可能性，并使社会心理学研究方法开始由实证分析向话语分析和历史文化研究方法转移。在未来社会心理学的发展中，后现代社会心理学理论将发挥更大的作用。

三、图式理论

(一) 图式的概述

1. 图式的概念

关于图式的概念，许多心理学家都进行了探讨。早期的格式塔心理学家考夫卡在对格式塔的定义中已经涉及了图式概念的内涵："如果一种经验的现象，其每一成分都牵涉其他成分，而且每一成分之所以有其特性，是因为它和其他部分具有某种关系。这种现象便是格式塔。"[①]社会心理学先驱、英国心理学家巴特利特

① Anderson C A, Sedikides C. Thinking about people: Contribution of a typological alternative to associationistic and dimensional models of person perception[J]. Journal of Personality and Social Psychology, 1991(60): 203-217.

(Frederic Charles Bartlett)认为图式是对过去经验的一种积极组织;瑞士心理学家皮亚杰则认为图式是动作的结构或组织。综合以上心理学家对图式的定义,可以把图式看成是人脑的知识单位、或进行认知活动时的认知结构。人类的大脑是一个信息加工系统,这个系统的一个最基础的程序就是对外界刺激进行分类。也就是说,当感知外界刺激时,人们倾向于把单个孤立的实体以成组和分类的方式组织在一起。①

2. 图式的功能

(1) 图式具有计划功能。这是指图式在寻找信息时带有计划性和目的性。它告诉人们应从哪里寻找信息以及把什么样的信息存储起来,这就为人们减少了外部刺激的复杂性。

(2) 图式具有理解功能。图式的理解功能主要表现在四个方面。第一,认知图式不同,理解外界刺激的范围也不同。第二,认知图式不同,理解同一事物的角度也不同。第三,认知图式不同,理解相同信息的深度和广度也不同。第四,图式影响着人们对他人或其他实体的判断和知觉。一方面,图式可能是在价值判断的基础上形成的;另一方面,图式的复杂程度影响着人们对他人的评价。图式越复杂,对实体作出极端判断的可能性就越小,这被称为复杂-极端效应。一些研究证实,复杂-极端效应也适用年龄不同的人群。如大学生对于同辈群体的图式要比老年人的图式复杂,因此他们对于同龄人评价的极端性更小一些。

(3) 图式具有选择功能。图式的选择功能主要表现在注意、编码和检索中。注意是指加工能力的志向和集中;编码是对信息的加工和储存;检索是从记忆中获取信息。图式的这种选择功能对人的记忆具有较大影响。如图式影响着人们应该记忆什么,应该遗忘什么;人们试图回忆的时候,比较容易回忆那些和既有图式相符的事实。国外许多社会心理学家研究了三种不同信息的回忆——与图式一致的信息回忆、与图式相反的信息回忆、与图式没有关联的信息回忆,结果表明:与图式一致或相反的信息比与图式毫无联系的信息更容易被回忆起来。另外,一些国外学者认为,当图式本身很具体而非抽象的时候,人们的回忆也要好一些。

(4) 图式具有整合功能。整合的过程是指人脑首先提取自己的内部信息,然后把内部信息加到外部信息上,用内部信息处理外部信息的过程。在此过程中,个体通过认知图式将外部信息和内部信息进行比较、分析和综合,最终实现外部信息与内部信息的有机统一。对于图式的整合功能,皮亚杰提出了著名的"同化-顺应"理论。他认为认知发展受三个基本过程影响:同化、顺应和平衡。同化是指个体对外界刺激输入的信息过滤或改变的过程,即个体把外界刺激所提供的信息整合到自己原有的认知结构内的过程。顺应是指认知结构为了适应外界环境的变化而发

---

① 乐国安.图式理论对社会心理学研究的影响[J].江西师范大学学报(哲学社会科学版),2004(1):20.

生重组与改造的过程。平衡是指个体遇到新的刺激时，试图用原有的图式去同化，若获得成功，便得到暂时的平衡；反之，如果不成功，个体便会作出顺应反应，调节或重建一个新的图式，以达到认知平衡。在皮亚杰看来，图式同化、顺应和平衡相互作用，共同推动认知活动的发展。图式经过同化、顺应、平衡而逐步达到更高级的形式。

（二）图式理论对社会心理学的影响

图式理论对社会心理学具有重大影响。从个体层面上看，图式可以影响记忆、推论和判断。从社会层面上看，图式是一种文化因素，是一种社会思想的共有模式，并且在人们的沟通和交流中被完整保存下来。下面试从自我概念、人格和刻板印象等三个方面来揭示图式理论对社会心理学的影响。

1. 自我图式对自我概念的解释

自我图式来自过去的经验，它组织并指导与自我有关的信息的加工。尽管自我图式来自过去的经验，但并没有涵盖自我行为的所有方面，它仅是由那些与自我紧密相关的行为特征组成。因此，了解个体的自我图式，可以增加对其行为预测的准确率。一些研究还表明，自我图式对自我认知活动具有影响。首先，自我图式会影响自我信息加工的速度。当人们在判断与自我图式相一致的信息时，速度快一些；反之，速度则慢一些。其次，自我图式影响着自我如何解释他人的反馈信息。当人们收到他人的反馈信息时，这些信息通常是不完全的、模糊的和不一致的，此时自我图式就会决定人们该如何接受并加工这些反馈信息。一般来说，人们更注意那些可以强化自我图式的信息，并有选择地接受这些信息。最后，自我图式对自我的记忆影响也很大。在一项国外的研究中，被试被引导外向性格（或内向性格）是一种好的特征，然后他们被要求记住与这个特征相关的信息。结果表明，被试都较多较快地记住了与这特征相一致的信息。

2. 人的图式对人格的解释

人脑中有多种不同的图式，包括自我图式、人的图式、角色图式、事件图式和群体图式。人的图式是对个体人格进行描述的认知结构，它可以分为两种：明确的和抽象的。明确的人的图式是特殊的且属于特殊的人群。如果要预测个体对新环境、机会或困难的反应，只需建立一个关于他的人的图式。抽象的人的图式可以描述多种人格特征之间的关系。这种抽象图式类型就是所谓的隐含人格理论（implicit personality theory）。它是一种阐述各种人格特征之间的相关性的假设，解释了行为与各种人格特征的联系。这种人格理论之所以被称为“隐含的”，是因为人们不能精确地检验这些图式，甚至不能意识到它们的具体内容。

3. 群体图式对刻板印象的解释

群体图式是一个特殊社会群体或社会范畴的图式，而刻板印象显示出特殊社会群体和社会范畴的属性和行为。一些研究者认为，群体图式的形成是人们通过与刻板印象群体的成员进行直接接触形成的。还有的理论认为，刻板印象部分起源于带偏向性地用社会角色将群体成员进行归类。由于角色和特征是相互联系的，所以这些特征就被相应地归到群体成员身上。如果群体成员的角色与负面特征联系在一起，那么外界对这个群体就会形成一个不好的刻板印象。

总之，图式理论为社会心理学解释人类社会行为及社会心理现象提供了一个新的视角。传统社会心理学单纯以研究个体和群体的外部行为来解释社会心理现象，而图式加工的观点深入到人类大脑内部的信息加工过程，揭示了个体或群体根据已有知识来处理外界新信息的方法和过程，这明显与传统社会心理学解释社会心理现象的方式不同。随着信息加工的认知心理学的发展，图式理论也必将被广泛应用到社会心理学的各种研究领域中，影响着对人类社会行为及社会心理现象的解释。

四、混沌理论

（一）混沌理论的基本观点

混沌理论（chaos theory）是科学家在探索大自然规律的漫长过程中逐渐发现并提出的一种全新理论。现代混沌科学认为，混沌是在非线性动力系统中，随着非线性的增强，系统出现的一种貌似不规则的有序现象。简单地说，混沌是一种貌似不规则实则有序的运动。混沌现象广泛存在于自然、社会和生命等非线性系统中。混沌理论对人们的思维方式和现代科学发展都产生了重大影响。因此，它被许多学者认为是物理学在20世纪发生的第三次革命，是与牛顿力学、爱因斯坦相对论同等重要的发现。混沌理论还认为，有序与无序是同确定性与随机性相对应的一对范畴。

（二）混沌理论对社会心理学的影响

1. 混沌理论与社会心理

首先，社会心理是一个非常复杂的混沌系统。由于人与环境的互动充满随机性因素，所以社会心理学研究的现象大部分是非线性的，很多社会现象都会经历一个由静止到突发的紊乱再到消散的过程，如股票涨落、从众效应等。混沌系统的特征之一是系统内部存在不确定性或随机性并将产生确定的随机运动。社会心理也是如此。社会心理系统本身就充满随机性，它通过内部各要素相互协调，实现着从无序到有序的进化。其次，社会心理具有混沌系统的另一个重要特征——对初值的敏感性，即社会心理的微小变化也会造成其系统的巨大变化。如在人际交往中，交往双方第一次见面时，双方态度的微妙变化也会导致交往方式或相互关系朝着不同方向发展。最后，社会心理是有序性和无序性的统一。通过对混沌的研究，科学家发现有序和无序并不是截然分开的，它们之间存在着交界点。同样，社会心理也具有有序和无序的特点。社会心理总是在有序与无序的交替中朝着新的稳定方向发展。换言之，整个社会心理体系不仅能按照一定规律进行活动，而且能在活动中对自身进行控制和调节，以保持和提高自身的有序性。无序是有序之源，微观的无序是宏观有序的动力学基础。

2. 混沌理论在社会心理学中的应用

目前，混沌理论在社会心理学中的应用仍处于起步阶段，主要集中在社会心理的内部动力特征和非线性动力学模型的应用两个方面。

在社会心理的内部动力特征方面，主要体现在对态度和人际关系的研究中。在对群体态度进行研究时，可以利用群体态度构成的动力学特征来探讨群体态度演化的趋势。这里所谓群体态度的动力学特性是指在某一时期内，某个群体的成员从一种态度转变为另一种态度的概率。人们可以通过抽样调查的方式来获得态度的转移概率，同时对相关参数进行估计，并利用主方程来计算群体态度是处于一个相对稳定的状态，还是处于变化的临界点上。在对人际关系的研究中，较多理论与研究都关注亲密关系的建立、维持和破裂。以动力学的观点来研究这个过程，发现其存在的焦点有两个。一是建立一个有序的动力系统所需的个人因素之间的协调性。这些个人因素既包括短暂易变的因素，如激动、顿悟及对信息的认知等，又包括一些持久因素，如气质、个性特点、价值观、目标、计划等。两个关系密切的人不仅要有外在行为上的和谐，而且在内在的状态上也要具备一定的和谐性。二是这种系统平衡态的演变。两个人在一起相互作用和影响，就会产生新的行为过程。对这种过程的研究，可以采用动力行为中的协调模式的研究方法，即对一定时间间隔内行为发生的强度进行量的记录。① 例如，当观察交谈中的个体时，会发现他们的言语频率和肢体动作会根据对方的变化而发生相应的调整，刚开始孤立的动作会逐渐形成整合的行为。但在某些高压或恐惧的情形下，这种和谐可能会再分解成独立的动作，而两个亲密关系个体的互动则可看成是两个独立的波形之间在某个时间关联阶段出现的整合现象。②

在非线性动力学模型的应用方面，社会心理学家尝试用数学公式及非线性动力学模型将社会心理系统内部的动力学规则表达出来。如一些国外学者提出的社会判断模型，就将事件的重要程度、信息的积极或消极性以及个体的态度喜好三个

---

① 李小平，周甦. 混沌理论对社会心理学研究的启示[J]. 东北师大学报（哲学社会科学版），2006(2)：155.

② Andrzej Nowak, Robin R Vallacher. Dynamical Social Psychology[M]. New York, London: The Guilford Press, 1998: 80-120, 182-250.

因素综合纳入其模型里,并用来考察和预测人们对于某事的评判过程中是否会出现突变现象。又如信息整合模型认为,人们在事件的综合评估过程中,可获取到的每个因素的相关信息所占的权重水平决定了其社会判断的模式,尤其对于关系重大的事件,个体的判断可能会以非线性的方式发生跳跃性的改变。社会影响动力模型也认为,社会影响的发生关系到个人原有观点的力度、劝说强度以及劝说者的社会地位(个体与个体之间的关联程度),将它们之间的关系用函数的形式表达出来,可非常清晰地反映出社会影响的动力学特性。[①]

混沌理论对社会心理学的研究具有极强的方法论意义。当人们用混沌的观点来看待社会心理现象时,可以跳出以往线性还原论的视角,并重新审视社会心理系统中的复杂现象。在未来社会心理学的研究中,动力学研究方法有可能将一系列的机制整合到一个内在的系统中。但是,动力学的研究方法并不意味着对社会心理学领域传统方法的取代。另外,非线性动力学的视角还可以深入到更多的社会心理学领域(如群体互动、社会运动、印象改变和社会交换),以进一步探求其中的动力学特征。在未来,如果人们能够改变传统的思维方式,将混沌理论的概念和方法进一步应用到社会心理学研究中,必将极大促进社会心理学的发展。

第二节　社会心理学未来发展的综合趋势

一、社会心理学三种研究取向的不同特点

(一) 心理学取向的社会心理学

心理学取向的社会心理学在整个西方社会心理学中占有绝对优势的地位。这一优势地位主要得益于达尔文主义进化论,它为心理学取向的社会心理学的普及起了积极的推动作用。在 1920 年后,这一优势地位得益于奥尔波特的实验法。奥尔波特将实验法引入社会心理学,促使了社会心理学在近代的革命。据统计,自麦独孤和罗斯的两本社会心理学教科书出版以后的几十年期间,近 200 本社会心理学教科书有三分之二以上是由心理学家撰写的,社会学家撰写的仅为三分之一,而文化人类学家撰写的更是屈指可数。

---

① Andrzej Nowak, Robin R Vallacher. Dynamical Social Psychology[M]. New York, London: The Guilford Press, 1998: 80-120, 182-250.

心理学取向的社会心理学理论主要关注个体行为，即他人对个体行为的影响。如奥尔波特将社会心理学定义为："旨在设法了解和解释个体的思想、情感和行为如何受到他人存在的影响；这个他人存在包括实际的存在、想象的存在和暗指的存在。"勒温认为，理解一个人全部的场就可以描绘并解释这个人的行为；弗洛伊德则通过论述他人的参与作用对个体心理的影响，实现了他的个体心理学向社会心理学的过渡；社会认知理论不仅强调个体行为受其内在的认知过程支配，而且强调他人对个体认知的形成和改变有着重要影响；而社会学习理论认为，个体对他人行为的模仿是社会行为形成的原因。

美国心理学取向的社会心理学体系主要是建立在社会学习理论的基础上的，这主要是因为美国心理学存在浓重的行为主义传统。在这一理论中，通常使用"个体品质"来说明个人的思想、情感和行为。而这种"个体品质"又被纳入"人格"这个概念当中，人格控制着这些具体品质。这样，"个体品质"和"人格"就成为社会学习理论用来分析社会心理现象的基本概念。在社会学习理论看来，那些"个体品质"是通过"学习"获得的，即个体的品质是个体在一定的环境中通过与刺激物接触，并产生条件反射作用而获得。总之，心理学取向的社会心理学试图从个体的人格结构来解释人类社会行为，注重个体的品质、强化学习以及简单的刺激特征，在方法上极力推崇实验室实验方法。

（二）社会学取向的社会心理学

社会学取向的社会心理学虽然不如心理学取向的社会心理学那样地位显赫，但其历史最为悠久。社会学取向的社会心理学与心理学取向的社会心理学之间的分歧，最初孕育于早期法国社会学之中。自罗斯之后，这一研究取向中较为著名的社会心理学著作有埃尔伍德的《社会心理学读本》(1949)、罗森伯格等人的《社会心理学》(1981)以及麦考尔和西蒙斯的《社会心理学：社会学的探索》(1982)。

社会学取向的社会心理学研究重点是群体和群体间的互动。埃尔伍德认为："社会心理学是关于社会互动的研究。它奠基于群体生活的心理学之上，始于对人类的反应、沟通以及行动的群体类型的解释。"①这一定义一直被该研究取向的大多数社会心理学家所传承。这一研究取向的理论主要有符号互动论、参照群体理论、社会角色理论和社会交换论。符号互动论强调符号在人的互动过程中的中介作用，认为社会互动建立在符号沟通的基础上，符号沟通是人心理构成的开端；参照群体理论则强调参照群体不仅是研究个人的社会地位与其社会观点互动的社会心理机制的工具，也是个体动机与社会结构之间互动的途径；而在社会角色理论看来，互动是角色间的互动，角色也是通过互动来表现的。最后，社会交换论将互动

① 周晓虹.现代西方社会心理学流派[M].南京：南京大学出版社，1990：350.

看做交换过程的参与者对某些刺激物产生反应的必要条件。

社会学取向的社会心理学强调社会角色、社会地位、社会化等“群体决定”的因素，在研究方法上主要采取问卷法和访谈法。

（三）文化人类学取向的社会心理学

文化人类学取向的社会心理学是在前两种取向的相互影响下形成的，因此，其历史相对较短。它在20世纪20年代以后才出版了大量的研究著作，如卡丁纳的《社会的心理疆界》、杜宝依丝的《阿罗人：一个东印度岛的社会心理研究》，而具有系统的理论体系的著作到1980年才得以诞生。

文化人类学取向的社会心理学强调文化对一个民族人格及社会行为的形成有着相当重要的作用，同时强调人格是如何建构文化的。它的主要理论是文化与人格理论。文化与人格理论认为，生活在一个具体文化环境中的民族具有不同于其他民族的文化行为，主要原因是各民族的“文化因素”不同。“文化因素”具体表现为一个民族特有的，并与其整个生活环境相适应的生存方式。这种生存方式通过代代相传，逐渐形成了这个民族的个体间基本一致的人格因素——基本人格结构。而这民族独特的文化行为就是由这种基本人格结构决定的。

总之，文化人类学取向的社会心理学从文化因素角度来解释人类社会行为，并强调文化与人格之间的交互作用，其基本研究方法是跨文化的现场研究。在研究方法上，文化人类学取向与前两种取向相互影响。如文化人类学家在人格及人的社会行为研究上，引入了心理学和社会学的具体研究方法，包括个人生活史研究、民意测验、梦与艺术作品分析、问卷以及访谈等；而心理学和社会学取向的社会心理学家对文化人类学的跨文化现场研究方法也产生了浓厚的兴趣，他们开始运用多种文化资料来研究社会行为。

二、各种研究取向将进一步综合

社会心理学的各种研究取向走向综合是目前社会心理学的各种研究取向存在较大差异的必然要求，同时也是学科发展的需要。

心理学取向的社会心理学、社会学取向的社会心理学和人类学取向的社会心理学的差异主要体现在研究方法、研究重点和研究内容等三个方面。首先，三者研究方法不同。心理学取向的社会心理学主张通过实验室来研究社会心理，社会学取向的社会心理学强调用调查方法来研究社会心理，而文化人类学取向的社会心理学则发展出了颇具特色的“跨文化现场研究”方法。但在实际的研究中，这三种研究取向的界限是比较模糊的。如在对人的社会化研究中，这三种研究取向就相互影响、相互渗透。这种在具体研究中的一致性，不仅能促使不同取向的社会心理学家从其他取向中进行有益的借鉴，而且为不同的研究取向实现真正的综合奠定了基础。其次，三者研究重点不同。心理学取向的社会心理学强调个体因素，社会学取向的社会心理学强调群体因素，而文化人类学取向的社会心理学强调文化因素。正是这些分歧，导致了社会心理学各研究取向至今难以综合的局面，但又丰富了社会心理学的研究。最后，三者研究内容不同。心理学取向的社会心理学试图通过他人对个体的影响来理解人类社会行为，社会学取向的社会心理学则希望通过互动来解释人类社会行为，而文化人类学取向的社会心理学力求通过文化和人格之间的相互影响来诠释人类社会行为。另外，心理学取向的社会心理学认为个体品质是通过学习获得的，社会学取向的社会心理学强调社会角色从社会化中获得，而文化人类学取向的社会心理学相信人格的形成是靠代代相传的文化因素。

社会心理学家尝试综合各种研究取向的直接原因是各种研究取向的并存暴露出许多问题。这种研究取向的综合开始于20世纪50年代初期，在20世纪70年代后期又进行了一次激烈的讨论。批评者指出，每种研究取向都存在偏颇和不足；多种研究取向的并存，使得社会心理学内部各派林立，不仅缺乏明确和统一的目标与纲领，而且力量分散，不利于学科自身的发展。因此，许多社会心理学家呼吁对不同研究取向进行整合，并且进行了大量的努力。勒温、纽科姆、卡特莱特(D. Cartwright)、帕森斯、林顿等都是其中较典型的代表。一方面，他们在自己的研究中融入了其他研究取向的观点，为综合社会心理学的发展作出了贡献。例如，勒温的群体动力学和场理论，将重点转移到了影响个人的“群体互动”、“群体气氛”和“社会环境”方面，这突破了社会心理学家重视个体研究的传统。在帕森斯的理论中，个体的有机行为体系、人格体系、文化体系和社会体系共同构成了行动体系，他的社会学理论兼有心理学化的特点。另一方面，在众多社会心理学家的倡议和努力下，一些大学(如密执安大学、哈佛大学)先后尝试建立了独立的社会心理学学科，并开设了单独的学位课程。尽管这些尝试因各种原因未能一直延续下来，但是整合社会心理学的不同研究取向已成为社会心理学界的共识，并且一直在朝这一方向努力。

第三节　社会心理学的应用研究展望

一、社会心理学的应用研究含义

社会心理学的应用研究有三层含义。首先，强调社会问题导向，这是社会心理学应用研究的出发点，也是它区别于社会心理学基础研究的重要特点。其次，强调对社会问题的理解与解决。理解与解决是两个方面，社会心理学基础研究加深了人们对社会现象的理解，但是社会心理学应用研究不能停留于理解层面，它更要提供解决社会问题的办法。最后，强调社会心理学方法、原则、理论与成果的运用。这一方面反映了基础研究和应用研究之间的主次关系，另一方面，很多社会问题可能并不能直接从基础研究中找到答案，需要开展有针对性的应用研究。因此，社会心理学的应用研究不仅要强调理论与成果的运用，更要强调社会心理学方法、原则的运用。

二、社会心理学应用研究的跨学科趋势

社会心理学在传统上是一门偏重理论的学科，长期以来，社会心理学家们只强调理论体系的建构，而忽视了社会现实问题的研究。但是 20 世纪 90 年代以来，这一情况发生了变化，学者们开始注重对社会现实问题的研究，试图解决现实社会中的一些问题。随着社会心理学在应用研究方面的逐渐成熟，它的应用领域不断扩展，并呈现出一种跨学科趋势。如社会心理学在政治、军事、法律、环境、教育、组织、消费和健康中都已广泛应用。社会心理学应用研究的跨学科趋势在未来仍会持续下去，并会进一步发展。

（一）社会心理学在政治领域中的应用

社会心理学在政治领域中的应用主要涉及四个层次的内容。第一，个体政治心理，主要研究个体在社会政治情境中的心理过程，包括个体的政治社会化、政治态度、政治行为和政治领袖心理等。第二，群体政治心理，主要研究群体的政治心理机制与政治群体的心理活动规律，包括群众心理、政治群体的内聚力、政治群体的决策和政治群体的领导结构等。第三，社会政治心理，主要研究政治事件、政治运动、战争和民族等的心理条件与心理结构，包括政治舆论、政治宣传、民族心理特征、文化变迁与人格发展等。第四，国际政治心理，主要研究地区与地区、国家与国家之间政治交往活动的心理特点，包括和平、国际冲突、危机事件、外交谈判等。

（二）社会心理学在军事领域中的应用

社会心理学在军事领域中的应用主要涉及以下几个方面的内容。第一，军人的角色社会化和军人的社会认知。军人的角色社会化主要指个体从普通公民向军人角色转换过程中获得的角色期望和角色规范；军人的社会认知主要指军人对军队各种人际关系的知觉和认知，以及对军事环境的认识等。第二，军队的组织管理方式和军队态度的形成与保持。军队的组织管理方式包括思想教育工作方式、军

队指挥员与战斗员的心理素质训练方式等;军队态度的形成与保持主要指军人对军队的认知、情感和行为特点,以及军人态度形成和保持的策略等。第三,军队群体意识的形成与发展。主要包括军队中集体的作用、团队精神的形成、人际关系的协调、军队正式群体效能的发挥和非正式群体的作用等。第四,作战的社会心理问题。主要包括战斗中军人克服恐惧和惊慌的方法与军人的心理状态对作战的影响。

(三) 社会心理学在法律和环境领域中的应用

社会心理学在法律领域中的应用主要包括三个方面的内容:首先,犯罪行为原因的探讨,犯罪行为产生的原因是多方面的,包括生理因素、心理因素和社会环境因素;其次,目击者证词的研究,主要研究目击者证词的准确性和目击者证词的影响因素;最后,陪审团研究,主要研究陪审团如何影响审判决策,如陪审团的规模和陪审员的参与度怎样影响审判结果。

社会心理学在环境领域中的应用主要包括两方面的内容。一方面,研究物理环境对人的认识、情感和行为的影响,如拥挤和噪音对人行为的影响。另一方面,研究人的活动对环境的影响。这类研究又涉及两种类型。一种是研究影响人的环境保护行为的主体因素,即研究什么样的人倾向于表现这种行为;一种是研究如何使人们在实际中表现环境保护行为。

(四) 社会心理学在教育和组织领域中的应用

社会心理学在教育领域中的应用主要包括以下四个方面的内容:首先,学校中的人际关系和交往问题,这主要包括学校中的人际关系和交往的形成,以及学校中的人际关系和交往的形成对学生心理和行为的影响等;其次,班级集体心理问题,即班级集体对学生心理的影响;再次,课堂教学中的社会心理问题,主要包括教师的期待、合作与竞争的课堂气氛对学生的影响,学生对教师的态度与学习兴趣、成绩的相关等;最后,关于态度的形成与品格的培养问题,即如何塑造人格和改变态度问题。

社会心理学在组织领域中的应用主要涉及三个方面的内容:首先,领导行为的研究,主要研究领导行为对职工的影响和工作效率之间的关系,如生产取向的领导行为和人际取向的领导行为对工作效率的影响;其次,群体内聚力的研究,主要研究群体内聚力的影响因素,以及群体内聚力和生产效率的关系;最后,群体心理研究,主要研究组织结构、组织环境和组织的社会气氛对人的心理及行为的影响。

(五) 社会心理学在消费和健康领域中的应用

社会心理学在消费领域中的应用即是从社会心理学的视角来研究消费者的消

费心理和消费行为的特点和规律。

社会心理学在健康领域中的应用即是从社会心理学角度来研究心理健康过程的发生和发展机制，目的是了解心理因素对健康的影响。它有四个主要研究领域：一是促进和维持健康；二是预防和治疗疾病；三是了解疾病的致病因素；四是改善健康卫生体系和健康政策的构成。

第四节　中国社会心理学的未来走向

一、加强理论研究

社会心理学发展和成熟的标志是其理论体系的建立。它不仅要对社会心理现象加以描述，而且要达到化繁为简的理论层次。它不仅要通过观察数据来解释社会心理现象，而且还应该通过理论来解释、预测和控制社会心理反应与社会行为。社会心理学的认识价值和功利价值应在理论层次上统一起来，因此，很有必要加强理论研究。

理论研究包括两个方面：一是社会心理理论的研究，即将社会心理现象的观察和经验上升为理论，形成能说明社会心理现象内在规律的理论；二是社会心理学学科理论的研究，即研究学科的性质、对象、体系、方法、发展方向和战略诸方面的问题，形成关于社会心理学哲学方面的理论。前一类理论关系到社会心理学认识价值与功利价值的占有，后一类理论关系到这两类价值的增值方式。

中国社会心理学自重建以来，理论研究取得了一定的进展，但是大多数研究缺乏理论深度和思想深度。正如石秀印指出的，国内很多社会心理学研究可谓“没有厚度”的研究。一些文献综述只是条条的罗列，而无思想历程的铺陈和学理的碰撞；一些研究报告对西方概念和研究课题的介绍缺乏“母体”的神韵；一些对中国古代社会心理学思想的挖掘性研究，变成“削足适履”式的断章取义；某些最具规范性的研究，只是通过精巧的实验来证明某种社会心理现象的存在和某些社会心理因素之间的相关，至于内在的联系和运行的机制，似乎与研究者无关；一些社会调查限于罗列足够多的数据，将理论构建工作留给读者去做。[①] 这表明中国社会心理学的理论研究还比较薄弱，在未来应加强这方面的研究。

---

① 石秀印. 中国社会心理学九十年代前期历程[J]. 社会学研究，1998(1)：122-125.

二、规范研究方法

在社会心理学的研究方法中，存在着两种研究范式——实证主义和人文主义。采用实证主义研究范式的研究者通常使用调查研究、实验研究及定量的文献研究的方式，以突出研究的规范性、精确性和客观性。从建立研究假设、概念操作化、数据资料的收集和定量方法的运用，直到研究结果的解释和假设的检验，其整个研究过程都是按照自然科学的研究程序进行。而使用人文主义研究范式的研究者，经常采用实地研究的方式及定性的文献研究方式，以体现研究过程的特殊性、深入性和主观性。整个研究思路更多地依赖研究者的主观体验和感悟，方法上更多地依靠研究者的参与和对情景的分析。这两种研究范式不存在谁优谁劣的问题，它们在研究中各自发挥着不同的作用。至于在实际研究中该选用哪种研究范式，不仅取决于研究者的个人兴趣，而且取决于他所要解决的问题。但无论选择哪种范式，都应该按照各自的研究规范去进行，而不能简单和随意地进行，因为只有规范的研究方法，才能有科学价值的研究成果。

目前，我国社会心理学的一些实证主义研究和人文主义研究在方法上都是相当不规范的，一些实证研究的文章缺乏科学的研究假设和严密的研究设计，而一些非实证研究的文章缺乏科学的逻辑推理和严格的观察方法，这些都阻碍了我国社会心理学的发展。石秀印对我国 20 世纪 80 年代和 90 年代前期社会心理学研究成果的回顾性文章中，两次都指出其存在的同样的不足：学习多，独创少；务虚多，务实少；应用多，理论少；对方法论与研究方法不够重视。① 可见，今后中国社会心理学研究方法的规范化显得异常重要。

三、继续进行本土化研究

社会心理学是研究社会心理的学科，然而，不同的国家由于文化不同，其社会心理就会有差别，所研究的课题就应有所不同。这决定了我们要建立有中国特色的社会心理学（又称“本土化”）。从 20 世纪 80 年代初，以杨国枢为代表的台湾心理学家和以杨中芳为代表的香港心理学家就率先提出了社会心理学研究的中国化问题，并进行了大量的理论探讨和对中国人心理与行为的实证研究。接着，在 20 世纪 80 年代中期，中国内地社会心理学研究者开始关注和探讨建立有中国特色社会心理学体系的问题，并通过大量的学术讨论，逐步达成了社会心理学研究必须中国化的共识。

---

① 石秀印，刘卫平. 中国社会心理学十年回顾与展望[J]. 社会学研究，1989(4)：49-53.

目前，我国在建立有自己特色的社会心理学学科体系方面还显得不足。许多研究都是照搬他人的观点，特别是照搬西方社会心理学的理论，而较少进行独立性和创造性的探索。如我国社会心理学教材多而杂，体系大多跟随西方社会心理学，列出的理论和材料也绝大多数来自西方；实证性文章的出发点大多来自西方的同类研究，只是对西方研究的验证和引申，而不是开创性研究；理论性文章基本上是阐述和发挥西方学者的概念，而较少创造性的发现和重大修正；评介性文章往往只是一次性的活动，没有或者较少有本领域的研究历史和资料积累，因此评价显得比较肤浅和随意。另外，中国社会心理学的学科制度建设也比较落后。导致中国社会心理学的学科制度建设落后的原因很多，其中一个重要的方面就是中国社会心理学的学科制度建设先天不足。中国社会心理学是从引进西方社会心理学的理论流派和研究方法开始的，至今仍然脱离不了西方社会心理学的学科体系。而西方社会心理学从建立开始，其学科制度建设就存在着一直未能解决的问题。在西方社会心理学自身学科体系存在巨大弊端的情况下，我国社会心理学仍然以其为范本，缺乏像欧洲社会心理学建立自身学科体系的自觉性和不懈努力的精神，这使得我国社会心理学学科制度建设更加落后。[①]

由此看来，建构具有中国特色的社会心理学体系仍然是未来中国社会心理学发展的方向之一。

四、综合自身学科体系

中国社会心理学和西方社会心理学一样，都存在学科体系混乱的问题。从社会心理学自身的学科体系而言，社会心理学源于社会学、心理学和文化人类学，形成了三种不同的研究取向。这三种不同的研究取向都有自己独立的概念体系，如心理学取向的社会心理学以“个体品质”和“人格”作为基本概念；而社会学取向的社会心理学使用的基本概念是“社会化”、“社会角色”、“社会地位”和“社会互动”；文化人类学取向的社会心理学又是以“文化”和“民族性格”作为基本概念。这些不同研究取向的概念同时存在于社会心理学的教科书中，使得整个学科的概念之间缺乏内在的逻辑联系。而我国社会心理学的概念体系更是混杂，既引进了西方概念，又继承了传统文化的概念，同时还借用了日常概念。

自中国社会心理学重建以来，我国不少学者对社会心理学的学科体系综合进行了探讨。如夏学銮在国内第一次提出了整合社会心理学的“三层次九因素说”，把社会心理学研究对象分为三层次（社会主体层次、个人主体层次、行为主体层次）

---

① 杜林致，乐国安. 中国社会心理学发展问题的反思及其出路[J]. 江海学刊，2004(2)：86-87.

九因素(社会、文化、人格;地位、角色、自我;目的、工具、态度)。[①] 朱传义、宋新民提出社会行为心理整合观,认为当代社会心理学是研究社会行为的内在体验和外在表现发展变化过程及其规律的整合科学,社会心理的外在行为律与社会行为的内在心理律是整合的关节点。[②] 尽管目前中国社会心理学学科体系的综合仍未成熟,但是这种综合的趋势在未来仍会继续下去。

本章小结

本章对社会心理学未来的发展进行了展望。影响社会心理学未来发展的理论主要有社会生物学理论、后现代社会心理学理论、图式理论和混沌理论。社会心理学的心理学取向、社会学取向和人类学取向将呈现综合趋势。社会心理学在应用研究方面已逐渐成熟,应用领域也不断扩展,并呈现出一种跨学科趋势。如社会心理学在政治、军事、法律、环境、教育、组织、消费和健康中都已广泛应用。中国社会心理学在未来发展中将加强理论研究、规范研究方法、继续进行本土化研究和综合自身学科体系。

思考题

1. 影响社会心理学未来发展的理论有哪些?
2. 未来社会心理学在理论方面有何进展?
3. 社会心理学已形成几个研究取向?它们的区别是怎样的?
4. 未来社会心理学在应用研究方面呈现何种趋势?
5. 目前中国社会心理学的发展主要存在什么问题?它将怎样发展?

---

① 夏学銮.整合社会心理学发微[J].北京大学学报(哲学社会科学版),1998(4):113-116.

② 朱传义,宋新民.社会心理学应着力于社会行为心理的整合研究[J].武汉大学学报(哲学社会科学版),1999(6):116-119.

参 考 文 献

[1] Allport F H. Social Psychology[M]. Boston, Mass. : Houghton Mifflin, 1924.
[2] Malinnowski B. Sex, Culture, and Myth[M]. New York: Harcourt, Brace & World, Inc. 1962.
[3] Gergen K J. Social Psychology as History Journal of Personality and Social Psychology. 26, 2.
[4] Shaw M E, Constanzo P R. Theories of Social Psychology[M]. New York: McGraw-Hill, 1982.
[5] Ellwccd C A. The Psychology of Human Society[M]. New York: Appleton, 1925.
[6] Mcall G J, Simmons J L. Social Psychology: A Sociological Approach[M]. New York: Free Press, 1982.
[7] Piaget J. The Moral Judgment of Child[M]. London: Kegan PAUL, 1932.
[8] Allport G. Personality: A Psychological Interpretation[M]. New York: Henry Holt, 1937 .
[9] Darley J M, Coooper J. Attribution and social interaction. The Legacy of Edward E. Jones[M]. Washington: American Psychological Association, 1998.
[10] Franzoi S L. Social Psychology(3rd)[M]. New York: McGraw-Hill, 2003.
[11] Linzey G, Aronson(eds). The Handbook of Social Psychology[M]. New York: McGraw-Hill, 1998.
[12] Merton R. The Rule-set: Problems in Sociological Theory[J]. British Journal of Sociology, 1957(8): 106.
[13] Good W G. Rde-strain Theory[J]. American Sociological Review, 1998.
[14] Nancy Eisenber. The Caring Children[M]. Boston: Harvard University Press, 1992.
[15] 周晓虹. 现代社会心理学——多维视野中的社会行为研究[M]. 上海:上海人民出版社, 2004.
[16] 时蓉华. 现代社会心理学[M]. 上海:华东师范大学出版社, 1989.
[17] 全国 13 所高等院校. 社会心理学[M]. 3 版. 天津:南开大学出版社, 2003.

[18] 朱启臻,张春明.社会心理学原理及其应用[M].北京:中国社会科学出版社,2000.

[19] 孙时进.社会心理学[M].上海:复旦大学出版社,2004.

[20] Taylor S E,Peplau L A,Sears D O.社会心理学[M].谢晓非,谢冬梅,张怡玲,郭铁元,等译.10 版.北京:北京大学出版社,2005.

[21] 郑杭生.社会学概论新修[M].3 版.北京:中国人民大学出版社,2003.

[22] 中国大百科全书·社会学卷[M].北京:中国大百科全书出版社,1991.

[23] 怀特.文化科学[M].曹锦清,译.杭州:浙江人民出版社,1988.

[24] 弗里德曼 J L,西尔斯 D O,卡尔史密斯 J M.社会心理学[M].高地,译.哈尔滨:黑龙江人民出版社,1984.

[25] 基辛 R M.文化·社会·个人[M].甘华民,译.沈阳:辽宁人民出版社,1988.

[26] 迈克尔·曼.国际社会学百科全书[M].袁亚愚,译.成都:四川人民出版社,1989.

[27] 马林诺夫斯基.野蛮人的性生活:关于特罗布里恩群岛土著的求爱、结婚和家庭生活的民族学报告[M].高鹏,金爽,译.北京:团结出版社,1989.

[28] 马林诺夫斯基.巫术科学宗教与神话[M].李安宅,译.北京:中国民间文艺出版社,1986.

[29] 林彬.社会学方法的研究与应用概述[M]//中国社会学年鉴(1989—1993).北京:中国大百科全书出版社,1994.

[30] 马克思恩格斯选集(第一卷)[M].北京:人民出版社,1973.

[31] 罗伯逊.现代西方社会学[M].赵明华,译.郑州:河南人民出版社,1988.

[32] 杜加克斯,赖茨曼.八十年代社会心理学[M].矫佩民,译.北京:三联书店,1988.

[33] 俞国良.社会心理学[M].北京:北京师范大学出版社,2006.

[34] 周晓虹.现代西方社会心理学流派[M].南京:南京大学出版社,1990.

[35] 高觉敷.西方社会心理学发展史[M].北京:人民教育出版社,1991.

[36] 安德列耶娃.西方现代社会心理学[M].李翼鹏,译.北京:人民教育出版社,1987.

[37] 乐国安.社会心理学理论[M].兰州:兰州大学出版社,1997.

[38] 华红琴.社会心理学:原理和应用[M].上海:上海大学出版社,2004.

[39] 屠文淑.社会心理学理论与应用[M].北京:人民出版社,2001.

[40] 霍兰德.社会心理学:原理和方法[M].冯文吕,译.广州:广东高等教育出版社,1988.

[41] 威尔逊.论人的天性[M].林和生,译.贵阳:贵州人民出版社,1987.

[42] 鲁斯·本尼迪克特.菊花与军刀——日本文化的诸模式[M].孙志民,译.杭

州:浙江人民出版社,1987.
[43] 巴尔诺. 人格、文化的积淀[M]. 沈阳:辽宁人民出版社,1989.
[44] 张春兴. 现代心理学[M]. 上海:上海人民出版社,1994.
[45] 陈仲庚,张雨新. 人格心理学[M]. 沈阳:辽宁人民出版社,1986.
[46] 陈少华. 新编人格心理学[M]. 广州:暨南大学出版社,2005.
[47] 何明升. 叩开网络化生存之门[M]. 北京:中国社会科学出版社,2005.
[48] 乔治·瑞泽尔. 后现代社会理论[M]. 谢立中,译. 北京:华夏出版社,2003.
[49] 吴光远,徐万里. 弗洛伊德——欲望决定命运[M]. 广州:新世纪出版社,2006.
[50] 奥兹本. 弗洛伊德和马克思[M]. 董秋斯,译. 北京:中国人民大学出版社,2004.
[51] 赫根汉. 心理学史导论(下册)[M]. 郭本禹,译. 4 版. 上海:华东师范大学出版社,2005.
[52] 冯钢,王小章. 社会心理学教程新编[M]. 杭州:浙江人民出版社,2004.
[53] 钟毅平. 社会行为研究——现代社会认知理论及实践[M]. 长沙:湖南教育出版社,1999.
[54] 菲斯克 S T,泰勒 S E. 社会认知——人怎样认识自己和他人[M]. 张庆林,陈兴强,译. 贵阳:贵州人民出版社,1994.
[55] 巴伦,伯恩. 社会心理学[M]. 黄敏儿,王飞雪,译. 上海:华东师范大学出版社,2004.
[56] 彭 M. 中国人的心理[M]. 邹海燕,译. 北京:新华出版社,1990.
[57] 王沛. 社会认知心理学[M]. 北京:中国社会科学出版社,2006.
[58] 刘永芳. 归因理论及其应用[M]. 济南:山东人民出版社,1998.
[59] 张爱卿. 动机论——迈向 21 世纪的动机心理学研究[M]. 武汉:华中师范大学出版社,1999.
[60] 马斯洛. 动机与人格[M]. 许金声,程朝翔,译. 北京:华夏出版社,1987.
[61] 戴维·迈尔斯. 社会心理学[M]. 侯玉波,乐国安,张智勇,译. 8 版. 北京:中国邮电出版社,2006.
[62] 叶浩生. 进化心理学思维方式的变革及其意义[J]. 心理科学进展,2005(6):35.
[63] 申荷永. 社会心理学:原理和应用[M]. 广州:暨南大学出版社,2004.
[64] 风笑天. 社会学研究方法[M]. 北京:中国人民大学出版社,2001.
[65] 乔纳森·特纳. 社会学理论的结构[M]. 邱泽奇,译. 北京:华夏出版社,2001.
[66] 班杜拉. 思想和行动的社会基础:社会认知论[M]. 林颖,王小明,胡谊,等译. 上海:华东师范大学出版社,2001.

[67] 谢立中.西方社会学名著提要[M].南昌:江西人民出版社,1998.
[68] 贾春增.外国社会学史(修订本)[M].北京:中国人民大学出版社,2004.
[69] 刘怀廉.中国农民工问题[M].北京:人民出版社,2005.
[70] 萨宾,艾伦.角色理论[M]//林德泽,阿伦森.社会心理学大全(英文版第1卷).1968.
[71] 罗森堡,特纳.社会学观点的社会心理学手册[M].孙非,译.天津:南开大学出版社,1992.
[72] 朱丽亚·伍德.性别化的人生:传播、性别与文化[M].徐俊,尚文鹏,译.广州:暨南大学出版社,2005.
[73] 徐安琪.社会文化变迁中的性别研究[M].上海:上海社会科学院出版社,2005.
[74] 韩贺南,张健.女性学导论[M].北京:教育科学出版社,2005.
[75] 梁漱溟.中国文化要义[M].上海:上海人民出版社,2005.
[76] 李维.社会心理学新发展[M].上海:上海教育出版社,2006.
[77] 奥尔波特.社会心理学[M].赵演,译.北京:商务印书馆,1937.
[78] 霍尔.荣格心理学入门[M].冯川,译.上海:三联书店,1987.
[79] 侯玉波.社会心理学[M].北京:北京大学出版社,2002.
[80] 威廉·麦独孤.社会心理学导论[M].俞国安,雷雳,张登印,译.杭州:浙江教育出版社,1997.
[81] 马林诺夫斯基.文化论[M].费孝通,译.北京:中国民间文艺出版社,1987.
[82] 李亦园,杨国枢.中国人的性格[M].南京:江苏教育出版社,2005.
[83] 亚瑟·亨·史密斯.中国人的性格[M].乐爱国,张华玉,译.北京:学苑出版社,1998.
[84] 杨国枢.中国人的心理与行为[M].北京:中国人民大学出版社,2004.
[85] 韦政通.中国文化与现代生活[M].北京:中国人民大学出版社,2005.
[86] 杨德森.中国人的心理解读[M].合肥:安徽科学技术出版社,2004.
[87] 宋林飞.西方社会学理论[M].南京:南京大学出版社,1997.
[88] 常晋芳.网络哲学引论——网络时代人类存在方式的变革[M].广州:广东人民出版社,2005.
[89] 哈贝马斯.交往行动理论(第一卷)[M].洪佩郁,蔺青,译.重庆:重庆出版社,1996.
[90] 侯钧生.西方社会学理论教程[M].天津:南开大学出版社,2001.
[91] 青井和夫.社会学原理[M].刘振英,译.北京:华夏出版社,2002.
[92] 马克斯·韦伯.经济与社会[M].林荣远,译.北京:商务印书馆,1997.
[93] 翟学伟.中国人社会行动的逻辑[M].北京:社会科学文献出版社,2001.

[94] 凡禹. 人际交往的艺术[M]. 北京:北京工业大学出版社,2004.

[95] 贺淑曼,聂振伟,金树湘,等. 人际交往与人才发展[M]. 北京:世界图书出版公司,1999.

[96] 匡玉梅. 现代交际学[M]. 北京:中国旅游出版社,2003.

[97] 刘晓新,毕爱萍. 人际交往心理学[M]. 北京:首都师范大学出版社,2003.

[98] 马修·麦凯,玛莎·戴维斯,帕特里克·范宁. 人际沟通技巧[M]. 郑乐平,刘汶蓉,译. 上海:上海社会科学院出版社,2005.

[99] 桑德拉·黑贝尔斯,里查德·威沃尔二世. 有效沟通[M]. 李业昆,译. 北京:华夏出版社,2005.

[100] 榎本博明. E时代人际关系[M]. 高丕娟,译. 北京:科学出版社,2004.

[101] 张先亮. 交际文化学[M]. 上海:上海文艺出版社,2003.

[102] 郭玉锦,王欢. 网络社会学[M]. 北京:人民出版社,2005.

[103] 李维. 社会心理学新发展[M]. 上海:上海教育出版社,2006.

后　　记

多年从事《现代社会心理学》的教学和科研实践，激发了笔者写作这本书的动机，而华中科技大学出版社出色的策划和编辑工作使我比较顺利地将它转化成了社会行为。

虽然个人的能力是有限的，但社会互助的力量则是伟大的。本书的基本框架和一些具体内容得益于一些社会学、社会心理学专家的精心指点，其中特别应该感谢的是云南师范大学教育科学学院的张锋教授、南京大学社会学系的周晓虹和风笑天教授、华东师范大学法政学院的文军教授。而在写作过程中，广西师范大学法学院社会学专业2005级的研究生分工合作，承担了大部分的资料收集、整理和文字编排任务。他（她）们是：陈新花、戴庆锋、李晓峰、李珍连、李明慧、梁燕平、罗仕健、戚杰强、谭燕瑜、曾名芹、周金运。在此，对他们的积极参与表示感谢。

李文华

2007年11月于桂林

图书在版编目(CIP)数据

现代社会心理学/李文华 编著. —武汉:华中科技大学出版社,2007 年 12 月
ISBN 978-7-5609-4290-2

Ⅰ.现… Ⅱ.李… Ⅲ.社会心理学-高等学校-教材 Ⅳ.C912.6

中国版本图书馆 CIP 数据核字(2007)第 163009 号

现代社会心理学 李文华 编著

责任编辑:章 红 封面设计:刘 卉
责任校对:张 梁 责任监印:周治超

出版发行:华中科技大学出版社(中国·武汉)
武昌喻家山 邮编:430074 电话:(027)87557437

录 排:华中科技大学惠友文印中心
印 刷:华中科技大学印刷厂

开本:787mm×960mm 1/16 印张:20.75 字数:350 000
版次:2007 年 12 月第 1 版 印次:2007 年 12 月第 1 次印刷 定价:30.00 元
ISBN 978-7-5609-4290-2/C·98

(本书若有印装质量问题,请向出版社发行部调换)